다문화총서 5

동서양 역사 속의 다문화적 전개 양상 2

Evolvemental Aspects of Multi-Culture in Eastern and Western History II

이 저서는 정부(교육부)의 재원으로 한국연구재단의 지원을 받아 수행된 연구임 (NRF-2010-413-A00013).

다문화
총서5

동서양 역사 속의
다문화적 전개 양상 2

Evolvemental Aspects of Multi-Culture in Eastern and Western History 2

문화콘텐츠기술연구원 다문화콘텐츠연구사업단 엮음

경진출판

발간사

　중앙대학교 문화콘텐츠기술연구원 다문화콘텐츠연구사업단은 지난 2007년 한국연구재단으로부터 대학중점연구소로 선정되어 지금까지 인문학적 측면에서 한국사회의 다문화 현상에 대한 이론적·실천적 대안을 마련하기 위한 연구를 진행하고 있다. 이 연구의 일환으로, 본 사업단은 단일민족과 순혈주의에 대한 비판적 성찰을 통해 다양한 문화가 상호 소통하고 공존하는 다문화 사회에 대한 연구를 인문학적 관점에서 지속적으로 추진해 왔다.

　본 연구단이 추구하는 다문화 인문학은 다문화 시대와 함께 호흡하고, 다문화 사회에 내재된 사회적 고민에 동참해야 한다는 당위적 문제의식과 역사 속에서 그 해결 방안을 모색하고자 하는 취지 아래 '동서양 역사 속의 다문화적 전개 양상'을 기획하였다. 이번 총서는 역사적 시각에서 다문화의 전개 양상을 살펴보는 두 번째 결실이다.

　이번 총서에서는 본 연구단이 발행하는 『다문화콘텐츠연구』와 여타 학술지에서 동서양 역사 속에서 발견되는 문화적 '다원성'과 '독자성', 국가적 '정체성'과 '배타성', 사회적 '다원성'의 다양한 장면을 다룬 10편의 논문을 선별하였고, 필자들의 수정과 보완을 거쳐 한 권의 책으로 펴내게 되었다. 논문 선정은 최대한 동·서양사와 한국사의 균형을 맞추고자 하였다.

　제1부 「한국사의 문화적 다원성과 전개 양상」에서는 전통시대 불상의 수용과 변용을 통해 나타난 한국불상의 문화융합과 독자성, 한국사의 전개과정 속에서 외부로부터 유입된 귀화 성씨의 출현으로 형성된 한국 고대사회의 비혈연적 혼종성, 고려시대 제주지역 원주민과 이주민의 통혼에 나타난 한국사회의 다양성, 한말 대한제국시

기 대한제국의 외교와 선교 및 근대 교육의 요람인 정동지역에 형성된 근대 한국사회의 다문화성 등을 규명하는 논문으로 구성되었다.

제2부 「동아시아 다민족·다문화 국가의 정체성」에서는 일본의 대만 식민지배·냉전체제·민주화 등 우리나라와 유사한 경험을 하였지만 다른 모습을 보이는 대만의 정체성, 중국 근대 민족주의 유입과 이로 인한 근대 민족주의 역사(국가사)만들기와 중국의 민족 정체성, 재일조선인에 대한 일본 보수우익단체의 타자에 대한 배타성 등을 분석한 연구성과를 다루었다.

제3부 「서구 다문화 사회의 다원성과 재현 양상」에서는 19세기 유럽의 대표적 다민족국가인 오스트리아-헝가리 이중제국의 국가체제와 소수민족문제를 살펴 본 논문, 20세기 중·후반에 나타난 노동력의 국제 이동과 관련한 한인 여성 이주노동자의 삶을 규명하는 논문, 러시아의 군주 칭호의 역사적 기원과 의미를 살펴봄으로써 러시아 국가의 다원적 성격을 조명한 논문 등으로 배치하였다. 이 자리를 빌려 귀중한 옥고를 선뜻 희사해 주신 필자들께 거듭 감사드린다.

지난 총서에서 지적한 것처럼, 이번 총서에서도 연구 성과들이 가지고 있는 주제의 제한적 성격 때문에 시·공간을 초월하여 역사 일반에 나타난 다문화적 전개 양상을 다양하게 설명하기에는 역부족이라는 한계를 여전히 극복하지 못한 아쉬움이 있다. 그럼에도 불구하고 이 책이 다문화 사회의 사회적 문제를 고민하는 독자들에게 해결의 실마리를 탐색해 볼 수 있는 기회를 제공하고, 다양한 문화가 상호 소통하고 공존하는 다문화 사회를 실현할 수 있다는 희망을 선사할 수 있다면 더 바랄 나위가 없을 것이다. 이 책에 부족한 부분은 향후 본 연구단이 인문학적 측면, 특히 역사적 측면에서 단일민족과 순혈주의에 대한 비판적 성찰을 통해 역사 속에서 그 해결 방안을 모색하려는 연구가 앞으로도 계속될 것임을 약속드린다.

끝으로 어려운 출판 환경에도 불구하고 이번에도 총서의 출판을 기꺼이 맡아주신 도서출판 경진의 양정섭 사장님을 비롯하여 출판사 관계자 여러분의 노고에 감사드린다.

2015년 9월 20일

중앙대학교 문화콘텐츠기술연구원
다문화콘텐츠연구사업단장 이찬욱 삼가 씀

목 차

제1부 한국사의 문화적 다원성과 전개 양상

제2부 동아시아 다민족·다문화 국가의 정체성

제3부 서구 다문화 사회의 다원성과 재현 양상

제 **1** 부 한국사의 문화적 다원성과 전개 양상

한국불상의 문화융합과 독자성

김진숙

1. 머리말

불교 미술은 인도에서 시작하여 주로 중앙아시아를 거쳐 동아시아
로 전파되었고,[1) 불교 교리나 신앙에 따라 불상의 도상도 새롭게 유
입되었다. 그 결과 각 지역의 불교 미술은 다음과 같은 두 가지 방향
으로 발전했다. 첫째는 불교와 불교 미술의 발상지인 인도 양식에

---

1) 불교를 통한 중국과 서방의 교류가 2세기경에 시작된 이래 끊임없이 인도나 서역의 승
려들이 서역 길을 통해 왕래했으며, 이들에 의해 경전과 불상들이 전래되었다. 인도에
서 중국으로의 경로는 크게 육로와 해로로 나눈다. 해로의 경우는 스리랑카를 지나 동
남아시아로 향해 그곳에서 중국의 廣州에 도달하는 것이 일반적이었다. 한편 육로는 실
크로드로 칭하는 내륙아시아의 산악과 사막을 지나는 길을 말한다. 간다라 지방을 지나
북쪽으로 올라가 파미르 고원을 지나 카슈가르에서 동쪽으로 사막을 지나 호탄을 지나
둔황에 이르거나 쿠차를 지나 둔황에 이르렀다. 그리고 둔황에서 酒泉, 張掖, 姑臧을 지
나 長安에 도착했다. 초기 승려들은 대부분 육로를 이용하여 중국에 왔다(船山 徹, 『佛典
はどう漢譯されたのか』, 岩波書店, 2013, 50~51쪽 참조). 대표적인 구법승은 400년 전후
에 육로로 인도에 갔다가 해로로 귀국하여 『佛國記』를 남긴 法顯(337~422년), 7세기 후
반에 왕복 육로를 이용하여 『大唐西域記』를 남긴 玄奘, 왕복 해로를 이용하여 『大唐西域
求法高僧傳』을 남긴 義淨(635~713년), 왕복 육로를 이용하여 『往五天竺國傳』을 남긴 慧
超(704~787년) 등이 있다.

대한 동경으로 끊임없이 새로운 신앙과 양식을 받아들이려는 노력이
며, 둘째는 각 민족 고유의 불상 양식을 가지려는 노력이다. 전자는
불교 미술의 새로운 수용에 대한 의욕이며, 후자는 각 민족에게 있어
불교 미술의 토착화에 대한 노력이다. 즉 아시아의 여러 민족들은
불교의 동점(東漸)이라는 커다란 흐름 속에서 이 두 가지의 방향을
염두에 두면서 각각의 나라마다 그들 나름의 불상을 조성해 왔다.[2]

한편 한국도 이와 같은 두 가지 방향으로 조상 활동이 이루어졌다.
삼국의 불상은 초기에는 중국 남북조의 불상들과 밀접한 관계를 가
지면서 조성되지만 점차 삼국 나름의 양식적인 특징을 지닌 불상이
제작되었다. 이후 통일신라는 삼국의 전통을 계승하면서 한편으로는
당시 활발한 국제 교류 속에서 인도 굽타와 당나라의 영향을 받아
불상 조각의 최전성기를 이룬다. 이와 더불어 불교 미술의 또 다른
방향, 즉 민족적인 토착화를 보여주는 불상은 주로 마애불에서 나타
난다. 마애불은 삼국시대부터 조성되었고 조성 위치는 주로 재래 신
앙과 관련이 깊은 곳이다. 조각 기법도 원래의 암석이나 바위 면을
가능하면 살리려는 방향으로 이루어졌으며, 한 불상에서 고부조(高浮
雕), 얕은 부조 그리고 선각(線刻) 등 다양한 기법을 사용하였다. 이러
한 마애불의 조성 위치와 조각 기법과 더불어 마애불의 얼굴 표현에
서도 한국적인 토착화를 엿볼 수 있다. 한국에서 마애불의 조성은
통일신라, 고려 그리고 조선시대까지 이어졌으며, 불교 조각의 중요
한 부분을 차지하고 있다.

이 글에서는 이상과 같은 한국 불상의 두 가지 흐름을 토대로, 제2
장에서는 불상의 수인을 통하여 한국의 불교 미술에 보이는 다른 나
라 불교 미술과의 융합의 양상을 분석한다.[3] 불상의 경우 다른 형식

---

2) 井上 正, 「インド様と盛唐吳道女様」, 『平城の爛熟~人間美術4』, 學研, 82~83쪽 참조.

3) 여기서 '융합'이란 표현의 사용은 두 가지가 합쳐진 세 번째의 다른 개념보다는 문화의
   흐름 속에서 외래문화가 한국 문화와 습합 내지 조화를 이루는 과정의 의미로 사용하고
   있음을 밝혀둔다.

과 마찬가지로 수인(手印)은 이미 인도에서 불상의 조성과 함께 일정한 수인이 정해져 있기 때문에 그 자체만 가지고는 문화적인 흐름이나 융합의 양상은 파악하기 어렵다. 다만 이 글에서 말하는 문화적인 융합이란 수인을 통한 도상의 흐름, 즉 시간적인 차이를 두고 나타나는 각 나라마다의 시대적 흐름 속 연속성을 말한다. 그리고 수인을 통해 나타나는 불교 미술의 정통성 내지 보편성도 아울러 파악하기 위함이다. 나아가 각 지역마다 시대마다 불상이 같은 수인을 맺고 있다 할지라도 존상명, 얼굴 모습 그리고 옷 주름 형태 등이 다르기 때문에 이를 통해서 한국 불상의 독자성 내지 정착화 과정도 알 수 있다.

구체적으로 선정인은 인도와 중국에서와 마찬가지로 삼국에서 가장 초기에 나타난 불상의 수인이다. 특히 중국의 경우 4세기 초기에 10cm 내외의 선정인을 맺은 소금동불이 다수 출토되었는데, 이는 고구려와 백제에서도 같은 양상이다. 인도의 간다라 불상에서 오른손은 시무외인을 맺고 왼손은 옷자락을 잡고 있었으나, 중국에서는 남북조시대에 오른손은 위로 들어 시무외인을 왼손은 밑으로 내려 여원인을 맺은, 즉 통인(通印)의 수인이 석가불, 아미타불 그리고 관세음보살 등에 나타났다. 이 수인이 한국의 삼국시대부터 유행하였음은 물론이다. 마지막으로 항마촉지인의 경우, 간다라의 불전도 등에서 석가의 성도상에 나타난 수인이나, 독립된 상으로 나타나기 시작한 것은 굽타 시대 이후이다. 중국에서는 당나라 초기부터 나타나고, 한국에서는 통일 초부터 유행하기 시작한다. 이처럼 불상의 수인에 대한 도상적인 변화는 없으나 각 시대마다 유행하는 수인들이 다르며, 이는 삼국과 통일신라에 걸쳐 당시 불교 교리나 신앙에 따른 새로운 불상 도상의 전래와 밀접한 관련을 가지고 있기 때문이다.

다음으로 제3장에서는 한국 불상의 독자적 요소를 두부별석(頭部別石)의 마애불을 중심으로 파악한다. 마애불은 앞에서 말한 대로 바위 면에 부조로 새긴 조각 기법을 말한다. 인도와 중국의 경우, 석굴

사원의 벽면 내부나 입구에 벽면 장식을 위한 목적으로 주로 새겨졌으며, 그 기법도 바위 면에서 균일한 깊이로 새겨 조소적인 성격이 매우 강하다. 그러나 한국의 경우 마애불은 앞에서 말한 대로 조성 위치나 조각 수법으로 보아 가장 한국의 독자적인 요소를 나타내는 불상 표현임에 틀림없다. 특히 바위에 몸체 부분을 얕은 부조나 선각으로 새기고 머리 부분은 환조로 만들어 올린 두부별석의 형태는 한국에서만 나타나는 마애불이다.

이 글에서는 다른 여러 조각 기법이 함께 두부별석의 예 중 가장 최초로 여겨지는 경주 굴불사지 서면 아미타삼존상의 본존, 그 다음으로 통일신라 말의 거대한 바위를 신체로 여긴 경주 남산 약수곡 마애여래입상을 파악한다. 나아가 고려시대에 조성된 두부별석 중 대표적인 작례로 안동 이천동 마애여래입상을 중심으로 살펴보고, 이 시대에 조성된 상들도 아울러 고찰한다. 이러한 마애불들에 전해지는 기록이나 전승을 통해서 재래의 영석(靈石) 신앙과 불교 신앙의 습합이라는 한국적인 불교 신앙의 면모도 분석한다.

2. 수인을 통해 본 불상의 수용과 전개

삼국에 불교가 전래된 것은 고구려는 소수림왕 2년(372), 백제는 침류왕 원년(384), 신라의 경우는 5세기 전반부터 불교 전파에 대한 기록이 보이나 국가적 공인은 법흥왕 14년(527) 때이다. 고구려는 불교 전래 2년 후인 374년에 성문사(省門寺)와 이불란사(伊弗蘭寺)를 창건하였다. 393년(광개토왕3)에는 평양에 9개의 사원을 세우고, 평양 천도 이후 497년에는 금강사를 창건했다. 백제는 불교 전래 다음 해인 385년에 한산(漢山)에 사원을 창건했다. 공주 천도 후에는 대통사(大通寺) 등을 창건하였고, 538년 부여 천도 후에는 백마강 건너편의 왕흥사(王興寺)와 왕경 내의 정림사(定林寺)를 비롯한 다섯 절을 창건하고, 7세기 초에는 익산에 미륵사(彌勒寺)를 창건했다. 신라도 6세기 중엽에는 흥륜사와 황룡사를 비롯한 대가람을 창건했다.

삼국은 사원의 창건과 더불어 불상도 활발하게 조성했으나 당시 사원의 본존불로 여겨지는 상들은 남아 있지 않다. 현존하는 가장 오래된 불상은 고구려와 백제에서 6세기에 조성된 개인의 염지불(念持佛)로 여겨지는 작은 금동불과 6세기 중반에 명문을 동반한 독존상과 삼존불의 소금동불만 전한다. 석조 불상은 백제 지역에서 6세기 말부터 7세기 초에 조성된 태안 마애불과 서산 마애불, 7세기 중엽에 조성된 정읍에서 출토된 석조 여래 입상 2구가 있다. 신라의 석불은 경주 남산을 중심으로 조성되었고, 이 시기의 작품은 삼화령(三花嶺) 삼존상, 인왕동(仁旺洞) 여래좌상, 배리(拜里) 삼존상 등이다.

삼국시대 불상의 도상과 신앙을 살펴보면, 삼국 공통으로 반가사유상이 조성되었으며, 백제에서는 특히 보주를 두 손으로 감싸 가슴 앞에 들고 있는 보살상이 유행하였다. 불상의 수인으로는 선정인의 여래좌상과 시무외인·여원인을 맺은 여래좌상과 입상이 조성되었다. 특히 시무외인·여원인은 석가여래는 물론 아미타여래, 미륵보살, 관음보살까지 공통적으로 사용하여 통인(通印)으로 불린다. 한편 삼국 불상의 양식은 당시 중국의 양식 변화와 대단히 밀접한 관계를 가지면서 만들어져, 북위(北魏), 동위(東魏), 북제(北齊), 수(隋) 등의 여러 양식을 계속적으로 수용하였다.

신라에 의해 삼국이 통일된 시기는 680년 전후이다. 통일신라의 시대 구분은 일반적으로 7세기 후반부터 9세기까지를 전기, 9세기 이후를 후기로 설정하고 있다. 전기는 통일 후 사회적인 안정과 중국과의 활발한 교류가 이루어지던 시기로 불교 조각에서도 석굴암의 상들을 비롯한 뛰어난 작품들이 왕성하게 조성되었다. 후기는 정치와 사회적인 불안과 더불어 조각에서도 전기와 비교해 창작력이 다소 떨어지며 도식화되는 경향을 보이기 시작했다.

통일신라의 문화는 고구려와 백제의 양식을 흡수하고, 인도나 당나라의 외래 요소의 유입과 더불어 독자적인 영역을 구축하던 시기였다. 불교 미술에서는 삼국의 불상에서 정신성을 강조하여 머리 부분과 수인을 크게 하던 불신(佛身)의 비사실적인 표현에서 탈피하여 균형과 조화의 측면이 강조된 조형성이 뛰어난 작품들이 조성되었다.

한편 중국 당나라도 7세기 후반에 현장(629년 출발, 645년 귀국), 의정(義淨, 673년 출발, 685년 귀국), 왕현책(王玄策, 643년부터 약 20년 동안 4차례에 걸쳐 인도 왕복함) 등과 같은 수많은 구법승 및 사신들이 인도, 서역 및 동남아 지역을 왕래하면서 이 지역들을 잇는 활발한 국제 교류가 이루어졌고 불교 미술에도 새로운 도상과 불상 양식이 전래되어 동아시아 불교문화의 전성기를 이루었다. 당시 당나라에는 새로운 도상으로 두 손을 가슴 앞에 모은 설법인(說法印)4)과 항마촉지인의 불상이 유행하였고, 이러한 도상들은 통일신라에도 그대로 전해졌다.5)

---

4) 인도 사르나트에 있는 굽타 시대의 초전법륜인상은 인도 미술 전성기의 가장 대표적인 상이다. 또한 이러한 수인의 불상들은 아잔타 석굴에서 보이고 있어 굽타 시대에 유행한 수인임을 알 수 있다. 현장이 인도에서 돌아올 때 인도 및 서역 상을 모방해 가져온 7구의 상중에서 바라나시(Varanasi)국의 녹야원 초전법륜상이 포함되어 있는 것을 보면 7세기 후반 당에서도 이 불상이 유행하게 된 배경을 알 수 있다. 중국의 당대 설법인 상으로는 둔황 332굴의 아미타설법도의 본존상(아미타정토변상도, 당 7세기 후반, 둔황석굴 제332굴), 용문석굴, 東山의 看經寺洞의 불좌상도(석조여래좌상, 당 7세기 말 용문석굴 간경사동) 등이 있으며, 일본은 호류지 금당벽화 제6벽 아미타정토변상도의 삼존불(호류지 금당 6호벽, 나라시대 8세기 전반) 등에 보이는 것처럼 당시 동아시아에서 널리 새롭게 유행하는 도상이었다.

5) 양식적으로도 새로운 불상이 유행하였는데 대표적인 예가 719년 조성의 명문이 광배 뒷면에 새겨져 있는 감산사 석조아미타여래입상과 석조미륵보살입상이다. 감산사 아미타상의 경우는 두 어깨를 덮은 통견의 법의가 몸에 밀착되게 입혀져서 가슴 위에서는 여러 개의 반원형 주름을 이루고 다시 잘록한 허리 밑에서 다리 양쪽으로 갈라져서 좌우 상칭되게 둥근 주름이 형성되어 발목 위까지 늘어져 있다. 주름의 선이 도드라지고 굴곡진 신체의 윤곽이 강조된 표현은 인도 굽타 시대의 마투라 조각을 연상시킨다. 통견의 법의가 목까지 올라와 끝부분에서 약간 접혀지고 불신 전체를 감싸면서 늘어지는 형태를 '인도식 불의(佛衣) 형식'이라 부르는데 당대의 불상 표현에 유행하는 국제적 요소 중 하나이다. 한편 이러한 불상들은 굽타 시대 때 마투라 지역을 중심으로 만들어지던 여래입상이나 코탄의 소조상이나 툼슉의 목조상, 키질의 벽화 등에서 비슷한 계통의 불상이 발견된다. 그리고 용문석굴 빈양남동 북벽의 불감 속의 여래입상 등에서도 보인다

한편 우리나라의 경우 항마촉지인상은 7세기 후반 경부터 등장하기 시작해 8세기부터 유행하기 시작했다. 특히 석굴암의 본존상이 항마촉지인상을 맺고 있어 이후 통일신라 말은 물론이고 고려 초까지 이러한 불상의 수인은 계속적으로 조성되었다. 통일신라의 항마촉지인상의 특징 중에는 아미타로 표현된 경우나 오른손은 항마촉지인을 맺고 왼손에는 약함이 놓여 있는 약사불로 조성된 예도 있다.

여기서는 삼국시대에 유행했던 선정인과 시무외인·여원인을 맺고 있는 불상들, 그리고 통일신라 때 새롭게 유행한 항마촉지인 불좌상 등을 중심으로 삼국과 통일신라 당시 불상에서 새로운 도상이 수용되고 발전되는 양상을 분석한다.

2.1. 선정인

선정인(禪定印, dhyana mudra)은 명상하는 손의 자세로 두 손을 앉아 있는 상의 무릎 위에 놓는데 손바닥을 위로 하고 왼손 위에 오른 손을 얹는다. 예배자에 대한 설법이나 대화보다는 깊은 선정의 상태를 나타낸다.

인도에서 선정인의 상은 주로 붓다의 생애를 나타내는 불전도(佛傳

(김리나, 「신라감산사여래불상의 의문과 일본불상과의 관계」, 『한국고대불교조각사연구』, 일조각, 1995, 206~238쪽; 국립중앙박물관, 『실크로드의 미술』, 1991, 도판 2·4·6·38~46, 45 등 참조).

한편 감산사 미륵상의 경우는 통통하게 살이 붙은 네모난 얼굴, 양감이 강조된 풍만한 신체 표현, 왼쪽 다리에 약간 힘을 주어 자연스러운 자세로 서 있다. 이마 위에 동글동글한 머리카락 표현이나 두 줄의 목걸이와 팔찌 장식 그리고 가슴에 대각선으로 가로질러 입혀진 天衣가 몸 양쪽으로 구불구불 늘어진 형태와 裙衣가 허리에서 한 번 접혀져서 짧은 단으로 늘어진 모습 등은 중국 당나라의 보살상뿐만 아니라 일본의 8세기 보살상 표현에도 보이는 국제적 양식의 일면을 반영하고 있다. 감산사지 상들과 유사한 통일신라의 다른 작례들을 살펴보면, 사암제여래입상(통일신라 8세기, 높이 175센티미터, 국립경주박물관 소장), 굴불사지 사면석불의 남면에 새겨진 석조여래입상(통일신라 8세기 전반, 높이 136cm), 금동여래입상(통일신라 8세기 전반, 높이 38.3cm, 대마도 海神神社 소장) 등이 있다.

〈사진 1〉 싯타르타 태자의 명상, 쿠산 시대, 높이 68.5cm, 페샤와르 박물관

〈사진 2〉 고행상, 쿠산 시대, 파키스탄, 높이 84cm, 라호르 박물관

〈사진 3〉 여래좌상, 쿠산 시대, 높이 60cm, 라호르 박물관

圖) 속에서 보인다. 특히 쿠산 시대 간다라 지방의 불전도 중에서 출가 전 싯타르타 태자가 나무 밑에서 명상에 잠겨 있는 모습(〈사진 1〉)과 출가 후 설산에서 수도하는 모습을 보여주는 고행상(〈사진 2〉)에서 보인다. 이외에도 간다라 지역의 불좌상 중에 선정인을 맺고 있는 상(〈사진 3〉)이 다수 현존한다.[6]

중국도 1세기경 후한 때 불교가 전해졌으나 불상은 4세기 초부터 나타나며, 이때 제작된 상은 금동으로 만든 작은 선정인 좌상이다. 또 4세기 후반에서 5세기에 걸쳐 조성된 5호 16국 및 북위의 불상들도 선정인 계통의 불좌상 형식이 많다. 이러한 상의 크기는 보통 5~9cm부터 40cm 정도이며, 대의는 통견을 걸치고 있으며, 대좌 앞에 두 마리의 사자를 배치하고 있다.

중국에서도 초기에 선정인을 맺고 있는 불상이 유행한 이유에 대해서는 아직 명확히 밝혀지지 않고 있다. 하버드 대학 포그 미술관

---

6) 대표적인 예로 다음 두 작례를 들 수 있다. 여래좌상, 로리안 탕가이(Loriyan Tangai) 출토, 파키스탄, 쿠샨 시대, 사암, 상 높이 60cm, 켈커타 인도 박물관; 여래좌상, 박트로 간다라(Bactro-Gandhara) 지역 출토, 파키스탄, 쿠샨 시대, 사암, 상 높이 75cm, 라호르 박물관.

소장의 여래좌상(높이 32.7cm)이 초기의 불
상으로 알려져 있다. 콧수염과 이국적인 얼
굴과 건장한 신체 그리고 법의의 표현 등에
서 간다라 불상의 영향을 볼 수 있고 육계에
서 간다라 지역에서는 보이지 않는 상투 모
양의 육계가 보인다(〈사진 4〉). 한편 후조 건
무 4(338)년의 명문이 대좌에 새겨진 샌프란
시스코 아시안 미술관 소장의 금동선정인좌
상(높이 40cm)은 중국에서 조성된 최초의 기
년명 작품이다. 이 상도 통견의 법의나 머리
모양 등에서 간다라 불상의 영향도 보이나
얼굴 표정은 중국화되어 감을 알 수 있다
(〈사진 5〉). 다른 선정인을 맺고 있는 소금동
불에서도 얼굴의 생김새나 광배의 화염 등
점차 인도의 불상과는 다른 양식이 보인다.[7]

〈사진 4〉 금동여래좌상, 5호16국
시대, 높이 32.7cm, 하버드대학
교 포그 미술관

다음으로 살펴 볼 것은 삼국에서 조성된
선정인의 불상이다.

2.1.1. 집안 장천(長川) 1호분 전실 동측
벽화 본존상

〈사진 5〉 금동여래좌상, 후조 건무
4년(338), 높이 40cm, 샌프란시
스코 아시안 미술관

장천 1호분은 통구의 북부에 있는 장천고분군 중의 하나로 축조
연대는 5세기 중엽으로 추정된다. 이 고분 내부의 벽에는 수렵도와
무용도를 비롯한 풍속화와 더불어 불상, 보살상, 비천상, 주악천인상,
연화문, 연화화생문 등이 그려져 있다.[8] 특히 불상의 모습은 고구려

---

7) 이외에도 초기 선정인 좌상으로 금동여래좌상(북위 5세기 초, 동경예술대학박물관 소
장), 병령사 석굴 제169굴 벽화 본존상(東晉 420년, 중국 감숙성)도 있다.

8) 김원룡, 「고구려고분벽화에 있어서의 불교적 요소」, 『한국미술사연구』, 일지사, 1987,

〈사진 6〉 여래좌상도, 장천1호분, 고구려 5세기 중엽

고분벽화 중에서 유일한 예이며,9) 고구려 최초의 기년명이 있는 연가7년명(539년) 금동여래입상에 비해 1세기나 빠르다. 불상은 통견의 대의를 걸치고 선정인을 맺고 육계와 백호까지 보인다. 네모난 대좌와 화염문의 광배를 갖추고 있다. 대좌 앞에는 향로가 보이며 양쪽에는 사자가, 부처의 왼쪽에는 엎드려 절하는 예배자의 부부가 보인다(〈사진 6〉). 여기서 주목하고 싶은 것은 불상의 수인으로 선정인을 분명히 맺고 있다는 점이다.

불교의 장례는 대규모의 고분을 축조하여 장엄하지 않으나 여기서 보이는 불상 표현은 불교의 정토에 대한 내세관이 전통적인 동양인의 신선 사상과 천상 세계에 대한 사후 세계관이 서로 유사하게 이해되어 나타난 것으로 본다.10) 시대가 지남에 따라 정토 사상에 대한

287~396쪽; 김리나, 「삼국시대 불교양식의 제문제」, 『한국고대불교조각사연구』, 일조각, 1995, 40~41쪽; 강우방, 『한국불교조각의 흐름』, 대원사, 1999, 106~108쪽; 전호열, 「5세기 고구려 고분벽화에 나타난 불교적 내세관」, 『한국사론』 21, 1989.

9) 평양 덕흥리 고분 유주자사 진의 무덤 전실 입구 위에 '釋迦文佛弟子'라는 묵서명이 보이나 불상의 모습은 보이지 않는다.

10) 김리나, 「고구려 불교조각 양식의 전개와 중국의 영향」, 『한국고대 불교조각 비교연구』, 문예출판사, 2003, 67쪽; 上原 和, 「고구려 회화가 일본에 끼친 영향」, 『고구려 미술의

교리의 이해가 깊어지고 불교 신앙 체계가 정리됨에 따라 천상의 불상 표현은 사라지고 대신 비천이나 연화와 같은 불교적인 장식은 계속해서 나타난다.

2.1.2. 금동여래좌상

〈사진 7〉 금동여래좌상, 서울 뚝섬 출토, 삼국 5세기, 높이 4.9cm, 국립중앙박물관

이 선정인 상은 서울 뚝섬에서 출토된 것으로 도상이나 양식으로 보아 삼국에서 발견된 가장 이른 예로 파악된다. 상은 통견의 법의를 입고 있으며 네모난 대좌 양쪽에 사자가 표현되어 있다(〈사진 7〉). 이 상과 비슷한 소형의 선정인상이 중국 북위 5세기 초에 많이 나타나 이 불상을 중국에서 제작된 5세기 초의 것으로 분류하기도 하고 또는 중국 상을 모형으로 삼국에서 제작된 것으로 보기도 한다. 상이 발견된 장소로 보아 백제 한성 시대의 상이나 중국의 영향을 강하게 받은 고구려 상으로 보기도 한다.11)

2.1.3. 소조여래좌상

평안남도 원오리 옛 절터에서 1937년 조사 때 불좌상 204편과 보살입상 108편이 출토되었다. 불좌상의 경우 상을 만든 틀이 발견되어 불상들을 틀로 찍어내었음을 알 수 있다. 여기서 발견된 불좌상은 거의 선정인을 취하고 있다. 연화 대좌 위에 통견의 법의를 걸치고

대외교섭」, 예경, 1996, 195~244쪽 참조.
11) 김리나, 「삼국시대 불상의 형식 분류와 양식 계보」, 위의 책, 15~16쪽.

있는데 두 손을 맞댄 수인 밑으로 양 갈래로 옷 주름이 세 줄씩 가지런히 내려오고 있다. 둥근 얼굴은 복스러워 보이며 살짝 눈을 아래로 뜨고 미소를 머금고 있는 모습이다. 선정인이나 통견의 형식은 앞의 상과 비슷하나 얼굴 표정이나 연화대좌의 부드러운 표현을 보면 6세기 중엽 고구려가 안정기에 접어들었을 때의 작품으로 여겨진다.

2.1.4. 납석제여래좌상

네모난 대좌 위를 옷 주름으로 덮은 상현좌(裳懸座) 형식은 6세기 초 중국 북위의 불상에서 나타나는 특징이다. 방형대좌 위에 통견의 법의, 높은 육계가 보이며, 통통하고 약간 기울어진 얼굴과 편안한 미소에서 부드럽고 온화한 백제인의 정서를 유감없이 보여주는 불상이다(〈사진 8〉).

〈사진 8〉 납석제여래좌상, 부여 군수리사지출토, 백제 6세기 중엽, 높이 13.5cm, 국립중앙박물관

2.1.5. 경주 남산 불곡 여래좌상

신라 지역에서 선정인을 맺은 불상은 거의 보이지 않는다. 다만 경주 남산 북쪽 비탈진 언덕 위에 바위 하나가 놓여 있고 이 바위에 깊은 감실을 파내고 마애불을 조각하였다(〈사진 9〉). 경주에서 보이는 최초의 마애불로 두 손은 옷자락에 덮여 실제 수인의 모습은 애매하지만 선정인으로 여겨진다.[12] 상은 통견의 법의를 걸치고 있다. 양손

---

12) 보통 선정인은 무릎 위에 손바닥을 위로 하여 올려놓지만, 앞의 뚝섬 출토 금동여래좌상과 납석제여래좌상의 경우는 두 손을 모아 배 밑에 대고 있다. 이로 보아 이 불곡 여래좌상은 손이 보이지 않아 좀 애매하지만 손의 위치로 보아 당시 유행하던 선정인으로 여겨진다. 한편 신라의 경우 불교의 수용이 고구려와 백제에 비해 늦어, 신라에서 불상이 수용되던 시기는 이미 고구려와 백제에서 유행하던 선정인 불좌상 형식의 유행이 지나 이 상 이외에는 새로운 도상인 시무외인·여원인의 불상이 수용된 것으로 보기도 한다(김

〈사진 9〉 불곡 여래좌상, 신라 7세기 초반, 높이 170cm, 경주시 인왕동

은 배 앞으로 모아 옷소매 속에 감추어져 있다. 옷 주름은 대좌 아래까지 덮고 있고 오른발만 보인다.

2.2. 시무외인·여원인

시무외인(施无畏印, abhaya mudra)은 보호와 안심시키는 모습을 예배자에게 보여주는 수인으로, 항상 오른손을 위로 하고 손바닥을 밖으로 향해 들고 있다.[13] 이는 주로 가르침의 자세로 사용되었다. 즉 불교의 가르침을 통해 죽음의 두려움을 없애는 것을 얻을 수 있기 때문이다. 한편 여원인(與運印, varada mudra)은 왼쪽 손바닥을 바깥쪽으로 펴고 아래쪽으로 길게 내린 모습이며, 주로 예배자가 원하는

리나, 위의 글, 19쪽).

13) 시무외인은 2세기에 만들어진 파르티아 군주의 상도 불상의 시무외인과 같은 손 모양을 취하고 있는 것으로 보아 이 수인은 원래 불교의 고유한 것이 아니라 서아시아에서 인도에 이르기까지 상의 손 모양으로 쓰인 것이다(이주형, 『간다라미술』, 사계절, 2003, 95쪽).

〈사진 10〉 여래입상, 인도 굽타 시대

것을 들어주는 수인이다.

  인도의 불상은 오른손은 가슴 쪽에 들고 있는 시무외인, 왼손은 아래로 내려 옷자락을 잡고 있는 예가 많으며(〈사진 10〉), 중국과 한국의 불상은 오른손은 시무외인, 왼손은 여원인을 함께 맺고 있는 경우가 많다. 보통 시무외인·여원인을 함께 취하고 있는 도상은 석가, 아미타, 약사 등의 여래상과 관음보살 등의 보살상도 공통으로 취하고 있어 통인(通印)이라 부른다. 이처럼 통인은 여러 여래상의 수인으로 나타나기 때문에 상에 직접 새겨진 여래의 명호나 협시하는 보살상이 없으면 존명을 알 수 없다.

  중국은 초기의 선정인을 맺은 불상에 이어서 5호16국과 북위에 걸쳐 시무외인·여원인을 맺고 있는 불상들이 조성되었다. 금동불은 물론이고 운강과 용문을 비롯한 주요 석굴들의 본존도 이 수인을 취하고 있다. 대표적인 예들을 살펴보면 다음과 같다.

〈사진 11〉 금동여래입상, 북위 524년, 높이 77cm, 뉴욕메트로폴리탄 미술관

〈사진 12〉 금동여래입상, 동위 536년, 높이 77.5cm, 펜실바니아 대학교 미술관

〈사진 13〉 석조여래좌상, 북위 5세기 말, 용문석굴 빈양동

- 금동여래입상(하북성 正定 출토, 북위 正光 5(524)년, 높이 77cm, 뉴욕 메트로폴리탄미술관 소장)(〈사진 11〉)
- 금동여래입상(동위 536년, 높이 61cm, 미국 펜실바니아대학교 박물관 소장)
- 석조삼존불의 본존(동위 天平 4(538)년, 높이 77.5cm, 미국 클리브랜드 박물관 소장)(〈사진 12〉)
- 운강석굴 제6동 삼존불입상의 본존(북위 5세기 후반)
- 용문석굴 빈양동 본존좌상(북위)(〈사진 13〉)

　북위 시대의 시무외인·여원인을 맺고 있는 불상들의 가장 큰 특징은 옷의 표현에서 보인다. 홀쭉한 몸매에 비해서 매우 두꺼운 옷을 입고 있다. 대의 속에 내의가 가슴을 가로 질러 나타나고 속옷을 매는 허리띠 매듭도 가슴 위에 보인다. 대의의 한 쪽 끝단이 가슴을 가로질러 왼쪽 팔목 위에 걸쳐지고 가슴 위에서 허리 밑으로 연속적인 U형 주름이 떨어진다. 그리고 옷자락 좌우가 대칭적으로 비현실적으로 뻗쳐있다. 얼굴은 길쭉한 편이며, 양쪽 입술에 고전적인 고졸의 미소를 띠고 있다. 이와 같은 불상 법의의 모습과 얼굴 모습은 인도 불상과는 다른 명확한 중국화된 양식이다.

　한편 삼국의 불상 중 시무외인·여원인을 맺은 여래입상들을 살펴보면, 대부분 통견을 걸치고 있으며, 북위 불상들처럼 대의 안의 내의와 속옷을 매는 허리띠 매듭이 가슴 위에 보인다. 그리고 대의의 한 쪽 끝단이 왼쪽 팔목 위에 걸쳐지고 있는 모습도 유사하고 고구려 초기 불상에서 보이는 양쪽으로 뻗친 옷자락도 비슷하다. 여원인을 맺은 왼손의 새끼손가락과 무명지를 굽힌 예도 있다. 이처럼 통인은 삼국의 불상에서 가장 많이 보이는 수인의 형태로 독존의 소금동불, 금동삼존불 중의 본존, 태안과 서산에서 조성된 마애불의 본존, 경주 지역 석불의 본존에서 나타난다. 다음은 살펴 볼 것은 삼국에서 조성된 대표적인 작품이다.[14]

2.2.1. 연가7년명 금동여래입상

〈사진 14〉 연가7년명 금동여래입상, 경남 의령 출토, 고구려 539년, 높이 16.3cm, 국립중앙박물관

광배 뒷면의 명문에 의하면, 이 상은 고구려 평양 동사(東寺)의 신도 40명이 발원 제작한 현겁천불의 불상 중 스물아홉 번째 불상이다. 제작 연대는 539년으로 추정되며, 삼국의 불상 중에서 제작 연대를 알 수 있는 가장 오래된 상이다(〈사진 14〉). 상은 대좌와 광배를 갖추고 있으며, 통견의 법의, 나발 그리고 육계를 갖추고, 오른손은 시무외인, 왼손은 여원인을 하고 있다. 몸체에 비해 얼굴과 양손 그리고 두 발이 크게 표현되어 있고 입술 양쪽으로 미소를 띠고 있다. 상의 대의는 앞에서 살펴 본 북위 불상의 양식을 충실히 따르고 있다. 즉 대의 한 쪽 끝을 왼쪽 어깨로 넘기는 인도의 간다라 식 옷자락과는 달리 왼쪽 손목으로 걸쳐 흘러내리게 하고 가슴의 주름은 U자형으로 흘러내린다.15) 상의 양쪽에 날개 자락처럼 뻗친 옷 주름도 북위 불상에서 보이는 양식이다.16)

---

14) 시무외·여원인을 맺은 여래좌상으로는 6세기의 충남 예산군 화전리 사면석불의 남면 본존불, 충북 청원군 비중리 석조삼존불의 본존불이 있다. 7세기 작품은 충북 중원군 봉황리 마애불, 경주시 인왕동 출토 석조여래좌상, 舊 小倉 소장 금동삼존불의 본존, 경북 봉화군 북기리 마애여래좌상, 경북 영주군 가흥동의 마애삼존불의 본존 등이 있다(김춘실, 「三國時代 施无畏·與運印 如來坐像考」, 『미술사연구』 4집, 1990 참조).

15) 법의의 옷자락이 가슴을 가로질러 왼쪽 팔뚝 위로 건너가는 형식은 북위 불상에서 흔히 보는 착의 방식으로 중국에서는 5세기 말부터 운강석굴 후기의 제6동이나 11동에서도 보이고, 6세기 초에는 중국화의 한 특징으로 정착했다.

16) 연가7년명상의 얼굴이나 옷 주름 표현이 매우 비슷한 고구려 계통의 불상으로는 국립중앙박물관 소장의 금동보살입상(삼국시대 6세기, 높이 15cm)이 있다. 이 상도 북위 영향을 받은 고구려 상으로 추정된다. 길쭉한 얼굴형에 花形寶冠을 쓰고 天衣가 양 어깨에서 둥근 장식으로 매어져 있고 몸 양쪽으로 힘 있게 뻗친 모습이나 끝이 뾰족하고 넓은 목걸이 형태가 6세기 초의 북위 보살상 양식을 강하게 반영하고 있다.

2.2.2. 신묘명(辛卯銘) 금동무량수삼존불

이 상은 광배 뒷면에 67자의 긴 명문이 선
각되어 있다. 그 내용은 "경4 신묘년에 비구
와 선지식 등 5인이 무량수불 1구를 만들어
돌아가신 스승과 부모님이 여러 부처님들을
항상 만나 뵙기를 기원하고 선지식 등은 미
륵불 뵙기를 기원한다."고 한다. 신묘년은
571년으로 추정되며 6세기 후반 고구려 불
상의 양식을 알 수 있는 상이다. 대좌는 없
어졌고 하나의 광배에 삼존을 조성한 일광
삼존불(一光三尊佛)이며 화불(化佛) 3구가 함
께 새겨져 있다(〈사진 15〉). 본존의 육계는
높고 크며 얼굴의 모습은 앞의 연가7년명

〈사진 15〉 신묘명 금동무량수삼
존불, 황해도 곡산 출토, 고구려
571년 추정, 높이 15.5cm, 삼성
리움미술관

상과는 달리 통통해 보인다. 통견의 법의도 양쪽으로 뻗친 옷자락이
둔화되었다. 한편 본존불의 착의는 연가7년명의 불상처럼 대의 옷자
락이 가슴 앞을 가로 질러 왼손 팔뚝에 걸쳐진 것이 아니라 어깨 뒤
로 넘어간 형식이다. 이러한 형태의 대의 형식은 북제 시대에 들어와
유행한 것으로 6세기 중엽 남조 양대(梁代)의 불상 양식 및 인도식
불상과 관련이 있고, 신묘명 상은 새로운 형식으로 옮겨가는 비교적
이른 예로 보인다.[17]

---

17) 岡田 健, 「北齊樣式의 成立과 그 特質」, 『佛敎藝術』 159, 1895, 31~48쪽; 김춘실, 「중국
北齊·周 및 수대여래입상양식의 전개와 특징」, 『미술자료』 53, 1994.6, 108~134쪽; 김춘
실, 「삼국시대여래입상 양식의 문제」, 『미술자료』 155, 1995.6, 10~41쪽.

2.2.3. 서산 마애삼존불의 본존

백제에서 시무외인·여원인을 맺은 석불로는 예산 화전리 사면석불의 동면 및 북면의 입상과 태안 마애삼존불의 양쪽 상 그리고 서산의 마애삼존불의 본존 등이 있다. 서산 마애불 본존의 양손은 다른 신체 비례와 비교해서 비교적 크게 표현되었으며, 오른손은 가슴 위까지 들어 시무외인, 왼손은 손바닥을 아래로 약지와 새끼손가락을 구부린 여원인이다(〈사진 16〉). 통견의 법의를 걸치고 가슴 앞에 대각선의 내의와 옷 매듭 위쪽 부분이 보이고 주름의 끝은 옷 속으로 들어

〈사진 16〉 서산 마애삼존불, 백제 7세기 초, 본존 높이 280cm, 충남 서산군

갔다. 옷자락은 양쪽으로 뻗치지 않고 양손 밑으로 가지런히 떨어지고 있다. 여래의 상들은 대체로 눈을 반쯤 감고 명상하는 모습이나 이 상은 눈을 활짝 뜨고 있으며 눈, 양뺨 그리고 입술 주변까지 얼굴 전체가 웃고 있다. 전체적인 조각의 부드러운 표현과 친근한 얼굴 표정은 백제적인 불상의 표현이라 볼 수 있다.

2.2.4. 배동 석조여래삼존상의 본존

신라 지역에서 시무외인·여원인을 한 대표적인 상은 경주 서남산 입구에 있는 배동 삼존석불의 본존이다.[18] 상의 전체 비례는 4등신이며, 통통한 얼굴과 둥근 눈망울을 가진 귀여운 얼굴이다(〈사진 17〉).

---

18) 단석사 신선사의 본존은 명문에 의해 미륵여래이며, 이 상도 시무외인·여원인을 맺고 있다. 소금동불로는 경북 영풍군 숙수사지에서 출토된 금동여래입상(신라 7세기, 상 높이 14.8cm, 국립청주박물관 소장)도 배동 삼존상의 본존과 같은 통견의 형식에 시무외인·여원인을 맺고 있다.

〈사진 17〉 배동 석조여래삼존상, 신라 7세기 전반, 경주 배동

여원인을 한 왼손은 앞의 서산 본존과는 달리 손가락의 구부림이 없다. 통견의 법의를 걸치고 있으며 가슴부터 발목 부분까지 U자형 주름이 두 줄의 융기선으로 나타난다. 백제의 상들에 비해 경직되고 조각 솜씨 또한 서툴다.

2.3. 항마촉지인

항마촉지인(降魔觸地印, bhumisparsa mudra)은 손이 땅에 닿는 자세이며, 마라(Mara)를 이긴 석가모니의 승리를 나타낸다. 손바닥을 안쪽으로 하여 오른손을 밑으로 내려뜨리고 그리고 땅을 가리킨다. 좌상에만 사용되는 수인이다.

인도의 경우, 간다라를 포함한 여러 지역에서 불전도 중의 한 장면으로 항마상을 조성했다. 성도 직전 마라라는 마순이 여러 방법을 동원하여 깨달음을 방해하지만 모두 물리치고 지신(地神)의 인정을

〈사진 18〉 항마상, 쿠산 시대, 워싱턴 플리어미술관

받을 때 사용한 수인이다. 〈사진 18〉에 의하면 주위에 청중들이 등장한 가운데 본존인 붓다가 조용히 오른손을 무릎으로 내리고 왼손은 옷자락 한 끝을 쥐고 있는 자세를 취하고 있다. 한편 독존으로 왼손을 결가부좌한 두 다리의 중앙에 손바닥이 위로 향하게 놓고 오른손은 무릎 위에서 땅을 가리키는 수인의 형태로 나타나는 것은 굽타 시대부터이다.[19]

중국도 7세기 후반 당나라 때부터 항마촉지인상이 조성되기 시작했다. 이때 중국의 수많은 구법승들이 인도에 갔으며, 당시 유행하던 항마촉지인상을 모사 또는 가져왔을 가능성이 높다. 구법순례기에 의하면, 이들은 성도지인 보드가야의 마하보리사에 모셔져 있던 항마촉지인상을 참배하고 그 상을 모사하여 중국에 돌아왔다고 한다.

---

19) 인도에서 10세기경의 팔라와 세나 시대에도 마가다 지방의 보드가야가 중요하게 여겨지면서 항마촉지인상도 유행하였다. 보드가야의 마하보드 사원 안의 항마촉지인을 맺은 석가모니상은 이 시대의 모델이 되었을 뿐만 아니라 보드가야를 성지로 여기는 다른 불교 지역에도 영향을 주었다(Huntington, S. L. (1985), *The Art of Ancient India, Buddhist, Hindu, Jain*, New York: Weather Hill, pp. 393~394).

또한 의정이 인도에서 귀국할 때 가져온 금강좌진용상(金剛座眞容像)도 항마촉지인상이며, 구법승들과 항마촉지인상과의 관계에 대한 연구는 많이 행해졌다.[20]

〈사진 19〉 석조삼존불, 서안 보경사 출토, 중국 당, 동경국립박물관

중국도 초기에는 불전도의 한 장면인 항마상의 표현이 둔황과 운강석굴에 보이지만, 인도의 굽타 양식을 반영한 편단우견의 법의 형식, 벌어진 어깨와 넓은 가슴, 가늘어진 허리, 편안하게 결가부좌하고 촉지인을 한 불좌상은 7세기 후반 당의 조각에서 유행하였다. 주로 삼존이나 독존의 형식이며(〈사진 19〉), 이러한 형식은 당의 8세기 전반 경까지 유행하고[21] 그 이후에는 거의 보이지 않는다.[22]

통일신라 때 조성된 항마촉지인좌상에 대해서 살펴보면, 당의 영향으로 7세기 후반부터 항마촉지인상을 맺은 불상이 나타나고 통일신라 말 고려 초에 걸쳐서도 계속 유행한다.

---

20) 김리나, 「인도불상의 중국전래고: 菩提樹下 金剛座眞容像을 중심으로」, 『한국고대불교조각사연구』, 일조각, 1995, 270~290쪽; 김리나, 「중국의 항마촉지인불상」, 『한국고대불교조각사연구』, 일조각, 1995, 291~336쪽; 高田 修, 「寶冠佛について」, 『佛敎藝術』 21號, 1954, 42~57쪽; 肥田路美, 「唐代における佛陀伽倻金剛座眞容像の流行について」, 『論叢佛敎美術寺』, 吉川弘文館, 1986, 157~186쪽.

21) 계림의 서산 관음봉에서 발견된 상은 중국에서 조성된 항마촉지인상 중에서 명문이 있는 최초의 작품이다. 상 대좌 밑의 석벽에 "調露元年十二月八日 隋太師大保申明公孫昭州 可馬李寔造像一鋪"라는 명문으로 679년에 조성되었음을 알 수 있다. 널찍한 어깨와 가는 허리 그리고 불신의 윤곽선이 그대로 나타나게 입은 편단우견의 대의, 촉지의 오른손이 땅에 닿을 듯이 길게 늘어진 모습 등은 굽타 시대의 불상 모습을 충실히 따르고 있다. 하북성 정정현 화탑사의 상도 비록 머리와 오른쪽 팔의 일부분이 결실되었으나 727년에 조성되었다는 명문이 있다. 특히 이 상의 옷 주름 표현이나 몸체의 볼륨감, 양 무릎 옷 주름, 대좌 앞에 부채꼴 모양으로 펼쳐진 옷 주름 표현 등에 한국의 석굴암 본존상과 양식적으로 가장 유사한 상으로 보고 있다(김리나, 앞의 책(1995) 참조).

22) 김리나, 「중국의 항마촉지인불좌상」, 『한국고대불교조각사연구』, 일조각, 1995, 296쪽.

2.3.1. 군위아미타삼존불 본존

경북 군위 팔공산의 자연굴 안에 삼존상이 안치되어 있다. 7세기 후반 조성된 상으로 본존의 왼쪽 협시보살은 보관에 화불이 있는 관음보살, 오른쪽 협시는 보관에 정병이 있는 세지보살로 본존은 아미타불이다. 이 상은 신라에서 항마촉지인을 맺은 매우 중요한 아미타불의 도상이다.[23] 한편 이 상의 오른손 수인은 인도나 중국의 예처럼 오른손이 무릎 밑으로 내려져서 땅에 닿거나 땅을 가리키는 모습이 아니라 무릎 위에 올려 있다. 이는 새로운 항마촉지인의 도상이 통일신라 초기에 전래되었으나 원래의 수인의 의미를 완전히 이해하지 못한 단계에서 수용된 초기의 형태로 볼 수 있다.[24]

2.3.2. 경주 남산 칠불암사지의 마애삼존불의 본존

경주 남산의 동쪽 봉화곡을 올라가면 정상 못미처 칠불암터로 불리는 곳에 마애삼존불과 그 앞에 사방불이 조각되어 있다. 이 중 삼존불의 본존은 항마촉지인의 좌상이며, 왼쪽 협시보살은 연꽃을, 오른쪽 협시보살은 정병을 들고 있다(〈사진 20〉). 두 협시보살의 보관에 화불이 없어 보살 이름은 물론 본존의 이름도 알 수 없으나 본존의 전형적인 항마촉지인으로 미루어보아 석가모니불로 추정하기도 한다.[25]

〈사진 20〉 칠불암사지 마애삼존불, 통일신라 8세기 전반, 본존 높이 266cm, 경주 남산

23) 황수영, 「군위삼존불」, 『한국불상의 연구』, 삼화출판사, 1973, 267~275쪽; 松原三郎, 「新羅石佛の系譜: 特に新發見の軍威石窟三尊佛を中心して」, 『美術研究』 250號, 1966; 大西修也, 「軍威三尊佛考」, 『佛教美術』 129號, 1980.

24) 김리나, 「통일신라의 항마촉지인불좌상」, 「한국고대불교조각사연구」, 일조각, 1995, 342쪽.

이 삼존불은 8세기부터 유행하는 오른손 촉지의 손가락 끝이 땅에 닿게 길게 내려뜨려진 점은 인도 이래의 항마촉지인의 도상을 충실하게 계승하고 있다. 또한 본존은 소발에 넓적한 육계가 특징이며, 편단우견의 대의와 2중 연화대좌의 표현 그리고 얼굴의 네모나고 넓적한 위엄 있는 모습에서 이국적인 인상을 풍긴다.

2.3.3. 경주 석굴암 본존

석굴암은 인도나 중국처럼 자연 암석을 파내고 그 바위 면에 불상과 보살상을 새긴 것이 아니라 굴 중앙에 환조의 본존과 그 주위에 부조상을 새긴 판석을 끼워 만든 인공석굴이다.[26] 석굴암에 관한 기록으로는 『삼국유사』 권제5 「대성효이세부모(大成孝二世父母)」조에 의하면, "신라의 재상인 김대성이 현생의 부모를 위해 불국사를 창건하고 전세의 부모를 위해 석불사를 창건하여 신림(神琳)과 표훈(表訓) 두 대사를 청해 주석케 했다."라고 한다.

본존은 나발에 육계가 있으며 편단우견과 항마촉지인 그리고 연화대좌와 뒤에 광배 등을 갖추고 있다(〈사진 21〉). 본존의 작풍은 몸에 밀착된 법의 표현이나 다리 위에 걸쳐

〈사진 21〉 석굴암 본존, 통일신라 751~774년, 본존 높이 345cm, 경주 토함산

---

25) 강우방, 『한국불교조각의 흐름』, 대원사, 1999, 281쪽.
26) 석굴암의 구조는 평면 원형인 내진과 평면 장방형인 외진으로 나누고 통로로 연결되어 있다. 석굴암의 조각들을 살펴보면, 먼저 외진에 통일신라 말이나 고려 초의 조성으로 추정되는 팔부신중 8구, 입구 양쪽에 금강역사상 2구, 내진 통로 양쪽에 각각 2구씩의 사천왕상 4구, 내진으로 들어서는 양쪽 첫 번째 범천과 제석천 등 2구, 다음으로 양쪽에 문수와 보현보살로 여겨지는 보살상 2구, 그리고 그 안쪽의 양쪽으로 각각 제자상 5구씩 모두 10구, 본존상 뒤쪽 정중앙에 십일면관음입상 1구, 10개의 감실에 모셔진 상 10구 (현재 2구 망실), 본존상 1구 등 총 40구의 불보살이 안치되어 있었으나 현재 감실의 2구가 없어져 총 38구가 남아 있다.

진 옷 주름이 다리 밑 대좌 위에 모여 부채꼴 모양을 만든 것 등에서 인도 굽타 불상 양식의 영향을 받았음을 알 수 있다. 수인을 살펴보면 오른손은 무릎 아래로 내려와 검지가 약간 들린 모습이며 왼손은 길상좌를 맺은 오른쪽 다리 안쪽 깊숙이 손바닥을 위로 하고 놓여 있는 전형적인 항마촉지인의 형태이다. 이러한 항마촉지인상은 8세기 후반에서 9세기에 걸쳐 제작된 통일신라 말기의 많은 여래좌상에 계승되었고, 고려 초기의 철조여래좌상에도 보인다.[27]

3. 두부별석의 마애불에 보이는 한국적 요소

마애불은 바위 면에 부조로 새겨진 불상을 말한다. 인도와 중국에서도 석굴을 개착하여 석굴 바위 면에 부조로 불상을 조각하였다. 이 경우 마애불은 재료인 암석이나 바위 면을 고려하지 않고 오로지 불상을 새겨 장식하기 위한 목적이었으며, 그 결과 조각 기법도 균일하여 바탕의 재질과 조각의 두께가 일정한, 즉 조소적인 목적으로 조성된 경우가 대부분이다.

한국도 삼국시대부터 마애불의 조성이 시작되었다. 마애불의 최초 예로는 6세기 말경 백제 지역의 태안과 뒤를 이어 조성된 서산 마애불을 들 수 있다. 7세기 중엽에는 고구려의 옛 영토로 알려진 중원지

---

27) 고려 철불 중에서는 이러한 전통을 충실히 따른 서산 보원사지나 광주 출토의 철불좌상과 같은 예가 있고, 한편으로 강원도 원주 부근에서 옮겨온 철불과 같이 얼굴 표정이나 불신의 비례 그리고 주름의 처리 등에서 신라적인 영향에서 벗어나 지방화 내지 토착화된 고려의 불상 양식도 보인다(김리나, 앞의 책(1995), 371쪽).
　　경주 남산 미륵곡 석조여래좌상(통일신라 8세기 후반, 상 높이 244cm), 경산 관봉 석조여래좌상(통일신라 8세기 후반, 총 높이 400cm)처럼 항마촉지인을 맺은 불상 중 법의가 편단우견에서 통견으로 바뀌거나 경주 남산 삼릉곡 발견 석조약사여래좌상(통일신라 8세기 말, 상 높이 145cm)과 상주 증촌리 석조여래좌상처럼 오른손은 무릎 밑으로 내린 항마촉지인을 맺고 있으나 무릎 가운데 올린 왼손에 약함을 들고 있는 약사여래도 조성되었다.

방에서도 마애불이 조성되었다. 8세기 이후에는 경주를 중심으로 사원의 창건과 불상의 조성이 본격화되었고 이와 더불어 조각적으로 뛰어난 마애불도 조성되었다. 특히 경주 남산을 중심으로 조성된 마애불들은 전체적인 신체 비례가 좋을 뿐만 아니라 표현에 있어서도 섬세한 작례들이 보인다.[28] 9세기 이후가 되면, 마애불의 조성은 더욱 활발해진다.

이러한 마애불이 조성된 위치를 살펴보면, 주로 기존의 재래신앙과 관련이 깊은 곳이 많다. 기자신앙이나 또는 암석신앙과 관련된 곳에 마애불이 함께 조성되거나 그 주변에 보이는 경우도 있다.

마애불의 표현을 보면, 다른 나라에서는 보이지 않는 다양한 조각기법들이 보인다. 먼저 바위 면은 전혀 손대지 않고 울퉁불퉁한 바위 면을 그대로 두고 선각(線刻)이나 얇은 부조로 상을 표현하거나, 머리 부분은 고부조, 상반신은 얇은 부조 그리고 하반신은 선각으로 처리하기도 하였다. 나아가 바위 면은 몸체 부분만 나타내고 머리 부분은 별도의 돌로 만들어 신체 부분에 해당하는 암석에 올리기도 했다. 마지막으로 얼굴이나 손 부분만을 새기고 나머지 부분은 생략한 일종의 미완성으로 보이는 마애불도 있다.

이러한 마애불들의 조각 기법의 공통점은 원래 암석의 모양을 가능하면 그대로 살리고자 한 점이다. 거상(巨像)의 경우는 암석 자체를 불상의 신체로 여겨 바위 면 전체를 사용하고, 작은 상의 경우는 바위 면을 얇은 부조나 선각으로 상의 윤곽선만 나타내고 상의 표면도 바위 면 그대로인 경우가 많다. 이는 불상에 새겨진 바위 그 자체를 중요시 여긴 것이며, 나아가 마애불이 새겨진 암석에는 여러 가지 전승이 전해오는 경우가 많다. 이는 예전부터 신령스럽게 여겨오던 암석에 불상이 조심스럽게 새겨졌음을 알 수 있다. 이처럼 마애불이

---

28) 경주 남산 봉화곡 칠불암사지 삼존불과 사방불, 경주 남산 용장곡 용장사지 여래 좌상, 경주 남산 보리사 여래 좌상, 경주 굴불사지 사면 석불의 남쪽 면 여래 입상 및 보살 입상 등을 들 수 있다.

새겨진 위치나 마애불의 조각 기법으로 미루어 본다면 마애불은 가장 한국적인 특징을 보여 주는 불상 조각으로 여겨진다.

여기서는 마애불이 하나의 바위 면에 머리부터 상 전체를 나타내고 있는 것과는 달리 머리 부분만을 다른 돌의 환조로 만들어 몸체가 새겨진 바위 위에 올린 두부별석의 마애불을 중심으로 살피고자 한다. 이처럼 두부에 다른 돌을 얹은 마애불의 원류는 통일신라 중엽(경덕왕 대, 742~764년)에 조성된 경주 굴불사지 사면석불 서쪽 면의 아미타입상이다. 9세기 이후가 되면 경주 남산 약수곡 마애대불처럼 10미터가 넘는 거대한 형태도 나타난다. 그리고 고려시대에도 두부에 별석을 얹은 거대한 마애불이 계속해서 조성되었으며, 안동 이천동 마애석불입상, 파주 용미리(龍尾里) 마애석불입상 그리고 공주 계룡산 양화리(陽化里) 마애석불입상 등이 있다.

3.1. 경주 굴불사지 서면 아미타삼존불의 본존

『삼국유사』 권제3 탑상(塔像) 제4 「사불산 굴불산 만불산(四佛山 掘佛山 萬佛山)」조에 굴불사의 유래와 사면의 석불에 대한 기록이 있다.

> …또 경덕왕(재위 742?~765년)이 백률사(柏栗寺)로 행차하는데 산 아래 이르렀을 때 땅 속에서 불성(佛聲)을 창함이 들려 명하여 그곳을 파서 커다란 돌을 얻었다. 사면에 사방불(四方佛)이 새겨져 인하여 절을 세우고 굴불(掘佛)로 이름을 삼았다. 지금 잘못하여 굴석(掘石)이라 하니….29)

이 기록처럼 사면에 불상이 새겨진 바위가 백률사로 올라가기 전 산의 중턱에 자리 잡고 있다. 이제 사찰의 흔적은 없지만 남쪽으로 널찍한 터가 있어 이곳에 굴불사가 있었음을 짐작할 수 있다. 남쪽

---

29) 『삼국유사』 권제3 塔像 제4 「四佛山 掘佛山 萬佛山」.

면에는 본존인 아미타여래입상은 바위 면에 부조로 새겨져 있고 양 협시보살상이 본존 양 옆에 서있는 삼존상 형태이다. 즉 왼쪽에는 보관에 화불이 새겨진 관음보살입상과 오른쪽에는 현재 머리 부분은 없어져 보관은 확인할 수 없지만 오른손의 정병 때문에 세지보살입 상으로 여겨지는 상이 원래의 암석이 아닌 다른 돌로 환조되어 바위 앞쪽에 서있다. 동쪽 면에는 왼손 손바닥 위에 약환이 올려져 있는 약사여래좌상이 새겨져 있고, 남쪽 면에는 삼존입상이 있었을 것으 로 여겨지나 현재는 왼쪽 협시상은 없어지고 본존과 오른쪽 협시보 살상만이 남아 있다. 북쪽 면에는 얕은 부조로 미륵여래로 여겨지는 여래입상 1구와 선각으로 여섯 개의 팔을 가진 십일면관음보살상이 새겨져 있다.

이처럼 『삼국유사』의 이야기를 뒷받침하듯이 사방에 사방불로 여 겨지는 존상들이 암석에 새겨져 있으며, 조각된 각 면의 상들을 보면 바위 전체를 전혀 손상시키지 않고 주어진 면만 이용하고 있다. 그리 고 상의 크기나 조각의 정교함 그리고 앞의 공간 등을 고려한다면 서쪽 면 아미타삼존입상이 사방불에서 가장 중요한 상이었음을 짐작 할 수 있다. 특히 본존상은 머리 부분을 환조의 다른 돌로 만들어 올리고 신체 부분만 바위 면에 부조로 나타냈다. 본존의 표현을 보 면, 먼저 신체 부분은 상의 윤곽선까지의 각도가 완만하여 상이 바위 에서 서서히 나타나고 있는 느낌을 강하게 준다(〈사진 22〉). 이러한 느낌은 환조의 머리 부분과 부조의 몸체 부분이 강력하게 대비되어 그 효과를 더욱 느낄 수 있다. 그리고 신체 주위의 거친 징자국도 바위에서 나타나는 불신의 이미지를 극대화시킨다.

다른 마애불의 조각 기법과는 달리 머리 부분을 별석으로 만들어 신체 위에 올린 이유를 추정해 보면, 두부를 암석에 나타내려면 많은 부분의 암석을 깎아야 하나 별석으로 만들어 올리면 본래의 바위를 거의 손상시키지 않고 완성된 형태의 두부를 표현할 수 있기 때문이 다. 또 불상의 양 어깨선은 암석의 원래의 선을 그대로 사용하고 있

〈사진 22〉 굴불사지 서쪽면 삼존상, 통일신라 8세기 중반, 경주 동천동

다. 이러한 두부 별석의 마애불 표현 기법은 암석에서 불상이 출현하고 있는 시간의 경과를 나타낼 뿐 아니라 불상이 새겨진 암석 자체가 영석(靈石)임을 보여주는 한 예로 볼 수 있다.[30]

3.2. 경주 남산 약수곡 마애대불

경주 남산은 신라부터 통일신라에 걸쳐 가장 집중적으로 마애불이 조성된 지역이다. 이는 신라인에게 남산이 특별한 장소였음을 의미하기도 한다. 그러나 남산은 신라에서 중요시 여기던 삼산(三山)이나 오악(五岳)에서 배제되었고, 직접적으로 남산을 언급했던 기록도 보이지 않는다. 『삼국유사』에 언급된 몇 개의 기사를 종합해보면, 남산은 시조가 태어난 장소이며 또 남산의 신이 국가의 멸망을 예언했다

---

30) 김진숙, 『고려 석불의 조형과 정신』, 참글세상, 2013, 85~105쪽 참조.

고 한다.31) 남산은 기암괴석이 많아 예전부터 암석에 관련된 전승이나 특정한 모양을 한 바위에 대한 민간신앙도 오랫동안 함께 했다. 예를 들면 상사암의 경우,32) 『동경잡기』에 의하면 신라 때부터 상사 질병을 앓은 자가 기도하면 효험이 있다는 내용과 아이 낳기를 원하면 그 뜻이 이루어진다는 기자신앙으로 예배되던 바위이다. 이외에도 기자신앙과 관련된 바위는 남산에서 많이 발견된다.

남산 금오산 정상에서 서쪽으로 내려오면 약수계곡이 있고, 이 계곡의 바위 면에 거대한 불상(현재 높이 8.6m)이 새겨져 있는데, 현재 머리 부분은 없어지고 어깨 아래 부분만 남아 있다. 머리는 별석으로 만들어 따로 붙인 것으로 바위 위에 목 부분을 고정시킨 것으로 보이는 십자형의 홈이 나 있다. 아마도 머리는 계곡 아래로 굴러 떨어진 것으로 보인다. 거상임에도 불구하고 두 손의 조각은 매우 유려하다. 왼손은 굽혀 가슴에 대고

〈사진 23〉 약수곡 마애여래입상, 통일신라, 높이 8.6m, 경주 남산

오른손은 내려서 허리 부분에 두었는데 모두 엄지와 검지·약지를 맞대고 있다. 불상의 신체 부분은 어깨부터 밑의 치마 부분까지 양쪽 바위 면 30cm 정도를 거칠게 깎아 내어 상을 두드러지게 나타내고 있다(〈사진 23〉). 이 상도 앞의 굴불사지 서쪽 면의 본존과 마찬가지로 암석 전체를 불상의 몸체로 삼고 머리를 따로 조성하여, 바위를 전혀 손상시키지 않고 상을 조성하고자 했다.

---

31) 『삼국유사』 권제1, 기이 제1, 「신라시조혁거세왕」; 권제2, 기이 제2, 「처용랑망해사」.
32) 상사암은 경주 남산의 삼릉곡과 포석곡의 정상에 위치하고 있으며, 높이 15m, 폭 28m인 바위를 말한다.

3.3. 안동 이천동 마애석불입상

고려도 통일신라에 이어 두부 별석의 거대한 마애불이 조성되었다. 대표적인 예로는 안동 이천동 마애석불입상, 파주 용미리 마애석불입상 2구 그리고 논산 상월면 마애석불입상 등이 있다.

이천동 마애석불입상은 예부터 안동 지역에서 '연비원(燕飛院)의 석불'로 불려 왔으며 지금도 미륵상으로서 깊이 신앙되고 있다.[33] 상의 구조를 보면, 머리 부분은 다른 돌로 만들어 몸체의 암석 위에 올려 있다. 현재 머리 뒷부분의 반은 없어졌다. 선각으로 암벽 전체에 몸체 부분을 나타내고 있다. 그러나 앞에서 살펴본 상들과 마찬가지로 어깨선은 암석 위의 선을 그대로 살려 사용하고 바위 면에는 법의와 두 손만 새기고 있다. 즉 어깨에 해당하는 암석 위의 선은 인공적으로 손을 대지 않고 암석 본래의 모양이다(〈사진 24〉).

별석의 두부 표현을 보면 면상은 원만하고 눈썹과 눈이 명확한 선으로 길게 표현되어 있다. 눈썹과 눈 사이가 넓고 눈썹이 마치 활처럼 굽어 있다. 눈의 윤곽은 음각으로 새기고 눈동자를 크게 만들었다. 백호도 크게 부조하고 있다. 코는 눈썹부터 선이 연결되어 있고 콧잔등은 높고 밑 부분은 삼각형을 이루고 있다. 그 밑에 입술의 선도 명확하다. 눈 부분과 입술, 목의 삼도선 등에 주색이 남아 있어 채색을 했음을 알 수 있다.

---

33) 燕飛院에서 '院'은 여행하는 사람들이 묵는 일종의 여관을 말한다. 『동국여지승람』「안동」 조에는 연비원이 驛으로 적혀 있다. 옛날 영남에서 충청도, 경기도, 한성 등에 가기 위해서는 안동을 경유해서 백두대간을 넘어야만 했다. 그 길의 요소에 있었던 것이 연비원이다. 또한 상의 조성에 대해서는 두 가지 설이 구전되고 있다. 하나는 통일신라 말에 도선국사에 의해 조성되었다는 것과, 다른 하나는 어느 날 저녁 천지가 무너지는 듯한 소리가 나면서 커다란 바위가 둘로 나뉘어 불상이 출현했다는 것이다. 현재 석불이 있는 곳을 보면 커다란 바위 두 개가 있다. 그 사이의 공간은 2m도 되지 않은 좁은 공간이다. 마애불은 앞의 바위를 마주 보고 있어 전승에서처럼 바위가 갈라지면서 불상이 땅에서 나온 것 같다(총 높이 12.38m, 머리 높이 2.43m). 또한 멀리서 보면 마애불을 마주 보고 있는 암석이 마애불의 몸체 부분을 가리고 있어 마치 거대한 암석 위에 머리만 놓여 있는 것 같다.

〈사진 24〉 이천동 마애여래입상, 고려, 경북 안동

〈사진 24-1〉 이천동 마애여래입상 정면

〈사진 24-2〉 이천동 마애여래입상측면

통견의 법의는 선각으로 새겨져 있을 뿐이며 그것도 신체의 아래쪽 부분은 잘 보이지 않는다. 신체를 나타내고 있는 바위 면이 파이기도 하고 돌출되어 있기도 하여 균일하지 않다. 특히 체부 왼쪽에 왼손 부분은 바위 면이 많이 돌출되어 있고 그 아래는 급속도록 파여 있다. 이 때문에 오른손보다도 왼손 쪽이 더욱 돌출되어 보인다. 수인의 경우 오른손은 배에 대고 있으며 왼손은 가슴 쪽에 대고 있다. 두 손 모두 엄지와 중지를 맺은 중품하생(中品下生)을 표현하고 있다. 왼손의 손가락은 얇은 부조로 길고 섬세하게 표현되었다. 암석 밑에는 대좌로 여겨지는 단변연화문(單瓣蓮華紋)이 선각으로 새겨져 있다 (〈사진 24-1, 24-2〉).

한편 상의 바로 앞에서 상을 올려다보면, 신체 부분은 가능하면 자연의 암벽을 그대로 남기려고 했던 의도가 생생하게 느껴진다. 원래의 바위 면 때문에 불신이 패이기도 하고 돌출되기도 하지만 도리어 이것 때문에 선각인 신체부의 평면적인 표현에 움직임이 생겨 보인다. 멀리서 보면 상의 머리 부분은 선명하게 보이고 몸체 부분은 선각 때문에 잘 보이지 않고, 또한 앞의 바위가 신체의 아래 부분을 가리고 있어 전체 모습이 보이지 않는다.

이러한 이천동의 마애석불의 조각에서 살펴보면, 석불을 조성하기 전에 암석 그 자체가 대단히 중요한 신앙 대상이었음을 유추해 볼 수 있다. 즉 암석을 단순한 소재로 삼아 적극적으로 불상을 새기려고 했던 것이 아니었다. 비록 이 암석 자체가 신비스러운 신앙 대상의 영석이라는 확실한 사료는 없지만 이 조각 형식은 충분히 암석 신앙과 연관시켜 볼 수 있기 때문이다. 이는 바로 조각과 암석 어느 것이나 귀중하게 여긴 한국만의 불상 표현의 방법이었다.

한편 파주 용미리 마애석불 2구도 기자신앙과 관련된 전승이 내려오고 있으며, 둥근 갓을 쓰고 있는 불상과(총 높이 17.4m, 머리 높이 2.36m), 네모난 갓을 쓰고 있는 불상(머리 높이 2.45m)이 함께 조성되어 있고, 두 상 모두 두부는 별석으로 만들어 바위 위에 올려져 있다(〈사진 25)). 멀리서 보면 상들의 신체 부분은 숲 속에 가려져 있어 머리 부분만이 산 속에 우뚝 서 있는 것 같다. 상은 2구 모두 두부는 별석의 환조로 만들어졌으며 불신은 암벽에 부조로 새겨져 있다. 바위는 세로로 크게 균열되어 3개로 나누어져 있으나 가장 오른쪽은 바위 그대로이며 가운데가 거의 완전한 모양의 불상, 왼쪽은 불상의 몸 반쪽만을 내고 있다. 즉 바위의 자연스런 균열을 이용해서 불신을 나타내고 있다. 몸체와 지면과의 구별은 전혀 없으며 몸체 아래의 암석은 균열이 더욱 심하다. 특히 이 불상은 안동석불과 같은 모양으로 자연의 암석을 그대로 이용해서 조성한 대표적인 예이다.

〈사진 25〉 용미리 마애입상 2구, 고려, 경기도 파주

　마지막으로 논산 상월면(上月面) 마애석불입상의 경우는 계룡사의 신원사에서 금강대학교가 있는 곳에 못미처 오른쪽 수도원을 끼고 산 쪽으로 가면 중턱쯤에 용화사란 굿당이 나온다.34) 마애불은 여기서 위쪽으로 더 올라가 커다란 바위에 남쪽을 바라보고 새겨져 있다(〈사진 26〉). 마애불 앞은 꽤 큰 절터가 있었던 곳으로 추정되며 상의 왼쪽에 우물이 아

〈사진 26〉 상월면 마애여래입상, 고려, 충남 논산

직도 남아 있다. 마애불의 높이는 6.1m이며, 거대한 암석군 중의 가

---

34) 新元寺는 삼국시대 이래로 산신제를 지내던 곳이며, 특히 산신 신앙이 불교와 국가적인 신앙 대상으로 결합된 곳이다. 현재도 대웅전 뒤쪽에 조선 후기에 지어진 산신 제단인 中岳壇이 남아 있다.

장 앞부분 암석 단애에 몸체 부분은 선각으로 두부는 별석으로 만들어 올려 있다. 또 머리 뒷부분은 얇게 다듬은 판석처럼 만들어 바위에 부착시키고 있다. 두부는 나발이며 커다란 육계가 있다. 얼굴 생김은 조금 긴 편으로 근엄한 인상이다. 눈은 감고 있고 목에는 삼도가 있다. 양 어깨는 안동 이천동 상처럼 자연석 위의 선을 그대로 사용하고 있다. 어깨에서 아래의 체부는 선각으로 새겨져 있으며, 손 밑으로는 거의 알아볼 수 없다.[35]

4. 맺음말

불상에서 수인은 상호(相好)와 더불어 가장 중요한 구성 요소들 중 하나이다. 불상에서 얼굴과 손 모양을 가장 크게 만드는 것도 이 이유 때문이다. 또한 수인에 따라 불상의 존명이 결정된다. 나아가 시대마다 지역마다 유행하는 불상의 수인이 다르게 나타나는 것은 바로 특정 경전의 유포나 신앙의 유행을 반영한 것이다. 한편 한국의 불상 도상이나 양식은 중국과 밀접한 관계를 가지고 수용되지만 반드시 중국과 동일한 도상으로 발전하지는 않는다.

선정인을 맺은 불상은 중국과 한국에서 가장 먼저 나타난 도상이라는 점에서 중요한 의미가 있다. 이 수인을 통해 중국에서는 간다라 불상 양식을 수용하면서 중국적 양식으로 변해가는 모습을 알 수 있고, 한국의 경우도 초기 중국적인 불상 수용 양태를 알 수 있을 뿐만 아니라 한국적인 불상 양식으로 변해가는 모습을 살필 수 있기 때문이다.

시무외인·여원인은 모든 여래상이 가장 많이 맺고 있는 도상이다. 이는 예배자가 가장 선호하는 수인이며 여래의 특성을 가장 잘 보여

---

35) 김진숙, 앞의 책, 188~204쪽 참조.

주기 때문이다. 삼국시대 불상 중에 이 수인을 맺고 있는 상들의 도상적인 특징의 다양성으로 인해 존명을 특정하지 못한 상들이 많다. 이는 당시 불교 사상이나 신앙과의 관계 속에서 더 고찰해야 할 부분이다.

항마촉지인은 통일신라 초기 새롭게 유행한 도상이다. 이는 당시 인도와 중국과의 활발한 교류의 결과이며, 이 수인을 맺은 석굴암 본존상을 비롯하여 조각적으로 뛰어난 상들의 조성이 계속되었다.

한편 인도나 중국에서도 바위 암벽을 개착하여 석굴을 조성하고 벽면에 부조로 조각들을 새겼다. 그러나 이러한 조각들은 모두 조소적 표현을 위한, 즉 석굴 장식을 위한 조각으로 그 재질인 바위를 중시한 조각은 보이지 않는다. 그러나 한국 마애불의 경우는 가능하면 원래의 바위나 바위 면을 손상시키지 않으려는 방향으로 조각을 하였고, 심지어 암석의 형태 때문에 불상 표현이 제약을 받기까지 한다. 조각 기법도 한 상에 고부조부터 선각까지 다양하게 사용하여 이는 마치 암석에서 불상이 출현하고 있는 듯한 느낌을 준다. 그리하여 태양 광선의 변화에 따라 바위에서 마애불이 나타났다가 사라졌다가 하는 효과를 극대화시켰다.

특히 두부별석의 마애불은 우리나라에서만 보이는 마애불의 형태이다. 이것은 원래의 바위 면의 손상 없이 불상을 나타내는 가장 좋은 방법이며, 바위에서의 출현불이란 관점에서 볼 때도 환조인 머리 부분은 이미 출현했고 얕은 부조와 선각으로 새겨진 상반신과 하반신은 암석에서 지금도 출현하고 있는 상태를 나타내는 가장 극적인 조각 방법으로 고안된 것으로 여겨진다. 이상과 같은 두부별석 마애불의 조성원의(造成運意)는 불상의 몸체인 암석은 본래 영험이 있는 돌로, 즉 신령이 나타나 머물고 있는 신체(神體) 그것이며, 또는 이것에 준하는 성스러운 것으로 여겼음을 알 수 있다.

대한제국의 다문화 공간

-정동-

박경하

1. 머리말

개항 이후 외부 세계에 문호를 개방한 조선 조정은 일본인에게는 남산 기슭, 중국인에게는 청계천 수표교 일대에 거주하도록 하는 한편, 서양인들에게는 정동을 거주지로 지정했다. 그 뒤 영국, 프랑스, 러시아, 독일 공사관이 속속 들러서고, 근대적 학교들이 세워졌으며 교회와 선교사 주택, 서구식 호텔이 자리 잡았다. 묄렌도르프(P. G. von Moellendorff, 穆麟德), 베베르(Karl Ivanovich Veber, 韋貝), 에케르트(Franz von Eckert), 브라운(John McLeavy Brown), 손탁(A. Sontag), 스크랜턴(Mary F. Scranton), 헐버트(Homer Bezaleel Hulbert), 언더우드(Horace Grant Underwood), 아펜젤러(Henry Gerhard Appenzeller), 알렌(Horace Newton Allen, 安連) 등이 여기에 살며 궁궐에 출입했고 비숍(Isabella Bird Bishop), 브라즈(Enrique Stanko Vraz)도 여기를 서울 기행의 거점으로 삼았다.

아관파천에 이어 고종이 경운궁을 정궁으로 삼고 환구단을 지어 광무개혁을 추진하던 1900년 전후, 경운궁과 정동은 명실 공히 권력과 외교의 무대가 되었고 서울의 새로운 중심지가 되었다. 여기를 중심으로 황도에 걸맞게 서울을 개조하려는 노력도 시작되었다. 이 때의 경운궁과 정동은 동양의 전통과 서양의 근대적 문물을 조화시키려던 대한제국의 구본신참(舊本新參)의 개혁이념의 결과이자 그 상징이었다.

서울 도심은 지난 100여 년간 조선왕조 500년의 역사도시의 바탕 위에서 인구 천만 명을 헤아리는 거대도시로 압축 성장하였다. 특히, 서울 도심 중에서도 정동은 문화유산과 현대도시의 특징이 물리적으로나 역사적으로 중층적으로 맞물려 있는 지역이다. 지형과 성곽유적, 궁궐과 도시기념시설, 외교와 선교, 근대 양옥과 한옥 풍경이 어우러져 있다. 이들을 통합적이고 전체적인 관점에서 바라볼 때 그 역동성을 온전히 읽을 수 있으며, 역사적 층위를 겹쳐봄으로써 정동이 가지고 있는 개화기 다문화적 성격을 이해할 수 있다.

이 글에서는 대한제국의 다문화 공간으로서의 정동의 성격을 첫째, 고종 황제의 한성 개조계획을 통하여 살펴보고, 둘째, 경운궁을 둘러싸고 서양 각국의 공사관이 들어서면서 정동이 대한제국의 외교 타운으로 기능하게 된 점, 셋째, 서양 선교사들이 정동에 터를 잡고 선교활동 및 근대교육을 실시한 요람으로서 정동의 의미에 대하여 고찰해 보고자 한다.

2. 서울 개조계획의 중심

조선의 건국과 함께 세워진 서울은 대체로 자연과 성벽에 둘러싸인 폐쇄적인 도시였다. 그리고 서울의 북쪽은 궁궐 관부들, 남쪽은 일반 백성들의 공간으로 배치되어 몇 백 년 동안이나 유지되었지만 개항과 더불어 19세기 말에는 커다란 변화를 겪게 된다. 우선 정동의 중심에 자리 잡고 있는 경운궁(慶運宮)은 조선왕조의 다른 궁궐과는 달리 전통 한식 건물과 서양식 건물로 구성되어 있는 것이 특징이다.[1] 오늘날까지 남아 있는 석조전, 중명전, 정관헌을 비롯하여 돈덕전, 구성헌 등 크고 작은 서양식 건물을 아우르고 있는 것이다. 이러한 경운궁의 특징은 당시의 시대적 변화인 서양식 건축양식의 영향으로 생긴 변화라 하겠다.

아관파천(俄館播遷) 이후 경운궁을 정궁로 삼아 이어한 고종은 경운궁을 중심으로 한 한성 개조사업을 계획하였다. 1896년 9월 30일 〈내부령〉에 의해 서울 개조사업은 8년 동안 주미공사로 활동했던 박정양(당시 총리대신 겸 내부대신), 이채연(한성부 판윤), 이상재(당시 내부토목국장), 맥레이 브라운(총세무사, 탁지부 재정고문) 등 초대 주미공사 팀이 주도하였다. 이채연은 박정양이 1887년 주미전권공사로 미국으로 부임했을 때 참사관으로 동행했었는데, 이 때 미국의 도시미화운동을 목격하고, 특히 워싱턴의 모습에 깊은 인상을 받은 것으로 알려져 있다. 이 사업을 주도한 한성전기회사가 고종의 내탕금으로 설립되었다는 점은 고종의 도시개조 의지가 얼마나 강했는지를 보여주고 있다.

〈자료 1〉「家舍에 關한 照覆文書」에 그려진 정동 지도[2]

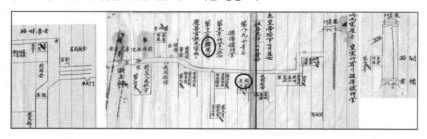

1) 경운궁은 원래 성종의 형인 월산대군의 집이었던 곳인데, 임진왜란 시기 선조가 의주 파천에서 돌아와 월산대군의 사저를 거처로 삼아 정사를 보기 시작하였다. 그 뒤 광해군이 이곳에서 즉위하였고 즉위 2년째 되던 해인 1611년 10월 이름을 경운궁으로 바꾸었다.
2) 1907년 4월 23일 제실재산정리국에서 황실 소유 가옥을 조사하고 작성한 문서인 『家舍

대한제국의 출범과 아울러 경운궁은 황궁이 되었고 당시 서울의 도시구조는 경운궁을 중심으로 재편되기 시작했다. 중요한 것은 본궁을 경복궁에서 경운궁으로 옮겼다는 점이다. 본궁 이전은 단순히 왕의 거처 이전의 문제가 아니라 도시공간의 재편을 의미한다. 조선시대 전반에 걸쳐 경복궁과 육조거리가 한양의 상징적 중심이었지만, 도시 기능의 중심은 종로와 남대문로가 교차하는 운종가였다. 그러나 대한제국 출범 이후 서울의 중심은 운종가에서 대한문 앞으로 옮겨지기 시작했다. 경운궁이 제국의 황궁으로 부활하였지만 국가의 행정을 담당하는 행정관청은 육조거리에 남아 있었기 때문에 황궁과 행정관서 사이의 연계를 위하여 새로운 도로의 건설이 필요했고, 이는 오늘날 태평로의 개설로 이어졌다. 그리고 남별궁에 환구단이 세워지면서 소공로를 개설하고, 소공로는 남촌을 대한문 앞으로 연결시켜 남대문 상권을 정동과 대한문 주변으로 확산시키는 연결통로가 되었다.3)

고종은 초대 주미 공사 박정양으로 하여금 워싱턴 DC의 바로크식 방사상 도로체계를 도입하여 경운궁의 대안문(大安門) 앞을 방사상 도로의 결절점으로 삼아 광장을 만들고 도심 구실을 하게 하였다. 아울러 운종가, 남대문로의 가옥들을 철거하여 길을 넓히고 황토현 신작로(현 태평로), 서소문로를 확장하여 전차를 개통하고, 탑골공원(1896)을 조성하여 당시 서울의 모습을 획기적으로 바꾸었다. 도시공원은 과밀 도시의 허파로서 공중위생을 개선하는 역할을 수행하지

에 關한 照覆文書』에는 정동에 위치한 황실 부동산을 파악할 수 있는 도면이 있다. 도면의 황실 소유 부동산 9채 중에서 손탁(孫鐸, A. Sontag) 및 서양인 소주(所主)로 기록된 가옥이 많아 당시 황실 가옥이 외국인에게 상당수 제공되었던 점을 알 수 있다. 송인호, 「정동의 역사도시경관」, 『정동 1900: 대한제국 세계와 만나다』(제10회 서울역사박물관 국제심포지엄 자료집), 2011.10.03, 37~42쪽; 서울학연구소, 『대한제국기 정동을 중심으로 한 국제교류와 도시건축에 대한 학술연구』(연구보고서), 서울학연구소, 2011.

3) 안창모, 「대한제국의 황궁, 덕수궁: 근대한국의 원공간」, 『정동 1900: 대한제국, 세계와 만나다』(제10회 서울역사박물관 국제심포지엄 자료집), 2011.10.13, 61~62쪽.

만, 궁궐 내 정원과는 달리 도시민을 위한 것이기 때문에 근대도시의 상징적 의미가 크다.4) 이 같은 상황은 당시 한국을 여행했던 비숍 여사의 기록에도 잘 나타나 있다.

서울은 많은 면에서, 특히 남대문과 서대문 근방의 변화 때문에 예전과는 다르게 알아보기 어려웠다. 도로들은 최소한 17미터의 폭으로 넓혀졌고 그 양쪽에는 돌로 만들어진 깊은 경계가 있으며, 그 중앙은 돌의 후판(厚板)에 의해서 메워졌다. 그 도로들이 있던 자리는 원래 콜레라가 발생했던 불결한 샛길들이 있던 곳이다. 좁은 오솔길은 넓혀졌고, 진흙투성이의 시내는 포장도로에 의해서 사라지고 없었다. (…중략…) 가까운 시일 안에 전차가 달리는 모습을 볼 수 있을 것이다. 한 멋진 장소에 프랑스식 호텔을 세우기 위해 준비가 행해지고 있었고, 유리로 된 진열대가 있는 상점들이 수없이 세워져 있었다. 쓰레기를 길거리에 내다버리는 것을 금지하는 법령도 시행되었다. 이전까지는 가장 지저분한 도시였던 서울이, 이제는 극동의 제일 깨끗한 도시로 변모해 가고 있는 중이다.5)

황도(皇都)의 위용을 갖추려는 노력도 계속되어, 경운궁에 중명전, 정관헌, 구성헌, 환벽당, 돈덕전 등 양관들이 신축되었고 1900년에는 신고전주의 양식의 석조전 공사가 시작되었다. 궁내에 양관(洋館)이

---

4) 최근 식민사관 극복을 위한 연구가 활발해지면서, '고종 재평가'가 시도되고 있고, 그 중 이태진의 연구가 두드러진다. 이태진은 무능한 고종의 이미지는 '서양 아마추어 역사가의 심한 편견과 일본 침략주의 책략의 합작품이라고 주장하고, 고종의 개방 개화정책을 제시하며 조선이 무능 무력했기 때문에 망했다는 기존 통설을 반박하고 있다. 그 중 한성 도시개조계획이 눈길을 끈다. 이 주장의 단초는 김광우의 연구에 기초하고 있다. 김광우는 '대한제국시대의 도시계획'에서 경운궁 중건 시 방사형 도로망 계획이 있었음을 밝히고, 이 계획이 개화파에 의해 주도되었다고 주장했는데, 이에 대해 이태진은 도시계획의 주체가 개화파가 아닌 고종으로 파악하고 있다. 이태진, 『고종시대의 재조명』, 태학사, 2000.8; 김광우, 「대한 제국 시대의 도시계획: 한성부의 도시개조사업」, 『향토서울』 50집, 1990.

5) 이사벨라 버드 비숍, 이인화 역, 『한국과 그 이웃나라들』, 살림, 1994, 497쪽.

세워진 것은 대한제국이 개명된 국가임을 대내외에 과시하기 위한 것이었다. 고종은 당시 대한제국의 총세무사이자 탁지부 고문관이었던 맥레비 브라운의 건의를 받아들여 대한제국의 정전(正殿)으로 서양의 신고전주의 건축양식의 석조전(石造殿)을 건축하였다. 이와 관련하여 1900년 5월 26일자 〈American Architecture and Building News〉에 석조전의 사진이 실려 있음을 확인할 수 있다. 사진 설명을 보면, '대한제국 황실의 새로운 궁궐, 남동 측 입면'이라는 글과 함께 설계자 하딩(J. Reginald Harding)을 소개하고 있다.[6] 석조전은 '돌로 지은 집'이라는 뜻을 가지고 있는데, 한국의 전통 가옥은 흙과 나무로 지어진 반면, 돌로 지어졌다는 사실 자체가 건축물의 정체성을 드러내는 것이었다고 할 수 있다. 아울러 서구의 신고전주의 양식으로 건축했다는 점은 서구문물을 적극적으로 수용하겠다는 고종의 의지가 드러난 것이며, 새로 출범하는 대한제국이 서구를 모델로 하는 근대국가라는 의지를 드러내는 일이었다.

아울러 고종은 1901년 8월 25일 중화전 건설을 명했고, 1902년 11월 12일 조원문의 상량식이 행해지면서 중화전 공사가 마무리되었다. 중화전 공사를 진행하면서 경운궁의 공간구조 역시 커다란 변화가 있었다. 대한제국 출범 당시 경운궁의 정문은 인화문이었지만, 중화전을 건축하면서 황실은 인화문 건너편에 있던 독일공사관 터를 매입하였고, 궁역을 남쪽으로 확장하면서 인화문이 철거되고 자연스럽게 대안문이 경운궁의 정문이 되었다. 대안문은 1898년 건축되었는데, 이는 경운궁의 동쪽이 도시의 새로운 중심으로 떠오르면서 황궁으로서의 기능을 원활하게 수행하기 위한 것으로 보인다.

---

6) 안창모, 앞의 글, 63쪽.

<표 1> 경운궁 부근 외국인 토지소유(1912)[7]

지번	소유자	면적(평)
1-1	A. Sontag(독일인)	73
2	R. Brincmeier(독일인)	381
3	영국 성공회	2,140
4	영국 공사관	3,144
6	A. Plaisank(프랑스인)	24
8	H. W. Davidson(미국인)	1,205
10	미국 공사관	3,152
13-1	E. A. Lewis(미국인)	934
15	러시아 공사관	6,198
16	A. Sontag(독일인)	418
17	루프헤이블(프랑스인)	1,405
19	何澤民(중국인)	116
22	러시아 정교회	1,231
23	A. Plaisank(프랑스인)	519
24	A. Kalitzky(독일인)	66
25	A. Kalitzky(독일인)	323
26	何澤民(중국인)	145
27	雲載存(중국인)	1,068
29	A. Sontag(독일인)	1,184
32	감리교 선교회	
33	D. A. Bunkar(미국인)	31

현재 소공로, 서소문에 이르는 서소문길, 외국 공관들이 밀집하여 공관로라 불린 서대문에 이르는 정동 길 등도 1896~1897년 사이에 정비되었다. 1904년 경운궁 대화재로 양관을 제외한 대부분의 전각들이 소실되자 고종은 수옥헌으로 거처를 옮기고 경운궁 중건을 명했는데, 이때 역사의 전면에 등장 한 것이 중명전이다. 원래 중명전 주변은 서양 선교사들의 주거지가 밀집해 있던 곳이었다. 미국 감리

---

7) 김갑득·김순일, 「구한말 정동 외국인 거주지의 형성과정에 관한 연구」, 『대한건축학회 논문집』 17(7), 2001, 153~162쪽 재인용.

교 선교사 맥클레이(R. S. Maclay)가 예약했던 땅에 선교사 알렌이 주택을 지으면서 서양 선교사들의 정동 거주가 시작되었던 것이다. 미국공사관 주변의 서양인 거주지, 정동여학교, 이화학당 등 선교와 교육을 위한 공간은 정신여학교와 선교사들이 연지동으로 옮기면서 경운궁역에 포함되었다.

서울을 황도로 개조하기 위한 노력은 경운궁의 건설 이외에도 여러 방면으로 진행되었다. 1896년 가을부터 시작한 서울의 도로정비사업 또한 서울을 황도로서 면모를 일신시키기 위한 준비작업의 하나였다. 서울의 거리 풍경을 급격히 변화시킨 도로정비사업은 1896년 9월말 내부대신 박정양의 이름으로 공포된 내부령 제9호 「한성내 도로의 폭을 규정하는 건」으로부터 시작된 것이었다. 내부령 제9호는 종로와 남대문로의 길 폭을 55척으로 새로 정하고 가가(假家)를 정비하는 내용이었다. 이를 근거로 간선도로는 정부주도로 정비되었다. 도로정비사업과 함께 서울 최초의 도시공원이 등장했다. 1896년을 전후한 시기에 원각사지 10층 석탑 주위에 들어서 있던 민가들을 철거하고 조성된 탑골공원이 바로 그것이었다. 도시공원은 근대도시의 또 하나의 상징적인 표상이었다.

1907년 고종이 황제의 자리에서 물러나면서 경운궁의 위상도 달라졌다. 고종을 이은 순종황제는 창덕궁을 황궁으로 삼았고, 황위에서 물러난 고종이 거처하던 경운궁의 명칭은 이후 덕수궁(德壽宮)으로 개칭되었다. 그러나 대한제국의 출범과 경운궁의 황궁화는 조선의 개국 이래 지속되었던 도시구조의 근본적인 변화를 가져왔고 이렇게 재편된 경운궁을 중심으로 한 도시구조는 오늘날까지 이어져 서울의 중심을 형성하고 있다.

3. 대한제국의 외교타운

조선의 개국과 더불어 서구 열강들과의 근대적 외교관계가 연이어 체결되면서 정동은 여러 나라 공관들이 밀집하게 되었다. 그 외에도 외교관들과 선교사들의 주택, 호텔, 레스토랑, 식료품점들이 들어서면서 정동은 서양인들의 생활의 중심지로 변모하였다.

1894년 10월 8일 발생한 을미사변(乙未事變)과 1896년 2월에 단행된 아관파천(俄館播遷)으로 고종은 1년여 동안 러시아공사관에 기거하면서 왕조를 제국으로 바꾸는 계획을 수립하였다.[8] 거기에는 총리대신에게 전권을 부여한 내각제를 혁파하여 왕권을 회복하고 경운궁을 본궁으로 삼기위한 조치들도 포함되었다. 아울러 고종이 러시아공사관으로 거처를 옮긴 것은 당시 조선을 둘러 싼 영국, 미국, 러시아와 일본의 국제적인 역학관계를 고려할 때 일본을 효과적으로 견제할 수 있는 정치적 선택이었다.

대한제국이 경운궁을 본궁으로 삼으면서 대안문에서 바라보이는 지점에 위치했던 청국 사신의 숙소인 남별궁을 헐고 그 자리에 원구단을 세웠다. 이는 청국과의 오랜 주종관계를 청산하는 고종의 강한 의지의 산물이었다. 청국과의 조공책봉 관계를 상징하는 또 하나의 건축물은 청국의 칙사 일행을 맞이했던 영은문(迎恩門)이었다. 영은문은 청일전쟁 시기 일본군에 의해 헐리고 두 돌기둥만 남아 있었는데, 고종은 이 자리에 청국으로부터의 독립의지를 나타내는 독립문을 세웠다. 마침내 1899년 9월 11일 대한제국과 청국이 대등한 입장에서 한청조약이 체결되고 공포되었다. 이 조약은 양국 간의 최초의

---

8) 정동구락부의 리더 격인 이완용과 이윤용, 이범진 등은 러시아 공사 베베르와 협의하여 고종을 러시아 공사관으로 모실 것을 합의하였고, 그 후 국왕 구출작전은 성공하여 1896년 2월 11일 고종과 왕세자는 궁녀들이 타는 교자로 경복궁을 빠져 나와 무사히 정동에 있는 러시아 공사관으로 피신할 수 있었다. Gustave-Charles-Marie Mutel, 『뮈텔주교 일기』 1권, 한국교회사연구소, 2009, 420쪽.

근대적 조약이자 청국과의 중국과의 오랜 조공책봉체제를 공식적으로 종결짓는 중요한 의미를 가진다.

아울러 청국과의 조공책봉 관계의 청산은 외교적으로 국제사회에 자주독립국으로서의 위상을 확립하기 위한 서구 열강들과의 조약체결로 나타났다. 1882년 5월 22일 미국과 수호통상조약을 체결한 뒤, 영국(1883.11.26), 독일(1883.11.26), 이탈리아(1884.06.26), 러시아(1884.07.07), 프랑스(1886.06.04), 오스트리아(1892.06.23) 등 11개국과 수호통상조약을 체결하였다. 이 가운데 공사관 또는 영사관을 개설한 나라는 모두 아홉 나라이며, 별도로 공관을 개설하지 않았던 나라는 오스트리아와 덴마크 등 두 나라였다. 고종이 러시아공사관(1885.10, 현 정동 15번지)에 인접하고, 미국공사관(1883.10, 현 정동 10번지)·영국공사관(1884.04, 현 정동 4번지) 등 서양 여러 나라의 공사관이 가까운 경운궁으로 이거한 것은 일본군이 경운궁에 난입하는 것을 방지하고, 신변의 안정을 도모하기 위한 목적도 있었다. 고종이 경운궁을 정궁으로 정한 이후에는 덴마크, 그리고 당시 중립국인 벨기에와도 통상조약을 체결하였으며, 대한제국이 국제사회에서 중립국으로 인정받기 위해서 만국우편조약, 적십자조약에도 가입하였다.

그럼 다음으로 정동 일대에 들어 선 외국 공관에 대하여 살펴보자.

서양 각국은 그들이 처한 상황에 따라 공관을 지었지만 조선 정부와 협의가 필요한 입지선정에서부터 자국의 국제적 위상과 직결되는 공관의 규모와 건축양식의 결정은 그 자체로서 중요한 외교적 사안이었다. 그러한 관점에서 한말 정동 일대에 서구 열강의 공사관이 집중되었다는 사실은 결코 예사로운 일이 아니었으며, 대부분의 국가들이 자국의 건축양식으로 공관을 건축하였던 것이다.[9]

---

9) 예를 들어, 영국과 프랑스가 '조지안 스타일'과 '신고전주의' 건축양식으로 공사관을 건축한 것은 자연스러운 일이었다. 그러나 미국과 일본 공사관은 그러한 틀에서 벗어나 있었다. 미국은 정동 소재 한옥을 매입하여 공사관으로 사용하였으며, 일본은 르네상스 풍의 벽돌조 공사관을 건축했다.

〈사진 1〉 미국공사관 전경

〈사진 2〉 영국공사관 전경

1882년 5월 22일, 조선 측 전권대관 신헌과 미국 측 전권대관 슈펠트 제독 사이에 〈한미수호통상조약〉이 체결되었다. 조약 체결 이후 미국에서는 초대 주한전권공사로 푸트(Lucicus H. Foote) 장군이 부임하였다. 푸트는 우선 정동에 있는 묄렌도르프의 집에 기거하다가 정동 일대에 공사관 자리를 물색하였으며, 미국 정부는 1883년 5월 20일 정동에 있는 정5품 한림학사 민계호(閔啓鎬) 소유 사저를 구입하였다.10) 미국대사관 자료에는 1884년과 1890년 공사 관저 부근의 기와집과 토지를 매입한 사실이 기록되어 있는데, 이는 미국 정부가 비교적 작은 규모의 땅과 주택을 추가로 구입한 것을 알 수 있다. 이후 1900년 무렵 부분적인 내부개조와 증축이 이루어졌다. 이렇게 미국 공사관은 푸트 공사 개인 소유지에서 외교업무를 시작했음을 할 수 있다. 1884년 12월 4일, 갑신정변이 이어나자 서울에 거주하던 외국인들이 미국공사관으로 피신을 하기도 하였고, 유럽에서 출판된 여행 안내서에 '서울에 있는 호텔들'이란 제목 아래 '여관이 된 미국공사관'이라는 글이 실려 있을 정도로 한 때 외국인의 체류장소로 쓰이기도 하였다.11) 이 관저에는 1884년 12월, 갑신정변이 일어나기 한 달 전부터 을사늑약이 체결된 1905년까지 21년 동안 알렌이 전의(典醫)로서, 그리고 공사이자 총영사로서 머물렀다.

〈사진 3〉 미국공사관에서 촬영된 각국 외교사절의 모습(1905)12)

---

10) 1884년 8월 14일, 200칸의 공터와 125칸의 건물을 민계호에게 1만 냥을 주고 매입했다. 당시 1만 냥은 미화 2,000달러였는데 푸트는 그것을 개인 돈으로 지불하였다. 김정동, 『고종황제가 사랑한 정동과 덕수궁』, 발언, 2004, 121쪽.

11) H. N. 알렌, 신복룡 역, 『조선견문기』, 집문당, 1999, 242쪽, 252쪽; 서울 중구문화원, 『정동: 역사의 뒤안길』(서울특별시 중구향토사 자료 제11집), 상원사, 2007, 66쪽.

영길리(英吉利), 대불렬전(大不列顚, The Great Britain)으로도 표기되는 영국(英國)과 조선 사이에 외교관계가 수립한 것은 1883년이다. 공교롭게도 영국과 독일은 한날 한시, 즉 1883년 11월 26일에 조선과 수호통상조약을 체결하였다. 당시 영국은 북경주재 영국 공사인 해리 파크스(Sir Harry Smith Parkes, 巴夏禮; 1828~1885)가, 조선 측에서는 교섭통상사무아문독판(交涉通商事務衙門督辦) 민영목(閔泳穆)이 전권대신으로 체결한 조약이었다.

영국 정부가 정동에 영국공관의 부지를 물색하기 시작한 것은 1883년 3월부터였지만, 당시에 토지 매입에 관한 교섭은 1884년 4월 16일에 한성부(漢城府)가 중재에 나선 뒤에야 타결을 보았다. 영국대사관 측의 '토지처분문서'에는 토지의 소유주가 신석희(申奭熙)로 확인된다. 신석희는 훈련대장과 병조판서 등을 지낸 신헌(申櫶, 1810~1884)의 아들로 대한제국 시기에 내부협판, 내부대신서리를 지냈으며, 1898년에는 경무사(警務使)의 자리에 오른 인물이었다. 영국공관은 미국공사관에 이어 두 번째로 정동(貞洞)에다 그 터전을 잡았고, 이때 개설된 영국공관은 영국공사 대신에 애스톤 임시총영사가 상주하였기에, 엄밀하게 말하면 영국공사관이 아닌 영국총영사관이었다고 보는 것이 타당하다. 영국총영사관이 영국공사관으로 승격한 때는 이로부터 14년이나 지난 조던(John N. Jordan, 朱邇典)이 총영사로 재임하던 시절인 1898년 2월 22일이었다.

아울러 기존의 기와집을 대체하는 새 영사관 건물의 건립은 월터 힐리어(Walter C. Hillier, 禧在明) 총영사에 의해 주도되었다. 그는 1889년 5월 6일에 부임하여 아관파천 직후인 1896년 10월 27일까지 약

---

12) 1905년 미국 공사 알렌의 초청으로 대한 제국에 있던 각국 공사들이 미국 공사관에 모여 회의를 한 후 찍은 기념사진 이다. 오른쪽에서부터 청국 공사원, 잘데린 독일 공사, 플랑시 프랑스 공사, 알렌 미국 공사, 쳉 코낭촨 청국 공사, 조던 영국 공사, 방카르트 벨기에 영사, 그리고 세 명의 영국 공사관 직원과 가장 왼쪽에 미국 영사 패독의 모습이 보인다. 일본 공사는 회의에 불참하였다.

7년 동안 조선에 머물렀던 인물이다. 서울 정동에 들어설 영국영사관은 1889년 1월 18일, 상해건설국(上海建設局)의 책임건축가인 마샬(F. J. Marshall)이 설계하였으며, 기초공사의 마무리와 더불어 정초석(定礎石)을 놓은 것은 1890년 7월 19일이었다. 영국총영사관으로 시작되어 영국공사관으로 승격되었다가 다시 '을사늑약'의 여파로 영국영사관으로 격하되고, 일제강점기를 거쳐 다시 해방 이후에 영국대사관이 설치되기까지 영국의 외교공관은 한 장소에만 머물렀는데, 이는 한국 외교사를 뒤져봐도 그 유례를 찾을 수가 없는 사례라 하겠다.

1883년 11월 26일, 조선과 독일은 통상우호항해조약을 체결하였다. 조인식은 서울에서 거행되었는데 조선 측에서는 독판교섭통상사무 민영목이, 독일 측에서는 요코하마 주재 독일 영사 자페(Carl Eduard Zappe)가 조약문에 서명했다. 그 후 양국 간의 공식적인 외교관계가 시작되었고, 1884년 11월 18일 조약에 대한 비준과 더불어 젬부쉬(Otto Zembsch)가 초대 영사로 부임하였다.13) 독일 공관은 당시 외교고문 묄렌도르프의 소개로 낙동(현 충무로 1가)의 한옥을 임대하여 사용하기 시작했다. 그러다가 1886년 11월에는 묄렌도르프가 살았던 박동(현 수송동 종로구청 자리)으로 옮겼는데, 세창양행이 그 대지가 과거 묄렌도르프가 귀국할 때 위임받아 관리하던 땅이라고 소유권을 주장하는 바람에 조선과 독일 양국의 외교문제로까지 비화되었다. 결국 이 문제는 박동에 있는 독일공관 대지와 육영공원(현 서소문동 38, 39번지) 대지를 서로 교환함으로써 해결되었다. 이후 1902년 5월 독일 공사관은 회동(현 남창동 9번지)에 공관을 신축하여 이전하였다. 다음해 4월 독일 공관은 총영사관에서 공사관으로 승격되었다.14)

---

13) Hans-Alexander Kneider, 「'조용한 아침의 나라'에 남겨진 독일의 흔적들: 1910년까지 정동 일대에서 활약한 독일인들의 略史」, 『정동 1900: 대한제국, 세계와 만나다』(제10회 서울역사박물관 국제심포지엄 자료집), 2011.10.13, 105쪽.

14) 윤일주, 『한국양식건축 80년사』, 야정문화사, 1996, 43쪽.

〈사진 4〉 1890년대 독일공사관 북문 전경

〈사진 5〉 프랑스공사관 전경

　　조선과 프랑스의 외교관계가 수립된 것은 1886년 6월 6일이었다.
그리고 다음 해 프랑스 전권위원 뿔랑시(Plancy)가 외교사무관 자격으
로 서울에 부임하였다.15) 프랑스공사관은 박동(薄洞) 독일공사관 서
쪽(현 관수동 126번지)에 인접한 한옥에 개설되었고, 그 후 1889년 10
월 1일 정동 러시아공사관과 정동교회가 인접한 지역(현 창덕여중 자

15) 프랑스는 다른 나라와 달리 외교관의 명칭을 외교사문관으로 하여 서울에 상주시켰다.
　　경성부, 『경성부사』 제2권, 1936, 81~82쪽.

리)에 부지를 선정하고 정동 서양인촌으로 옮겼다. 공사관 설계는 건축가 쌀르벨르(M. Salebelle)가 맡았으며 프랑스 바로크 스타일로 지어졌다. 1896년 4월 27일, 쁠랑시는 프랑스 정부로부터 대리공사로 임명되었고 공관의 명칭도 공사관으로 바뀌었다. 당시 신축한 프랑스 공사관은 지하 1층, 지상 2층에 탑옥까지 있어서 실제로는 지상 5층에 해당하는 높이였으며, 규모는 건평이 415평이나 되었다. 내부 장식도 최고급으로 꾸며 당시 서울에 건축된 서양식 건물 중에서 가장 아름다운 모습이라는 평가를 받았다.16) 공사관 바로 옆에는 법어학교(法語學校)가 세워졌고 중국 상해 세관에서 근무하던 에밀 마르텔(E. Martel)이 교장으로 초빙되었는데, 그 후 학교명은 한성외국어학교로 개칭되었다.17) 1905년 을사늑약이 체결되면서 대한제국과 프랑스의 외교관계가 단절되었고, 경술국치 직후인 1910년 10월 공관을 지금의 프랑스대사관이 있는 마포구 합동 30번지로 이전하였다.

〈사진 6〉 1880년대 러시아공사관 전경

---

16) 지그프리트 겐테, 권영경 역, 『신선한 나라 조선, 1901』, 책과함께, 2007, 200쪽.
17) 법어학교는 프랑스어 역관을 양성하기 위해 설립되었으며, 수업연한은 5년, 3학기제로 정하였으며 교수 4명, 서기 1명을 두었다. 교장 에밀 마르텔은 1885년 개교부터 1911년 폐교 때까지 교장 및 교수로 근무하였다. 서울 중구문화원, 앞의 책, 126쪽, 135~136쪽.

〈사진 7〉 미스 손탁과 외국인 손님들(손탁호텔)[18]

조선과 러시아의 외교관계 수립은 갑신정변을 전후한 시기였다. 당시 조선은 일본을 비롯하여 미국, 영국, 독일 등과 통상조약을 체

---

18) '미스 손탁(孫澤娘)'으로 알려진 앙트와네트 손탁(Antoinette Sontag, 1854~1925)이 주인 이었던 손탁호텔(정동 29번지)의 존재도 빼놓을 수 없다. '손탁빈관(孫澤賓館)' 또는 '한 성빈관(漢城賓館)'이라는 이름으로도 알려진 이 호텔은 아관파천이 있던 해인 1896년을 전후한 시기에 러시아공사관 건너편 자리를 사들이는 것으로 시작되었고, 반일친미 세 력의 대명사인 '정동구락부(貞洞俱樂部, Chongdong Club)'의 회합소였던 적도 있었다. 또한 한창때는 서울 거주 서양인들의 일상 공간처럼 자리매김 되기도 했다. 1904년 러일 전쟁을 고비로 러시아 세력이 위축되면서 그럭저럭 명맥만 유지하다가 결국 1909년에 이르러 다른 서양인 호텔이었던 팔레호텔의 주인 보에르에게 경영권이 넘어갔다. 1917 년 건물 부지가 이화학당에게 넘겨져 여학생 기숙사로 전환되어 사용되다가, 1922년 그 자리에 프라이홀의 신축을 위해 헐리면서 그 이름마저 역사 속으로 사라지고 말았다. 김원모, 앞의 논문, 202~205쪽.

결한 상태였고, 러시아 정부는 북경공사관 서기인 칼 베베르(Karl I. Waeber, 韋貝)를 파견하여 외교교섭을 진행하였는데, 그 결과 1884년 7월 7일 조로수호통상조약(朝露修好通商條約)이 체결되었다. 동 조약의 양국 대표는 통리교섭통상사무아문 독판(統理交涉通商事務衙門 督辦) 김병시(金炳始)와 러시아의 특간전권대신(特簡全權大臣) 베베르였다. 조약은 1885년 10월 14일 비준서 교환과 더불어 정식 발효되었으며, 이 날짜로 러시아공사관도 개설되었다.19)

한말 러시아공사관이 위치한 곳(정동 125-1번지)은 연산군 때 말을 기르던 마장(馬場)의 운구(雲廐)로 이용되었는데, 시내 중심가 높은 곳에 위치했기 때문에 전망이 좋았다. 바로 이곳에 1888년 러시아공사관이 지어졌던 것이다. 지하 1층, 지상 1층에 3층 탑부로 이루어진 '서양식' 공사관 건물은 러시아 건축가 사바틴(A. Sabatine)의 설계로 이뤄졌다. 사바틴은 20여 년간을 한국에 체류하며 무수한 근대건축물을 남겼던 개화기의 대표적인 서양인 건축가였다. 매우 이국적이었던 러시아공사관은 비교적 수목이 무성하고 지대가 높았던 상림원 지역을 끼고 세워진 탓에 이내 서울의 랜드마크로 자리매김 되었다. 개선문을 쏙 빼어 닮은 아치 형태의 공사관 정문도 주목의 대상이었다. 러시아공사관 건물의 핵심은 3층으로 이뤄진 전망 탑부였는데, 가뜩이나 공사관 자체가 높은 언덕지역을 차지하고 있었으므로 이곳에 오르면 서울 전체를 한눈에 내려다 볼 수 있는 이점이 있었다. 러시아공사관은 1896년 2월 11일 고종이 세자와 함께 옮겨와서 다음해 2월 20일 경운궁으로 환궁할 때까지 머물렀던 아관파천(俄館播遷)의 현장이다.

아관파천 이후 친일내각이 무너지고 친러 내각이 들어섰다. 고종이 러시아 공사관에 기거하는 동안 고종의 수발을 든 이는 엄비와

---

19) 홍웅호, 「개항기 주한 러시아 공사관의 설립과 활동」, 『개항기의 재한 외국공관 연구』, 동북아역사재단, 2008, 263쪽.

손탁(A. Sontag)[20]이었고, 고종이 양식과 커피를 좋아했기 때문에 손탁은 서양요리와 커피[21]를 준비하여 수랏상을 차렸다.[22] 고종의 최측근 인사가 된 손탁은 왕실과 외국 사절과의 연락은 물론 왕실의 각종 경비도 그녀의 손을 거치지 않고는 지급되지 않을 정도의 영향력을 행사할 수 있었다.[23] 그러나 1904년 러시아와 일본의 관계가 악화되고 러일전쟁이 발발하였고, 그 해 2월 인천 앞바다에서 러시아 군함이 일본 해군에 의해 격침되고 전황이 러시아에 불리하게 돌아갔다. 1905년 일본의 승리로 전쟁이 끝나자 러시아 공사 및 러시아군 80여 명은 일본에 의해 무장해제 당한 후 러시아로 강제 송환되었

---

20) 손탁은 베베르 공사의 처형이라고 알려져 있지만, 김원모는 베베르 공사의 처남의 처형이라고 언급하고 있고, 크나이더(Hans-Alexander Kneider)는 손탁이 베베르 공사의 부인의 양언니라고 밝히고 있다. 김원모, 앞의 논문, 176쪽; Hans-Alexander Kneider, 앞의 논문, 108쪽.

21) 한국에서 누가 최초로 커피를 마셨는가에 대하여 지금까지 드러난 자료를 통틀어 가장 그 시기가 빠른 것으로는 영국외교관 윌리엄 칼스(William Richard Carles, 賈禮士, 加里士; 1848~1929)가 지은 〈조선풍물지〉(1888)를 지목할 수 있다. 칼스는 1884년 3월 17일부터 1885년 6월 6일까지 인천주재 영국 부영사를 지낸 인물이다. 그런데 그의 책에는 그가 영국 부영사로 부임하기에 앞서 1883년 11월의 어느 날 조선의 외교 고문이었던 묄렌도르프(P. G. von Moellendorff, 穆麟德)의 집에서 따뜻한 커피를 대접받았다는 사실을 적고 있다. 개화기 커피는 가비차, 가배차, 양갱탕, 양탕국 등으로 불렸다. 고종의 커피 애호는 각별했다고 전한다. 특히, 고종은 손탁이 만들어 올리는 프랑스 요리와 커피를 즐겼으며, 1898년 9월 25일자 『일본공사관 기록』에는 "폐하께서는 때로 양식을 즐겨 찾으시는데 항상 커피를 먼저 찾으시는 것이 상례"라는 언급이 보일 정도였다. 고종은 아관파천으로 러시아 공사관에 기거할 때는 물론이고 경운궁으로 환궁했을 때도 원두커피의 질은 향기와 맛을 음미했다. W. R. 칼스, 신복룡 역, 『조선풍물지』, 집문당, 1999, 31~32쪽; 이덕일, 「이덕일의 古今通義: 커피 왕국」, 『중앙일보』(2011.06.06).

22) 고종이 얼마나 서양요리를 좋아했는지는 아래와 같이 서양인의 증언을 통해서도 확인할 수 있다. "황제의 수랏상을 준비하는 일은 어떤 다른 공무보다 잘 조직되어 있었다. 이는 황제가 아관파천 시절에 (…중략…) 유럽식 수석요리사 자격으로 황제의 궁정에 머물게 된 알자스 지방 출신의 손탁이라는 여인 덕분이다."(까를로 로제티, 『꼬레아 꼬레아니』, 서울학연구소, 1996, 99쪽)

23) 손탁은 아관파천 기간 동안 고종을 섬겼으며, 고종 역시 손탁을 생명의 은인으로 생각하였다. 그리고 손탁에게 하사한 정동 29번지 사저 1,184평 대지에 벽돌로 양관(洋館)을 지어 하사하였다. 손탁빈관은 서울에 오는 외국인 국빈전용 호텔이었지만 양관으로는 너무 협소했고, 이에 고종은 1902년 거액의 내탕금을 내려 2층 벽돌 건물을 지어 손탁에게 호텔경영권을 부여했다. 小松綠, 『明治史實 外交秘話』, 中外商業新報社, 1927, 377~382쪽.

다. 러시아 공관도 폐쇄되었는데, 그 후 일본과 러시아의 관계가 정
상화되면서 공관 건물은 다시 러시아 영사관으로 사용되었다.[24)]

〈표 2〉 한말 정동에 건축된 서양식건물 목록

순번	번지수	준공년도	건축가	건물명
1	정동 10	1883	H. Chang	미국공사관
2	15	1885	A. Sabatin	러시아공사관, 러시아 아치
3	34	1887	吉澤友太郎	배재학당
4	34	1887	吉澤友太郎	삼문출판사
5	34	1890	沈宜碩	시병원
6	4	1892	R.C. Boyce	영국공사관
7	29	1896	M. Salebelle	프랑스공사관
8	1-11	1896	A. Sabatin	중명전(수옥헌)
9	5	1897	A. Sabatin	경운궁(환벽정)
10	5-1	1897	A. Sabatin	경운궁(구성헌)
11	29	1897	미국인+沈宜碩	이화학당 메인홀
13	34	1898	吉澤友太郎	정동교회
14	5	1900	A. Sabatin	경운궁(정관헌)
15	5-1	1900	A. Sabatin	경운궁(돈덕전)
16	16	1903	A. Sabatin	손탁호텔
17	5-1	1910	C.R.Harding+A. Sabatin+고가와	석조전
18	16	1922	Cross	이화학당 프라이홀
20	1-1	1925	吉澤友太郎	덕수교회
21	3	1926	Arthur Dixon	성공회 서울대성당
22	1	1926	中村誠	경성방송국
23	23	1926	미상	구세군 본영
24	5	1936	中村與資平	이왕가 미술관

　　어느 나라에서든지 그 나라에 주재하는 외교관들 사이에 원활한 정보
교환이나 사교활동을 위한 별도의 조직체가 결성되는 것은 지극히 당연

24) 서울 중구문화원, 앞의 책, 126쪽, 150~151쪽.

한 일이다. 한말 조선에서도 '외교관 구락부(外交官俱樂部, Diplomatic Consular Club)'가 있었다. 외교관 구락부는 1892년 6월 2일 처음 결성되었으며, 정식 명칭은 '외교관 및 영사단 클럽(Cercle Diplomatique et Consulaire)'이었다. 명칭에서 보듯이 회원자격은 서울에 주재하는 외교관에 한하여 주어졌다. 초기 외교관 구락부가 창설된 곳은 정동 17번지에 있던 서울외국인학교(Seoul Foreign School)였다. 이후 외교관 구락부는 1902년 말에 이르러 해체되기에 이른다. 더 이상 외교관들만의 사교모임이 꾸려지기 어려운 상황이 되었던 까닭이었다. 원래의 외교관 구락부가 해체된 뒤에 새로 결성된 '서울구락부'는 1912년부터 정동 1-11번지에 있던 이왕직(李王職) 소유의 옛 수옥헌 건물을 빌려 사용하였다. 이 건물을 사용하던 도중 1925년 3월 12일 화재가 발생하여 이층이 전소되었다. 이로 인하여 옛 수옥헌은 상당부분 원형을 상실하고 말았다. 서울구락부는 해방 이후에도 동일한 장소에서 한동안 그대로 유지되었으며, 현재는 서울 중구 장충동 2가 208번지로 옮겨진 '서울클럽'이 그 명맥을 잇고 있다.

대한제국의 선포와 함께 동 제국이 근대적 국제질서인 만국공법이 작용되는 자주독립 국가의 위상을 획득한 것은 아니었다. 대한제국의 외교권은 사실상 1904년 2월 체결된 〈한일의정서〉에 의해 제한을 당하기 시작했다. 일본은 군사력을 배경으로 대한제국의 시정개혁을 강요하면서 행정 각 부서에 고문관을 파견하였고, 외교고문을 통해 대한제국의 외교권을 장악하기 시작했던 것이다. 을사늑약(1905)이 체결되고 일본의 보호국이 되는 과정에서 만국공법은 국제사회의 정의로 작용하지도 않았고 대한제국의 모든 외교적 노력은 수포로 돌아가고 말았다.[25] 보호국은 19세기 후반 제국주의 국가들이 식민지

---

25) 고종의 헤이그 특사 파견, 미국 공사 알렌을 통한 미국의 개입요청, 헐버트를 통한 서구 제국에 친서 전달 등 고종은 백방으로 국제사회의 공의를 기대하였지만 국제사회는 정의가 아니라 힘에 의해 움직이는 세계였다. 김기석, 「광무제의 주권수호 외교 1905~1907: 을사늑약 무효선언을 중심으로」, 『일본의 대한제국 강점』, 까치, 1995, 241~242쪽.

를 획득해 가는 과정에서 만들어진 외교적 수사였으며, 보호국이 독립국인지 아닌지는 국제법적으로 여러 논란이 있지만 당시 대한제국에 주재하던 각국 공사관은 보호조약의 체결과 함께 자국 공관의 철수를 결정하였다.

1905년 11월 22일 통감부 및 이사청 설치가 결정되자, 일본은 대한제국 정부에게 해외 공관의 폐지를 요구하였다. 아울러 일본은 대한제국과 수교 관계에 있는 모든 국가에게 서울 주재 공사관을 조속히 철수해 줄 것을 요청하였다. 이에 미국 정부가 가장 먼저 공사관 철수 의사를 밝혀 왔고, 독일 역시 즉시 공사관을 철수시키겠다고 통보했다. 주한 이탈리아 공사관 역시 이미 1905년 10월 17일자로 공사가 귀국한 상태였으며, 이탈리아 정부는 단지 대한제국에서 이탈리아의 광산채굴권 실행에 대한 편의를 일본 측에 요청한 상태였다. 영국 정부도 1905년 11월 30일 공사관 철수를 통고하였고, 프랑스는 당분간 공사관을 존치시킬 의향을 보였지만 결국 동년 12월 26일 공사를 귀국시켰다.[26] 결국 서구 열강은 일본의 대한제국 보호국화를 승인해 준 셈이었고 그들이 대한제국을 떠나면서 정동 외교타운은 쇠락을 길을 걷게 되었다.[27] 따라서 대한제국이 서구 제국과 맺은 외교관계는 1905년 11월 17일 을사늑약에 의해 종말을 고하게 되었으며, 1910년 8월 22일 체결된 한일합병조약으로 대한제국은 일본의 식민지로 전락하였다.

4. 선교사들에 의한 근대식 교육의 요람

한말 이 땅을 찾은 많은 외국 선교사들 중에서 한국 근현대사에

---

26) 서영희, 「대한제국의 보호국화와 외교타운 정동의 종말」, 『정동 1900: 대한제국, 세계와 만나다』(제10회 서울역사박물관 국제심포지엄 자료집), 2011.10.13, 233쪽.

27) 위의 논문, 227쪽.

커다란 족적을 남긴 사람들을 꼽으라면 단연 언더우드와 아펜젤러를 들 수 있을 것이다. 1885년 4월 5일 부활절, 인천항에 입항한 한 척의 배에는 미국 북장로회 소속 언더우드 선교사 가족과 미국 북감리교 소속 아펜젤러 선교사 가족이 타고 있었다.[28] 아펜젤러는 서울 정동 34번지 한옥을 매입하였는데, 거기는 스크랜턴 부인의 이웃집이었다. 이후 1885년 감리교 정동 선교부는 정동 남쪽에 있는 저택들을 구입하여 선교부를 확대하였다. 아펜젤러는 정동에 배재학당과 정동교회를 설립하였으며,[29] 아펜젤러의 딸인 A. R. 아펜젤러는 이화여자전문학교의 초대 총장을 역임하며 이화여자대학교의 기초를 마련하였다.[30]

배재학당(培材學堂, 현 정동 34-35번지)은 1885년 8월, 미국 감리교 선교사인 아펜젤러(H. G. Appenzeller)가 설립한 한국 최초로 외국인에 의해 세워진 근대식 교육기관이다. 아펜젤러는 1885년 8월 3일, 자기 집에서 이겸라, 고영필 등 2명의 학생에게 신교육을 시작하였고, 이를 계기로 학교를 개설하고자 하였다. 그는 조선 정부에 학교설립 허가를 신청하는 한편, 당시 형조참의 안기영과 승지 채동술이 살던 당시 배재학당 터 7,000여 평을 조선 돈으로 7,250냥, 미화로는 568달러를 주고 마련하였다. 아펜젤러는 두 칸짜리 한옥의 벽을 헐고 교실 하나를 만들어 1886년 6월 8일 배재학당을 열었다. 고종은 1887년 2월 '배재학당(培材學堂)'이라는 학교명을 내리고, 학교 현판을 하사하였다. 배재학당의 기독교인 양성과 근대 국가의 인재를 배양한다는 교육 목적을 표방하였으며, 성경과 영어를 비롯하여 인문·사회·자연과학 등 근대 교육의 교과목을 가르쳤다. 이러한 교과목 외에

---

28) 서울 중구문화원, 앞의 책, 69쪽.

29) 정동교회의 담임 목사는 배제학당의 교장까지 겸했기 때문에 청년활동이 활발했다. 미국에서 오랜만에 귀국한 서재필도 배재학당과 정동교회에서 활동했으며, 그가 조직한 협성회에서는 이승만·신흥우 등도 활약했다. 현재 남아 있는 교회 건물은 1897년 세워진 것이며, 1918년에는 한국 최초의 파이프오르간이 설치되기도 하였다.

30) 서울 중구문화원, 앞의 책, 70쪽.

도 배재학당에서는 체육시간에 서양식 운동인 야구·축구·정구·농구 등도 소개하였다. 또 특별활동 시간에는 연설회·토론회 등도 장려하였다. 초창기 학생들은 긴 도포에 큰 갓을 쓴 행전 차림이었다. 1895년 2월, 조선 정부는 배재학당에 관비생 200명의 위탁교육을 하기도 하였다. 학생 수가 증가하면서 새로운 교사의 신축할 필요성이 제기되자 아펜젤러는 1887년 초 양옥교사를 정동에 짓기 시작하여 그 해 9월에 준공하였다. 르네상스식 건축양식으로 지은 단층 벽돌건물인 새 교사는 미국 감리교 선교부의 기금으로 지은 것이었다. 이 건물은 강의실과 도서실, 예배실을 갖추고 있었으며 반지하층도 있었다.[31] 단층인 배재학당 건물은 1932년 1,500명을 수용할 수 있는 대강당을 짓기 위해 헐렸으며, 완공된 이후 1층은 체육관, 2층은 예배실 겸 음악공연장으로 사용되었다. 배재학당은 1897년 7월 8일 첫 졸업식을 거행하였고, 1908년에 공포된 〈사립학교령〉에 의해 4년제 배재고등학당으로 인가를 받았다.

〈사진 8〉 배재학당 신축공사 모습

---

31) 반지하층에서 1889년부터 인쇄시설을 갖추고 인쇄를 시작하였는데, 한글, 한문, 영어 세 나라 활자를 갖추었다고 해서 삼문출판사 혹은 미이미 인쇄관으로 불렸다. 이 출판사는 이후 독자적인 건물을 마련하고 감리교출판사로 발전하였다. 위의 책, 81쪽.

〈사진 9〉 이화학당 한옥교사 전경

다음으로 살펴 볼 것은 한국 최초 근대 여성교육의 요람인 이화학당의 설립이다. 1885년 5월 3일, 미국 감리교 선교사인 스크랜턴(W. B. Scranton)이 한국에 도착하였다. 목사 집안에서 태어난 스크랜턴 대부인은 남편이 일찍 죽자 의사이자 감리교 선교사인 아들 내외와 함께 조선에 입국하여 정동에 자리를 잡았다. 그녀는 조선에 여학교를 세우고자 결심하고, 1886년 5월 31일 '시병원'에서 한 명의 학생을 입학시켜 학교를 시작하였는데, 이 날을 이화여자고등학교는 학교 창립일로 기념하고 있다. 1886년 설립된 이 학교는 한국 여성에 대한 신교육의 발상지였으며, 이를 기리기 위한 석비(石碑)에는 다음과 같은 내용이 새겨져 있다.

1886년 5월 31일, 여기에 미국인 선교사 메리 F. 스크랜턴 여사가 학교를 열고, 여성 교육의 씨를 뿌렸는데, 이것이 한국 여성 신교육의 효시이다. 창립 100주년을 맞아 이 숭고한 교육의 의지를 기리기 위해, 여성 교육의 요람인 이화의 동산에 교직원 113인의 진심을 모아 비를 세워, 그 뜻을 세운다.32)

---

32) 이화학당 개교 100주년 시비 비문 참조.

그러나 '여자는 가르칠 필요가 없다'는 봉건적 사회분위기 속에서 딸을 선뜻 학교에 보내려는 부모를 구하기는 어려웠다. 첫 번째 학생은 김성녀라는 고위관리의 소실이었는데 석 달을 버티다가 영어배우기를 포기하고 돌아갔다. 그로부터 한 달 뒤 들어 온 두 번째 학생은 공짜로 먹여주고 재워주고 입혀준다니까 데려 온 가난한 집안의 딸이었다. 세 번째 학생은 서대문 성벽에 버려진 병든 여인의 딸인 세 살 난 별단이였다. 초창기 이 학교에 입학한 여학생들은 이름도 없어서 '퍼스트'. '세컨드', '써드'라고 불렸을 정도였다.33) 초기의 그 같은 어려움에도 불구하고 스크랜턴 대부인의 여성교육에 대한 열정과 선교 사업은 점차 성과를 나타내기 시작했다. 1887년 이 학교의 재학생이 12명으로 늘자 고종은 '배꽃같이 순결하고 아름다우며 향기로운 열매를 맺으라'는 뜻으로 이화학당(梨花學堂)이라는 이름을 내렸다. 선교사들이 운영하는 학교에 왕실이 이름을 하사하자 백성들 사이에서는 선교사들이 하는 일은 나라에서 인정하는 것이라는 인식이 확산되었다. 1903년까지 이화학당에는 학제가 없었다. 학년이나 수업연한, 입학연령 등도 정해진 것이 없었다. 보통은 8,9세에 입학하여 공부하다가 외국 유학을 가거나 시집가는 것이 관례였다. 졸업식이 따로 없었고 결혼하는 날이 졸업식인 셈이기도 하였다.34) 1908년 6월, 6명의 학생이 최초의 졸업식을 거행하였다. 이화학당은 교육에만 힘쓴 것이 아니었다. 1905년 을사늑약 이후에는 매일 오후 3시 수업을 중단한 채 나라의 독립을 기원하는 기도회를 가졌다. 1904년 4월 이화학당은 4년제 대학과를 신설하였다. 아펜젤러는 1927년 이화학당이라는 학교명을 발전적으로 없애고, 1929년 이화여자보통학교와 이화여자고등보통학교, 이화여자보육학교와 이화여자전문학교(현 이화여자대학교의 전신)로 분리하였다.35)

---

33) 서울 중구문화원, 앞의 책, 92~93쪽.
34) 위의 책, 97쪽.

1886년 5월 16일, 미국 북장로회 소속 선교사 언더우드(H. G. Underwood, 元杜尤)에 의해 경신학교가 설립되었다. 언더우드는 정동 13-1번지의 토지와 한옥을 매입하여 남자 기숙학교를 열었는데 이것이 경신학교의 효시였다. 그는 초기 이 학교를 고아원이라고 불렀는데 1890년 9월에는 25명의 남자 어린이가 공동으로 기숙사 생활을 하였다.36) 1887년에는 이곳 기숙학교에서 성서의 한글 번역을 위한 '성서번역상임위원회'를 조직하였으며, 그 해 9월 27일 이곳 사랑방에서 예배를 드리기 시작하면서 한국 장로교회의 모교회인 새문안교회가 설립되기도 하였다. 이후 언더우드는 기독교대학 설립을 위해 미국으로 건너가 명예법학박사 학위를 받고 그의 형에게 대학설립을 위한 5만 2천 달러의 기부금을 받아가지고 한국에 돌아왔다. 이후 그는 1915년 3월 15일 종로 YMCA에서 '경신학교 대학부'라는 이름으로 개교함으로써 오늘날 연세대학교의 전신인 연희전문학교를 세웠다.

그 외에도 정신여학교37), 서양인학교38) 등 기독교 계통의 학교가 설립되고 서구식 근대교육이 시작되어 외국인 교사들이 점점 늘어나면서 정동은 서양문화를 전파하는 중심지로 부상하였다. 그 당시 정동 거리에는 서양인들이 세운 학교 외에도 외국 공사관들이 모여 있어서 서양인들의 신기한 모습을 보기 위해 구경꾼들도 모여들었다.

아울러 정동 4번지에 정착한 영국총영사관(1898년에는 공사관으로

---

35) 당시 정동에는 이화여자고등보통학교와 이화여자전문학교가 같은 캠퍼스에 있었으나, 1935년 3월 이화여자 전문학교가 신촌으로 이전하면서 분리되었다. 위의 책, 99~100쪽.

36) 신앙과 생활, 신앙교육을 병행한 이 학교는 예수교학당, 민노아 학당으로 불리기도 했으며, 1897년 일시 폐교되기도 하였다. 그러다가 1901년 선교사 게일(Gale)에 의해 구세학당이라는 이름으로 고쳐졌다가 1905년 다시 경신학교로 개칭되어 그 해 첫 졸업생을 배출하였다. 위의 책, 88쪽.

37) 1887년 6월, 미국 북장로교의 여의사이자 선교사인 엘레스(A. J. Ellers)가 여성교육의 필요성을 절감하여 정동(貞洞)의 제중원 사택에 정동여학당(貞洞女學堂)이란 이름으로 설립한 사립여학교.

38) 서울 중구문화원, 앞의 책, 231~232쪽.

승격)과 관련하여 결코 **빼놓을** 수 없는 공간은 바로 성공회대성당(聖公會大聖堂)이 들어선 정동 3번지구역이다. 영국영사관과 이웃하는 이 자리는 1889년 11월에 조선선교의 책임을 지고 초대주교로 승품이 된 코프(Charles John Corfe)에 의해 선교기지로 마련되어 1890년 12월 21일 이후 기존의 건물을 장림성당(將臨聖堂, The Church of Advent)이라고 이름을 고쳐 붙인 데서 그 역사는 시작된다. 성공회 서울대성당(서울시 유형문화재 제35호)은 1911년 5월 제3대 주교로 임명된 트롤로프(Mark N. Trollope)에 의해 건립이 주도된 것으로 아더 딕슨(Arthur Dixson)의 설계에 따라 1922년에 착공되고, 1926년 5월 2일에 1단계 준공을 보았던 건물이다. 당초의 설계도와 계획에 비해서는 많은 부분이 미완성 상태로 남겨지긴 하였으나, 때마침 태평로 일대의 확장과 더불어 성공회성당은 오래도록 서울 중심부의 랜드마크로 자리매김 되어왔던 것이다.

　그 밖에도 당시 한국에서 활약했던 서양 선교사들 중에는 독일 바이에른의 성오틸리엔 수도원에 본부를 둔 베네딕트회 수도사들도 있었다. 그들은 1909년 12월부터 서울에서 선교활동을 시작했으며, 서울 혜화동, 원산, 덕원 등지에 수도원을 설치하여 활동하였다. 한국전쟁 때는 38명의 수도사들이 북한으로 압송되어 노동수용소에서 사망한 것으로 추정된다. 그러나 그들의 선교활동은 지금까지 이어져 현재는 대구 인근 왜관에 선교본부를 두고 있다. 보니퍼지우스 자우어(Bonifazius Sauer), 카시안 니바우어(Cassian Niebauer), 마르틴 후베르(Martin Huber), 일데폰스 플레트징거(Illdefons Floetzinger), 안드레아스 에카르트(Andreas Eckardt) 등이 당시 한국에서 활동했던 베네틱트회 선교사들이다.[39]

　위와 같이 서양 선교사들에 의한 학교 설립과 근대식 교육의 보급은 전통 교육사상의 변화를 가져왔고 신학문은 선망의 대상으로 떠올랐

---

39) Hans-Alexander Kneider, 앞의 논문, 111쪽.

다. 과거제도의 폐지와 갑오개혁 이후 실시된 새로운 관리 선발제도는 신학문에 대한 관심을 촉발시켰다. 외국어는 더 이상 역관의 전용물이 아니었다. 새롭게 신설된 영어학교, 독일어학교, 프랑스어학교에 입학하고자 하는 학생들에게 있어서 외국어는 입신·출세를 위한 주요한 수단으로 인식되었다. 신식학교는 신학문을 도야하는 전당일 뿐만 아니라 근대화를 지향하는 표상 중의 하나로 부각되었다.

5. 맺음말

앞에서 살펴 본 바와 같이, 정동은 19세기 말·20세기 초 한국의 서양 신문명 수용의 근원지라는 문화사적 자취가 어린 곳일 뿐만 아니라, 한국의 근대가 시작되고 한국과 세계와의 만남이 시작된 의미 깊은 곳이다. 조선왕조의 건국에서부터 19세기 말까지 역사적으로 크게 주목받지 못했던 정동은 대한제국기에 들어서면서 제국의 핵심공간이자 외국인들의 중심공간으로 등장하게 되었다.

먼저, 경운궁을 중심으로 한 정동 일원의 공간은 대한제국의 근대화의 의지와 청국, 일본으로부터의 압박을 벗어나 자주독립국으로 자리 잡기 위한 노력으로 가득 채워졌던 곳이다. 고종은 미국 워싱턴DC의 방사상 도로체계와 도시미화운동의 영향을 받아 경운궁의 대안문(大安門) 앞을 방사상 도로의 결절점으로 삼아 오늘날 태평로, 종로, 을지로, 남대문로, 서소문로를 연결시키는 서울 개조계획을 실시하였다. 조선왕조의 일개 행궁이었던 경운궁은 고종에 의해 대한제국의 황궁으로 거듭나게 되었으며, 궁궐 내 뿐만 아니라 궁궐 주변지역에는 서양식 건물이 들어섰다. 그리고 경운궁을 중심으로 외국에서 한국에 들어 온 외교관, 선교사, 사업가, 기술자, 군인 등 외국인 거주지가 형성되었다.

정동 외국인 거주지를 중심으로 그동안 한국 사람들이 접해보지 못했던 음식문화가 한국인의 식생활을 변화시키기 시작했다. 개항을 전후하여 유입된 밀가루, 유제품, 설탕 등이 상류 사회에 점차 보급되었고, 빵, 케이크, 캔디 등 양과자로 일컬어지는 제품들이 한국인의 생활 속으로 파고들었다. 커피, 홍차도 궁중에 소개된 이래 사회전반에 급속하게 확산되기 시작했다.

정동에는 한말 미국, 영국, 러시아, 프랑스 등 서구 열강의 공사관이 집중되어 근대적인 외교타운이 형성되었고, 아울러 정동교회, 새문안교회, 영국 성공회, 구세군 본관 등 주요 종교 시설들이 들어서 기독교를 전파하였으며, 서양 선교사들이 세운 한국 근대교육의 요람인 배재학당, 이화학당, 경신학교 등이 세워졌다. 또한, 손탁호텔과 같은 서양식 호텔과 시병원, 정동부인병원 등 서양식 근대 병원이 들어섰으며, 그렇게 다양하고 독특한 정동의 공간을 만들어가던 낯선 공존의 모습, 이 모습은 국제교류와 외교의 무대로 이어지는 신문물의 발신지로서, 그리고 지금으로부터 110여 년 전 대한제국의 다문화공간으로서 정동의 모습이었다. 오늘날의 정동 역시 그저 역사의 뒤안길로 밀려나 지난 추억을 되새기는 공간이 아니다. 정동극장에서 영국성공회를 거쳐 덕수궁 돌담길을 따라 정동제일교회와 구러시아공사관으로 이어지는 길이 이제는 서울 시민들이 가장 걷고 싶은 거리가 되었다. 정동은 전통과 현대의 조화 속에 매년 정동문화예술축제가 열리고, 역사와 예술, 문화적 다양성이 융합된 21세기의 창의적이고 역동적인 도시로서의 서울의 핵심 거점으로 거듭나고 있다. 정동 일대에 산재되어 있는 다양한 문화요소들의 시대적 변천과정을 파악하고, 그와 맞물려 오늘날 정동의 물리적 공간형태를 조화롭게 발전시킬 수 있는 국제문화교류센터이자 다양한 문화가 만나는 문화의 허브(Hub), 그것이 21세기 다문화시대를 살아가는 우리가 만들어 가야 할 정동의 모습일 것이다.

한국의 귀화 성씨와 다문화

이찬욱

1. 머리말

인류 사회는 혈연에서 출발하고 그것을 중심으로 발전해왔기 때문에 원시 시대부터 씨족에 대한 의식이 매우 뚜렷했다. 그리고 그 씨족은 다른 씨족과 구별되는 각자의 명칭이 있었을 것이며 그 명칭은 문자를 사용한 뒤에 성으로 표현되었다. '성씨'는 일정한 인물을 시조로 하여 대대로 이어 내려오는 단계혈연집단(單系血緣集團)의 한 명칭으로 한국에서 성씨가 사용되기 시작한 정확한 시기는 알 수 없으나, 한자(漢字) 등 중국 문물이 수입되었던 시기에 그와 함께 도입되었을 것으로 추정된다.[1] 씨족 사회와 그 집단을 통치하는 지배자 계급이 발생함으로써, 성씨는 다른 씨족이나 피지배 계급과 구별하기 위한 목적, 즉 정치적 신분을 나타내는 표지로 쓰이게 되었다. 성씨는 복잡하고도 지속적인 분화과정을 거친다. 이 때문에 같은 조상이면서 성을 달리하기도 하며, 같은 성이면서 조상을 달리하기도 한다.

---

1) 이승우, 『한국인의 성씨』, 창조사, 1977, 44쪽.

'본'은 본관(本貫), 본향(本鄕), 관향(貫鄕), 관적(貫籍), 선향(先鄕) 등으로도 부르며, 시조의 출생지나 정착지 등으로 본을 삼았다.

한국의 성씨(姓氏) 제도는 중국의 영향을 받으면서도 역사적·문화적 전통에 따라 고유한 특성을 형성해왔다. 한국의 성씨(姓氏)는 가족 전체를 나타내는 것이 아니라 부계(父系) 혈통만을 표시하며, 경주(慶州) 김씨(金氏)와 김해(金海) 김씨(金氏)처럼 본관(本貫)과 성(姓)을 결합해 혈족(血族)의 계통을 나타낸다. 본관(本貫)은 성씨(姓氏)가 시작된 시조(始祖)의 관향(貫鄕) 명칭이며, 그 지역명인 본관(本貫)을 성(姓)과 함께 써서 혈족(血族)을 구별한다.2)

한편, 한국의 귀화 성씨의 유래는 3천여 년 전 기자조선으로까지 소급된다.3) 귀화 성씨는 고려 때가 60개로 가장 많다. 신라 때 40개 성씨가 귀화했고 조선조에서는 24개 성씨가 거의 임진왜란이 끝난 직후 귀화했다. 특히 고려 때에는 아랍, 이란인까지 귀화한 기록이 있다. 고려시대에는 송나라 사람을 비롯하여 여진, 거란, 안남(베트남), 몽골, 위구르, 아랍 사람들이었다. 조선시대에는 명나라와 일본인 등 많은 외국인이 들어와 귀화하였다. 이들이 한국에 귀화하게 된 동기는 대체로 정치적 망명, 표착(漂着), 투항, 상사(商事), 전란피란, 범법도피, 정략결혼, 왕실 시종관계 등의 예를 들 수 있다. 현재 한국에는 중국과 일본뿐만 아니라 유럽과 러시아, 미국을 비롯하여 아랍, 인도, 동남아 등 각지에서 온 귀화인들이 점점 늘어나고 있다. 본 연구에서는 한국사의 전개과정 속에서 외부로부터 유입된 귀화 성씨를 살펴보고, 오늘날 한국 다문화 사회에 있어서 귀화 성씨가 갖는 역사적 의미에 대하여 논하고자 한다.

---

2) 본관은 관적(貫籍), 본적(本籍), 본(本), 관향(貫鄕), 적관(籍貫)이라고도 한다. 성이 아버지 쪽의 핏줄을 나타내며 시간에 따른 연속성을 보여주는 것이라면, 본관은 어느 한 시대에 조상이 살았던 거주지를 나타내는 것이므로 공간에 따른 연속성이 크다. 본관은 신라 말, 고려 초기의 사회변동을 정리하는 과정에서 국가적인 제도로서 시행된 것으로, 그 실시 시기는 지역적인 편차가 있으나 995년(성종 14)경에 완성된 것으로 보고 있다.

3) 박기현, 『우리 역사를 바꾼 귀화 성씨』, 역사의아침, 2007, 158쪽.

2. 한국사 속의 귀화 성씨

2.1. 삼국시대

『삼국사기』와 『삼국유사』에 따르면, 고구려의 시조 주몽은 국호 고구려에서 따와 자신의 성을 고(高)씨로 하였으며,[4] 주몽은 휘하의 충신에게 극(克)씨, 중실(仲室)씨, 소실(小室)씨 등을 사성(賜姓)하였다고 기록되어 있다.[5] 백제는 시조인 온조왕이 부여에서 남하하였다고 하여 부여(夫餘)씨라 칭하였다.[6] 신라에서는 박(朴)·석(昔)·김(金)의 세 성(姓)이 설화[7]와 함께 전해져 내려오며, 유리왕 6년에 6부 촌장에게 각각 이(李)·최(崔)·정(鄭)·손(孫)·배(裵)·설(薛) 등의 성을 하사했다고 한다.[8] 본격적으로 성을 사용하기 시작한 것은 고구려의 경우 장수왕, 백제는 근초고왕, 신라는 진흥왕 시대부터인 것으로 추정된다. 하지만 성을 사용한 사람들은 왕실, 귀족, 사신들, 유학자, 무역을 하는 사람들에 국한되어 있었고 일반 민중은 신라 말기까지 성을 쓰지 않았다.

삼국시대 이전부터 정치적 망명, 피난, 정략결혼 등을 원인으로 한반도에 귀화인들이 등장했다. 고조선 때 가장 오래된 성씨는 기자(箕子)씨다. 기자는 중국 은나라 말기 중국에서 한반도로 넘어온 인물로 보기 때문에 기자의 후손이라고 하는 가문 역시 귀화로 본다. 기자가 이끄는 유민들이 고조선으로 유입되었다면 최초의 귀화집단인 셈이다. 기자를 시조로 하는 성씨는 행주 기씨, 태원 선우씨, 청주 한씨 등이다.[9]

---

4) 이승우, 앞의 책, 45쪽.

5) 위의 책, 45쪽.

6) 위의 책, 47쪽.

7) 위의 책, 49쪽.

8) 김기흥, 「신라 왕실 삼성(三姓)의 연원」, 『한국고대사연구』 64, 2011, 323~361쪽.

또한 삼국시대에 접어들어서는 신라 왕족 중의 석씨(昔氏) 일족, 제주도의 개척자 고·부·양(高·夫·良) 3성(三姓)의 배필로서의 일본의 세 처녀, 한국사에 기록된 최초의 국제결혼이라 불리는 가야의 시조 김수로왕과 혼인한 인도 아유타국(阿踰陁國)으로부터 도래한 허황옥(許黃玉, 金海 許氏의 조상) 등을 들 수 있다.10) 고려시대 승려 일연이 쓴 『삼국유사(三國遺事)』는 김수로왕과 허황옥의 결혼을 다음과 같이 묘사하고 있다.

후한(後漢) 광무제 건무(建武 18년: A.D. 42년) 3월 어느 날 하늘로부터 황금알 여섯 개가 든 황금상자가 구지봉(龜旨峰)에 내려왔다. 다음날 새벽 이 알들은 사내아이로 변하였고, 그 중 하나가 김해지방에 나라를 세웠다. 가락국의 시조 수로왕이다. 6년이 흐른 후 인도 아유타국의 공주인 허황옥이 바다를 건너오니, 그를 왕비로 맞았다. 허황후는 후한 영제 중평(中平) 6년(A.D. 189년) 3월 1일 157세의 나이로 세상을 뜨고, 수로왕은 후한 헌제 건안(建安) 4년(A.D. 199년) 3월 23일에 158세를 일기로 세상을 떠났다. (일연, 1281: 『삼국유사』, 〈가락국기〉)

기록에 의하면 A.D. 48년 배를 타고 바다를 건너온 아유타국의 왕녀인 허황옥(許黃玉)은 아들 10명을 낳았는데, 맏아들 등(登)은 김씨(金氏)로 정통을 잇게 하고, 두 아들은 황후의 뜻을 살려 허씨로 사성(賜姓)하였으며, 나머지 일곱 아들은 불가(佛家)에 귀의하여 하동칠불(河東七佛: 경남 하동에 七佛寺가 있다)로 성불하였다고 한다.11) 따라서 김해 김씨는 부성(父姓), 허씨는 모성(母姓)을 각각 계승했다는 전설

---

9) 박기현, 앞의 책, 161쪽.
10) 허황옥의 인도에서 신라까지의 이동경로에 대해서는, 김병모, 『허황옥 루트: 인도에서 가야까지』, 역사의 아침, 2008 참조.
11) 아유타국(阿踰陁國)의 위치에 대해서는 인도, 태국, 중국, 일본 등 여러 가지 설이 있지만 인도 아요디아라고 알려진 것이 가장 유력하다. 그 연유는 수로왕릉 정문 대들보에 새겨진 두 마리의 물고기가 인도 아요디아 지방의 건축양식에서 볼 수 있는 문양이기 때문이다.

때문에 오늘날에도 두 성씨는 상혼(相婚)을 피한다. 김해 허씨(金海許氏) 시조 허염(許琰)은 가락국(駕洛國) 수로왕비(首露王妃)인 허황후(許皇后)의 35세손으로 알려져 있으며,『조선씨족통보(朝鮮氏族統譜)』에 의하면 고려 문종 때 삼중대광(三重大匡)을 역임하고 가락군(駕洛君)에 봉해졌다고 한다. 후손들이 그를 시조로 하고 김해(金海)를 본관으로 삼아 세계(世系)를 이어왔다. 허황후의 아들 중 일부가 허씨가 되었기 때문에 수로왕을 시조로 하는 김해 김씨와는 같은 연원을 갖는 셈이다. 따라서 양 성씨는 동족으로 서로 혼인하지 않는다.12) 가야가 몰락하게 되자 허씨의 자손들은 흩어졌는데 김해에 남은 김해 허씨, 하양으로 이주한 하양 허씨, 양천 허씨, 태인 허씨 등이 있으며 태인 허씨에서 갈라져 나온 인천 이씨가 있다. 김해시에 허황후의 묘가 있으며 그녀가 인도에서 가져온 것이라고 전하는 파사석탑이 남아 있다.

또한 신라에 귀화한 대표적인 중국계 귀화 성씨로는 안동 장씨(安東 張氏)와 함안 조씨(咸安 趙氏)가 있다. 안동 장씨의 시조는 충헌공(忠獻公) 장정필(張貞弼)이다.『안동장씨대동속보(安東張氏大同續譜)』에 의하면, "그의 처음 이름은 장길(張吉)이며, 888년(신라 진성여왕 2) 중국 절강성(浙江省) 소홍부(蘇興府)에서 대사마대장군(大司馬大將軍) 장원(張源)의 아들로 태어났다. 5세 때 난을 피해 아버지를 따라 신라에 망명하여 강원도 강릉에 머물다가 경상북도 노전(芦田: 안동의 옛 이름)에 정착하였다. 18세 때 다시 당나라에 들어가 문과에 급제하였고, 이부상서(吏部尙書)를 지내다가 김남석(金南錫)이 무고를 하여 다시 환국해 제자들을 가르쳤다. 930년(고려 태조 13)에 병산(瓶山)에서 태조를 도와 견훤의 군대를 대파한 공으로 삼중대광보사벽상공신 태사(三重大匡保社壁上功臣太師)에 오르고 고창군(古昌君)에 봉해졌다. 태조는 고창군(古昌郡)을 안동부(安東府)로 승격하고 본관을 안동으로 하사하여 안

---

12) http://terms.naver.com/entry.nhn?docId=291763&cid=731&categoryId=1516

동 장씨가 생겨나게 되었다."라고 한다. 덕수 장씨(德水 張氏)와 절강 장씨(浙江 張氏)를 제외하고 나머지 장씨는 모두 안동 장씨의 시조인 태사충헌공 장정필에게서 나온 것이다. 그리고 함안 조씨의 시조 조정(趙鼎)은 중국 후당(後唐) 사람으로 신라 말에 두 아우 조부(趙釜)와 조당(趙鐺)을 데리고 신라에 정착하였다. 그는 고려의 개국공신인 신숭겸(申崇謙), 배현경(裵玄慶), 복지겸(卜智謙), 권행(權幸) 등과 교분이 두터웠다고 하며, 왕건(王建)을 도와 합천(陜川)에서 군대를 일으켰으며, 931년(태조 14)에 고창성(古昌城)에서 후백제 견훤군을 대파하여 동경주현(東京州縣)을 공략하여 장악하였으며 고려 통일에 큰 공을 세워 개국벽상공신(開國壁上功臣) 대장군(大將軍)에 올랐다. 후손들이 그를 시조로 삼고 함안(咸安)을 본관으로 세계를 이어오고 있다.[13]

또한, 당시 신라 경주에는 서역인들이 정착하여 살고 있었다. 이들이 신라에 정착하여 살았다는 기록은 한국에는 없지만 아랍권에는 남아 있다.[14] 그리고 경주 외동명 괘릉리에 위치하고 있는 괘릉(신라 38대 원성왕의 무덤) 무인석은 우람한 체격, 오똑하고 큰 코, 곱슬머리에 크게 부릅뜬 눈, 튀어나온 광대뼈, 귀 밑부터 흘러내린 길고 숱 많은 곱슬수염, 머리에 쓴 아랍식 터번의 얼굴모습 등이 아랍인의 형상과 일치한다. 신라 42대 흥덕완릉의 무인석도 괘릉의 무인석과 공통점을 지니고 있다. 그러한 무인석의 형상은 인물을 직접 보지 않고는 묘사하기 어려운 관계로 서역인들이 신라의 경주에 정착해 살았음을 방증해주고 있다. 『삼국유사(三國遺事)』에 기록된 처용(處容)이라는 인물 역시 서역인으로 추정되고 있다.[15] 그 외에도 『삼국사기(三國史記)』의 기록을 보면, 신라 유리이사금(儒理尼師今) 14년(서기 37년) "고구려의 대무신왕이 낙랑(樂浪)을 쳐서 멸망시키자 그 나라

---

13) http://terms.naver.com/entry.nhn?docId=1129680&cid=40942&categoryId=31639

14) 정수일, 『문명교류사연구』, 사계절, 2009, 300~308쪽.

15) 이희근, 『우리안의 그들 역사의 이방인들』, 너머북스, 2008, 77~82쪽.

사람 오천 명이 신라에 내투(來投)하여 육부(六部)에 나누어 살게 하였다"는 기록, 고구려 고국천왕 19년(서기 197년) "중국이 크게 어지러워 한인(漢人)들이 피난해 오는 자가 매우 많았다"는 기록, 고구려 산상왕(山上王) 21년(서기 217년) "한의 평주(平州) 사람 하요(夏瑤)가 백성 천여 호(戶)를 데리고 내투(來投)하므로 왕은 이들은 거두어 책성(柵城)에 살게 하였다"는 기록을 살펴 볼 수 있다. 이는 삼국시대 중국에서 귀화한 이들은 대체로 정치적 혼란이나 전쟁을 피해서 한반도로 유입되었다는 사실을 반증한다.16)

2.2. 고려시대

고려 태조 왕건은 개국 공신들과 지방 토호세력들을 통합 관장하기 위하여 전국의 군·현 개편작업과 함께 성을 하사하면서 우리나라 성씨의 체계가 확립되었다. 이와 같이 고려 초기부터 귀족 관료들은 거의 성을 쓰게 되었으나, 고려 문종 9년(1055)에 성이 없는 사람은 과거에 응시할 수 없다는 법령을 내린 것을 보면 이때까지도 성을 쓰지 않는 사람이 많았다는 것을 알 수 있다. 이 법령으로 우리나라의 성이 보편화되어 일반 민중이 성을 쓰게 되는 계기가 되었다고 볼 수 있다.

고려의 개국공신 홍유(洪儒), 배현경(裴玄慶), 신숭겸(申崇謙), 복지겸(卜智謙) 등도 처음에는 성이 없었다. 그들은 각각 홍술(弘述), 백옥(白玉), 삼능산(三能山), 복사귀(卜沙貴) 등의 이름으로만 불렸다가 사성(賜姓)을 받아 각 성(姓)의 시조(始祖)가 되었다. 홍유는 부계 홍씨(缶溪洪氏), 배현경은 경주 배씨(慶州 裴氏), 신숭겸은 평산 신씨(平山 申氏), 복지겸은 면천 복씨(沔川 卜氏)의 시조이다. 그 뒤, 고려 중엽부터는 일반에서도 성(姓)을 널리 사용하게 된 것으로 보인다. 특히 고려 초

---

16) 이승우, 앞의 책, 208~209쪽.

기에는 문신들이 절대적으로 부족해서 고려 조정은 중국계 지식인들을 적극 기용했다. 그 대표적 사례가 956년 중국 후주의 쌍기(雙冀)다.[17] 광종은 그의 건의에 따라 사상 처음 과거제를 도입했으며, 쌍기는 과거제를 총괄하는 지공거(知貢擧)에 임명되었다. 이렇게 고려 전기에는 중국에서 귀화한 사람들을 관직에 등용했지만, 고려는 고려에 필요한 우수한 인력을 중심으로 받아들이는 선택적 포용과 배제를 추구하였다.[18]

고려시대에는 국가에 공로가 있는 사람이나 귀화인(歸化人)에 대한 사성(賜姓)도 활발하게 나타났는데, 고려에서는 신라 말기 강릉(江陵)을 관장하던 명주장군(溟州將軍) 순식(順式)이 고려 태조에게 귀순하여 왕씨 성을 받았고, 발해(渤海)의 태자 대광현(大光顯)도 귀순한 뒤 왕씨 성을 받았다.[19] 신라 사람 김행(金幸)은 고려 태조를 보필하여 권능(權能)이 많아 권씨 성을 받아 안동 권씨(安東 權氏)의 시조가 되었다. 충렬왕비(忠烈王妃)인 제국공주(齊國公主)를 따라와서 귀화한 몽골인 후라타이는 인후(印侯), 회회인(回回人) 삼가(三哥)는 장순룡(張舜龍)이라는 성명을 받아, 인후는 연안 인씨(延安 印氏), 장순룡은 덕수 장씨(德水 張氏)의 시조가 되었다.

특히 귀화 정책이 가장 개방적이었던 고려 초, 100년 동안 무려 20만 명 가까이 귀화했다.[20] 당시 고려 인구가 210만이었으니 10%에 달하는 적지 않은 숫자다. 고려는 문화적인 면과 사람을 받아들임에 있어서 적극적인 태도를 보였다.[21] 중국과 접해 있어 중국으로부

---

17) 우윤, 「IMF시대에 찾아보는 역사속의 인물: 귀화인 쌍기」, 『통일한국』 17권 10호, 1999, 92~93쪽.
18) 임형백, 「선택적 포용과 배제를 통한 한국인의 정체성 형성」, 『동서양 역사 속의 다문화적 전개 양상』, 도서출판 경진, 2012, 43쪽.
19) 이승우, 앞의 책, 232~237쪽.
20) 고려시대에 접어들어 태조 왕건은 북진정책 내지는 북방안전책에 다라 발해(渤海)의 유민을 포섭하는 한편, 여진족(女眞族)의 내복(來服)을 적극 장려하고 또 한인(漢人)의 귀화를 장려하여 그들을 우대하는 정책을 펼쳤다.

터 들어온 성씨들이 많았고,[22] 일본, 몽골, 여진, 위구르, 베트남 등
다양했다. 이러한 귀화인들로 인하여 고려는 다문화적이면서도 역동
적인 사회가 될 수 있었다.[23]

고려시대의 대표적 중국계 귀화 성씨로는 거창 신씨의 예를 들 수
있겠는데, 시조는 신수(愼修)이며 원래 중국 송나라 카이펑부(開封府)
출생이다. 고려 문종(文宗) 때 귀화한 그는 학식이 풍부하고 의술(醫
術)에 능하여 1075년(문종 29)에 시어사(侍御史)가 되었다가 숙종 때
수사공우복야 참지정사(守司公右僕射參知政事)에 이르렀으며 그의 후
손에서는 많은 명신이 배출되었다.

몽골계 귀화 성씨에는 연안 인씨(延安 印氏)가 있다.[24] 그 시조는
인후(印侯)인데『고려사(高麗史)』에 의하면 그는 몽골 사람으로 원 이

21) 박기현, 앞의 책; 윤용혁,「鄭仁卿家의 고려 정착과 서산: 고려시대 외국인의 귀화 정착
    사례」,『역사와 담론』48, 2007, 35~70쪽.
22) 외래 귀화 성씨에는 중국계가 가장 많아 강릉 유씨(江陵 劉氏)·평해 황씨(平海 黃氏)·연
    안 이씨(延安 李氏)·함양 여씨(咸陽 呂氏)·결성 장씨(結城 張氏)·안강 소씨(安康 邵氏)·함
    양 오씨(咸陽 吳氏)·진주 강씨(晉州 姜氏)·거창 장씨(居昌 章氏)·풍천 임씨(豊川 任氏)·신
    안 주씨(新安 朱氏)·달성 하씨(達城 夏氏)·아산 호씨(牙山 胡氏)·공촌 엽씨(公村 葉氏)·해
    주 오씨(海州 吳氏)·제주 좌씨(濟州 左氏)·평양 조씨(平壤 趙氏)·임천 조씨(林川 趙氏)·배
    천 조씨(白川 趙氏)·밀양 당씨(密陽 唐氏)·소주 가씨(蘇州 賈氏)·수안 계씨(遂安 桂氏)·광
    천 동씨(廣川 董氏)·성주 초씨(星州 楚氏)·김해 해씨(金海 海氏)·성주 시씨(星州 施氏)·임
    구 풍씨(臨朐 馮氏)·용강 팽씨(龍岡 彭氏)·수원 백씨(水原 白氏)·문경 전씨(聞慶 錢氏)·청
    주 갈씨(淸州 葛氏)·남양 제갈씨(南陽 諸葛氏)·강화 만씨(江華 萬氏)·나주 정씨(羅州 丁
    氏)·용궁 곡씨(龍宮 曲氏)·통천 태씨(通川 太氏)·영산 신씨(靈山 辛氏)·현풍 곽씨(玄風 郭
    氏)·광주 노씨(光州 盧氏)·회양 후씨(淮陽 后氏)·휘주 요씨(徽州 姚氏)·충주 매씨(忠州 梅
    氏)·서산 정씨(瑞山 鄭氏)·진주 사씨(晉州 謝氏)·연안 송씨(延安 宋氏)·안산 여씨(安山 汝
    氏)·합천 마씨(陜川 麻氏)·풍덕 포씨(豊德 包氏)·창원 공씨(昌原 孔氏)·상주 주씨(尙州 周
    氏)·양주 낭씨(楊州 浪氏)·복산 연씨(福山 連氏)·태원 이씨(太原 伊氏)·고성 이씨(固城 李
    氏)·요동 묵씨(遼東 墨氏)·대구 빈씨(大邱 彬氏)·거창 신씨(居昌 愼氏)·아산 장씨(牙山 蔣
    氏)·한산 정씨(韓山 程氏)·충주 지씨(忠州 池氏)·흥덕 진씨(興德 陳氏)·수령 위씨(遂寧 魏
    氏)·면천 복씨(沔川 卜氏)·원주 변씨(原州 邊氏)·온양 방씨(溫陽 方氏)·상주 방씨(尙州 方
    氏)·영양 남씨(英陽 南氏)·의령 남씨(宜寧 南氏)·진주 소씨(晉州 蘇氏)·보성 선씨(寶城 宣
    氏)·청주 양씨(淸州 楊氏)·제주 원씨(濟州 元氏)·곡산 연씨(谷山 延氏)·안음 서문씨(安陰
    西門氏) 등이 있다.
23) 임형백, 앞의 글, 37~40쪽.
24) 이승우, 앞의 책, 227쪽.

름은 후라타이(忽刺歹)라 하였다. 1275년(충렬왕 1) 충렬왕의 비(妃)이며 원나라의 황녀인 제국공주(齊國公主)를 시종하여 고려에 와서 귀화하였다. 그는 1309년(충선왕 1) 평양군(平陽君)으로 봉해지고 자의도첨의사사(諮議都僉議司事)가 되었다.

여진계 귀화 성씨로는 청해 이씨(淸海李氏)가 있다. 시조는 이지란(李之蘭)이며 원래 여진사람으로 성은 퉁(佟), 이름은 쿠룬투란 티무르[古倫豆蘭帖木兒]이다. 고려 공민왕 때 부하 100호를 이끌고 귀화, 북청(北靑)에 살면서 이씨성과 청해(靑海: 北靑)의 본관을 하사받았다. 일찍이 이성계의 휘하로 조선 개국공신에 책록되고 벼슬이 좌찬성(左贊成)에 이르렀다. 여말·선초의 귀화인 이지란에 대해서는 제3절

〈그림 1〉 여진계 귀화 성씨: 청해 이씨(淸海 李氏) 이지란(李之蘭)

'조선시대'에서 보다 구체적으로 언급하고자 한다.

위구르 인들은 일찍이 661년 당(唐) 고종의 고구려 침략에 군대를 파견하기도 하였다. 하지만 위구르 인들의 한반도 진출은 1270년 고려가 몽골에 항복하여 원(元)의 정치적 간섭이 시작되면서 본격화하였다. 몽골 제국은 중국의 한인(漢人)을 효과적으로 지배하기 위해 중앙아시아의 투르크족, 특히 위구르인을 대거 행정에 기용했다. 몽골 제국에서 위구르인들은 율법, 행정, 재정, 조세 분야에서 활약하며 준지배층의 지위를 누렸다. 때문에 고려가 원(元)의 정치적 지배를 받으면서 수많은 위구르 인들이 사신이나 관리, 역관, 근위병 등의 명목으로 고려에 들어왔다. 당시 중국 북부 지역의 교역을 거의 독점하고 있던 위구르 상인들은 개경(開京)에 직접 상점을 차리며 상당한 규모의 거주 집단을 이루기도 했다. 특히 고려와 원(元) 왕실의 혼인 정책에 따라 고려 왕비가 된 몽골 공주는 대규모 수행원을 이끌고 고려로 왔는데, 이 때 위구르인 시종들이 몽골 공주를 수행했다. 이

들은 몽골 공주를 배경으로 고려의 정치, 외교 등에 큰 영향을 행사하였는데, 1274년 충렬왕비가 된 제국공주(齊國公主)의 수행관이었던 삼가(三哥, 장순룡)와 충렬왕 때의 대장군 민보(閔甫) 등이 대표적이다. 이들을 통해 이슬람교를 비롯해 위구르의 문자와 제도, 문화가 고려 사회에 널리 퍼지기도 했다. 원(元)의 간섭기에 한반도에 진출한 위구르인들은 대부분 이슬람교도로서 『고려사』나 『조선왕조실록(朝鮮王朝實錄)』 등에는 '회회(回回)'라고 부르고 있다. 회회(回回)라는 명칭은 위구르뿐 아니라 이슬람 문화권의 민족과 종족을 폭넓게 나타내지만, 학계(學界)에서는 당시의 국제 관계나 문화적 영향 등을 근거로 한반도에 정착한 회회인(回回人)은 아랍인이 아니라 위구르인을 나타내는 것으로 이해하고 있다. 한반도에 정착한 위구르인들은 개경(開京)을 중심으로 집단 공동체를 형성하며 조선 초기까지 자신들의 고유한 문화와 종교, 언어를 유지해 갔다. 특히 위구르 문자가 몽골 제국에서 공식 문자로서 사용되면서 위구르 언어와 문자는 고려 지배층에서도 널리 사용되었다.

위구르계 귀화 성씨로는 경주 설씨(慶州 偰氏)와 덕수 장씨(德水 張氏)가 있다. 경주 설씨의 시조는 설손(偰遜)이다.[25] 『경주설씨세보』에 의하면 그는 위구르 사람으로 원나라에 벼슬하여 단주태수(單州太守)로 있을 때 친상을 당하여 대령(大寧)에 가 있었는데 홍건적(紅巾賊)의 난을 피해 고려로 들어와 1358년(공민왕 7)에 귀화하였다. 공민왕은 그를 후히 대접하여 부원후(富原侯)로 봉하고 부원의 땅을 주었다. 호를 근사재(近思齋)라 하며 시인으로 활약하였다. 덕수 장씨의 시조는 장순룡(張舜龍)이다. 『덕수장씨세보』에 의하면 그는 위구르계 사람으로 고려 충렬왕 때 원나라 제국공주를 시종하여 고려에 들어와 귀화하였다. 장군에 오르고 뒤에 첨의참리(僉議參理)가 되었다.

베트남계 귀화 성씨로는 화산 이씨(花山 李氏)가 있다.[26] 시조는 이

---

25) 박현규, 「위그로족 귀화인 설손의 작품 세계」, 『중어중문학』 20권, 1997, 391~423쪽.

용상(李龍祥)으로 안남(安南) 이씨 왕조의 제8대 왕 혜종(惠宗)의 숙부이다. 이씨 왕조가 권신(權臣) 진(陳)씨 일족에 의하여 찬탈되자 망명길에 올라 표류 끝에 1226년(고종 13) 옹진(甕津)에 당도하여 귀화하였다.[27] 그리고 1226년 고려로 귀화한 이용상은 몽골군의 잦은 침입에 맞서 전투를 지휘하게 되는데, 이에 고려 고종은 이용상의 공을 크게 인정해 본관을 화산으로 하는 이씨 성을 하사하고, 고려의 위기를 막아낸 명장 이용상은 화산 이씨의 시조가 되었다. 그는 화산군(花山君)에 봉해졌으며 후손들이 벼슬하였다.[28]

2.3. 조선시대

고려 중엽부터 일반화하기 시작한 성씨(姓氏)의 사용은 조선시대에 이르러 더욱 확산되어 일부 천민을 제외한 대부분의 사람들이 성을 지니게 되었다. 조선 초기 성은 양민에게까지 보편화되었으나 노비와 천민계급 등은 조선후기까지도 성을 쓸 수 없었다.[29] 조선 전기까지만 해도 노비를 비롯한 천민층이 전체 국민의 대략 40%를 차지하였으니 성이 없는 사람들이 그만큼 많았다.

---

26) 이승우, 앞의 책, 230~231쪽.

27) 강은해, 「한국 귀화 베트남 왕자의 역사와 전설: 고려 옹진현의 이용상 왕자」, 『동북아문화연구』 26, 2011, 223~240쪽.

28) 화산 이씨(花山 李氏)의 시조 이용상(李龍祥)은 안남(安南: 베트남)국왕 이용한(李龍翰)의 동생이다. 『정묘보(丁卯譜)』에는 그가 안남국의 시조인 교지군왕(交趾君王) 이공온(李公蘊)의 7세손이며, 안남왕 이천조(李天祚)의 둘째 아들로 전한다. 따라서 그의 후손들은 이공온을 시조로 삼고, 이용상을 중조로 하여 화산을 관향으로 삼아 세계를 이어왔다. 『화산이씨정사세보(花山李氏丁巳世譜)』에 의하면 시조 이용상은 고려 고종 때 본국의 변란을 피해 바다를 건너 동래하여 황해도 옹진(甕津)의 속진(屬鎭)인 화산(花山)에 정착하였다. 이 사실을 전해들은 고종(高宗)은 1226년(고종 13) 그를 화산군(花山君)에 봉하고 그 지역의 땅을 식읍(食邑)으로 하사하였다. 옹진에 정착한 이용상은 북면(北面) 봉소리(鳳所里) 동쪽 원추형 산 위에 쌓은 화산성(花山城)에 올라가 망국단(望國壇)을 만들고 고국을 그리다가 일생을 마쳤다고 한다.

29) 이수환·이병훈, 「조선후기 귀화(歸化) 중국인(中國人)에 대한 정책과 강릉류씨(江陵劉氏) 가경(嘉慶) 2년 첩문(帖文)」, 『민족문화논총』 43권, 2009, 503~533쪽.

조선중기 이후부터는 신분 해방과 상승으로 성이 없는 천민들 중에서 일부가 족보를 만들고 성씨를 가지게 되었다. 특히 1894년 갑오개혁을 계기로 종래의 신분 계급이 타파된 것은 성의 일반화를 촉진시켰다. 양반 상민의 신분 격차가 없어지자 너나없이 양반임을 주장하게 되고 매관매직은 물론 족보까지 사고파는 행위도 성행하게 되었다. 천민들도 1894년 갑오개혁으로 신분제의 폐지가 선언되고, 1909년 민적법(民籍法)이 시행되면서 누구나 본관(本貫)과 성(姓)을 갖게 되었다.30) 조선시대에 들어와서도 귀화인 우대정책은 일관되게 유지되었는데, 이는 여진족에 대한 포용, 결혼정책, 강제이주, 인질책 등으로 주로 북방 경계를 지켜내기 위한 목적으로 이루어졌다.31)

조선시대 대표적인 귀화 성씨로는 여진인 이지란과 일본인 사야가(沙也可)를 들 수 있다.32) 태조 이성계를 도와 개국에 많은 공을 세운 여진인(女眞人) 동두란(佟豆蘭)은 이지란(李之蘭)이라는 성명을 받아 청해 이씨(靑海 李氏)의 시조가 되었고, 임진왜란 때 조선에 귀화한 왜장 사야가(沙也可)는 정유재란과 병자호란에 큰 공을 세워 김충선(金忠善)이라는 성명을 받았다.33)

이지란은 여진의 금패천호(金牌千戶) 아라부카(阿羅不花)의 아들이

---

30) 일제는 모든 사람이 성씨를 갖도록 하는 민적법(民籍法)을 1909년에 시행했다. 민적법이 시행되면서 어느 누구라도 성과 본을 가지도록 법제화가 되면서 우리나라 국민 모두가 성을 취득하게 되었다. 이때부터 성씨 사상 최대의 수난기는 일제 말기의 이른바 창씨개명(創氏改名)이라 하였다. 일본인식 창씨는 1939년 9월부터 미군정이 개시되면서 1946년 10월 23일 제122호로 조선성명복구령(朝鮮姓名復舊令)이 공포되면서 그 시작부터 무효가 되었다.

31) 김경록, 「조선초기 귀화정책(歸化政策)과 조명관계(朝明關係)」, 『역사와현실』 83, 2012, 213~247쪽.

32) 조선 인조 5년(1627년) 네덜란드인 벨테브레가 제주도에 표착하여 이후 조선에 귀화한 사실이 있다. 그는 이후 이름을 박연으로 바꾸었으며 조선에 귀화한 최초의 서양인이다. 이와 관련해서는 박기현, 『우리 역사를 바꾼 귀화 성씨』, 역사의아침, 2007, 139~149쪽 참조.

33) 임선빈, 「조선초기 歸化人의 賜鄕과 특징」, 『동양고전연구』 37집, 2009, 63~91쪽; 이원택, 「조선 전기의 귀화와 그 성격」, 『서울국제법연구』 8권 2호, 2001, 225~246쪽.

며, 화영(和英)의 아버지이다. 함경도 북청에 거주하면서 이성계와 친밀하게 지냈다. 원나라가 쇠퇴하고 주원장이 명나라를 건국하자 고려 공민왕 때 부하를 이끌고 고려에 귀화하였다. 고려에 귀화한 뒤에 이씨(李氏) 성과 청해를 본관으로 받았다. 이성계(李成桂) 휘하에서 운봉(雲峰)전투 등에 공을 세워 공양왕 때 문하부지사(門下府知事)·판도평의사사사(判都評議使司事)를 역임하고 1392년 이성계를 도와 조선 건국에 공을 세워 개국공신 1등에 책록되었다. 이어 청해군(靑海君)에 봉해지고 참찬문하부사(參贊門下府事)가 되었으며 1393년 경상도절제사(慶尙道節制使)로 왜구를 방어했다. 후에 동북면도안무사(東北面都按撫使)가 되어 갑주(甲州)와 공주(孔州) 두 성을 축조했으며 1398년 문하시랑평장사(門下侍郎平章事) 때 제1차 왕자의 난을 수습하여 정사공신(定社功臣) 2등이 되었다. 후에 명나라를 도와 건주위(建州衛) 정벌에 공을 세웠다. 1400년(정종 2) 방간의 난(제2차 왕자의 난) 때 재차 공을 세워 좌명공신(佐命功臣) 3등이 되고, 좌찬성(左贊成)에 이르렀다.

일본계 귀화 성씨로는 우록 김씨(友鹿 金氏: 뒤에 사성(賜姓)하여 김해 김씨)가 대표적이다. 시조는 김충선(金忠善)이며, 그는 일본인으로 본명은 사야가(沙也可)라 하였다. 임진왜란 때 가토 기요마사[加藤淸正]

〈그림 2〉 일본계 귀화 성씨: 우록 김씨(友鹿 金氏, 사성(賜姓) 김해 김씨) 김충선(金忠善)

의 선봉장으로 한국에 내침하였으나 조선의 문물과 인정 풍속을 흠모(欽慕)해 귀화하였다. 귀순한 '항왜' 사야가는 경주, 울산 등지에서 일본군의 침공을 막아내고, 조총과 화약 제조법을 조선군에게 전수하였다. 자원하여 조선 사람이 되고, 전장에서 자신의 조국 사람들과 싸웠던 일본인 사야가는 그렇게 조선인 '김충선'으로 다시 태어났다. 많은 무공을 세워 성명을 하사받고 관직이 정헌대부(正憲大夫)·중추부지사(中樞府知事)에 이르렀다.34) 또한 조선시대 위구르계 귀화인의 후손으로 대표적 인물로는 조선 인조 때 명신 장유(張維)가 있다. 그는 대제학, 예조판서, 이조판서 등을 거쳐 우의정에 올랐으며 이정구(李廷龜), 신흠(申欽), 이식(李植)과 더불어 조선시대 한문학의 4대가로 일컬어진다. 그의 부친 운익(雲翼)은 중국어에 능통하여 주청사(奏請使)로 명(明)나라를 내왕하였다. 조선 전기인 15세기까지 위구르어는 역관 시험의 공식 과목으로 지정되어 있었고, 위구르 인들은 '예궁(禮宮)'이라고 불리는 곳에서 종교 의식을 치렀으며, 그들의 대표들은 궁정 행사에도 참가할 정도로 사회적 정치적 지위를 인정받았다. 『조선왕조실록』에 따르면 이들은 조정에 나와 왕을 알현하고 왕의 만수무강과 국가의 안녕을 기원하며 코란을 낭송했다고 한다. 특히 세종은 이를 즐겨 '회회조회(回回朝會)'라는 이름으로 정례화하였으며, 이들의 축원의식을 '회회송축(回回頌祝)'이라고 불렀다. 하지만 이들이 자신들의 복장과 관습, 종교를 고집하는 것에 대한 우려와 반발이 높아지자 세종은 1427년 예조의 건의를 받아들여 조선의 백성으로 한반도에 거주하는 한 이질적인 습속을 금하는 칙령을 내렸다. 이로써 한반도에 정착한 위구르인들의 종교적 민족적 일체감은 급속히 와해되었고, 조선 사회에 동화되었다.35)

---

34) 황교익, 「임진왜란 때 귀화한 왜장 후손들이 사는 대구 우록동: 한 일본 무사의 유토피아/우록동」, 『지방행정』 51권 582호, 2002, 83~87쪽.

35) 그 외에 중국에서 조선에 귀화한 성씨와 관련해서는 리종일·안화춘, 「중국에서 동래귀화한 조선인의 성씨」, 『중국조선어문』 86, 1996, 18~20쪽 참조.

3. 다문화시대의 귀화 성씨

한국 성씨(姓氏)의 수는 조선(朝鮮) 중종(中宗, 재위 1506~1544) 때인 1530년에 간행된 〈신증동국여지승람(新增東國輿地勝覽)〉에 277가지로 기록되어 있고, 고종(高宗) 때인 1903년에 보수(補修)되어 간행된 〈증보문헌비고(增補文獻備考)〉에는 496가지로 되어 있는데, 이는 고문헌에 있는 모든 성(姓)을 넣은 숫자이다. 1960년의 인구조사에서는 258가지의 성(姓)이, 1975년에는 249가지, 1985년의 인구 및 주택 센서스에서는 모두 274가지의 성(姓)이 사용되고 있는 것으로 조사되었다.

2000년의 인구 및 주택 센서스에서 한국의 성씨는 총 286개로 파악된다. 이는 외국인들이 귀화(歸化)하여 새로 만들어진 성씨(姓氏)들은 제외한 숫자인데, 한국인으로 귀화하면서 새로 만들어진 외국인의 성(姓)은 토착 한국인 성씨보다 1.5배 많은 442개인 것으로 집계된다. 그리고 귀화 성씨 중 130여 성씨가 중국에서 온 귀화 성씨이다.[36]

지난 2007년 한국에 거주하고 있는 외국인의 수가 백만 명을 돌파하면서 한국사회는 다문화 사회로 접어들었다. 그리고 2013년 현재 통계청의 발표에 의하면 한국에 거주하고 있는 외국인의 수는 약 142만 명으로 파악되고 있다. 이렇게 급격하게 외국인의 숫자가 증가하기 시작한 것은 외국인 산업연수생 및 외국인 노동자의 대거 유입과 농촌지역 미혼 남성들의 외국인 여성(중국, 필리핀, 몽골, 베트남, 태국 등)들과의 국제결혼이 늘어났기 때문이라 할 수 있다.[37]

현재 한국은 몽골 김씨, 태국 태씨, 대마도 윤씨, 길림 사씨, 왕장 박씨, 런던 박씨. 뉴욕 김씨 등 귀화 외국인들이 늘어남에 따라 낯선 본관이 많이 생겼다. 귀화 외국인이 늘어나면서 한국식 성과 본을

---

36) 최덕교, 「새 천년에 생각해 보는 한국인의 성씨: 동음이성이 60%를 넘고, 귀화 성씨가 많아진다」, 『한글한자문화』 11권, 2000, 76~81쪽.

37) 정현욱, 「조선족 귀화여성들에 관한 연구: 유입배경, 수용환경 그리고 부적응에 관한 고찰」, 『한국행정학회 하계학술발표논문집』, 1999, 243~255쪽.

〈독일 이씨: 이참〉　　　　　　　〈영도 하씨: 하일〉

〈그림 3〉 다문화 사회의 귀화 성씨

따라 스스로 시조가 되는 창성창본(創性創本)이 활발하기 때문이다. 그 외에 평소에 듣지도 보지도 못한 희귀성씨도 많고 특히 새로운 성씨의 시조가 되는 사람들이 많아지고 있다. 미국인 로버트 할리 씨(한국명 하일)는 한국에서 변호사 및 방송인으로 활동하다가 1997년 한국에 귀화하여 그가 처음 한국에 들어와 살던 부산 영도지역의 지명을 딴 영도 하씨의 시조가 되었다. 또한 러시아인으로 프로축구단 성남 일화의 골키퍼였던 발레리 사리체프 씨(한국명 신의손)는 구리 신씨의 시조다. 그리고 한국관광공사 사장을 역임한 바 있는 독일인 베른하르트 크반트 씨(한국명 이참)는 독일 이씨의 시조이다.38) 방송 연예인 프랑스의 이다도시 씨는 도시 씨의 시조다. 그 외에도 즙씨, 누씨, 묘씨, 내씨, 삼씨, 초씨, 망절씨, 어금씨, 소봉씨 같은 희귀성이 갈수록 늘고 있다. 일본인 아버지와 한국인 어머니 사이에서 태어난 즙간부씨는 1954년 어머니를 따라 한국으로 귀화하면서 국내 ‘즙’씨의 시조가 되었다. 하지만, 희귀한 귀화 성씨는 불편과 사회적 차

---

38) 전국한자교육추진총연합회 편, 「귀화인·외국인의 눈으로 본 한자 혼용; 한국어를 잘하려면 한자공부는 필수: 귀화인 이한우(李韓祐) 박사를 찾아」, 『한글한자문화』 3권, 1999, 16~18쪽.

별을 부르기도 한다. 특히, 학령기 자녀들의 경우 그들의 귀화한 성
씨 때문에 학교에서 친구들의 놀림감이 되기도 한다.

　위와 같이 단일민족, 단군의 자손이라는 한국인의 일반적 관념과
달리 한국인의 정체성 속에는 다양한 민족적, 문화적 요소가 포함되
어 있고, 현실적으로도 한국인의 순혈주의와 단일민족의 신화는 변
화하고 있다.[39] 한국인의 자긍심은 단일민족이라는 믿음보다는 한
국사 속에서 지금까지 이루어 놓은 조화와 포용, 공존이라는 정신적
유산이 있는 것이다.[40]

4. 맺음말

　앞에서 살펴 본 바와 같이, 삼국시대부터 고려를 거치는 동안 많은
외국인들이 한반도에 귀화하여 정착했음을 알 수 있다. 이것은 한반
도가 다문화 국가였음을 의미하지만, 일제강점기, 해방과 분단, 6.25
전쟁 등으로 인한 한국사의 특수성으로 인하여 해방 이후 민족의식
과 순혈주의를 고취하고 한민족이 단일민족임을 강조하는 역사교육
이 강조되었기에 한국사 속에 면면히 흐르고 있는 다문화적 성격에
대해서는 소홀하게 취급되었던 것이다. 우리 선조들은 귀화인들로
인해서 다양한 문화체험을 할 수 있었고, 그로 인해 문화적인 면을
창의적으로 수용하며 전통을 세울 수 있었다. 즉 새로운 집단이 한반
도에 새로운 문물을 전해주고 새로운 역사를 쓰는데 도움을 주었다
는 것이다.

　한국 귀화인에 관련하여 **빼놓을** 수 없는 사실은 한국인의 성씨(姓
氏) 중에는 외국인 귀화족(歸化族)이 상당히 많다는 점이다. 귀화족을

---

39) 이지홍·박현숙, 「다문화 관점에서 본 중학교 〈역사(상)〉교과서의 '귀화인' 서술과 인식」,
　　『교과교육연구』 4권 2호, 2011, 115~137쪽.
40) 임형백, 앞의 글, 48~49쪽.

민족적으로 대별하면, 중국계, 몽골계(蒙古系), 여진계, 위구르계, 아랍계, 베트남계, 일본계 등이며, 이를 시대별로 살펴보면 삼국·고려시대에는 중국인, 고려시대에는 중국인 외에 여진·베트남·몽골·위구르·아랍인, 조선시대에는 중국인과 일본인 등이다. 한국 통계청은 2003년 1월에 '2000년 인구주택 총 조사 성씨 및 본관 집계 결과'를 발표하였다. 발표된 성씨는 모두 286개였으며, 본관은 4,179개였다. 이 가운데 김(金)씨가 전체 인구의 21.6%인 992만 6천 명으로 가장 많았다. 김씨 다음으로는 이(李)씨와 박(朴)씨가 많았으며, 김씨·이씨·박씨 이들 3개 성씨 인구만 전체 인구의 44.9%이었다. 인구 100만 명이 넘는 성씨는 이들 3개 성씨를 포함해 최(崔), 정(鄭), 강(姜) 등 6개였다. 한편, 성씨 통계와 별도로 우리나라에 귀화한 외국인들의 성씨를 집계한 결과 모두 442개였으며, 필리핀계 145개, 일본계 139개, 중국계 83개 등이었다. 이와 같은 상황 하에서, 한국사회가 21세기에 접어들어서 진정한 다문화 사회를 지향한다면, "우리는 한겨레"라는 말처럼 단일민족이라는 공동체의식의 감옥에 갇혀버려서는 안 된다. 오히려 기나긴 역사의 흐름 속에서 우리 안에 이미 내재하고 있는 다문화 유전자를 되새기며, 조상들의 '다문화성'에 대해 배우는 것이 우선순위일 것이다.

고려후기 제주 이거(移居) 원(元) 이주민과 통혼(通婚)*

전영준

1. 머리말

高麗는 한국사에 있어서 다른 어떤 왕조보다 활발한 대외관계를 통해 국가를 유지하였다. 특히 13~14세기 고려와 元의 관계는 '駙馬國體制'로 표현될 만큼 왕실 간 通婚關係를 기반으로 긴밀한 관계를 이어갔다. 양국의 통혼으로 高麗樣과 蒙古風의 문화가 유행하였고, 그중의 일부는 현재까지도 남아 있다.

일반적으로 통혼은 정부나 정치 단체, 개인 등이 정치적인 목적을 실현하거나 사회적인 문제를 해결하기 위하여 취하는 방침이나 수단을 의미하지만, 전근대시대의 국가 간에는 복속책의 일환이나 정치적 협상의 수단으로 활용되었다. 특히 동북아시아 국가들 간에는 이러한 통혼정책을 활용하여 왕실은 물론 민간에 이르기까지 강제성을 띠는 사례가 많았다.

---

* 이 글은 제4회 전국해양문화학자대회(2013년 8월 22일~24일, 여수)에서 발표한 내용을 깁고 보태어 작성되었고, 같은 해 10월 『다문화콘텐츠연구』 15에 발표되었던 논고를 바탕으로 구성되었다.

때문에 고려와 원에 대한 연구들은 대규모의 공녀 차출이나 원 황실과 고려 왕실 및 귀족 간의 통혼에 집중되어 있고, 그나마도 대부분 정치적 성격의 분석에 치우쳐 있어서 양국의 사회상이나 문화의 변화 양상에 대한 심층적 분석이 이루어지지 않았다. 麗元 왕실 통혼과 관련한 연구들은 대체로 고려에 시집온 원 공주들의 정치적 영향력이나 출신 배경 분석에 치중하고 있다.[1] 아울러 양국 간 지배층의 혼인이 여원 두 나라를 이어주는 복잡한 형태의 통혼관계로 발전하여 일부 가문의 풍속이었음을 지적한 연구도 있다.[2] 이와 함께 宋·元軍과 고려 여성의 통혼 및 공녀 차출은 양국 간 인적교류와 수탈, 정복사업의 측면에서 살펴본 연구[3]와 공녀로 끌려갔던 기황후에 대한 연구가 다수 있다.[4]

이처럼 麗元 간의 통혼 연구는 많은 성과를 내고 있지만 몇 가지 문제도 노정되고 있다. 왕실 통혼관계는 양국관계에서 우위에 있었던 원의 이해관계를 중시하지 않고 고려의 입장만을 다루고 있다는 문제점과, 통혼의 성립배경 역시 원과 고려의 관계에만 주목하여 몽골제국 내의 다른 세력과 연계한 이해에 한계를 보이기도 한다.[5] 이와 함께 고려의 민간 여성에 대해서는 貢女의 일부분으로만 간략하게 언급함으로써 원나라의 통혼정책이 정복사업과 어떻게 관련되는

---

1) 金惠苑, 「麗元王室通婚의 成立과 特徵: 元公主出身王妃의 家系를 중심으로」, 『梨大史苑』 24·25합집, 1989; 정용숙, 「元 公主 출신 왕비의 등장과 정치세력의 변화」, 『고려시대의 后妃』, 민음사, 1992; 李命美, 「高麗元 王室通婚의 政治的 의미」, 『한국사론』 49, 2003.

2) 이개석, 「여몽관계사 연구의 새로운 시점: 제1차 여몽화약과 지배층의 통혼관계를 중심으로」, 『13~14세기 고려-몽골관계 탐구』, 동북아역사재단, 2011.

3) 김위현, 「麗元間의 人的 交流考」, 『관동사학』 5·6, 관동사학회, 1994; 裴淑姬, 「蒙·元의 征服戰爭과 高麗 女性」, 『중국사연구』 48, 중국사학회, 2007; 박경자, 「貢女 출신 高麗女人들의 삶」, 『역사와 담론』 55, 호서사학회, 2010.

4) 이용범, 「奇皇后의 冊立과 元代의 資政院」, 『역사학보』 17·18, 역사학회, 1962; 정구선, 『貢女: 중국으로 끌려간 우리 여인들의 역사』, 국학자료원, 2002; 김기선, 「한·몽 혼인사」, 『한·몽 문화교류사』, 민속원, 2008; 李命美, 「奇皇后세력의 恭愍王 폐위시도와 高麗國王權」, 『역사학보』 206, 역사학회, 2010.

5) 이명미, 앞의 글, 48쪽.

지를 분석하지 못한다는 문제점도 지적되었다.[6]

최근 麗-元 왕실, 몽골왕실 및 고려귀족, 양국 지배층 간 통혼에 대한 검토가 이루어지고 있지만, 일반민의 통혼으로 인한 사회문화적 파급 효과 등을 분석하는 연구는 일부에 국한되어 있는 실정이다.[7] 특히 고려에서 몽골에 시집간 여인들에 대한 연구와 달리, 몽골에서 고려로 건너온 이주민들의 거주와 통혼에 대한 연구는 거의 없다는 점에서 편중된 연구라는 지적을 피할 수 없다. 때문에 이 글에서 다루고자 하는 원 이주민과 탐라인 간의 통혼 문제는 기왕의 연구들과는 성격을 달리한다는 점에서 의미가 있다.

麗元關係에서 특히 탐라는 약 100년에 걸쳐 원과 직접적인 교류를 보이고 있을 뿐 아니라, 이 당시의 사회문화적 변동으로 새로운 문화상이 정착되었고, 그중 일부는 현재까지도 전승된다는 점에 유의할 필요가 있다. 원이 고려를 지배하는 동안 탐라에는 황실 목마장이 운영되었으며, 관리와 군관·匠人·유배인 등 많은 원 이주민이 거주하였다. 특히 원 제국이 기울어갈 무렵에는 탐라를 황실피난처로 삼고자 行宮 造營 시도가 있었을 정도로 탐라에 대한 관심은 증폭되고 있었다. 따라서 이 글에서는 13~14세기에 집중되었던 몽골문화의 제주 유입 과정을 중심에 두고, 양국 간에 시행되었던 통혼정책의 정치적 배경 및 탐라에 정착한 원 이주민과 탐라인 간의 통혼 과정을 살펴보는 데 목적이 있다.

---

6) 배숙희, 앞의 글, 152쪽.

7) 김일우, 「고려후기 濟州·몽골의 만남과 제주사회의 변화」, 『한국사학보』 15, 고려사학회, 2003; 「고려·조선시대 외부세력의 제주진입과 제주여성」, 『한국사학보』 32, 고려사학회, 2008.

2. 元의 정복전쟁과 통혼정책

2.1. 元의 통혼정책 시행과 정치적 목적

1218년(고종 5) 몽골은 강동성을 함락한 거란족 토벌을 명분으로 고려를 침입하였다. 이후 양국 관계는 1225년(고종 12) 몽골사신 著古與 등이 공납 징수를 목적으로 고려를 방문하고 돌아가던 중 피살되고, 고려를 의심한 몽골이 1231년(고종 18) 살리타이(撒禮塔)의 군대를 보내어 咸新鎭을 포위하고 鐵州를 침공하면서 본격화되었다.[8] 침략 초기 고려는 몽골 기병의 위세에 눌려 패전을 거듭하다 공물의 납부와 納質, 助軍, 다루가치 설치 등을 조건으로 강화가 이루어졌다.[9]

그러나 1232년(고종 19) 몽골군의 철수 직후 무신정권은 고종을 위협하여 강화도로 천도하고, 항전과 외교를 병행하면서 저항하였다. 이에 몽골은 그해 8월 2차 침입했으나 주력부대를 이끌던 살리타이가 處仁城에서 사살되자 더 이상 남하하지 못하고 철수하였다.[10]

---

8) 『高麗史』 권23, 「世家」, 高宗 18년 8월; 壬午 蒙古元帥撒禮塔 圍咸新鎭, 屠鐵州.

9) 『高麗史』 권23, 「世家」, 高宗 18년 12월; 甲戌 將軍 趙叔昌, 與撒禮塔所遣蒙使九人, 持牒來, 牒曰, "蒙古大朝國皇帝聖旨, 專命撒里打 火里赤, 統領大軍, 前去高麗國, 問當如何殺了著古與使臣乎. 欽奉聖旨, 我使底稍馬去, 使臣, 到投拜了, 使臣令公, 將進底物件, 應生交這, 這些簡與物, 將來底物, 去我□ 沒一簡中底物, 布子與來子麼, 我要底, 好金銀‧好珠子‧水獺皮‧鵝嵐好衣服, 與來, 你道足, 但言者不違, 你與金銀衣服, 多合二萬匹馬馱來者, 小合一萬匹馬馱來者, 我底大軍, 離家多日, 穿將來底衣服, 都壞了也, 一百萬軍人, 衣服, 你斟酌與來者, 除別進外, 眞紫羅一萬匹, 你進呈將來底, 你將來底水獺二百三十箇, 好麼與紫箇來, 如今交上, 好水獺皮二萬箇與來者, 你底官馬裏, 選鍊一萬箇匹大馬, 一萬匹小馬與來者, 王孫男姟兒一千底, 公主大王每等郡主, 進呈皇帝者外, 大官人母女姟兒, 亦與來者, 你底太子, 將領大王令子幷大官人男姟兒, 要一千箇, 女姟兒, 亦是一千箇, 進呈皇帝做札也者, 你這公事, 疾忙句當了, 合你已後早了, 你底里地里, 穩便快和也, 這事不了合, 你長日睡合, 憂者, 有我使臣, 呼喚稍馬軍去, 我要底物件, 疾忙交來, 軍也疾來遲交來, 持我軍馬遲來, 爲你高麗民戶, 將打得莫多少, 物件百端, 拜告郡裏足得, 你受惜你也民戶, 我這裏飜取要金銀財物, 你道骨肉出力, 這飜語異侯, 異侯休忘了者, 據國王好好底投拜上頭, 使得使臣交道, 與我手軍去, 爲你底百姓上, 休交相殺, 如此道得去也, 交他舊日自在, 行路通泰者, 依上知之." 使雲, "底使臣二人鳥魯土‧只賓木入都護, 三軍陣主, 詣降權皇帝所.

10) 『高麗史』 권103, 「列傳」, 金允侯; 金允侯高宗時人 蒙爲僧住白峴院 蒙古兵至允侯避亂于處仁

1234년(고종 21) 금을 완전히 공략한 몽골은 3차 침입을 시작해 東京(경주)에 이르러 황룡사탑을 불태우고 1239년까지 전 국토를 유린했으며, 고려는 피해가 막심해지자 1238년(고종 25) 12월 다시 강화를 요청했다.[11] 이때 강화 조건은 공물의 납부와 국왕의 親朝, 納質 등이었다. 이에 고려는 왕의 조카뻘 되는 永寧公 王綧을 왕의 아들이라 속이고 고관 자제 10명과 함께 몽골에 볼모인 禿魯花로 보냈다.[12] 당시 고려 국왕의 친조가 이루어지지는 않았지만 고려는 처음으로 왕족을 禿魯花로 보냈고, 이후 원종 때 훗날 충렬왕이 되는 王諶이 원 공주를 맞아들여 양국 간 왕실 통혼으로 이어지는 단초를 제공하였다. 그러나 고려가 親朝를 행하지 않자 몽골은 계속해서 親朝를 요구하다 1247년(고종 34) 고려를 정벌할 목적으로 제4차의 침략이 이루어졌다.[13]

1251년(고종 38) 7월 황제로 즉위한 뭉케(憲宗)는 고종의 親朝와 개경 還都를 촉구했지만 이후 뚜렷한 답변을 얻지 못하자 1253년 5차 침략을 단행했다.[14] 몽골군은 다시 백성들을 납치하고 국토를 유린하다 1254년 1월 철수했다.[15] 1254년 7월 6차 침입을 시작한 몽골은

城. 蒙古元帥 撒禮塔來攻城 允侯射殺之.

11) 『高麗史』 권23, 「世家」, 高宗 25년 12월; 冬十二月 遣將軍 金寶鼎, 御史 宋彦琦如蒙古, 上表曰, "自惟僻陋之小邦, 必湏庇依於大國, 矧我應運之聖, 方以寬臨, 其於守土之臣, 敢不誠服? 申以兩年之講好, 約爲萬世之通和, 投拜以來, 聊生有冀, 盖昔己卯·辛卯兩年, 講和以後, 自謂依倚愈固, 擧國欣喜, 惟天地神明知之, 豈謂事難取必, 信或見疑, 反煩君父之譴訶, 屢降軍師而懲詰? 民無地着, 農不時收, 顧妓茂草之場, 有何所出? 惟是苞茅之貢, 無柰未供, 進退俱難, 憧惶罔極. 因念, 與其因循一時而姑息, 孰若冒昧萬死而哀號, 玆殫瘠土之宜, 粗達微臣之懇. 伏望, 但勿加兵革之威, 俾全遺俗, 雖不腆海山之賦, 安有曠年. 非止于今, 期以爲永."

12) 『高麗史』 권23, 「世家」, 高宗 28년 4월; 二十八年 夏四月 以族子永寧公綧稱爲子, 率衣冠子弟十人入蒙古, 爲禿魯花. 遣樞密院使 崔璘, 將軍 金寶鼎, 左司諫 金謙伴行, 禿魯花華言質子也.

13) 『高麗史』 권23, 「世家」, 高宗 34년 7월; 秋七月 蒙古元帥阿毋侃領兵, 來屯益州.

14) 『高麗史』 권24, 「世家」, 高宗 40년 7월; 甲申 北界兵馬使報, "蒙兵渡鴨綠江", 卽移牒五道按察, 及三道巡問使, 督領居民, 入保山城海島.

15) 『高麗史』 권24, 「世家」, 高宗 41년 1월; 丁丑 安慶公淐至蒙古屯所, 設宴張樂饗士, 阿毋侃還師.";"遣少卿 朴汝翼, 郎將 鄭子璵等, 往探蒙兵還否, 兼安撫天龍·楊根二城.

한반도 내륙을 공략했던 이전과 달리, 1259년까지 6년간 경기 서해도 지역을 집중적으로 공격하면서 江都 정부의 항복을 촉구하였다. 30년간의 전쟁이 끝나자 1259년(고종 46) 고려 태자(훗날 元宗)가 몽골에 入朝하여 강화회담을 진행하였다. 고려가 몽골의 지배체제에 편입되자 1262년(원종 3)부터 군대를 철수하고 포로를 방면하면서 이른바 六事인 納質, 籍編民, 置郵, 出師旅, 轉輸糧餉, 輔助軍儲를 요구하였다.[16]

약간의 차이는 있지만 몽골은 정복지역에 대해서 지배층 자제의 人質, 戶口調査의 실시, 다른 지역 정복 시의 助軍 파견, 稅賦·食糧의 輸納, 達魯花赤의 駐在에 君王의 親朝나 驛站의 설치 중 하나를 덧붙여 여섯 가지 사항을 요구하였다.[17] 이는 직접 지배하지 않고도 복속 관계를 유지하기 위한 것으로 정복국의 군사, 행정, 경제 등을 제국의 판도 내에 체계화하기 위함이었다.[18] 양국 간 통혼이나 공녀를 요구한 것도 정복지와 피정복국가 간 연결고리를 확고히 하면서도 손쉽게 지배권을 행사할 수 있는 방법이었다. 그러나 고려는 納質만 시행하였을 뿐이고 나머지는 이행하지 않았는데, 이에 대해 몽골은 양국 관계를 위해 지속적으로 실행을 촉구하였다.[19]

1264년(원종 4) 8월 至元으로 改元한 사실을 내외에 공포한 쿠빌라이는 元年 고려 국왕의 親朝를 요구했다.[20] 당시 재상들은 대부분

---

16) 여원관계사연구팀, 『譯註 元高麗紀事』, 선인, 2008, 121쪽.

17) 高柄翊, 「蒙古·高麗의 兄弟盟約의 性格」, 『백산학보』 6, 1969; 『東亞交涉史의 硏究』, 서울大學校出版部, 1970, 179~182쪽.

18) 李命美, 앞의 글, 15쪽.

19) 『高麗史』 권25, 「世家」, 元宗 3년 12월; 十二月 乙卯 郎中 高汭, 還自蒙古, 帝頒曆, 又詔曰, "大小分殊, 當謹畏天之戒, 往來禮在, 要知懷遠之心. 卿自東隅, 臣屬上國, 適我家之有難, 越其境以來歸, 特侈新封, 俾還舊服. 凡有所奏, 無不允從, 如不易衣冠, 班收軍戍, 去水而就於陸, 在虜者聽其歸, 若此甚多, 難於具悉. 豈期弗諒, 動則肆欺? 向許貢於珍禽, 已乖素約, 頃小徵於銅貨, 又飾他辭. 陸子裹, 一羈旅也, 愍骨肉之睽離, 降縑絍而理索, 輒爲拒命. 是誠何心? 玆小事, 尙爾見違, 於大節, 豈其可保? 凡遠邇諸新附之國, 我祖宗有已定之規則, 必納質而籍民, 編置郵而出師旅, 轉輸糧餉, 補助軍儲. 今者, 除已嘗納質外, 餘悉未行. 卿自有區處, 必當熟議, 庸候成言. 其歲貢之物, 依例入進, 毋怠初心, 以敦永好."

국왕 친조에 반대했지만 국내에서 무신세력과 갈등을 빚고 있던 원종은 이들과의 관계에서 우위에 서기 위해 적극 친조에 응했다. 麗元 왕실 통혼은 이러한 배경 속에서 이루어지게 되었다. 元제국은 중앙 집권화를 시도하면서도 유목 봉건국가로서 각 부족의 기득권을 인정하는 통혼정책을 시행하였다. 이는 몽골 유목사회의 특징적인 受繼婚[21]에서 그 근원을 찾아볼 수 있다. 즉, 막강한 군사력이 필요하거나 그 근거지가 군사적으로 중요한 지역, 정치적으로 포섭할 필요가 있는 부족과는 누대에 걸친 통혼관계를 유지함으로써 친위세력으로 확장하고자 하였다.[22] 당시 남송과 일본을 정벌하기 위한 전진기지로 고려를 주시하던 元으로서도 통혼정책의 시행은 필요한 일이었다.

몽골은 기마전술에 기반을 둔 기동력과 군사력을 토대로 제국을 건설하였다. 그리고 이 과정에서 부족한 자원과 인력을 확보하기 위해 약탈을 일삼거나 과도한 공납을 요구하였다. 여원의 통혼은 전쟁 과정에서 일어난 이러한 약탈혼에서도 그 근원을 찾아볼 수 있다. 몽골제국을 처음 건설한 칭기즈칸이 태어나던 시기 몽골고원은 여러 유목집단으로 나뉘어 치열한 전쟁이 지속되었다. 칭기즈칸 역시 부르테와 혼인한 직후 메르키트 부족의 급습으로 신부를 빼앗기는 일을 당한다. 나중에 그녀를 되찾아 오긴 했지만 돌아온 지 열 달도 안 되어 큰아들을 낳아 전쟁과 약탈, 보복이 일상이던 몽골고원의 약탈혼과 함께 통혼문화를 알려준다.[23]

---

20) 『高麗史』권26, 「世家」, 元宗 5년 5월; 辛巳 受詔於大觀殿, 詔曰, "朝覲, 諸候之大典也. 朕纘承丕緖, 于今五年, 第以兵興, 有所不暇. 近西北諸王率衆欵附, 擬今歲朝, 王公群牧於上都, 卿宜乘馹而來, 庸修世見之禮, 尙無濡滯."

21) 수계혼에 대해서는 몽골의 관습법을 칭기즈칸 시대에 성문화한 야삭(札撒)에 '아버지가 사망하면 아들은 그 母를 제외한 다른 父의 妻의 處置를 하고, 혹은 이와 婚姻하고 혹은 이를 他人에게 嫁娶시킬 수 있다'고 한 것에서 의미를 확인할 수 있다(고병익, 「元代의 法制」, 『역사학보』 3, 1953, 327쪽).

22) 이명미, 앞의 글, 43쪽.

23) 『몽골비사』에는 칭기즈칸이 칸에 즉위할 때 그의 추종세력들이 그를 위해 여성을 약탈해 바치겠다고 서약하는 장면이 있다. "알탄, 코차르-베키, 세체-베키는 서로 상의하여 테

몽골은 고려를 상대로 정복전쟁을 벌이는 동안 많은 여성을 약탈해갔다. 『고려사절요』에 의하면 몽골군은 1253년(고종 40) 5차 침입 때 서해도 椋山城을 함락시킨 뒤 "10세 이상의 남자는 도륙하고 부녀와 어린아이는 사로잡아 士卒에 나눠 주었다"[24]고 하였다. 1254년에는 몽골군에게 잡혀간 남녀가 20만 6천 8백여 명에[25] 달했는데, 이 가운데 상당수가 여성이었음을 짐작할 수 있다. 몽골은 조공형태의 貢女도 요구함에 따라 고려는 1275년(충렬왕 원년) 10월 전국에 처녀의 혼인을 금지하고, 11월 처녀 10명을 보내기도 했다. 전쟁 중 여성을 약탈해가던 방식에서 전환해 공식적으로 貢女를 요구한 것은 왕실 간 통혼이 이루어진 지 2년만이었다.

　　우리 태조 황제가 13개국을 정복할 때에 그 나라 왕들이 앞을 다투어 아름다운 여인들과 좋은 말과 희귀한 보배들을 바치었다는 것은 당신도 들은 바 있을 것이다.[26]

이후 고려는 공민왕대까지 80여 년 동안 1년에 두 번 또는 2년에 한 번꼴로 공녀를 보냈다.[27] 포로로 끌려간 여인들이나 공녀들은 노

무진에게 말하기를 '너를 칸으로 삼고자 한다. 테무진이 칸이 된다면 우리들은 수많은 적 앞에 초병으로 (먼저) 나아가 자색이 아름다운 처녀나 부인들을 (약탈하여 귀족의 집인) 오르도나 (평민들의 집인) 겔(도 모두 약탈하여 너에게 줄 것이며) 다른 부족의 용모가 고운 처녀나 부인들을 (약탈하여) 엉덩이가 좋은 거세마(도 모두 약탈하여) 가지고 와서 너에게 줄 것이다."(박원길 외, 『몽골비사의 종합적 연구』, 민속원, 2006, 130쪽)

24) 『高麗史節要』 권17, 高宗 40년 8월; 蒙古兵, 陷西海道椋山城, 是城四面壁立, 唯一徑僅通人馬, 防護別監權世侯, 恃險縱酒, 不爲備, 且有慢語, 蒙人臨城設砲, 攻門碎之, 矢下如雨, 又梯石壁而上, 以火箭射草幕皆延燃甲卒四人, 城遂陷, 世侯自縊死, 城中死者, 無慮四千七百餘人, 屠男子十歲以上, 擒其婦女小兒, 分與士卒.

25) 『高麗史』 권24, 「世家」, 高宗 41년 12월; 是歲, 蒙兵所虜男女, 無慮二十萬六千八百餘人, 殺戮者, 不可勝計. 所經州郡, 皆爲煨燼, 自有蒙兵之亂, 未有甚於此時也.

26) 『高麗史』 권28, 「世家」, 忠烈王 원년 10월; 庚戌 元遣岳脫衍·康守衡來, 王出迎于宣義門外, 詔曰, …"且我太祖皇帝, 征十三國, 其王爭獻美女·良馬·珍寶, 爾所聞也.…"

27) 『高麗史』, 「世家」에는 1275년(충렬왕 1)부터 1355년(공민왕 4)까지 50여 회에 걸쳐 공녀를 보낸 기록이 있으며, 기록된 공녀의 숫자는 176명이지만 실제로 끌려간 공녀의 수는

예의 신분으로 고된 노동에 시달렸다. 또 원이 요구한 공녀들은 '處女',28) '童女',29) '童女絕美者' 등으로 표현되었다는 점으로 보아 공녀 선발에 중류 이상의 가문으로 제한을 두었다는 것은 원의 귀족이나 군관의 배우자감으로 필요한 요구였을 것으로 생각된다.

2.2. 원의 통혼정책과 고려의 실정

고려는 1271년(원종 12) 세자 諶을 元都에 볼모로 들여보내면서 황제에게 글을 보내기를,

> 나를 비롯하여 대신들에 이르기까지 자기 子弟로 하여금 서로 교대하여 入侍하기로 작정하고 먼저 세자와 관리의 자제 20명, 관청 職員 1백 명을 파견하는 바이다.30)

고 하였다. 이는 가장 유력한 차기 왕위계승자를 일정기간 元都에 머물게 하면서 원 황실 내에서 적절한 배우자를 찾아 혼인하게 함으로써 황실의 구성원으로 왕위계승의 정당성을 인정받고 왕권의 안정을 도모하려는 적극적인 의사의 표현이었다.31)

麗元 왕실 통혼은 충렬왕이 쿠빌라이의 딸 쿠틀록케르미시(忽都魯揭里迷失) 공주와 1274년(원종 15) 5월 혼인한 것을 시작으로 공민왕까지 계속된다. 양국 왕실 간 혼인에 대해서는 원과 고려 중 어느 쪽이 먼저 통혼을 제안했는지에 대해 의견이 엇갈리고 있다. 고려를 복속

훨씬 많았을 것으로 보인다.

28) 『高麗史』 권28, 「世家」, 忠烈王 원년 10월; 壬子 以將獻處女于元, 禁國中婚嫁.

29) 『高麗史』 권32, 「世家」, 忠烈王 28년 7월; 己酉 遣大將軍 秦良弼如元, 獻童女.

30) 『高麗史』 권26, 「世家」, 元宗 12년 6월; 己亥 遣世子諶, 入質于蒙古, 尙書右丞 宋玢, 軍器監 薛公儉, 戶部郎中 金惰等二十人從之, 又命樞密院副使 李昌慶, 調護其行. 表奏云, "自臣至于 輔相, 欲令子弟相遞入侍, 而先遣世子與衣冠胤冑二十人, 衙內職員百人進詣."

31) 김혜원, 앞의 글, 202~205쪽.

한 元이 양국 관계를 결속시키기 위해 먼저 통혼을 요구했다는 주장은[32) 다음 기사를 근거로 하고 있다.

당신의 나라에서는 여러 왕씨들이 同姓 간에 결혼하는데 이것은 무슨 도리인가? 이미 우리와 한집안이 되었으니, 마땅히 서로 통혼해야 한다. 만일 그렇게 하지 않는다면 어찌 一家의 義理라고 할 수 있겠는가? 그리고 우리 태조 황제가 13개국을 정복할 때 그 나라 왕들이 앞다투어 아름다운 여인들과 좋은 말과 희귀한 보배들을 바쳤다는 것은 당신도 들은 바 있을 것이다.[33)

반면 1269년 11월 林衍의 폐위사건 때 원의 사신으로 고려에 파견된 黑的의 다음과 같은 발언에 근거해 고려가 먼저 청혼했다는 주장도[34) 있다.

지난 기사년(1269, 元宗 10) 천하가 會同함에 寡人(충렬왕)이 (몽골에) 조회하여 (황제를) 알현하고, 돌아와 婆娑府에 이르러 權臣 林衍이 권력을 천단하고 난을 일으켜 왕실을 흔든다는 것을 들었다. 일행이 놀라 의논이 분분하여 번복을 거듭하며 의심을 품고 결단을 내리지 못했는데 그대가 나랏일만 생각하고 집안의 일을 잊고 利害를 두루 말하여 나를 호위하고 다시 황제가 있는 곳으로 들어가 本朝의 사변을 아뢰고 천자의 친척과의 혼인을 청하였다.[35)

어느 쪽에서 먼저 통혼을 제안하였는지는 고려왕이 몽골공주와 "결혼해야 했다"와 "결혼할 수 있었다"로 표현되고 있는 것처럼 양국

---

32) 배숙희, 앞의 글, 155쪽.

33) 『高麗史』권28, 「世家」, 忠烈王 1년.

34) 이명미, 앞의 글, 46쪽.

35) 노명호 外, 『韓國古代中世古文書研究(上): 校勘譯注篇』, 2000, 28~31쪽.

간 통혼관계의 배경과 성립과정을 파악하는 데 중요한 요소이다.[36] 이러한 논의와 함께 고려는 1270년(원종 11) 2월 원종이 몽골에 親朝하여 청혼했을 때 완곡하게 거절하는 태도를 보였고,[37] 이후 1271년 1월에도 고려는 양국 간의 왕실 통혼에 대해 적극적인 의사를 개진하기도 하였다.[38] 그러나 쿠빌라이는 1년 뒤인 1271년(원종 12)에 혼인을 허락하게 되는데 이는 고려 정세의 변화와 밀접한 관련이 있다.

李昌慶이 몽고에서 돌아와서 황제가 세자의 혼사를 허락하였다고 전달하였다.[39]

청혼 후 허락이 있기까지 1년여 사이에 고려에서는 무신정권이 완전히 무너지고 개경환도가 이루어졌으며, 고려와 몽골 연합군이 진도의 삼별초를 진압하는 일이 있었다. 이러한 변화들이 고려에서 反몽골 세력이 약화되고 왕권을 회복함으로써 비로소 몽골 황실과 혼인할 수 있는 자격을 인정받게 되었다는 것이다.[40] 그러나 이 주장 또한 쿠빌라이가 '허락'했다는 점에서 고려가 먼저 청혼했다는 주장과 상통한다.

---

36) 한편, 몽골에서 그 혼인을 수용한 시점에 주목한 연구도 있다(이익주, 「고려-몽골관계에서 보이는 책봉-조공관계 요소의 탐색」, 『13~14세기 고려-몽골관계 탐구』, 2011, 75쪽).

37) 『高麗史』 권26, 「世家」, 元宗 11년 2월; 甲戌 王上書都堂請婚曰, "往者己未年, 世子時方始親朝, 適丁登極之際大加憐恤. 而俄聞先臣奄辭盛代, 憂惶罔極, 乃令臣繼修藩職. 又於甲子年親朝, 寵遇亦出常鈞, 臣之銘感, 曷足形言? 今者, 權臣林衍, 擅行廢立, 失位憂懣, 伏蒙聖慈, 果遣王人, 詔詰其由, 召以親朝, 以是復位而進. 帝眷優深, 倍加唱慰, 其爲感泣, 天地所知. 夫小邦請婚大朝, 是爲永好之緣, 然恐僭越, 久不陳請. 今旣悉從所欲, 而世子適會來覲, 伏望許降公主於世子, 克成合巹之禮, 則小邦萬世永倚供職惟謹."

38) 『高麗史』 권26, 「世家」, 元宗 12년 1월; 丙子 不花·孟祺等還, 王使樞密院事 金鍊伴行, 仍請婚, 表略曰, "臣頃當親覲之時, 深沐至慈之眷, 覬將嫡嗣升配皇支, 尋蒙領許於結褵, 誠滴我願. 却諭言'還而就陸, 更請斯來.' 自聞天語之丁寧, 曷極臣心之慶抃? 旣還歸於本國, 方徙處於古都, 而令世子, 復詣於天庭, 以告端由, 時則新居, 曾未遑於營緝, 卽於睿鑑恐將謂之遽忙, 以此稽留未能敷奏. 伏望, 俾諸親好於附疏, 永固恩榮於庇本."

39) 『高麗史』 권27, 「世家」, 元宗 12년 10월; 辛丑 李昌慶還自蒙古, 帝許世子婚.

40) 이개석, 앞의 글, 75쪽.

양국 왕실 간 통혼은 고려의 입장에서 임연의 원종 폐위 사건으로 왕권에 위협을 느낀 원종이 원에 의존하여 무신세력에 대한 우위를 점하고자 하는 의도에서 비롯된 것으로 보인다. 원으로서는 제국 건설의 걸림돌인 南宋 經略을 이행하여야 했기 때문에 고려에 대한 군사력 동원은 정치적 부담으로 작용하였다. 아울러 남송과 고려의 연계 가능성을 없애면서 향후 일본 정벌을 위한 고려군의 동원도 무시할 수 없었다. 때문에 고려왕의 지배권을 보장해주면서 자신들에게 예속시키는 방법으로 선택한 통혼정책은 고려와의 친속관계를 유지하는 적절한 수단이었을 것이다. 이처럼 양국은 서로 다른 이해관계가 부합되면서 고려의 왕비와 몽골 황제의 혈연적 친연성이 처음보다 멀어지기는 했지만, 공민왕까지 70여 년 동안 왕실 간 통혼이 유지되었다. 결과적으로 왕실 통혼은 양국의 불안한 관계를 해소함과 동시에 지배층과 민간인 통혼으로도 이어지는 계기가 되었다.

한편, 양국 지배층 사이의 통혼은 1271년(원종 12) 아들의 혼처를 구하기 위해 양가에 청혼하겠다는 達魯花赤 脫朵兒의 요구를 받아들인 것이[41] 처음이다. 1269년 취임한 脫朵兒家와 金鍊 집안의 혼인은 기록에 남아 있는 여원 양국 지배층 가문 사이의 최초의 혼인관계라고 할 수 있다.[42] 이후 1280년(충렬왕 6)에는 元의 權臣 平章 阿合馬가 고려에 미녀를 구하여 摠郎 金洹과 장군 趙允璠의 딸을 보냈고,[43] 1283년에는 탐라 다루가치 탑라치(塔剌赤)가 원 나라에서 돌아와 왕에게 향연을 베풀고 말 두 필을 바치며 혼인을 청하자 내시 鄭孚의 딸을 아내로 삼게 하였다.[44] 또, 1289년(충렬왕 15)에는 몽골 사신으

---

41) 『高麗史』 권26, 「世家」, 元宗 12년 2월; 是月, 脫朵兒爲子求婦, 必於相門, 凡有女者懼, 競先納壻. 國家記宰相兩三家, 使自擇焉, 脫朵兒選姿色, 欲聘金鍊女, 其家已納預壻, 其壻懼而出. 鍊時入朝未還, 其家, 請待以成禮, 不聽. 國俗, 納年幼者, 養于家待年, 謂之預壻.

42) 이개석, 앞의 글, 31쪽.

43) 『高麗史節要』 권20, 忠烈王 6년 4월; 元平章阿哈馬, 求美女, 王遣中郎將簡有之, 以殿直張仁冏女歸之, 阿哈馬, 以非名族不受, 更以摠郎金洹, 將軍趙允璠女, 歸之.

44) 『高麗史節要』 권20, 忠烈王 9년 9월; 忠烈王耽羅達魯花赤塔剌赤, 還自元, 享王, 獻二馬求婚,

로 고려에 온 阿忽台에게 前樞密院副使 洪文系의 딸을 선물로 주었다.45) 이 외에도 원나라 관료에게 고려 관료 가문의 딸을 시집보낸 기록을 확인할 수 있으며, 한 집안에서 딸에 이어 손녀까지 보낼 정도로 당시 원 관료와 혼인을 맺는 것이 마치 일부 가문의 풍속처럼 행해지고 있음을 확인할 수 있다.46)

그러나 약탈이나 공녀로 몽골에 끌려간 사례들은 여성의 노동력이나 性을 수탈하는 것이 목적이었으므로 엄밀한 의미에서 통혼으로 볼 수는 없다. 특히 물리력을 동원한 혼인의 경우도 있었는데, 기록으로 보면 "원 나라에서 楊仲信을 보낼 때 폐백을 가지고 와서 귀부한 군사 5백 명을 위하여 아내를 맞게 하니 충렬왕이 사신을 각 도에 보내어 과부와 처녀를 수색하게 할 정도였다."47)는 내용으로도 확인된다.

2.3. 통혼정책이 미친 양국 문화의 변화

麗元 왕실 간 통혼으로 고려는 원의 駙馬國으로서의 지위를 획득하였다. 충렬왕이 쿠빌라이의 딸과 혼인을 약속한 후인 1269년(원종 10) 원이 고려에 사신 黑的 등을 보내자 연회를 베풀었는데, 원종이 흑적을 上座에 앉히니 그가 사양한 일이 있었다. 이때 그는,

지금 왕의 태자가 이미 황제의 딸과 혼인을 약속하였으니 우리는 황제

以內侍鄭孚女, 妻之.

45) 『高麗史』 권106, 洪奎傳; 洪奎, 初名文系, 南陽人, 父緖 同知樞密院事.…忠烈與公主, 選良家女, 將獻帝, 奎女亦在選中, 賂權貴, 未得免. 謂韓謝奇曰, "吾欲剪女髮, 如何?" 謝奇曰, "恐禍及公." 奎不聽遂剪, 公主聞之大怒, 囚奎酷刑, 籍其家. 又囚其女訊之, 女曰, "我自剪, 父實不知." 公主令抨地, 以鐵鞭亂箠, 身無完肌, 終不伏. 宰相言, "奎有大功於國, 不可以微罪置重典." 中贊 金方慶, 亦扶病請之, 不聽流海島. 未幾, 洪子藩力請, 命還家産, 然怒未解, 以其女賜元使阿古大. 踰年召還, 加僉議侍郎贊成事·判典理司事致仕.

46) 이개석, 앞의 글, 41~47쪽.

47) 『高麗史節要』 권19, 忠烈王 2년 윤3월; 元遣楊仲信, 賚幣帛來, 爲歸附軍五百人聘妻, 王遣使諸道, 搜寡婦, 處女.

의 신하이고 왕은 곧 황제의 부마 대왕의 아버님이 아닙니까? 그러니 어찌 우리가 감히 왕과 대등한 예로 대면하겠습니까? 왕이 서쪽을 향하여 앉으면 우리는 북쪽을 향하여 앉을 것이요, 왕이 남쪽을 향하여 앉으면 우리는 동쪽을 향하여 앉겠습니다. 이때 원종은 혹적의 요구에 "천자의 사신이 어찌 아랫자리에 앉을 수 있겠는가?"[48]

고 하면서 사양해 둘은 동과 서에 서로 마주보며 앉았지만 이전까지의 상황이나 다른 정복지와 비교해 보면 특별한 대우를 받게 되었음을 알 수 있다.

원과 고려의 지배층 간 통혼은 1271년(원종 11) 達魯花赤 脫朶兒가 아들의 혼처를 고려의 良家에서 구하려고 했을 때만 해도 고려인들에게는 두려우면서도 피할 수 없는 일이었다. 당시 딸을 가진 대신들은 두려움에 서로 앞을 다투어 사위를 맞으려고 했다.[49] 1288년(충렬왕 3)에는 양가 처녀는 관청에 고한 뒤 시집을 보내도록 하고, 허공 등에게 명령해 童女를 선발하게 했다.[50] 이때 前 樞密院副使 洪文系는 딸이 뽑히게 되어 뇌물을 써서 모면해 보려다 실패하자 딸의 머리카락을 잘랐다가 발각되어 酷刑을 받고 가산도 몰수된 뒤 유배되는 일도 있었다.[51]

다음으로 고려와 元의 평민 간 통혼은 몽골군의 東征을 계기로 이루어졌다. 1275년 元은 南宋 歸附軍인 蠻子軍 1,400명을 海州와 鹽州, 白洲에 파견하였다.[52] 이어 1276년에는 楊仲信에게 幣帛을 보내 귀

---

48) 『高麗史』 권26, 「世家」, 元宗 10년 11월; 癸亥 王宴黑的等, 使坐上座, 黑的等讓曰, "今王太子已許尙帝女, 我等, 帝之臣也, 王乃帝駙馬大王之父也. 何敢抗禮? 王西向, 我等北面, 王南面, 我等東面." 王辭曰, "天子之使, 豈可下坐?"

49) 『高麗史』 권27, 「世家」, 元宗 12년 2월; 是月, 脫朶兒爲子求婦, 必於相門, 凡有女者懼, 競先納壻. … 國俗, 納年幼者, 養于家待年, 謂之預壻.

50) 『高麗史』 권30, 「世家」, 충렬왕 13년 12월; 己巳 有旨, "良家處女, 先告官然後嫁之, 違者罪之." 因命許珙等, 選童女.

51) 『高麗史』 권106, 洪奎傳.

부군 500명을 위해 처를 구해주게 하자 고려국왕이 寡婦處女推考別監인 正郞 金應門 등 5명을 각도에 파견하였다.[53] 이는 쿠빌라이 정권이 이른바 六事를 매개로 하여 麗元관계를 새롭게 정비한 직후 고려에 파견된 元의 군인과 고려의 평민 사이에 통혼이 이루어졌음을 보여주는 것이다.[54] 이 일이 있기 전 고려는 元이 공녀를 요구하자 이미 전국적으로 처녀들의 혼인을 금지하고[55] 있었으므로 귀부군의 처를 구하는 일에도 적극적이었을 것이다. 그러나 그해 4월 원은 귀부군을 절반만 남겨 두고 귀국하게 하였으며,[56] 이듬해 2월에도 귀부군 500명을 귀국시키라는 칙명을 전달하여[57] 고려의 여인을 아내로 맞이하려던 계획은 실현되지 못했던 듯하다.

한편, 원과 고려의 평민 간 통혼은 많은 문제를 야기하기도 했다. 1278년에는 충렬왕이 쿠발라이를 예방하러 갔을 때 哈伯과 孛羅가忻都에게,

그대의 군사들이 고려의 백성들을 처가 사람들이라고 하여 데리고 오는 자가 있다는데 그대는 황제의 명령이 무섭지 않는가?[58]

라고 경고하는 일도 있었다. 이 일이 있고 얼마 지나지 않아서는 충렬왕이 중서성에 보낸 공문에서는,

---

52) 『高麗史』 권28, 「世家」, 忠烈王 원년 2월.

53) 『高麗史』 권28, 「世家」, 忠烈王 2년 윤3월; 甲子 元遣楊仲信, 賫幣帛來, 爲歸附軍五百人聘妻, 王遣寡婦處女推考別監 正郞 金應文等五人於諸道.

54) 이개석, 앞의 글, 27쪽.

55) 『高麗史』 권28, 「世家」, 忠烈王 원년 10월.

56) 『高麗史』 권28, 「世家」, 忠烈王 2년 4월; 丙子 元勅歸附軍, 輟其半以歸, 於是, 追還金應文等.

57) 『高麗史』 권28, 「世家」, 忠烈王 3년 2월; 乙亥 中郞將 盧英還自元, 洪茶丘引兵, 將入我境, 帝召還, 又勅還歸附軍五百人, 擧國皆喜.

58) 『高麗史』 권27, 「世家」, 忠烈王 4년 7월; 辛丑 哈伯·孛刺謂忻都曰, "汝軍士, 有以高麗民, 稱爲妻黨, 挾帶而來者, 汝其不怕聖旨乎?"

먼저 번에 황제의 명령으로 관군이 모두 귀환하게 되었고, 또 흔도에게 명령하여 이르기를 '군인들이 처가의 일족이라 하여 데리고 오는 자들이 있거든 금지하라!'고 하였다. 그런데 지금 관군이 그 말을 믿지 않으니 특별히 명확한 지시문을 내려 우리나라의 관리들과 관군이 함께 조사하여 돌려보내도록 하여 주기를 바란다.[59]

고 하여 원의 관리가 자신들의 장수에게 경고하고, 고려 국왕이 다시 이 사실을 되새기면서 명문화할 것을 요구한 것은, 허락되지 않은 원의 관군과 고려 여인의 통혼을 국법으로 금지시켜야 했을 만큼 문제가 많았음을 반증하는 사례이다.

그러나 양국 지배층 간 통혼이 대를 이어 거듭됨으로써 정계에는 부원세력이 등장할 정도였고, 지배층의 통혼은 두 나라를 더욱 견고하게 묶는 동시에 원에게 고려에 대한 인식을 심화시켜 왕조를 유지시키는 데에도 기여했다.[60] 아울러 사회적으로는 早婚 풍습이 유행하였고, 이를 계기로 고려인 스스로도 신분 변화를 꾀하는 수단으로 삼을 정도로 민간 통혼이 확산되었던 사실도 확인된다.

3. 元의 탐라 支配를 위한 諸정책

3.1. 元의 耽羅招討司 운용과 복속정책

원은 1273년 삼별초를 평정하기 위해 忻都가 이끄는 蒙古軍을 탐라에 파견하였다.[61] 삼별초를 모두 평정한 뒤 같은 해 6월 耽羅招討

---

59) 『高麗史』 권27, 「世家」, 忠烈王 4년 9월; 辛卯 王遣譯者校尉 崔奇, 上書中書省曰, "向蒙聖旨, 令官軍盡還, 且勅忻都曰, '軍人指稱妻家族黨, 挾帶而來者, 汝其禁之.' 今官軍不肯聽信, 伏望 特降明文, 令本國官司與官軍, 一同推刷."

60) 이개석, 앞의 글, 50쪽.

司를[62] 설치하고 방어를 위해 진변군 1,700명을 주둔시키면서[63] 탐라에 대한 몽골의 실질적 지배와 함께 몽골인의 탐라 거주 역사가 시작되었다. 탐라를 직할령으로 삼은 원은 失里伯을 초토사의 正使로 삼고, 지속적으로 관리와 일반 병사를 파견하였다.[64] 초토사가 처음 설치될 당시 탐라에는 達魯花赤이 공석이었으나 1275년(충렬왕 원년)부터 임명되기 시작하였다.[65] 이들의 직무는 戍卒(防守軍)의 독려와 목마장의 감독이었으며, 站赤의 설치와 유배된 죄인의 관리도 수행하였다. 탐라에 설치된 관부의 관직 중 達魯花赤을 제외하고는 대부분 토관직이었지만 達魯花赤이 부임할 때는 그를 수행하거나 업무를 보조하기 위한 목적으로 몽골인들도 상당수 이주하였을 것으로 생각된다.

탐라의 達魯花赤로 파견된 인물로는 遜灘, 塔剌赤, 塔兒赤, 阿撤, 奴列你他 등이 있음을 『元史』와 『高麗史』를 통해 확인할 수 있다.[66] 이들의 직무는 특정한 분야에 국한되지 않고 상당히 광범위했던 것으로 보인다. 탐라초토사를 처음 설치할 때 원은 貢賦로 매년 毛施布 100필의 진상 임무를 수행케 하여 원에서 필요한 물자의 확보를 도모하였다.[67] 아울러 원은 삼별초를 토벌한 직후 탐라를 일본 또는 남송을 공략하기 위한 군사적 요충지로 인식하고[68] 戰鬪馬의 공급기지인 목

---

61) 『高麗史』 권27, 「世家」, 元宗 14년 2월.

62) 탐라초토사의 正使는 失里伯, 副使는 尹邦寶가 임명되었다. 초토사는 배반하거나 항복한 자들을 토벌 및 회유하는 임무를 맡은 기관으로 3품아문이었다. 그 屬官은 초토사 1인, 達魯花赤 1인, 經歷 1인으로 구성되었다.

63) 여원관계사연구팀, 앞의 책, 285쪽.

64) 1273년 설치된 탐라초토사는 1275년 軍民都達魯花赤總管府, 1284년 軍民安撫使, 1300년 耽羅總管附, 1301년 軍民萬戶府로 명칭이 바뀌게 된다. 1294년에는 고려에 환원되기도 했다.

65) 『高麗史』 권28, 「世家」, 忠烈王 원년 8월.

66) 高昌錫, 「元高麗記事 耽羅關係 記事의 檢討: 13세기 耽羅와 元과의 關係」, 『慶北史學』 28, 경북사학회, 1998, 470쪽.

67) 여원관계사연구팀, 앞의 책, 285쪽.

마장을 설치하였다. 1276년(충렬왕 2)에는 다루가치 塔刺赤이 160필의
말을 방목하고[69] 1277년에는 목마장을 설치하였으며,[70] 1278년에는
목호 또는 하치라 불렸던 合赤의 거주구역이며 관할 단위인 東·西
아막을 설치하여 소·말·낙타·당나귀·양 등을 들여와 방목하였다.[71]
탐라의 목마장은 1320년대에 이르러 몽골제국 14개 대표적 목마장
중의 하나가 될 만큼 번성하였다.[72] 하치는 계절에 따라 목초가 풍부
하게 나는 지역을 찾아 말 등을 몰고 다니면서 몽골족의 전통적 방식
에 따라 목마장을 운영하였을 것이다.[73] 몽골이 1296년(충렬왕 22)
목축사업을 위해 斷事官 木兀赤을 탐라에 파견했는데, 단사관은 하치
를 포함해 목마장 운영의 전반을 담당했던 것으로 보인다.[74]

군사적 요충지로서 탐라의 역할은 진번군 주둔과 목마장 설치뿐만
아니라 戰艦을 건조하는 것으로도 이어졌다. 1274년(원종 15) 큰 배
300척을 전라도와 탐라 두 곳에서 만들도록 요구하였다.[75] 그러나
고려 왕은 원에 별장 李仁을 보내어 군인과 군마, 선박 건조를 위한
인부들과 장인, 제주 백성들의 식량 조달에 대한 어려움을 호소하여

---

68) 『高麗史』 권25, 「世家」, 元宗 원년 2월; 二月 庚子 以濟州副使 判禮賓省事 羅得璜, 兼防護使.
朝議濟州, 海外巨鎭, 宋商島倭, 無時往來, 宜特遣防護別監, 以備非常. 然舊制, 但守倅而已,
不可別置防護, 遂以得璜, 兼之. 且故事, 京官秩高者, 補外職, 秩不相當, 則皆以本職, 帶前字赴
官. 今若以前銜鎭之, 亦無威重, 故令銜頭, 除前字, 仍帶判事, 其通牒按察使, 稱防護使.

69) 『高麗史』 권28, 「世家」, 忠烈王 2년 8월; 元遣塔刺赤, 爲耽羅 達魯花赤, 以馬百六十匹來牧.

70) 『高麗史』 권57, 地理志, 耽羅縣; 忠烈王三年, 元爲牧馬場.

71) 『新增東國輿地勝覽』 권38 濟州牧條.

72) 『元史』 권100, 志 48, 兵·馬政條.

73) 김일우, 앞의 글, 49쪽.

74) 『高麗史』 권31, 「世家」, 忠烈王 22년 2월; 乙丑 元以耽羅牧畜事, 遣斷事官 木兀赤來.

75) 『高麗史』 권27, 「世家」, 元宗 15년 1월; (甲戌) 十五年 春正月 元遣總管察忽, 監造戰艦三百
艘, 其工匠·役徒, 一切物件, 全委本國應副. 於是, 以門下侍中 金方慶爲東南道都督使.
『高麗史』 권27, 「世家」, 元宗 15년 1월; 元又以昭勇大將軍 洪茶丘爲監督造船官軍民總管, 茶
丘約以正月十五日興役, 催督甚嚴, 王以樞密院副使 許珙爲全州道都指揮使, 右僕射 洪祿遒爲
羅州道 指揮使, 又遣大將軍 羅裕於全羅道, 金伯鈞於慶尙道, 朴保於東界, 國子司業 潘阜於西
海道, 將軍 任愷於交州道, 各爲部夫使, 徵集工匠·役徒三萬五百餘名, 起赴造船所, 是時, 驛騎
絡繹, 庶務煩劇, 期限急迫, 疾如雷電, 民甚苦之.

실제 전함을 건조하지는 않은 것으로 보인다. 그러나 원은 1280년(충렬왕 6) 탐라 다루가치 塔剌赤으로 하여금 鐵匠을 시켜 戰艦을 만들게 하라고 명령할 정도로 탐라는 일본 정벌의 전진기지였음이 재확인된다.[76]

3.2. 元 문화의 탐라 유입과 通婚

진변군 1,700명은 삼별초 평정 이후 탐라에 주둔하던 몽골군 500명과 고려군 1,000명과 탐라초토사 失里伯이 부임할 때 파견된 군사 200명을 합한 것으로 보인다.[77] 1282년(충렬왕 8)에는 원이 蒙漢軍 1,400명을 파견해 탐라의 수자리를 지키게 했으며,[78] 1284년에도 闍里帖木兒의 군대를 파견하여 제주를 방어하게 하였다.[79] 이해 가을 達魯花赤 塔剌赤이 쿠빌라이에게 탐라의 주둔군을 교체해 달라고 요청하여 몽골 병사 400명이 고향으로 돌아가게 되는 일이 있었지만,[80] 정작 귀환군은 매우 적었다. 이러한 이유에는 삼별초 진압 이후 10여 년을 탐라에 주둔하면서 이루어졌을 탐라 여성들과의 혼인을 상정해 볼 수 있겠다. 아울러 원이 탐라를 東進의 중요 기지로 판단하여 몽골군을 추가 배치하였다는 사실은 탐라 지역에서 이루어진 통혼이 고려의 다른 지역에 비해 광범위하게 이루어졌을 가능성이 크다.

탐라는 원이 지배했던 100여 년 동안 몇 차례 고려에 환원되기도 했지만 목마장의 지위만큼은 계속해서 유지되었다. 때문에 목호들은

---

76) 『高麗史』 권29, 「世家」, 忠烈王 6년 8월; 癸酉 元卿自元, 賣省旨來, 令耽羅 達魯花赤, 自以其 鐵匠, 修戰艦.

77) 金庠基, 『新編 高麗時代史』, 서울대학교 출판부, 1985, 488쪽.

78) 『高麗史』 권29, 「世家」, 忠烈王 8년 2월; 元遣蒙漢軍一千四百來, 戍耽羅.

79) 『高麗史』 권29, 「世家」, 忠烈王 10년 6월; 六月 庚午 元遣闍梨帖木兒領兵來, 戍濟州.

80) 『元史』 권13, 「世祖本紀」 10, 268쪽.

탐라에 계속 머물면서 대를 이어 목마 임무에 종사하였다. 이때의 목축은 대규모의 마필 생산과 관리를 목적으로 하였고, 그 기능을 가진 목호들의 유입은 불가피한 결정이었을 것이다. 이들 목호들은 원에서 파견한 관리를 따라 이주했을 것이므로 원의 여성들이 동행했을 가능성은 거의 없다. 이들은 군대에 직속된 목호군의 성격이었기 때문에 군인과 달리 신분적·경제적 우위를 기반으로 탐라의 민간 여성들과 더 쉽게 통혼하였을 것이고, 한 세대 이후에는 목호들과 탐라 여성들 사이에 태어난 자녀들을 상호 결혼시키면서 결속력과 지배권을 강화하는 통혼권이 형성되었을 가능성이 크다. 이와 관련한 기록으로『世宗實錄』과『新增東國輿地勝覽』에는 동일인물로 보이는 牧胡의 아내에 대한 기사가 보인다.

旌義 사람 職員 石阿甫里介의 아내 无命은 나이 20에 시집갔다가 9년만에 남편이 죽고 자식도 없었으며, 부모와 노예도 없었으나, 곤궁과 飢餓를 달게 여겼고, 청혼하는 자들도 많았으나 끝내 절조를 고치지 않았다합니다.[81]

鄭氏: 職員 石那里甫介의 아내이다. 哈赤의 난에 그의 남편이 죽었는데, 정씨는 젊고 아들이 없고 얼굴이 아름다웠다. 안무사 군관이 강제로 장가들려 하니, 정씨가 죽기로 맹세하여 칼을 끌어 스스로 목을 찌르려 하므로 마침내 장가들지 못하였으며, 늙도록 시집가지 않았다. 일이 알려져旌閭하였다.[82]

---

81)『世宗實錄』권42, 세종 10년 10월 28일; 旌義人 職員石阿甫里介妻 无命, 年二十而嫁, 居九年夫死, 無子無父母奴隸, 甘心窮餓, 求婚者衆, 終不改節(기록에서 鄭氏를 无命이라고 한 것은無名의 誤記가 아니라, 운수가 박하여 남편이 죽고 자식도 없었다는 뜻의 命運이 없다는의미에서 사용한 것으로 보인다).

82)『新增東國輿地勝覽』권38, 旌義縣, 烈女條; 職員石那里甫介之妻 哈赤之亂 其夫死 鄭年少無子 有姿色 安撫使軍官强欲娶之 鄭以死自誓引刀欲 自刎意不得娶 至老不嫁事 聞旌閭.

〈그림 1〉 제주도 남원읍 한남리 소재 열녀정씨비

기사에서 정씨 남편[83]의 신분을 나타내는 '職員'은 몽골의 목마장 가운데 정의현에 설치됐던 동아막 소속의 관리자로 일반 목호보다는 상위 계급이다. 哈赤의 난은 원이 세력을 잃은 후인 1374년(공민왕 23) 목호들이 반란을 일으킨 사건으로 이때 최영이 목호를 토벌하는 과정에서 石阿甫里介가 죽자 아내 정씨는 수절을 지켜 훗날 열녀로 정려되었다.[84]

정씨는 당시 유력자인 職員의 아내였고, 남편이 죽은 후 안무사로부터 청혼을 받았거나 정절을 지켰다는 것은 그녀 또한 어느 정도의 사회적 지위를 지니고 있었음을 시사한다. 아울러 인용문의 사례로 보아 당시 제주사회에는 몽골족과의 혼인을 거부감 없이 받아들였던 분위기가 조성되었다고 보는 견해도 있다.[85]

그러나 정씨 또한 몽골인의 후손일 개연성이 높다. 열녀 정씨에 대한 기사의 연대를 기반으로 볼 때, 당시는 몽골인이 제주에 이주한

---

83) 정씨 남편의 이름은 기록에 따라 '石阿甫里介'와 '石那里甫介' 외에도 '石邦里甫介', '石谷里甫介'와 같이 다양하게 나타나고 있다. 이름에 '里'자가 들어가 있기 때문에 이를 지명과 연관하여 해석하는 사례도 있고, 石谷里를 서귀포시 남원읍 한남리의 옛 지명으로 보기도 한다. 이에 대해서 김일우는(앞의 글, 2008, 157쪽) 哈赤의 난 당시 수뇌부 중 한 명이 정씨의 남편과 같은 성씨인 石迭里必思였고, 몽골에서 제주도에 들어온 10개 '大元' 성씨에 石씨가 포함되는 점 등으로 미루어 지명으로 보기 보다는 이름으로 보는 것이 더 타당하다고 하였다.

84) 서귀포시 남원읍 한남리에는 1834년(순조 34) 濟州牧使 韓應浩가 세운 烈女鄭氏碑가 남아 있다. 비의 내용은 다음과 같다(高麗 石谷里甫介之妻 哈赤之亂 其夫死 鄭年少無子 有姿色 按撫使軍官强欲娶之 鄭以死自誓 引刀欲自刎意 不得娶至 老不嫁事 牧使韓公 到處見聞 莫非其惠 重修古跡 且矜無后 特下後根 改造石碑 道光十四年三月 日)이다.

85) 김일우, 앞의 글, 157쪽.

지 약 100년이라는 시간이 흐른 뒤였으므로 제주도 인구에서 순수 몽골인은 물론 몽골인과 제주인 사이의 혼혈인 비중도 상당하였을 것이기 때문이다. 목호의 반란이 있기 100년 전 제주의 인구는 남녀노소를 통틀어 1만 223명[86]이었고, 이때 처음 들어온 몽골인은 군인만도 700명이었으므로 이후 군인과 관리, 목호가 유입되면서 제주사회는 자연스럽게 이루어졌던 통혼으로 인한 혼혈인의 증가를 예상할 수 있다. 또한 『增補文獻備考』에서는 濟州鄭氏가 원에서 귀화한 성씨라는 기록도 찾아볼 수 있다.[87] 정씨는 제주에 거주했던 몽골 후예를 뜻하는 大元을 성씨로 한 10개 성씨 중의 하나였으며, 1800년대 초반까지도 大元을 본관으로 유지하고 있었다.[88]

몽골은 전통적으로 族外婚을 원칙으로 삼고 있으며, 여기에는 다른 세력을 자기 세력화하려는 정략적인 의도가 강하게 작용하였다. 몽골 황실이 군사적, 정치적으로 중요한 부족들과 세대를 거듭한 반복적 통혼을 유지함으로써 그들을 친황실 세력으로 묶어두고자 했던 것도 바로 그러한 이유에서였다.[89] 고려 왕실과 통혼을 한 것 역시 같은 맥락에서 이해할 수 있으며, 지배층 간 통혼도 결과적으로 양국 간 혈연관계를 끈끈하게 했다. 마찬가지로 탐라에서 이루어진 통혼도 정략적으로 진행되었을 개연성이 높다. 탐라에 정착한 목호 등 몽골인들은 처음에는 원주민 여인들하고만 통혼이 이루어졌을 것이

---

86) 『高麗史』 권27, 「世家」, 元宗 15년 2월; 二月 甲子 遣別將 李仁如元, 上書中書省曰, "…又於至元十年十二月, 奉省旨, 濟州百姓一萬二百二十三人, 悉行供給, 又比來軍馬糧料, 無可營辦, 凡歛官民者無算. 又年前, 營造戰艦, 至四月, 大軍入耽羅討賊, 至五月晦還, 故百姓未得趁時耕作, 秋無收穫, 又歛官民, 始應副造船旲匠及屯住經行軍馬, 與濟州百姓等糧料, 計四萬餘碩. 續有以後金州·全州·羅州屯住軍, 并濟州軍民糧料, 供給實難…"

87) 『增補文獻備考』 권48, 帝系考 9, 附錄 氏族 3, 鄭氏條; 濟州鄭氏 元歸化人. 한편 이와 관련하여 『제주선현지』를 찾아보면, 濟州鄭氏 이외에 東萊鄭氏가 이보다 훨씬 후인 1519년이 되어서야 제주에 입도한 것으로 기록되어 있어 한남리 정씨는 濟州鄭氏, 즉 몽골 후예임을 알려준다.

88) 김동전, 「조선후기 제주거주 몽골 후손들의 사회적 지위와 변화」, 『지방사와 지방문화』 13, 역사문화학회, 2010, 308~313쪽.

89) 李命美, 앞의 글, 32~37쪽.

지만, 세대를 거치면서 半제주인이 되고 탐라에 대한 지배가 이어지는 동안에는 서로의 자녀들끼리의 통혼권이 형성되었을 가능성이 높다. 결국 당시의 통혼은 몽골 후예들의 결속력을 도모하면서도 탐라의 지배권을 강화하는 이중적 목적 달성의 수단이 되었을 것이다.

한편, 몽골은 탐라를 황실 목마장으로 이용하던 시기부터 죄인들의 유배지로도 적극 활용하였다. 1275년(충렬왕 1) 도적질한 죄수 100여 명을 탐라에 안치하고,[90] 1277년에는 두 차례에 걸쳐 각각 죄인 33명과 40명을 귀양 보냈다.[91] 당시 원이 얼마나 많은 죄인을 탐라에 유배시켰는지는 충렬왕이 원의 중서성에 죄수의 유배를 중단해 달라고 요청한 사실에서도 확인할 수 있다.[92] 이후 40년간 잠잠하다가 다시 1317년(충숙왕 4)에 魏王 阿木哥를 탐라에 귀양 보냈다가 얼마 후 大靑島로 옮기고, 1340년(충혜왕 1)에는 孛蘭奚 大王을 탐라에 유배시킨다. 유배 대상이 종전에 도적 등 하층민에서 왕족으로 바뀐 것에도 주목할 필요가 있다.

탐라는 한반도에서 몽골이 가장 오랫동안 직할령으로 지배했던 지역이다. 1374년(공민왕 23) 崔瑩의 대규모 정벌 이후에도 탐라의 목호는 반기를 들었고, 1387년(우왕 13)이 되어서야 고려에 귀순하였다. 몽골과 탐라의 관계는 원이 멸망한 뒤에도 이어졌다. 明은 雲南 정복 직후인 1382년(우왕 8) 7월 梁王의 家屬을 탐라에 보냈으며,[93] 1388년에는 歸順한 達達의 親王 등 80여 戶를 탐라에 거주하게 하면서 典吏

---

90) 『高麗史』 권28, 「世家」, 忠烈王 원년 4월; 壬子 元流盜賊百餘人 于耽羅.

91) 『高麗史』 권28, 「世家」, 忠烈王 3년 5월; 戊戌 元流罪人三十三人 于耽羅; 8월 庚辰 元流罪人四十 于耽羅.

92) 『高麗史』 권28, 「世家」, 忠烈王 4년 8월; 辛巳 遣將軍 朴義如元, 上都堂書曰, "據本國來文, 全羅道按廉使報, '今春, 上司所送罪徒, 分置道內, 靈岩郡 披縣島十三名, 乘桴逃竄, 追搜得之, 寶城郡 乃老島二十四名, 奪行人船逃竄, 未曾捕得.' 我在上都, 嘗言此事, 本國島子雖多, 遠陸者少, 累次所送罪徒, 已難安置, 今所移配耽羅罪囚, 置之何地? 乞還前所, 仍使官軍鎭守, 未蒙明降, 因今二島罪囚逃竄如此, 其餘諸島界人, 孰不生心? 伏望善奏, 以降明斷."

93) 『高麗史』 권134, 「列傳」 47, 禑王 8년 7월; 帝平定雲南, 發遣梁王家屬, 安置濟州.

判書 李希椿을 보내어 이들이 거주할 집을 수리하게 하였다.[94] 탐라에 안치된 시기는 알 수 없지만 1389년(공양왕 1)에는 명 황제가 拍拍太子와 그의 아들 六十奴, 火者, 卜尼를 소환한 기록이 있어 이들은 이미 제주에 유배돼 머물고 있었음을 알 수 있다.[95] 1392년(공양왕 4)에도 元 梁王의 자손인 愛顔帖木兒 등 4인을 탐라에 보내 拍拍太子 등과 함께 거주하게[96] 하였을 정도로 제주는 13~14세기 동북아시아 문화의 상호 교류가 활발한 지역이었고, 특히 元·明왕조가 차례로 주목하였던 지역이었음을 유념하여야 할 것이다.

4. 맺음말

이 글에서는 麗元關係에서 특히 탐라는 약 100년에 걸쳐 원과 직접적인 교류를 보이고 있을 뿐 아니라, 이 당시의 사회문화적 변동으로 새로운 문화상이 정착되었고 현재까지도 당시 문화의 일부가 전승된다는 점에 유의하여 탐라 이주 원 이주민의 정착과정을 살펴보고자 하였다. 이를 위해 고려와 원 사이에 시행되었던 왕실 및 지배층의 통혼을 살핀 후, 민간 통혼의 범위를 파악하였다. 기존의 연구들에서는 왕실 및 지배층의 정치적 역학관계를 탐구가 이루어졌으며, 고려의 입장에서 분석한 연구가 대부분이었다. 그러나 민간 통혼과 관련해서는 극히 일부의 연구가 있었을 뿐, 관리와 군관·匠人·유배인 등

---

94) 『高麗史』 권137, 「列傳」 50, 昌王 즉위년 12월; 帝遣前元院使 喜山, 大卿 金麗普化等來, 求馬及閹人. 喜山等, 皆我國人也, 禮畢下庭, 稽首四拜, 昌立受之. 喜山等又傳聖旨云, "征北歸順來的達達親王等八十餘戶, 都要教他耽羅住去. 恁去高麗, 說知教差人那里, 淨便去處, 打落了房兒, 一同來回報." 於是, 遣典理判書 李希椿于濟州, 修葺新舊可居房舍八十五所.

95) 『高麗史』 권45, 「世家」, 恭讓王 원년 11월; 壬午 帝召還拍拍太子之子六十奴及火者卜尼. 初, 帝討雲南, 流拍拍太子及子六十奴 于濟州, 至是召之.

96) 『高麗史』 권46, 「世家」, 恭讓王 4년 3월; 乙巳 世子至自京師, 都堂迎于金郊, 百官班迎于宣義門外. 帝置前元梁王子孫愛顔帖木兒等四人于耽羅, 使與拍拍太子等, 完聚居住.

많은 원 이주민이 거주하였을 것으로 파악되는 특정 지역에 대한 연구는 없었다. 이에 따라 이 글에서는 당시 제주사회를 중심으로 13~14세기의 사회상에 비춘 제주 移居 원 이주민에 대한 사례를 분석하였다.

원이 고려를 지배하는 동안 탐라에는 황실 목마장이 운영되었으며, 이를 감독할 관리와 군관 및 목호 등이 대거 이주하였던 사례가 있었다. 특히 1273년 삼별초 진압 이후 10여 년을 탐라에 주둔하였던 군인들이 탐라 여성들과의 혼인하였을 가능성과 함께, 황실목마장의 유지를 위한 중간 관리층의 여러 세대에 걸친 거주는 탐라지역에서 이루어졌을 민간 통혼의 범위가 매우 넓었을 것으로 생각되는 근거이기도 하다. 탐라는 원이 지배했던 100여 년 동안 몇 차례 고려에 환원되기도 했지만 목마장의 지위만큼은 계속해서 유지되었다. 때문에 목호들은 탐라에 계속 머물면서 대를 이어 목마 임무에 종사하였고, 이때 유입된 목축문화는 대규모의 마필 생산과 관리를 목적으로 하였기 때문에 적합한 기능을 가진 목호들의 유입은 불가피하였던 것으로 보인다.

목호들은 원에서 파견한 관리를 따라 이주했을 것이므로 원의 여성들이 동행했을 가능성은 거의 없고, 군대에 직속된 목호군으로써 역할이 주어졌을 것이다. 군인과 달리 자유로운 신분의 목호들은 신분적·경제적 우위를 기반으로 탐라의 민간여성들과 더 쉽게 통혼하였을 것이고, 한 세대 이후에는 목호들과 탐라 여성들의 혼인으로 낳은 자녀들을 상호 결혼시키면서 결속력과 지배권을 강화하는 통혼의 가능성이 높다.

때문에 탐라에서 이루어진 통혼도 정략적으로 진행되었을 개연성이 높다. 탐라에 정착한 목호 등 몽골인들은 처음에는 원주민 여인들하고만 통혼이 이루어졌을 것이지만, 세대를 거치면서 半제주인이 되고 탐라에 대한 지배가 이어지는 동안에는 서로의 자녀들끼리도 통혼권이 형성되었을 것이다. 이러한 사례는 남원읍 한남리의 열녀

정씨비에서도 확인되지만, 당시에 형성되었을 것으로 보이는 '大元' 본관의 10개 가문도 민간 통혼의 결과로 생각되기 때문이다. 결국 당시 제주지역의 통혼은 몽골 후예들의 결속력을 도모하면서 탐라의 지배권도 강화하는 이중적 목적 달성의 수단이 되었을 것이다. 아울러 원의 쇠퇴기에 이주하였을 것으로 보이는 궁실 조성 匠人들의 집단 이주는 원 멸망 이후에도 제주 사회에 일정한 영향력을 끼쳤을 것으로 생각되지만, 소략한 기록의 한계가 보완되었을 때 자세하게 論究하겠다.

제2부 동아시아
다민족·다문화 국가의 정체성

다민족·다문화 사회의 정체성 모색*
- '臺灣意識'의 형성과 변천을 통해 본 20세기 대만사 -

손준식

나는 누구인가?

대만1)은 1992년 중국과 수교 이전 우리에게 사실상 중국을 의미했다. 냉전체제 하에서 대만은 자유진영의 일원으로 함께 반공의 최전선에 섰던 가장 가까운 우방의 하나였고, 많은 우리의 중국 연구자가 유학했던 곳이기도 했다. 하지만 중국과 수교 이후 거대한 중국의 경제발전과 정치적 위력 때문에 대만은 우리에게 잊혀 진 존재가 되어버렸다. 하지만 대만은 경제적으로 아직 우리의 주요 교역파트너일 뿐만 아니라 비슷한 역사적 경험을 공유하고 있다는 점에서 주목할 필요가 있다.

한국과 대만은 지리적으로 같은 동아시아에 위치하고 있고 유교

* 이 글은 2010년 정부(교육과학기술부)의 재원으로 한국연구재단의 지원을 받아 수행된 연구임(NRF-2010-413-A00013).
1) 대만의 정식 국호는 중화민국이지만 1950년 이후 중화민국정부의 실효적 지배가 미치는 지역 중 대만이 차지하는 비중이 거의 절대적이고 국민당이 정권을 독점하고 있었으므로 이 글에서는 문맥과 상황에 따라 중화민국·대만·국민당을 병용하였고, 중국은 중화인민공화국 또는 중공으로도 표기하였다.

(한자)문화권에 속한다는 점 외에도 많은 유사점을 갖고 있다. 두 나라 모두 과거 중화제국의 변방이었고, 戰前에는 일본의 식민지였으며, 戰後에는 냉전체제 하에서 미국과의 정치경제관계가 가장 밀접했고, 국가 주도의 급속한 공업화를 통해 가장 성공한 신흥공업국의 대열에 올라섰다는 점에서, 그리고 1987년을 전후하여 장기간에 걸친 권위주의체제로부터 민주주의로 이행했지만 아직도 분단(분열)국가라는 점에서 닮았다.

그러나 두 나라 사이의 차이점도 많다. 먼저 같은 중화제국의 변방이었지만, 조선은 독립된 왕조의 전통을 이어왔는 데 반해 대만은 중국의 한 지방 혹은 그 바깥에 있었다. 또 식민지화의 과정과 해방 후의 역사전개가 다르고 이로 인해 일제의 식민지배와 일본에 대한 인식도 양국 간 큰 차이가 있다. 또 대만은 원주민과 漢族, 한족도 外省人과 本省人의 구별이 있고 본성인도 閩南系와 客家系로 나누어져 각각의 방언은 서로 통하지 않을 정도로 다른 多族群[2]·多言語 사회로 구성원간의 이질성이 크다는 점에서 우리와 다르다. 즉 우리에게는 아무런 문제가 되지 않는(또는 감히 문제 삼을 수 없는) 정체성에 대한 혼란과 갈등이 오랫동안 '대만인'[3]들을 곤혹스럽게 하였고 지금도 이 문제로 통일과 독립을 둘러싼 분열과 대립을 거듭하고 있다. 이에 대한 정확한 파악 없이는 현재의 대만을 제대로 알 수 없을 뿐 아니라 대만과의 비교를 통해 우리 자신을 이해하고 미래를 전망하

---

2) 논문 제목에서는 독자를 위해 '다민족'이란 일반적인 표현을 썼지만 ethnic group 또는 ethnicity의 번역어로 族群이란 다소 생경한 용어를 사용할 수밖에 없는 이유에 대해서는 문명기, 「청말 대만의 番地개발과 족군정치의 終焉」, 『중국근현대사연구』 30, 2006.6, 60쪽을 참조.

3) 현재 '대만인'의 정의는 크게 4가지: ① 閩南人, ② 일제시기 일본인에 대한 對稱으로서 민남과 객가계 한족을 가리키는 '本島人', ③ 광복 후 대만에 건너온 외성인에 대한 대칭인 '本省人', ④ 민남인·객가인·원주민·외성인을 모두 포함하는 '新臺灣人'으로 나뉜다(何義麟, 「'國語'轉換過程中臺灣人族群特質之政治化」, 若林正丈·吳密察 主編, 『臺灣重層近代化論文集』, 臺北: 播種者文化有限公司, 2000, 454~455쪽). 이 글에서는 시대에 따라 본도인과 본성인의 개념으로 각각 사용하였다.

기도 어려울 것이다.

대만인의 정체성에 대한 혼란과 갈등은 그들이 처해있는 현실과 그 역사에서 원인을 찾을 수 있다. 현실적으로 대만은 중국정부의 '하나의 중국'정책 하에 국가 구성요소를 다 갖춘 엄연한 주권국가이면서도 국제사회에서 국가로서 인정받지 못하고 자신의 경제력에 맞는 대우를 받지 못하고 있다. 또 중국대륙과의 국력 차이가 갈수록 현격해지는 만큼 중국공산당이 지배하는 중국의 위협을 실감하고 있다. 이러한 현실에 대한 불만과 미래에 대한 불안감은 대만인에게 통일과 독립의 선택과 함께 "나는 누구인가?"라는 물음에 답할 것을 심각하게 요구하고 있다.[4] 한편 역사적으로 지난 400년 간 대만은 네덜란드·스페인·鄭成功·청나라·일본·중국국민당 등 외래정권의 지배를 줄곧 받기만 하였지 대만인이 한 번도 주체가 되지 못했다는 '슬픈 역사' 인식 또한 '대만의식'[5]의 정서적 배경이 되고 있다.

이러한 '대만의식'은 근대적 의미의 민족과 국가 개념이 도입되기 전인 淸朝 하에서는 존재하지 않았고[6] 일본의 통치(1895~1945년)를 받으면서 서서히 싹트기 시작하여, 전후 중국국민당의 탄압과 장기독재를 거치면서 형성·확대되었고, 특히 대만독립을 표방한 民進黨이 집권하면서 더욱 복잡한 요소를 내포하게 된다.[7] 따라서 현재 대만에서 제기되고 있는 정체성 문제를 파악하기 위해서는 그 근원이 되는 일제 하 '대만의식'의 맹아와 전후 '대만의식'의 형성·변천 과정

---

4) 黃俊杰, 『臺灣意識與臺灣文化』, 臺北: 臺灣大學出版中心, 2006, 3쪽.

5) '대만의식'이란 간단히 말해 대만에 살고 있는 사람이, 그들이 생존하고 있는 시공간을 인식하고 해석하는 방식 내지 사상을 가리키며, 그 핵심은 정체성 문제로 나타난다고 할 수 있다. '대만의식'에 대한 정의는 시대와 계층, 정치적 입장에 따라 달라서 그 의미가 매우 복잡한데, 이에 대해서는 김원곤, 「대만사회의 대만의식 확산과 그 영향」, 『중국연구』 36, 2005, 306~309쪽을 참조.

6) 청대 대만에서 '대만의식'이 형성되지 못했던 여러 상황에 대해서는 손준식, 「일제 하 '대만의식'의 형성 배경과 그 성격」, 『중앙사론』 31, 2010, 157~162쪽을 참조.

7) 王曉波, 『臺灣意識的歷史考察』, 臺北: 海峽學術出版社, 2001, 3~16쪽.

을 살펴볼 필요가 있다. 이러한 작업은 20세기 대만인이 살아온 삶의 궤적을 일부를 이해함으로써 우리의 역사와 비교해볼 수 있는 기회도 될 것이다.

할양과 강요된 국적 선택

대만은 청일전쟁에서 패한 청조가 일본에 할양함으로써 일본의 식민지가 되었다. 일방적인 할양 소식에 분노한 대만 官紳들은 1895년 5월 臺灣民主國을 성립시켜 일본의 점령을 저지하고자 하였다.[8] 하지만 대만민주국은 '永淸'이라는 연호 및 '독립건국'을 표명한 電文과 唐景崧의 총통 취임선언에 보이듯이 진정한 의미의 독립이 아니라 독립을 명분으로 항일을 고취함으로써 대만인들에게 청조가 대만을 포기한 것이 아니라 일본이 대만을 점령하는 것이라는 인상을 주려는 숨은 의도가 있었다.[9] 그러므로 일본군이 상륙하자 당경숭은 몰래 대륙으로 도주하였고, 11월 말 劉永福이 臺南에서 철수함으로써 대만민주국은 막을 내렸다. 그러나 그 후에도 각지에서 의병들의 항일유격전이 끊임없이 일어나 항일무장투쟁이 종결된 1902년까지 8년간 희생된 대만인이 3만2천 명에 달하였다.[10] 다만 이들 항일운동은 여전히 청조를 국가정체성의 대상으로 표방하였다는 점에서 '天朝體制'의 문화민족주의가 상당히 영향을 미치고 있었다.[11]

반면 대만주민의 다수는 일본의 지배에 무관심했고, 일본군은 대

---

8) 이에 대한 상세한 내용은 吳密察, 「一八九五年'臺灣民主國'的成立經過」, 吳密察 著, 『臺灣近代史研究』, 臺北: 稻鄕出版社, 1994, 1~50쪽을 참조.

9) 李筱峰, 「一百年來臺灣政治運動中的國家認同」, 張炎憲 外編, 『臺灣近百年史論文集』, 臺北: 吳三連臺灣史料基金, 1996, 276~277쪽.

10) 이에 관한 내용은 손준식, 「일본의 대만 식민지 지배」, 『아시아문화』 18, 한림대 아시아문화연구소, 2002, 11~12쪽을 참조.

11) 翁佳音, 『臺灣漢人武裝抗日史研究』, 臺北: 國立臺灣大學出版委員會, 1986, 141쪽.

만 상류층의 협조로 臺北과 대남에 무혈 입성할 수 있었다. 항일투쟁 중 淸兵과 民軍 사이의 불화 및 충돌, 항일에 대한 비협력과 무관심, 일본군에의 협력 등 다양한 반응은 어느 사회에서나 볼 수 있는 것이지만 대만의 경우 특히 무관심이 심한 편이었다. 이는 "그들에게 공동사회의 일원으로서의 의식이 결핍되어 있었고, 충성을 다할 공동의 대상이 없었던 것이 최대의 원인"이었다.12) 이러한 대만인의 정체성을 보여주는 하나의 사례가 바로 국적선택 문제였다.

일본은 시모노세키조약 규정에 따라 조약 비준서 교환일로부터 2년 내에 대만인 스스로 대만에 남을 것인지 여부를 선택하도록 하여 기한을 넘기고도 이주하지 않을 경우 일본신민으로 간주한다는 국적선택제도를 시행하였다. 당초 대만인을 모두 내쫓고 일본인을 이주시키려 했던 대만총독부는 대만인의 격렬한 저항에 부딪혀 결국 대만인의 잔류를 장려하는 방침을 채택하였다. 즉 대만주민 중 일본신민이 되고자 하는 경우 어떤 수속도 밟을 필요가 없고, 반대의 경우에도 기한 내에 꼭 떠날 필요 없이 자신의 의향을 등록하기만 하면 되었다. 그 결과 최종시한인 1897년 5월 8일까지 대만을 떠나기로 한 사람은 전체 인구의 0.16%에 불과한 약 4500명에 지나지 않았다.13) 이런 결과가 나오게 된 데에는 당시 중국에 국적 개념이 없었던 사정 외에 일본의 소극적인 홍보, 네거티브한 수속절차, 청조 또는 청조 관료에 대한 실망감과 정치적 무관심도 작용했던 것으로 보인다.14) 다만 자신의 의사와 상관없이 일본의 통치를 받게 된 대만주민 대부분이 일본 국적을 선택(?)했다는 것은 당시 대만인에게 있어 민족이나 국가관념보다는 대만 정착도 즉 향토(토지)에 대한 애착이 훨씬 더 강하였음을 보여준다.

---

12) 黄昭堂, 『臺灣民主國の硏究』, 東京大學出版會, 1970, 57·93~96·100쪽.

13) 黄昭堂 著, 黄英哲 譯, 『臺灣總督府』, 臺北: 前衛出版社, 1994, 65~67쪽.

14) 하세봉, 「대만의 식민지경험과 정체성」, 『비교문화연구』 16, 2004, 91쪽.

이 점은 1907년부터 1915년까지 발생한 일련의 무장항일사건 대부분이 왕조교체의 성격을 띤 전근대적인 운동으로 근대국가관념을 가진 것이 거의 없었다는 데서도 확인된다.[15] 이를 통해 대만 사회에서는 식민통치 초기에도 '대만민족'관념은 물론, 지역 정체성으로서의 '대만의식'도 아직 제대로 형성되지 않았음을 알 수가 있다. 그러나 향토에 대한 애착과 자신을 버린 조국에 대한 원망 및 대만총독부의 대륙과 대만 간의 교류억제정책[16]으로 대만인은 점차 중국과 멀어지게 되었고, 여기에 일본의 식민지 착취와 민족차별정책이 더해짐으로써 마침내 '대만의식'이 촉성되게 된다.

식민지 착취와 민족차별

대만 점령 직후 일본정부는 반항세력을 진압하여 치안을 공고히함과 동시에 토지제도·화폐제도·도량형 등을 개혁하고, 교통건설과 인구조사 등을 통해 자본주의화의 기초를 완성하여 일본자본과 기업이 진출할 여건을 마련하는데 총력을 기울였다. 그밖에 외국자본을 대만에서 축출하고 대만본토기업의 성장을 제한하는 방법[17]으로 일

---

15) 이 시기에 일어난 13차례의 무장항일사건 가운데 동맹회 회원이었던 羅福星이 기도한 것만이 유일하게 공화체제를 주장하고 '중화민국'의 명의를 표방하고 있다. 李筱峰, 앞의 글, 279~280쪽.

16) 예컨대 대만에 온 중국인 노동자를 관리하기 위해 1896년 반포한 「淸國勞動者取締規則」(1906년 「支那勞動者取締規則」으로 개정됨)과 대만인의 중국 방문을 규제하기 위해 1897년 반포한 「外國行旅券取締規則」(1900년 「外國旅行券規則」으로 개정됨) 등이 있다. 許雪姬 外, 『臺灣歷史辭典』, 臺北: 文建會, 2004, 184쪽; 梁華璜, 「日据時代臺民赴華之旅券制度」, 梁華璜 著, 『臺灣總督府的'對岸'政策硏究』, 臺北: 稻鄕出版社, 2001, 132~137쪽.

17) 예컨대 대만총독부는 1908년 율령 제11호로 「臺灣民事令」을 공포하고 이에 근거하여 1911년 총독부령 제16호를 공포, 대만 자본이 會社라는 명칭을 사용할 수 없도록 제한하였다. 따라서 대만인이 회사를 설립하고자 한다면 일본인을 참여시키지 않을 수 없었으니, 총독부의 의도는 대만인의 자본을 끌어내되 그 경영권은 일본인이 장악하도록 하는 것이었다.

본자본과 기업이 대만에 뿌리를 내리고 발전할 수 있도록 배려하였다. 특히 1898년부터 실시한 토지조사사업의 결과, 총독부는 은닉 토지 색출과 토지소유현황 파악을 통한 세수증대로 재정독립을 이루었을[18] 뿐 아니라 토지소유권을 획정하여 토지매매 시 안전을 보장함으로써 일본자본의 투자 및 기업설립을 유도하였다. 한편 식민지 경영에 부합하는 범위 내에서 토지사유를 허용하고 법률로 그 권익을 보장함으로써 대만 지주계급을 식민지체제 내에 편입시키는 효과도 가져왔다.[19] 또한 일본정부는 점령 초부터 '농업대만, 공업일본'의 기본 경제정책을 수립하여 대만을 열대경제작물과 식량생산지로 육성할 계획을 갖고 있었다. 이에 1900년 전후 총독부는 각종 관련 법규를 제정하고 연구기구 설립, 농업조직 창립, 수리사업 등 농업발전 기반을 조성하여 농업위주의 식민경제체제를 건립하였다.[20]

일본의 대만에 대한 착취는 재정독립의 조기 실현과 대만인의 조세부담이 무거웠다는 점에서 그 일단을 엿볼 수 있다. 당시 일본 내 지주민의 1인당 각종 조세 총액이 연간 3円 34錢 3厘였던 데 반해, 대만주민은 1엔 11전 1리를 더 부담해야 했다. 이는 프랑스령 인도차이나보다 2엔 37전 4리가 더 많은 액수였다. 하물며 대만인은 총독부의 재정지출에 대해 전혀 간섭할 권리가 없었다. 통치 초기 총독부는 民政費의 약 절반을 대만인을 감시하고 통제하는 경찰 경비에 사용하였고, 그 후 비록 세수의 일부를 각종 건설에 투자하였지만 그 대부분 일본의 독점자본(특히 제당업)의 원료공급과 상품판매에 유리한 방면에 집중되었으니, 이는 일제시기 대만 산업의 고도의 식민지성을 반영하는 것이었다.[21]

---

18) 조사 전 36만 1천 甲이던 경지면적이 조사 후 61만 9천 갑으로 증가하였고, 1898년 78만여 엔에 불과하던 토지세 징수액이 1905년에는 297만여 엔으로 급증하게 된다. 江丙坤, 『臺灣田賦改革事業之研究』, 臺北: 臺灣銀行經濟研究室, 1972, 142~145쪽.

19) 戴國煇 著, 魏廷朝 譯, 『臺灣總體相』, 臺北: 遠流出版公司, 1992, 78쪽.

20) 黃秀政 外, 『臺灣史』, 臺北: 五南圖書出版, 2002, 191~205쪽.

식민지 대만의 자본주의 발전은 국가권력의 보호를 받았기 때문에 노동자·농민계층의 이익과 권리는 심각하게 침해받았다. 국가가 산업자본을 보호하는 것은 자본주의 국가에서 흔히 있는 일이지만 식민지에서는 통치자와 자본가가 왕왕 같은 민족이기 때문에 자본가의 착취가 바로 통치민족의 피식민자에 대한 경제적 핍박으로 받아들이게 된다. 대만의 산업자본 비중을 보면 1926년 33개 업종의 실제 투자총액 중 일본자본이 90.34%이고 대만자본은 9.66%에 불과했다. 특히 일본자본의 절반 이상이 제당업에 집중되고 있는데,22) 이는 총독부와 일본정부의 적극적인 보호정책에 힘입은 바 컸다. 1900년 최초의 신식 제당공장인 대만제당주식회사가 설립된 이래 일본자본의 진출은 지속되어 1927년 45곳으로 증가하였고 이들이 전체 설탕 생산량의 98%를 점하였다. 그 중에서도 일본계 6대 공장의 생산량이 전체의 80%를 차지한 것은 일본 대자본의 독점상황을 극명하게 보여주고 있다.23) 산업노동자의 민족별 비율을 보면 1921년 대만인이 91.9%(일본인과 외국인이 8.1%)를 차지하고 있는데, 동력을 사용하지 않는 공장, 즉 노동조건이 열악한 직종일수록 대만인의 비율이 높았다.24)

한편 총독부는 1895년 「官有林野取締規則」을 공포하여 "개인의 소유권을 증명할 권리증이나 기타 확실한 증거가 없는 모든 임야는 관유로 한다"고 규정하였다. 문제는 청조시기 대만의 산림에 대해 한 번도 측량을 통한 과세가 이루어지지 않아 임야의 業主權을 명확히 규정한 권리증 같은 것이 존재하지 않았다는 점이다. 즉 청대의 임야 업주권은 田園 혹은 가옥의 부속물로 간주되거나, 임산물 채취와 같

21) 許介鱗, 『日本殖民統治讚美論總批判』, 臺北: 文英堂, 2006, 29~30쪽.

22) 矢內原忠雄 著, 周憲文 譯, 『日本帝國主義下之臺灣』, 臺北: 帕米爾書店, 1987, 85~87쪽.

23) 黃秀政 外, 앞의 책, 200~201쪽.

24) 山川均 著, 蕉農 譯, 「日本帝國主義鐵蹄下的臺灣」, 王曉波 編, 『臺灣的殖民地傷痕』, 臺北: 帕米爾書店, 1985, 61~63쪽.

은 사실상의 점거이용 실태에 따라 관습적으로 업주권이 인정되었다. 간혹 산림을 매매하는 경우에도 거의 대부분 구두계약이 행해졌고 문서를 작성하는 관행은 일제시기 직전에야 나타났다. 이런 사정에도 불구하고 총독부는 1910년부터 5년간 '番地'를 제외한 보통 행정구역의 임야조사를 강행하여 소유권 등기가 없는 임야를 모두 관유림으로 획정하였다. 그 결과 관유림이 751,996甲에 달한 데 반해 사유림은 31,202갑에 불과했다. 이를 바탕으로 총독부는 관유림을 직접 경영하거나 혹은 일본 자본가에게 불하함으로써 커다란 사회적 문제를 야기하였다. 즉 관유림으로 편입된 대부분의 임야가 오래 전부터 대만 농민들이 개발·경영해오던 것으로 하루아침에 업주권을 빼앗긴 농민들의 반발이 집단행동으로 비화하였으니 그 대표적 사례가 1912년 발생한 林圯埔사건[25]이었다. 임야조사 후 10년에 걸쳐 정리작업을 진행한 총독부는 1926년 관유림을 보존 임야와 불보존 임야로 구분하여 후자 중 약 27만 갑을 민간에 매도함으로써 일본자본의 투자를 끌어내었다.[26]

다른 한편 총독부는 1905년 「糖場取締規則」을 공포하여 ①당국의 허가 없이 지정구역 내에 제당공장을 설립할 수 없고, ②구역 내에서 생산된 사탕수수는 반드시 지정된 제당공장에 판매해야 하며, ③제당회사는 매년 수확기에 상응한 대가를 지불하고 구역 내에서 수확된 모든 사탕수수를 구매해야 한다고 규정하였다. 이 제도는 일본 대자본이 투자한 제당회사가 사탕수수의 수매가격을 일방적으로 결정하여 재배농가를 착취할 수 있는 길을 열어놓았고, 특히 제당회사의 땅을 경작하는 소작농의 경우 별도의 불합리한 계약을 통해 노예

---

25) 이 일대의 대나무 숲은 대중과 대남주에 걸친 광범위한 것으로 오랫동안 부근 5천여 호의 주민들이 대나무와 죽순을 채취하여 생활하였는데, 그 업주권이 명확하지 않아 1908년 총독부는 이곳을 관영 모범죽림으로 획정하고 2년 뒤 三菱製紙에 경영을 위탁하였다. 이에 생활의 터전을 빼앗겨 생계가 곤란해진 농민들은 1912년 3월 임이포에서 약 10리가량 떨어진 頂林파출소를 습격하여 경찰 3명을 살해하였다.

26) 김영신, 『대만의 역사』, 지영사, 2000, 209~210쪽; 許介鱗, 앞의 책, 32쪽.

와 다름없는 처지에 놓이게 되었다.27) 그 밖에 식민당국은 일본 자본가가 원하는 토지를 대만 농민이 팔지 않을 경우 '調停'이란 명의로 경찰의 폭력을 이용해 매매를 강제하기도 하였으니, 이는 1920년대 이후 농민운동이 일어나는 배경이 되었다.28) 이와 같이 제당회사가 각종 방식을 통해 취득한 사탕수수 재배 면적은 1922년 이미 대만 전체 경지면적의 11.6%에 달하였다.29)

대만 할양이 결정된 직후 일본정부는 해군대장 가바야마 스케노리(樺山資紀)를 대만총독부 초대총독으로 임명하고, 그에게 본국의 지시 없이 현지상황에 따라 임기응변할 수 있는 권한을 부여하였다. 그 후 일본제국의회는 대만의 치안이 불안하고 일본과 왕래가 불편하며 풍토와 민심이 일본과 다르다는 이유로 1896년 「법률 제63호(약칭 六三法)」를 반포하여 대만총독이 법률과 동일한 효력을 갖는 '律令'을 제정할 수 있는 위임입법제도를 도입하였다.30) 이에 무관총독이 대만의 행정·입법·사법 및 군사대권을 장악한 식민통치체제가 성립됨으로써 1921년 「법률 제3호」가 제정될 때까지 대만은 일본 헌법의 보장을 받지 못하는 정치적 異域으로, 대만인의 권리와 의무는 완전히 대만총독에 의해 좌우되었다.31)

1차 세계대전 말 이래 거세게 일기 시작한 민족자결주의 등 사조의 충격 하에 일본에서는 평소 식민지 통치의 기본방침으로 점진적인 '內地延長主義'를 주장했던 하라 다카시(原敬)내각이 탄생하였다.

---

27) 葉榮鐘, 『日据下臺灣政治社會運動史』, 臺北: 晨星出版, 2000, 571쪽; 矢內原忠雄, 앞의 책, 240~241쪽; 김영신, 앞의 책, 220~221쪽.

28) 許介鱗, 앞의 책, 32쪽.

29) 山川均, 앞의 글, 50~51쪽.

30) 黃昭堂 著, 黃英哲 譯, 앞의 책, 46~47쪽, 217~220쪽.

31) 黃秀政 外, 앞의 책, 181쪽. 「법률 제3호」가 비록 일본의 법률이 원칙상 대만에서도 적용될 수 있도록 규정하고 대만총독이 특수한 경우에만 율령제정권을 행사하도록 제한하고 있었지만 그 후에도 총독전제의 식민통치는 근본적으로 종식되지 않았고 일본헌법의 전면적 적용과 형법의 일원화는 시종 실현되지 못하였다. 黃昭堂 著, 黃英哲 譯, 위의 책, 152~154쪽.

이에 1919년 초대 문관총독으로 임명된 덴 켄지로(田健治郞)는 '日臺融合'을 표방하면서 1920년 州와 市, 街·庄마다 協議會를 설치하여 대만인을 포함한 민간 인사를 선임하고 1921년 總督府評議會를 재조직함으로써 더 많은 소위 "학식과 자산 및 명망이 있는" 대만인을 식민통치체제 하에 끌어들이고자 하였다. 하지만 총독부평의회와 각급 협의회 회원은 모두 官選32)이었고 그 인적구성에 있어서 일본인이 다수를 점하였을33) 뿐 아니라 의결권도 없는 명목상의 민의대표기관에 불과하였다.34)

이러한 총독전제체제를 유지하기 위해 총독부는 '전형적인 경찰정치'를 시행하였다. 대만경찰은 점령 초 무장항일운동 진압을 통한 치안유지와 1920년대 이후 민족운동 탄압을 통한 식민체제 강화 외에 각종 경제정책 시행을 관리 감독하였을 뿐 아니라 나머지 거의 모든 일반 행정사무를 보조 집행하는 경찰만능의 특징을 갖고 있었다. 이들 대만경찰은 식민통치의 기층행정일선에서 절대적인 권위와 폭력을 앞세워 대만인의 무조건적인 복종을 강요하고 직권을 남용하여 사리사욕을 채우며 오만한 태도로 민족적 차별을 가함으로써 대만인의 민원의 대상이 되었다. 하지만 식민당국은 경찰의 소질 제고와 권한 축소를 통해 민중의 권익과 안전을 보장하고 경찰의 非違를 감독할 기구 설치를 요구하는 여론을 받아들이지 않음으로써 대만인의 불만은 누적되어 갔다.35)

대만인에 대한 민족차별은 관리임용과 승진 및 임금에서도 드러났

---

32) 주협의회 회원은 대만총독이, 시협의회 회원은 주지사가, 가·장협의회 회원은 주지사 혹은 청장이 임명하였는데, 모두 명예직으로 임기는 2년이었다.

33) 예컨대 1924년 주·시·가협의회 총 회원 286명 중 일본인이 184명(64.3%)으로 대만인 102명(35.7%)에 비해 압도적 다수를 차지하고 있다. 山川均, 앞의 글, 69쪽.

34) 黃昭堂 著, 黃英哲 譯, 앞의 책, 154~155쪽; 黃秀政 外, 앞의 책, 183~185쪽.

35) 일제강점기 대만 경찰의 역할과 이에 대한 대만인의 반응에 대해서는 손준식, 「일제 식민지 하 대만 경찰제도의 변천과 그 역할」, 『중국근현대사연구』 47, 2010; 손준식, 「일제 식민통치에 대한 대만인의 반응과 경찰 이미지」, 『역사문화연구』 37, 2010을 참조.

다. 1924년 全 대만의 街長은 일본인 14명, 대만인 20명이고 庄長은 일본인 14명, 대만인 220명으로 장장의 경우 대만인이 압도적으로 많으나 인구비례로 따지면 일본인이 더 많은 비중을 차지하였고 특히 가장의 경우 일본인의 비중이 훨씬 높았다. 또 대만인 관리 중 번역관 2명과 전문학교 교수 2명을 제외하고는 고등관이 한명도 없었다. 소위 '지방자치' 실시 후 총독부가 「대만총독부이사관특별임용령」을 공포하여 대만인도 이사관이 될 수 있는 길이 열렸으나 임명된 사람은 거의 없었다.[36] 그 외 일본 고등문관시험에 합격한 대만인 중 관료로 임용되지 못하고 변호사나 다른 직업을 선택한 경우가 적지 않고, 관료로 임용된 자도 일본인에 비해 승진이 늦었다.[37] 이러한 차별은 식민지 경찰의 경우에도 마찬가지였다.[38] 또 같은 일을 하면서도 일본인과 대만인 사이에 보수의 차이가 있었다. 예컨대 일본인 관리는 급여 외 급여의 60%에 달하는 외지근무수당을 지급받았고, 우체국 직원의 봉급도 일본인이 대만인에 비해 평균 약 2배 가까이 높았으며, 노동자의 노임도 일본인이 평균 2.28배 많았다. 소학교와 공학교 교사의 봉급도 평균 배 가까이 차이가 났다.[39]

한편 총독부는 격리주의 원칙에 입각하여 초기부터 대만 거주 한인과 원주민 및 일본인 세 계통으로 나누어진 차별교육을 실시하였다. 총독부는 교육을 대만인의 '동화'와 '개화'의 수단으로 이용하였지만 1919년까지 확실한 학제 도입을 미루었다. 다만 현실적 필요에 따라 1898년 6년제 公學校를 설립하여 전통적인 書房의 교육기능을 점차 대신토록 하였다.[40] 당시 중등 이상 교육시설은 극히 미비하여

---

36) 山川均, 앞의 글, 69~70쪽; 黃秀政 外, 앞의 책, 179쪽.
37) 黃昭堂 著, 黃英哲 譯, 앞의 책, 159~160쪽.
38) 손준식, 「일제 식민지 하 대만 경찰제도의 변천과 그 역할」, 68~69쪽.
39) 1921년 소학교 교사 1인당 평균 봉급이 1099엔인 데 반해 공학교 교사는 604엔이었고, 1922년에는 1062엔 대 633엔이었다. 山川均, 앞의 글, 63~66, 75쪽.
40) 단 서방에 대해서도 일어와 산술을 교육과정에 포함시키도록 장려할 뿐 강제적인 폐쇄조치는 취하지 않았고 공학교에도 한문과목을 개설하여 서방의 교사나 유생들을 교사로

공학교 교사와 사무인원을 양성하기 위한 '國語'(일어)학교와 5년제의 醫學校, 농사시험장 및 공업·임업·糖業강습소 이외에 1915년 대만인들의 청원과 출연에 의해 설립된 4년제 臺中중학교 뿐이었다. 결국 대만인 자제의 교육은 총독부가 대만을 통치하고 개발하는 데 필요한 일어와 기초기술에 한정되어 있었다. 그리고 원주민 교육을 위해 설립된 4년제의 番人公學校 혹은 敎育所의 교과과정이나 교과서 내용은 일반 공학교의 그것과 완전히 다른 모습이었다. 이에 반해 일본인 자제를 위해서는 일본 국내와 똑같은 소학교·중학교 및 공업·상업학교 등을 설립하였다.[41]

1919년 총독부는 「대만교육령」을 반포하여 학제를 확립하였지만 여전히 대만인의 교육기회를 제한하고[42] 평등한 교육권을 부여하지 않았기에 대만인들을 만족시킬 수 없었다. 이에 총독부는 1922년 새로운 「대만교육령」을 반포하여 기존의 차별(격리)정책을 취소하고 중등 이상의 교육기관을 설치하여 대만인과 일본인의 공학제를 실시하였다.[43] 이에 따라 대북제국대학(1928년)[44]을 비롯한 각급 학교가 설립되어 학생 수가 크게 증가하고, 대만인 자제도 '국어상용자'의 경우 소학교에 진학할 수 있게 되는 등 대만인의 교육기회가 확충되는 듯했다.[45] 그러나 사실상 차별의 본질에는 변함이 없었고 공학제는 급

초빙하는 등 유화적인 자세를 취하였다. 손준식, 「동화와 개화의 상흔: 식민지 대만의 일어」, 『식민주의와 언어』, 아름나무, 2007, 18~19쪽.

41) 黃秀政 外, 앞의 책, 209쪽.

42) 예컨대 1919년 이래 대만아동의 취학률이 급증하여 모집정원을 40% 이상 초과하였는데, 대북시의 경우 인구 5만 명인 일본인을 위해 5개의 소학교가 있었는 데 반해 인구 12만 명인 대만인이 다니는 공학교는 단지 5개밖에 없었다. 山川均, 앞의 글, 74쪽.

43) 이후 대만 각지에 중학교, 고등여학교, 실업학교 및 실업보습학교 등이 증설되었으며 7년제 고등학교 1개소가 신설되고 원래의 각 실업전문학교는 3년제의 고등농림·상업·공업학교 및 4년제의 의학전문학교로 개편되어 중학교 졸업생을 수용하였다. 黃秀政 外, 앞의 책, 210쪽.

44) 그 설립과 운영에 관해서는 손준식, 「제국대학에서 국립대학으로: 전환기의 대만대학」, 대학사연구회, 『전환의 시대 대학은 무엇인가』, 한길사, 2000, 188~199쪽을 참조.

45) 黃昭堂 著, 黃英哲 譯, 앞의 책, 152~153쪽. 실제로는 성적이 우수하고 재산이 있는 대만인

속하게 불어난 일본인 자제에게 더 많은 교육기회를 제공하였을 뿐이었다. 그 결과 대만인 자제의 島內 상급학교 진학자가 감소하는 기현상이 나타났고 일본에 가서 진학하는 것이 도리어 쉬운 상황이 벌어졌다. 이런 까닭으로 대만인 자제의 중등 이상 학교 입학경쟁은 매우 극심해서 소위 '시험지옥'이라 불리었다.46) 이런 교육기회의 불평등은 대북제국대학 입학생 대다수가 일본인이었다는 점47)과 「대만교육령」 공포 이후 일본으로 유학가는 대만인이 증가하고 있는 점에서도 확인할 수 있다.48)

차별은 교육내용과 교사자질, 교육경비 및 입시제도 등에서도 나타났다. 예컨대 1922년 소학교 교사 1인당 학생 수는 평균 30명인 데 반해 공학교는 1인당 40명이었다. 또 소학교 교사 중 유자격자가 전체의 70.9%인 데 반해 공학교는 42.5%에 불과했고, 교육비 지출도 1920년 소학교 학생 1인당 평균 67엔인 데 반해 공학교는 36엔에 지나지 않았다. 소학교와 공학교의 차이는 제도상으로 일어상용 여부뿐이지만 실제에 있어 공학교에서는 소학교 5년 이상의 교육과정을 가르치지 않았다. 게다가 중등학교의 입시문제를 소학교 과정을 근거로 출제함으로써 대만인 자제의 합격을 어렵게 만들었다. 이런

자제만이 '허가'를 받고 소학교에 입학할 수 있었으니, 통계에 의하면 1920년 소학교 재학생 18,983명 중 대만인은 54명, 1921년에는 21,372명 중 214명, 1922년에는 22,394명 중 564명에 불과했다. 山川均, 앞의 글, 74쪽.

46) 黃秀政 外, 앞의 책, 210쪽.

47) 대북제국대학 입학생 중 대만인은 1928년 69명 중 6명, 1929년 69명 중 7명, 1930년 71명 중 10명, 1931년 70명 중 8명, 1932년 52명 중 5명에 불과했고 1933년 61명 중 15명, 1934년 43명 중 14명, 1935년 30명 중 5명, 1936년 73명 중 26명, 1937년 86명 중 29명으로 그 비중이 늘어나지만 그 중 1936년과 1937년은 의대 입학생이 16명과 21명을 차지했기 때문이다. 吳密察, 「從日本殖民地教育學制看臺北帝國大學的設立」, 吳密察, 앞의 책, 171쪽.

48) 대만의 일본유학생(초중고, 직업학교, 전문학교, 대학 등을 모두 포함)은 1910년 132명에서 1915년 325명, 1920년 649명, 1925년 828명, 1930년 1317명, 1935년 2185명, 1942년 7091명으로 계속 증가하고 있다. 대략 1918년 이전에는 초등과 중등교육을 받는 학생이 대다수였고 전문학교 이상은 평균 1/8에 불과했으나, 그 해부터 점차 늘어나 1926년에는 1/3을 차지했고, 1927년 이후에는 줄곧 2/5 이상을 점하다 1934년에는 절반 이상에 달하게 된다. 黃秀政 外, 앞의 책, 220쪽.

이유로 소학교 학생의 상급학교 진학률은 97%인 데 반해 공학교 학생은 33.65%에 지나지 않았다.[49] 그 결과 진학경쟁에서 도태된 대다수 대만학생은 더 이상의 고급교육을 받지 못하는 자신을 무능력한 피지배자로 인정하고 자신의 사회적 지위에 만족하게 되는 반면, 일본학생은 자신을 '공평한' 경쟁에서 승리한 능력 있는, 따라서 당연히 지배자가 될 수 있다고 믿게 되었다.[50] 이와 비슷한 차별의 아픔은 소학교를 다니며 이미 완전히 '동화'되었던 소수의 대만학생도 겪어야 했다. 예컨대 당시 최고 명문이던 臺北第一中學 입학을 꿈꾸던 소학교 졸업생인 대만학생은 臺北第二中學에 진학해야 한다는 부친의 말에 충격을 받고 생전 처음 자신이 일본인이 아니라 대만인이라는 사실을 깨닫는다.[51] 이처럼 '동화'를 표방한 식민지 교육은 처음부터 지배자인 일본인이 피지배자인 대만인보다 '우월'하다는 자기모순적 '차별성'을 갖고 있었다. 따라서 일어교육을 핵심으로 한 학교교육이 지배자와 피지배자의 불평등한 정치적 역할과 사회관계를 재확인하는 수단으로도 작동되었음을 알 수 있다.

근대화와 '동화'

청대 대만은 지역 간 인문·사회·행정·경제상의 격절로 대만 전역을 정체성으로 하는 '대만의식'이 형성되지 못했지만, 대만총독부가 추진한 각종 근대화 조치는 그 목적이 식민지 착취와 식민모국의 이익을 위한 선택적인 것이었지만 결과적으로 대만의 '사회소통(Social communication)'을 촉진시켜 지리적 장애를 타파함으로써 대만인의 근

---

49) 山川均, 앞의 글, 73~76쪽.

50) 邱敏捷, 「論日治時期臺灣語言政策」, 『臺灣風物』 48-3, 1998, 44~47쪽.

51) E. Patricia Tsurumi, 林正芳 譯, 「日本敎育和臺灣人的生活」, 『臺灣風物』 48-1, 1997, 70쪽.

대국민의식을 응집시키는 배경이 되기도 하였다. 철도를 비롯한 근대적 운송체제의 건설은 그 중요한 동력 중 하나였다. 1908년 基隆에서 高雄에 이르는 縱貫철도 전 노선이 개통되고 1918년 縱貫公路가 준공됨으로써 남북 간의 운수능력이 크게 제고되었을 뿐 아니라 阿里山 森林철도와 屛東線·宜蘭線·臺東線철도, 臨海公路가 차례로 개통됨으로써 동서 간의 교통도 열리게 되었다. 게다가 '理番'정책과 산지자원개발을 위해 각 '番地'로 통하는 도로, 그 중에서도 동서 橫斷도로가 뚫리고 제당회사의 철도52)와 지방도로 등이 잇달아 완공됨으로써 전 대만의 육로교통망이 완성되었다. 또한 基隆港과 高雄港이 1925년 모두 완공됨으로써 대만의 대외교통 특히 일본과의 무역발전을 촉진시켰다. 그 외 1921년 이후 항공노선이 열림으로써 대만의 육해공 교통망이 완성되었다.53) 이에 화물의 유통뿐 아니라 인적 교류 등 사회이동성을 크게 제고시켜 대만 각 지역 족군 간의 거리를 좁히게 되었다.54) 뿐만 아니라 총독부는 1901년 새로운 도량형제도를 실시하고 1906년 대만은행권을 발행하여 화폐개혁을 완성함으로써 화물과 자본의 유통을 촉진시키고 대만 기업경영의 자본주의화를 가속화시키는 효과를 가져왔다.55)

한편 언어 차이56)로 인한 대만 각 족군 간의 상호 격절은 대만총독부가 일어보급정책을 지속적으로 추진함으로써 점차 일어라는 공통의 언어를 갖게 된다. 점령 초부터 일어보급을 식민지 교육의 최우선

---

52) 1923년 현재 제당회사 소유 철도의 총연장은 1227.8마일(전용철도 952.6마일, 영업철도 275.2마일)로 대만 전체 철도 1804.6마일의 68%를 차지하였다. 山川均, 앞의 글, 49쪽.

53) 王詩琅 外編, 『臺灣史』, 臺中: 臺灣省文獻委員會, 1977, 615~617쪽.

54) 簡炯仁, 『臺灣開發與族群』, 臺北: 前衛出版社, 1995, 107~108쪽, 140쪽.

55) 黃秀政 外, 앞의 책, 192~193쪽.

56) 대만의 고산족은 크게 9개 종족으로 나뉘는데 서로 간에 공통의 언어가 없으며, 한족계 대만인의 언어도 福佬話와 客家話로 구분되지만 복료화는 泉州 억양과 漳州 억양이 다르고, 객가어는 桃園과 潮州 사이에 약간의 차이가 있었다고 한다. 黃昭堂 著, 林偉盛 譯, 「殖民地與文化摩擦: 臺灣同化的糾葛」, 『臺灣風物』 41-3, 1991, 37~38쪽.

정책으로 삼은 일본당국은 여러 교육시설을 설립하여 적극적으로 일어를 가르쳤다. '국어'라는 이름으로 등장한 일어는[57] 식민통치체제 확립과 더불어 확대 보급되었고, 그 후 '내지연장주의'정책 하에 보급운동이 더욱 강화되었다. 특히 만주사변 이후 총독부는 공학교의 '국어' 수업시간을 늘리고, 「국어보급 10개년 계획」을 시행하는 등 일어교육을 통한 '동화'의 강도를 높여나갔다. '국어상용' 제창과 '국어보급망' 구축, '국어가정' 장려와 '국어부락' 건설, 공학교의 한문 수업과 일간신문의 漢文欄 폐지, 학교와 공공장소에서의 대만어 사용 금지 등이 '황민화'운동의 선풍 속에 더욱 강력하게 추진되었다. 그 결과 대만인 아동의 초등학교 취학률과 일어 해독자의 비율이 대폭 증가하게 된다.[58]

비록 이들 수치가 상당히 부풀려진 것으로 액면 그대로 믿기 어렵지만,[59] 일어를 구사하는 대만인의 수가 갈수록 증가한 것은 틀림없었다. 그 결과 대만 사회에서 일어교육을 받은 대만인은 민남인·객가인·원주민을 막론하고 상황에 따라 일어와 母語를 병용하는 현상이 나타났다. 예컨대 민남어를 모어로 하면서 공학교 교육을 받은 대만인의 경우 일본인과 대화할 때나 공공기관에서 일을 볼 때 심지어 교육배경이 같은 대만인과 대화할 때는 늘 일어를 사용하지만 자신의 집과 동네에서는 거의 대부분 모어를 사용했다. 결국 장기간에 걸친 보급운동에도 불구하고 일어는 다언어 사회인 대만에서 생활언어로 자리잡지 못하고 외래어와 官方語로 간주되었다.[60] 하지만 대만의 각 족군이 일어를 통해 처음으로 자신의 문제에 대해 상호 의사

57) 小澤有作, 「日本植民地敎育政策論: 日本語敎育政策を中心にして」, (東京都立大學) 『人文學報』 82, 1971, 4쪽, 9쪽.

58) 구체적 내용은 손준식, 「동화와 개화의 상흔: 식민지 대만의 일어」, 17~26쪽, 56쪽을 참조.

59) 위의 글, 25~26쪽.

60) 周婉窈, 「臺灣人第一次的'國語'經驗: 析論日治末期的日語運動及其問題」, 『新史學』 6-2, 1995, 123~124쪽.

소통이 가능케 되었다는 점에서 일어는 공용어로서 기능하게 되었고, 그 결과 족군 간의 일체감이 강화되었다.

대만 전역에 걸친 교통망의 완성과 사회이동성 제고 및 의사소통 도구의 등장은 족군 간의 융합을 촉진하고 지역별 시장을 하나의 전국적 시장으로 연결시킴으로써 '대만의식'을 태동시킬 수 있는 유리한 조건을 제공하였다. 할양 당시 대만은 농업 위주의 경제체제였기에 총독부는 우수한 신품종 개발, 새로운 유기화학비료 생산, 경작기술 교육 등을 통한 '녹색혁명' 추진을 시정의 최우선 목표로 삼았다. 이 '녹색혁명'의 성공과 수리시설의 보급으로 쌀의 증산을 비롯한 차와 사탕수수 등 경제작물의 생산량이 크게 증가하여 상품화가 진행되면서 지역을 뛰어넘는 협력 네트워크와 관리제도가 만들어졌다. 총독부는 또 각지의 '農會'와 조합 등 관련 조직을 통해 새로운 품종과 기술을 소개하고 비료와 종자의 공동구매 및 토지개량 같은 사업을 진행하여 농민 간의 소통 협력을 촉진하였을 뿐 아니라 '농회'와 '靑果주식회사' 등을 통해 전국적 유통망도 수립하였다. 이에 대만의 농촌경제는 자급자족적인 '市鎭경제'에서 '시장경제(Market economy)'로 전환하게 되었고, 족군 간의 관계도 활발한 경제활동을 통해 더욱 밀접해지게 되었다. 이와 더불어 1910년대 이후 일본제국의 남진정책에 호응하여 경공업 위주의 공업화가 추진되고 이에 따라 도시화도 진행되어졌다.[61] 이처럼 일제 하에서 대만은 전국적 시장경제로의 전환과 공업화·도시화의 결과로 '사회소통'이 더욱 활발하게 이루어짐으로써 '대만의식' 형성의 또 다른 배경이 되었다.

---

61) 簡炯仁, 앞의 책, 141~143쪽; 黃秀政 外, 앞의 책, 196~198쪽.

저항 속에 싹튼 '대만의식'

일제 초기 형성되지 않았던 '대만의식'은 식민지 착취와 민족차별에 대한 불만 및 근대화와 '동화'의 진전에 따라 1920년대에 들어 점차 그 형태를 드러내게 된다. 이러한 변화는 1920년 말 동경의 대만유학생이 '東京高砂學生靑年會'의 명칭을 '東京臺灣學生靑年會'로 바꾼 이후 대만인이 만든 항일조직이나 잡지, 예컨대 臺灣文化協會, 北京臺灣靑年會, 『臺灣靑年』, 『臺灣民報』, 『臺灣新民報』, 臺灣農民組合, 臺灣民衆黨, 臺灣共産黨, 臺灣工友總聯盟 등이 모두 '대만'이라는 용어를 사용하고 있는데서 확인할 수 있다. 또 이 점은 일제시기 대만 거주 일본인의 대만주민에 대한 호칭 변화를 통해서도 알 수 있다. 연구에 의하면 일제 초기 주로 사용하던 '土人'이란 卑稱은 중기 이후 '本島人'으로 대체되는 한편 '대만인'이란 호칭이 1920~30년대에 가장 많이 등장하였다가 말기로 가면 현격히 줄어든다고 한다. 민족의 특색 중 하나가 자아인지와 타자의 승인이라는 이중적 의미를 갖는 것이라면, 일제 중기 '대만인'이라는 집단이 대만주민 스스로만이 아니라 타인에 의해서도 불리어짐으로써 '대만인'이 하나의 공동체 명칭이 되어 역사의 무대에 등장하였음을 보여준다.[62)]

'대만'을 공동체의 공간으로 삼는 '대만인' 상상은 동경유학생에 의해 시작되었다. 1차 세계대전 후 밀어닥친 다이쇼(大正) 민주사조의 영향 하에 이들 중산층 출신의 대만 청년들은 식민모국에서 배운 근대화 지식과 이론을 무기로 차별적인 일본의 식민지 지배에 대해 저항을 모색하였다. 유학생들은 '啓發會' '新民會'를 잇달아 조직하고 1920년 『대만청년』 잡지를 발행하여 '민족자결' '완전자치' 등을 구호로 내세우며 식민지 대만의 정치개혁을 주장하였다. 당초 대만총독의 권한 축소와 대만인의 권익 증진 방법을 둘러싸고 유학생 사이

---

62) 陳翠蓮, 『臺灣人的抵抗與認同, 1920~1950』, 臺北: 遠流出版公司, 2008, 64~65쪽.

에 동화주의노선과 자치주의노선의 대립이 있었지만, '육삼법'철폐를 주장하던 동화주의노선은 1920년 한국의 친일파 정객 閔元植의 암살을 계기로 퇴조하였고 자치주의노선도 대만의 현실을 고려하여 '완전자치' 요구 대신 식민지 민선의회설치로 전환하게 된다.63) 이러한 사상적 배경 하에 1921년부터 1934년까지 모두 15차례에 걸친 臺灣議會設置請運運動이 전개되어졌다.64)

　자신을 '대만인'이라 명명하여 타자와 구분하는 대만인 공동체의식 즉 '대만의식'은 대만의회설치청원운동과 蔣渭水를 중심으로 1921년 성립된 대만문화협회의 강연·선전활동 등을 통해 더욱 명확히 응집되어 식민자들이 부여한 '본도인'이란 명칭을 거부하고 더 나아가 대만인으로서의 자부심도 드러내게 된다. 하지만 일본의 통치를 인정하는 전제 하에서 대만인의 평등한 권리 추구만을 목표로 삼은 자치운동은 일본의 지배로부터의 독립을 주장하는 민족주의와 사회주의 진영의 비판과 공격을 받아 1927년 대만문화협회가 마침내 분열된다. 그 후 連溫卿 등 좌파가 완전 장악한 문화협회(통상 신문화협회라 부름)는 농공운동에 매진하게 된다. 1929년 문화협회는 대만농민조합과 공동투쟁을 펴기로 하였으나 농민조합에 대한 대대적인 검거령이 내려지고 문화협회 간부들 역시 검속에 걸린 데다, 얼마 후 대만공산당 당원이 문화협회에 잠입하면서 그 성격이 또 한 차례 변질되어 1931년 대만공산당의 외곽조직으로 전락하였고 그 해 6월 대만공산당에 대한 전면적인 검거령이 내려진 후 와해되었다.65) 한편 문화협회를 탈퇴한 옛 간부들이 1927년 별도로 조직한 대만민중당도 장위수 등의 扶助農工노선에 반발한 林獻堂·蔡培火 등 지주자산계급 출신의 온건파들이 1930년 지방자치 추진을 목표로 하는 臺灣地方自治聯盟을 조

---

63) 葉榮鐘 等, 『臺灣民族運動史』, 臺北: 自立晚報社, 1983, 71~74쪽, 107~108쪽.

64) 이에 관해서는 周婉窈, 『日据時代的臺灣議會設置請運運動』, 臺北: 自立晚報系文化出版部, 1989를 참조.

65) 자세한 내용은 林柏維, 『臺灣文化協會滄桑』, 臺北: 臺原出版社, 1998을 참조.

직하여 독자노선을 걷기 시작하였다. 그 후 민중당은 노동자·농민계급운동을 목표로 급진적이고 비타협적인 저항운동을 펼치고자 하였으나 1931년 식민당국에 의해 모든 활동을 금지당하고 주요 간부들이 체포됨으로써 짧은 역사를 마감하게 된다.66)

일제시기 대만인의 항일운동을 국가정체성의 입장(통일과 분리)과 운동의 수단방법(혁명과 개량)이라는 두 개의 좌표를 갖고 '祖國派'(통일, 혁명)와 '待机派'(통일, 개량), '대만혁명파'(분리, 혁명) 및 '一島改良主義'(분리, 개량) 등 네 가지 형태로 구분하는 견해가 있다.67) 조국파는 중국에서 활동하던 '廣東臺灣革命靑年團' '臺灣革命同盟會' 등의 대만 청년 단체를 가리키는데, 조국(즉 중국)의 힘을 빌려 대만이 일본 통치로부터 벗어나 조국으로의 回歸를 기대하는 그룹이다. 대기파는 조국이 아직 대만을 원조할 능력이 없기 때문에 스스로 민족문화를 보존하고 총독 전제정치하에서 대만인의 권리와 지위를 쟁취하면서 조국으로 회귀의 기회를 기다리자는 그룹으로 (분열 전)대만문화협회와 대만민중당이 이에 해당한다. 대만혁명파는 일제를 타도하고 대만의 독립건국을 주장하는 그룹으로 대만공산당이 중심이 된다. 일도개량주의는 조국의 존재를 아예 고려하지 않고 단지 대만의 생존환경 개량만을 추구하는 그룹으로 1930~1931년 향토문학논쟁 중의 '臺灣話文派'가 그 대표이다.68)

조국파와 대기파는 중국으로의 회귀를 최종목표로 삼았다는 점에서 정체성 상의 입장이 매우 유사하다. 다만 조국파의 활동무대가 중국이었기 때문에 직접 조국으로의 회귀를 표명할 수 있었던 데 반해 대기파는 대만 내에서 활동하였기 때문에 일본의 지배를 인정하지 않을 수 없었다. 그들은 조국이 단기간 내에 대만을 해방시킬 수

---

66) 자세한 내용은 簡炯仁, 『臺灣民衆黨』, 臺北: 稻鄕出版社, 2001을 참조.

67) 若林正丈, 「臺灣抗日運動中的'中國座標'與'臺灣座標'」, 『當代』 17, 1987, 40~51쪽.

68) 李筱峰, 앞의 글, 281~282쪽.

없으며 대만인도 바로 신분과 국적 전환을 할 수 없음을 알고 있었지만 대만인의 권리와 지위 쟁취를 위한 단결을 목적으로 '漢民族' '중화민족'과 같은 강렬한 종족적·문화적 부호를 사용하여 대만인과 일본인을 구별하는 정체성의 지표로 삼았다. 다시 말해 일제시기 이미 '대만의식'이 점차 형성되었고 심지어 "대만은 대만인의 대만이다"라는 구호가 나왔지만, 그 '대만의식'은 '일본의식'에 상대되는 개념으로 사용되었고, "대만은 대만인의 대만이다"의 또 다른 의미는 "대만은 일본인의 대만이 아니다"를 표현한 것이었다. 따라서 당시의 '대만의식'은 '중국의식'을 배척하지 않았을 뿐 아니라 반대로 '중국의식'을 내포하고 있으므로, "이러한 '대만의식'과 '중국의식'이 결합된 의식형태에서 '중국의식'은 '대만의식'을 경계 짓는 성질을 갖게 되었다"고 말할 수 있다.[69]

당시 항일운동에 참여하였던 葉榮鐘이 "우리들의 조국관념과 민족의식은 일본인의 차별과 업신여김, 압박으로 인해 생겨났다고 말하는 편이 옳다"[70]고 한 회고는 당시 그들의 '조국의식'이 일제에 대항하는 도구로 사용되었음을 분명하게 설명하고 있다. 하지만 이민족의 식민통치에 대항하는 과정 중에 그들 마음속의 '조국'은 이상화되어져 실제 조국과 상당히 큰 차이가 존재하였다. 종전 직후 조국으로의 회귀에 열광했던 대만인들이 얼마 지나지 않아 조국을 실제 경험한 후 크게 실망한 나머지 마침내 2.28사건이 발생하게 된 이유가 바로 여기 있었던 것이다.

한편 좌익인사들로 구성된 대만혁명파는 정체성 상에서 완전히 다른 선택을 하였다. 대만공산당은 그 '정치대강' 중에서 '대만민족'관념을 분명하게 내걸었을 뿐 아니라 '대만인민 독립만세' '대만공화국 건립'의 구호를 표방하였다. 그밖에 대만농민조합과 신문화협회 등

---

69) 위의 글, 282~283쪽.

70) 葉榮鐘, 『小屋大車集』, 臺中: 中央書局, 1977, 23쪽.

도 대만혁명파에 속하지만 당시 이들의 운동 성격으로 보아 그 중심
은 계급운동에 있었지 독립건국에 있지는 않았다. '대만독립'의 구호
는 조국파에 속하는 일부 인사들도 부르짖었지만 그들이 주장하는
'대만독립'은 일본의 통치로부터 벗어나는 것만을 뜻하는, 일본으로
부터 벗어난 후 하나의 독립된 국가를 건립하는 것이 아니라 중국의
통치로 되돌아가는 것을 의미했다.[71]

다른 한편 향토문학 논쟁에서 "노동대중을 대상으로 하며" 그들이
사용하는 "대만말로 글을 짓고 시를 쓰며, 대만말로 노래를 부르고
대만말로 대만 것을 묘사해야 한다"고 주장한 '대만화문파'는 '중국
의식'보다 '대만의식'을 강조하였다. 그들은 식민지 지배가 장기화되
면서 갈수록 중국과 멀어지는 대만 사회와 일어보급으로 중국어에서
점차 멀어져 가는 현실에 대한 자각에서 일어로 시나 글을 쓰는 것을
거부하고, 대만의 실제 언어생활과 거리가 있는 대륙의 백화문 대신
대만 대중에게 쉽게 보급할 수 있는 대만어, 즉 민남어로 문학작품을
발표했다.[72] 식민지 1세대 지식인인 이들이 대만 본위의 문학을 강
조한 것은 '중국의식'과는 분명 다른 '대만의식'이었다.

'동화'의 상흔과 '고아의식'

하지만 이러한 다양한 성격의 '대만의식'을 바탕으로 한 항일운동
은 1930년대에 들어 일제가 파시즘적 경향을 보이고 대만에 대한 '동
화정책'을 가속화하면서 모두 수면 아래로 잠복하게 된다. 그 후 '황
민화'운동이 실시되면서 대만인 가운데 일어를 생활언어로 사용하는
가정이 늘어나고 일어로 쓴 문학작품이 책으로 출판되거나 일본 유

---

71) 李筱峰, 앞의 글, 284~285쪽.
72) 하세봉, 앞의 글, 93~94쪽.

명 잡지의 문학상을 수상한 자도 생겨났다.[73] 식민지배 이후 출생하여 일본식 교육을 받은 세대의 많은 대만 지식인들은 앞 세대와는 달리 식민통치에 순응하고 영합하려 노력하였고[74] 그 표현은 그들의 글과 작품(소위 '황민문학')을 통해 나타났다.[75] 예컨대 황민문학의 대표작으로 꼽히는『道』라는 소설을 보면 벌레에 물린 주인공이 무의식중에 대만 속어를 내뱉고 나서 평소 '국어(일어)'로 사고하지 못하는 자신을 책망하는 장면이 나오는데, 이 작품이 작가의 반(半)자전적 소설이라는 점에서 당시 대만 지식인의 사고의 일면을 엿볼 수 있다. 이 때문에 1945년 '광복' 이후 상당한 기간 동안 교양을 지닌 대만 지식인을 '일본어인'이라고 지칭한 것은, 그들이 장기간의 식민지 시대에 '국어'로서 습득한 일어로 지적·감성적 생활을 영위하였다는 점에서 적절한 표현이었다.[76]

한편 1900년 출생하여 일본식 교육을 받고 초등학교 교사를 지낸 吳濁流가 종전 직전 집필한『아세아의 고아』[77]라는 자전적 소설을 보면, 일제 하 대만인이 느꼈던 중국인으로서의 정체성 혼란과 이로 인한 '대만의식'의 자각을 엿볼 수 있다. 식민지 이등국민으로서의 차별과 모멸감에서 벗어나고자 스스로 중국대륙을 찾아간 주인공은 조국의 낙후된 모습과 동포의 냉대 속에서 일본 간첩으로 의심받으며 자신이 대만인이라는 사실을 감추며 살다 1년 만에 다시 대만으

---

73) 그 대표적인 예가 1940년 12살의 나이에 일어작품집을 낸 黃鳳姿와 1937년『改造』잡지의 소설 부분 가작을 수상한 龍瑛宗(1911년생)이 있다. 그 자세한 내용은 周婉窈,「臺灣人第一次的'國語'經驗: 析論日治末期的日語運動及其問題」, 140~142쪽을 참조.

74) 이들은 광복 후에도 일본의 식민통치를 크게 비판하지 않았을 뿐 아니라 심지어 개인의 이익을 위해 일본에 영합하거나 일제시기에 대한 향수를 드러내기도 하였다는 점에서 식민지체제 하의 공범으로 보기도 한다. 戴國煇,『臺灣史對話錄』, 臺北: 南天書局, 2002, 272~273쪽.

75) 林瑞明,「騷動的靈魂: 決戰時期的臺灣作家與皇民文學」, 張炎憲 等編,『臺灣史論文精選』下冊, 臺北: 玉山社, 1996, 206~210쪽.

76) 若林正丈,『現代アジアの肖像: 蔣經國と李登輝』, 東京: 岩波書店, 1997, 40쪽.

77) 吳濁流,『亞細亞的孤兒』, 臺北: 草根出版社, 1995.

로 돌아온다. 어려서 조부로부터 항일무장투쟁의 영웅담을 듣고 자란, 그래서 민족의식이 비교적 강하게 남아 있는 오탁류 같은 사람도 전쟁말기 중국인도 일본인도 아닌 마치 버려진 고아 같은 대만인의 존재를 의식하고 이러한 비애를 '고아의식'으로 승화시키고 있는데, 하물며 일제 말기 청소년기를 보내면서 '황민화'교육을 받은 전쟁세대(일명 '황국소년')에게서 중국인으로서의 민족의식을 기대하는 것은 어려웠다. 대륙전선에 복무하다 귀향한 軍伕가 목격한 일본군의 잔악행위를 몰래 듣다 그만 참지 못하고 벌떡 일어나 "皇軍인 일본군은 그런 나쁜 짓을 하지 않아요!"라고 외쳤다는 戴國煇(1931년생)의 회고는 그 일면을 잘 보여주고 있다.[78]

戰時 대만 청년세대의 집단정신은 '지원병제도' 실시에 대한 반응을 통해서도 그 일단을 살필 수 있다. 1941년 조선(1938년)에 이어 대만에서도 이듬해부터 '육군지원병제도'를 실시한다고 선포되자 대만 각계에서는 이를 경축하는 활동이 다양하게 펼쳐졌고, 지원병이 되기 위해 자원하는 대만 청년이 줄을 이었으며 심지어 '血書지원'하는 광기마저 유행하였다.[79] 1차 육군지원병 모집에는 42만여 명이 지원하여 천여 명이 선발되었고, 그 다음해 실시된 2차 모집에는 60만여 명이, 해군지원병에는 31만여 명이 지원하였는데, 당시 대만 전체 남자 인구가 약 300만 명에 불과했다는 점을 고려하면 매우 높은 비율임을 알 수 있다.[80] 왜 이러한 현상이 일어났는지에 대해서는 좀 더 많은 연구가 필요하겠지만, 이 모두를 강요에 의한 것이라고 말하기는 어려울 것이다.

일본의 패망으로 전쟁은 끝났으나 대만인의 비극은 끝나지 않았

---

78) 戴國煇, 『臺灣史探微: 現實與史實的相互往還』, 臺北: 南天書局, 1999, 102~103쪽.

79) 주완요 저, 손준식 외역, 『대만 아름다운 섬 슬픈 역사』, 신구문화사, 2003, 178~182쪽.

80) 참고로 조선의 1차 육군지원병 모집에 지원한 자가 3천 명이 못되었고 그 후 점차 증가하여 1943년 30만여 명으로 늘어났으나, 인구비례로 따지면 대만에 비해 훨씬 지원 열기가 낮았다고 할 수 있다. 周婉窈, 「從比較的觀点看臺灣與韓國的皇民化運動(1937~1945)」, 『新史學』 5-2, 1994, 147쪽, 150쪽.

다. 전쟁동안 총부리를 맞대었던 조국 중국이 대만을 (해방이 아닌) 접수하러 왔던 것이다. 전쟁에 투입된 대만출신의 군인과 군속 중에는 전범으로 처형되거나 징역을 산 이들이 있었고, 자의든 타의든 고향으로 돌아오지 못하고 이국 또는 일본 땅에서 평생을 살아야 했던 자도 있었다.[81] 다행히 대만으로 돌아온 자도 2.28사건의 충격과 국민당의 백색테러 공포 하에서 전쟁터에 나갔던 사실을 인정해서는 안 되는 자기부정의 운명이 기다리고 있었다. 또 전쟁세대는 일본의 패망으로 어렵게 익힌 일어와 일문 그리고 그 지식에 뒤따랐던 교육자산도 상실했다. 중국어가 새로운 국어가 된 사회에서 그들 중 다수는 문맹 아닌 문맹이 되었고, 자신의 과거와 집단의 과거에 대해 절대적인 침묵을 강요받게 된다.[82]

2.28사건과 '대만의식'의 형성

1945년 일본의 항복으로 대만은 50년간의 식민지배에서 벗어나 중국으로 복귀한다. 처음 소수의 친일 인사를 제외한 대다수 대만인은 '광복'의 기쁨에 들떠 조국의 품으로 돌아가 좋은 시대를 맞이할 것으로 기대하였다.[83] 하지만 얼마 되지 않아 이 기대는 무참히 깨지고 만다. 입성하는 국민정부군을 환영하러 갔던 대만인들은 눈에 익었던 일본군의 질서정연한 모습과 달리 "장비도 볼 것이 없고 기율이라곤

---

81) 그 중 B급 전범으로 5년간 복역한 뒤 일본에서 평생을 살아온 簡茂松의 전기는 요미우리(讀賣)신문 기자인 하마자키 코이치(濱崎紘一)에 의해 집필되어 2000년 출판되었고 중국어로도 바로 번역되었다. 濱崎紘一 著, 邱振瑞 譯, 『我啊!: 一個臺灣人日本兵的人生』, 臺北: 圓神出版社, 2001.

82) 하세봉, 앞의 글, 96~98쪽.

83) 일본 항복 직후 대만인이 가졌던 복잡한 심리 변화와 상황인식 및 대응방식 등에 관해서는 吳密察, 「臺灣人的夢與二二八事件」, 『當代』 87, 1993.7.1, 33~35쪽; 李筱峰 著, 김철수 등역, 『대만민주화운동40년』, 성균관대학교출판부, 1990, 27~29쪽; 許雪姬, 「臺灣光復初期的語言問題」, 『史聯雜志』 19, 1991.12, 91쪽 등을 참조.

있어 보이지 않는""우산을 등에 꽂고 짚신을 신고 행진해 오는" 국부군의 모습에 실망하였고,[84] 일본군 포로를 대하는 잔혹한 행위에 놀랐다. 급기야 전승국 군대가 패전국 사람을 접수한다는 식의 국부군의 태도에 반발하게 된다.[85] 국민당정부는 대만의 문화와 역사경험을 무시하였을 뿐 아니라 '일본화'된 대만인을 멸시하고 식민지배의 여독을 제거하기 위해 대만을 '재식민지화'하여 중국 대륙문화와의 차이를 제거하려고 하였다.[86] 이에 많은 대만인들은 또 다른 정복자로서 군림하려는 국민당정부에 대해 실망하고 좌절하게 된다.

1945년 8월 29일 蔣介石은 당초 계획과 달리 대만에 省정부 대신 行政長官公署를 설치하고 육군대장 陳儀를 행정장관으로 임명하였다. 이에 대만은 행정장관이 입법과 행정의 전권을 행사하고 軍·政이 일원화된, 일제시기 총독부와 별 차이가 없는 통치제도를 경험하게 된다.[87] 또 국민당정부는 대만의 고위 공직 대부분을 대륙출신으로 채우고 대만인을 배제시킴으로써 대만 통치에 적극 참여하고자 하였던 대만출신의 많은 엘리트들을 크게 실망시켰다. 게다가 접수과정에서부터 보여준 대륙에서 온 관리들의 체질화된 부패 및 경제적 독점과 농단 등은 식민통치기간 비교적 청렴한 일본 관리의 행정을 경험한 대만인에게는 충격이 아닐 수 없었다.[88] 그 외 항일운동을 하였던 대만 지식인들은 '광복' 후 마땅한 포상을 받지 못했을 뿐 아니라 '과격분자'로 몰려 정치적으로 탄압을 받은 반면, 皇民奉公會 회원과 어용신사 및 特高형사들은 새로운 권력의 추종자로 변신하는 정치적 是非의 轉倒와 민족적 忠奸의 무분별 역시 대만인의 당혹감과 분노를

---

84) 민두기, 「대만사의 소묘: 그 민주화 역정」, 『시간과의 경쟁: 동아시아 근현대사논집』, 연세대학교출판부, 2001, 231쪽.

85) 周婉窈 主編, 『臺籍日本兵座談會記錄相關資料』, 臺北: 中央研究院臺灣史研究所籌備處, 1997, 42~43쪽.

86) 王家英, 「대만내셔널리즘의 발흥과 변천」, 『민족연구』 5, 2000, 133쪽.

87) 김영신, 앞의 책, 313~315쪽.

88) 李筱峰 著, 김철수 등역, 앞의 책, 30~32쪽; 민두기, 앞의 글, 230~231쪽.

야기하였다.[89)]

한편 무능하고 부패한 국민당정부의 비효율적인 통제경제정책은 대만 경제를 파탄으로 몰아갔다. 생산은 저하되고 물가는 가파르게 치솟았다. 1945년 10월부터 1946년 12월까지 물가는 100배가 올랐으며 석탄은 400여 배, 대만의 대표적인 생산물인 설탕은 800배 가까이 올랐다.[90)] 이와 함께 국공내전 기간 대규모의 쌀이 대륙으로 반출됨에 따라 쌀 부족 현상이 일어나 47년 2월에는 대북 시민들이 쌀값 문제 해결을 촉구하는 청원시위를 벌일 정도였다. 경제의 위축은 심각한 실업문제를 야기하여 1946년 말 대만 전체 실업자는 45만 명에 이르렀으며 이로 인해 초래된 민생 곤란, 군대와 경찰의 권력 남용으로 인한 사회 불안으로 해방에 대한 기대는 절망으로 변하였다. 더욱이 사람을 죽이고 물건을 약탈해 가는 군인과 경찰이 얼마 전 자신이 열렬히 환영했던 바로 그 사람들이었다는 점에서 받은 충격은 매우 컸다.[91)]

다른 한편 생활수준과 문화의 차이로 인한 대륙인과 대만인 간의 이질감 역시 갈등의 요인 중 하나였다. 비록 식민통치 하에서 이등국민의 삶을 살아야 했지만 대만은 일제시기 근대화 과정을 거치면서 자급자족의 경제를 이루어냈고 생활수준도 대륙에 비해 월등히 높았다. 1945년 기준으로 대만의 1인당 평균 전기 사용량은 대륙의 50배였고, 아동 취학률은 대만이 80%인 데 반해 중국은 61.6%에 불과했다. 공업화의 정도도 1932년 대만의 농업 대 공업 생산고가 6 : 4였던 데 비해 1933년 중국은 9.3 : 0.7을 기록하고 있었다.[92)] '황민화'운동은 대만인을 일본인처럼 만드는 데는 성공하지 못했으나, 적어도 중

---

89) 란보조우, 「대만: 2.28에서 50년대로 이어지는 백색테러」, 『역사비평』 1998년 봄호, 54~55쪽.

90) 민두기, 앞의 글, 229쪽.

91) 李筱峰 著, 김철수 등역, 앞의 책, 32~35쪽; 란보조우, 앞의 글, 55쪽.

92) 김영신, 앞의 책, 319쪽.

국인을 닮지 않게 하는 데는 상당히 성공적이었다.[93] 이런 면에서 이질감을 느끼는 것은 대륙인도 마찬가지였다. 대륙인이 보기에 대만인은 자신들이 항일전쟁 기간 중 싸우던 일본인과 별달라 보이지 않았다. 일단 말부터가 통하지 않았다. 식민통치를 겪으면서 대만인은 일어를 공용어처럼 사용하였고 특히 일본식 교육을 받고 자라난 30세 이하의 젊은 계층에게 일어는 모어나 다름없었다. 사적으로 사용하는 언어 역시 민남어나 객가어였기 때문에 대륙인들은 언어적 장벽이 가로놓여 있음을 느끼지 않을 수 없었다. 이러한 언어의 이질성은 심한 경우 성 참의회에서 참의원과 보고자 간의 의사소통을 위해 3차례의 통역을 거쳐야 하는 일이 일어날 정도였다. 그러나 국민당정부는 이러한 대만인의 고충을 고려하지 않고 일어와 방언(대만어)의 사용을 금지하고 국어(북경어) 보급정책을 조급히 추진함으로써 대만인의 언어전환을 힘들게 하였다. 게다가 국어를 하지 못하는 것을 노예화의 상징으로 간주하고, 국어 구사능력을 인재등용의 기준으로 삼고, 더 나아가 국어능력 부족을 이유로 헌법에 보장된 자치권을 부정함으로써 대만인의 불만과 좌절감을 증폭시켰다.[94]

국민당정부에 대한 대만인의 불만은 당시 유행하던 "개(일본)가 가고 나니 돼지(국민당)가 왔다. 개는 집이라도 지키지만 돼지는 닥치는 대로 먹기만 한다"는 말 속에 고스라니 담겨 있다.[95] 요컨대 대만인들은 대륙에서 건너 온 중국인을 해방자로 열렬히 맞이했지만 자신을 '피정복자'로 대우하는 국민당정부에 대해 환멸을 느끼게 되었고, 이런 사랑이 증오로 변한 심리적 변화가 마침내 2.28사건으로 폭발하게 된 것이다.[96]

---

93) 민두기, 앞의 글, 227쪽.

94) 손준식, 「동화와 개화의 상흔: 식민지 대만의 일어」, 43~46쪽.

95) 吳密察, 「臺灣人的夢與二二八事件」, 37쪽.

96) 2.28사건의 발생 원인에 대한 상세한 분석으로는 陳儀深, 「論臺灣二二八事件的原因」, 張炎憲 等編, 『臺灣史論文精選』 下冊, 306~326쪽을 참조.

1947년 2월 27일 전매국 직원이 대북시 太平町(지금의 延平北路)에서 밀수담배를 판매하던 중년부인의 담배와 돈을 몰수하는 과정에서 그녀의 머리를 총부리로 쳐 피를 흘리고 쓰러지는 사건이 발생했다. 마침 이를 보고 항의하던 군중에게 전매국 직원이 총을 발사하여 한 명이 사망하자 분노한 군중은 다음날 경찰국과 헌병대를 포위, 이들을 처벌할 것을 요구하고 방송국을 점령하여 시위동참을 호소하였다. 그동안 대만인에게 누적되었던 불만이 일거에 표출되면서 상황은 점점 악화되고 3월 초 대만 전역에 걸친 폭동으로 치닫자, '2.28사건처리위원회'가 조직되어 사건의 중재를 시도하였다. 그러나 국민당정부는 3월 9일 21사단을 투입하여 군중을 진압하였고, 이 과정에서 폭동에 참여하지 않은 대만의 지도자와 지식인까지도 체포하거나 학살하였다. 사망자는 1만8천에서 2만8천 명 정도로 추정되며, 당시 대만의 엘리트 상당수가 재판 수속 없이 처형되거나 실종되는 등의 피해를 당하였다.[97] 이 사건으로 깊은 상처를 입은 대만인들은 자신을 대륙에서 온 중국인과 다른 부류의 사람으로 인식하게 되고, 이에 그 동안 남아 있던 '조국의식' 대신 막연하게 느껴왔던 '고아의식'이 반 외성인적인 '대만의식'으로 전환되게 된다.

국민당 일당독재와 '대만의식'의 발전

　　만약 중국이 통일되고 대만이 중국의 한 성으로 편입되었다면, 점진적인 대만의 '본토화(대만화)'와 민주화 과정을 통해 2.28사건으로 야기된 본성인과 외성인 간의 균열은 대만인 스스로 대만을 통치한다는 방법에 의해 해소되었을지도 모른다.[98] 그러나 내전에서 패한

---

97) 2.28사건의 경과와 피해상황에 대해서는 민두기, 앞의 글, 232~238쪽; 李筱峰, 『臺灣史
　　101問』, 臺北: 玉山社, 2013, 277~283쪽을 참조.
98) 王家英, 앞의 글, 134쪽.

국민당정부가 1949년 대만으로 건너와 대륙과 대치하면서 중국이 두 개의 국가로 분열됨으로써 대만인의 정체성을 더욱 혼란하게 만들었다.

2.28사건 직후 외국으로 망명한 이들이 해외에서 대만독립운동을 전개하였지만,[99] 대만 내에서는 '중국의 민족해방'을 목적으로 조직된 좌익사상단체의 지하활동과 '내전 반대'와 '민주'를 요구하는 학생 시위가 국공내전의 격화를 틈타 일시적으로 전개되었을 뿐[100] 독립을 요구하는 등의 적극적인 '대만의식'은 표출되지 않았다. 그러나 이러한 저항운동도 대내외적으로 심각한 위기에 직면해 있던 국민당정부가 1950년 한국전쟁의 발발을 기회로 좌경세력에 대한 대규모 숙청작업 즉 백색테러를 자행함으로써 자취를 감추게 된다. 이 기간 (1949~1960년) 동안 정치사건으로 처형된 사람이 약 2천명에 이르고 8천명이 중형을 선고 받았다고 한다.[101] 그 후 대만의 반공 전략적 지위를 이용하여 미국의 안전보장과 대규모 경제 원조를 얻어낸[102] 국민당정부는 일련의 토지개혁을 통해 원 대만 지주계층의 지도적 지위를 박탈하고 대륙인 중심의 철권통치를 시작하였으며 대만 지배를 정당화하기 위해 중화민국이 전 중국을 대표하는 정권임을 강요하였다.[103]

이런 국민당 지배의 권위주의체제 하에 省籍에 의한 정치적 불평등이 구조화되어갔다. 중앙은 외성인 엘리트, 지방은 본성인 엘리트라는 이중체제 존재하였고, '動員戡亂時期'라는 이유로 총통·부총통 선거와 국민대회 대표와 입법의원의 전면 改選이 동결됨에 따라, 대

---

99) 해외에서의 대만 독립운동에 관해서는 陳銘城, 『海外臺獨運動四十年』, 臺北: 自立報系出版, 1992를 참조.

100) 란보조우, 앞의 글, 58~62쪽.

101) 李筱峰, 앞의 글, 288~290쪽.

102) 미국의 대만원조에 대해서는 손준식, 「냉전 초기(1952~1965) 미국원조와 대만교육」, 『중국근현대사연구』 66, 2015.6, 83~85쪽을 참조.

103) 김영신, 앞의 책, 352쪽.

류에서 선출된 외성인 대표와 의원이 국민대회와 입법원의 다수를 점하는 소위 '萬年國會'가 계속 가동되었다. 이러한 불평등한 체제가 '法統'과 '비상시기'관념으로 정당화되었다. "중국은 하나이며 대만은 그 일부이고, 중국대륙은 공산당에 찬탈되었으며, 대만에 있는 중화민국정부가 중국의 정통정권이자 정통문화의 담당자다." 따라서 그 중국의 일부에 지나지 않는 대만출신자가 정권 인사나 공무원의 일부를 점하는 것은 당연하다. 국민당은 이미 중화민국 헌법을 시행하여 민주헌정의 단계에 들어가 있으나, 국가가 공산당의 위협을 받는 비상시기이기 때문에 자유와 민주는 일부 제약받을 수밖에 없다는 것이었다. 이와 같은 권위주의체제의 정당화 논리에 저항해 일부 대만출신 지방의회 의원과 대륙출신 자유주의 지식인들이 민주화운동을 추진하였지만, 국민당정부의 탄압으로 좌절되고 만다.104)

한편 국민당정부는 대만에서의 존재 법리성과 정통성을 강화하기 위해 교조주의적인 방식에 따라 '전통적' 중화문화를 주입시키려 시도하였다. 즉 중화문화를 보존하려는 중화문화부흥운동을 1966년부터 전개하였는데, 이 해가 바로 중국대륙에서 전통문화를 대대적으로 파괴한 문화대혁명이 시작된 해였다는 점은 우연이라기에는 너무나 대조적이다. 국민당정부는 중국문화로의 귀속 또는 중국 정체성의 재건을 통해 자신의 대만 통치 이데올로기 및 합법성을 강화하려 했지만 도리어 역효과를 만들어냈다. 이 운동은 대만문화를 중국문화에 내재화·주변화시킴으로써 대만의 정치적 정체성을 억압했고, 특히 역사적 정통성에 대한 강조 및 중공에 대한 비판, 중공을 '匪賊'으로 부르는 것 등으로 대만인의 중국에 대한 소외감을 한층 깊게 했다. 또한 국민당이 강조한 중화문화 전통의 대부분은 집단주의적이며 무미건조한 교조주의적 문화를 기초로 한 것으로, 대만에서 이미 자라나기 시작한 개인 중심의 가치관과 마찰하는 것이기도 했다.

---

104) 若林正仗, 「대만의 정치변동과 에스노내셔널리즘」, 『민족연구』 9, 2002, 114~115쪽.

이에 대만 지식인들은 문화의 '본토화'와 정치의 민주화를 요구하기 시작한다.105)

다른 한편 권위주의적 국가의 대만사회 정착에 따라, 외성인과 본성인간의 공간적·사회적 분리가 진행되었다. 국민당과 함께 건너온 외성인 군인과 가족은 '眷村'이라 불리는 도시와 그 근교의 특수한 군인촌에, 외성인 공무원은 과거 일본 공무원이 거주하던 주택에 집단 거주하였고, 외성인과 그 자녀는 '軍公敎人員'이라는 범주에 들어가는 일이 많고 따라서 교육정도도 상대적으로 높은 데 반해 본성인은 농업과 상공업에 종사하는 비율이 높았다. 이러한 공간적·사회적 분리는 특히 권촌의 정치적 폐쇄성(소위 국민당의 '鐵票區') 및 자녀의 인생전략이 달라지는 경향에 의해, 성적 간격을 고정화 내지 재생산하는 작용을 하였다.106)

이와 동시에 외성인의 대만 체류가 장기화됨에 따라 외성인 문화에 본성인의 동화가 일정 정도 진행된다. 대만에 온 1세대 외성인 남자 중 약 1/3은 본성인 여자와 결혼했는데, 이러한 통혼의 경우 외성인 남성이 대만 현지문화에 융합하는 것이 아니라, 그와 결혼한 본성인 여성과 자녀가 남편이나 아버지인 외성인 남성의 문화에 동화되었다. 이에 더해 학교교육이나 매스컴을 통한 국가 정통언설의 침투와 국어의 급속한 보급으로 인해, 본성인 특히 전후 세대가 외성인 자녀와 동일한 문화적 아이템을 갖게 된다. 이와 반대로 양안 분열이 장기화됨에 따라 외성인들은 중화민국에 의한 중국통일은 불가능한 것이라고 느끼게 되었고, 이에 적지 않은 외성인이 대만을 자신의 고향으로 삼을 것을 생각하게 되었다. 또 외성인 2,3세들이 모두 대만에서 태어나 성장하면서 대만의 본토문화를 접하게 된다. 특히 경제발전과 이에 수반한 도시화의 진전에 의해, 외성인과 본성인의

---

105) 王家英, 앞의 글, 135쪽.

106) 若林正仗, 「대만의 정치변동과 에스노내셔널리즘」, 113쪽.

접촉이 증가함에 따라 1970년대 이후 성적간의 '융화'가 진전되게 된다. 결국 국민당의 중공에 대한 투쟁이 대만의 정치·문화와 경제생활에 충격을 가해, 대만인은 그 선조가 어디서 이주해 왔던, 그들 공동의 운명과 경험에 의해 동일한 에스니시티를 형성하게 되었다. 즉 통치 엘리트와 그 땅의 주민 사이에 여전히 충돌이 있지만 적의를 갖고 있는 중공에 대한 공동투쟁 경험에 의해 서로 이해하고 받아들이는 것이 가능하게 되어갔다.[107]

그러나 문화와 정치적인 열세 때문에 대만인의 국민당에 대한 항의는 점점 많아졌고, 대륙에 대한 소외감은 대만인으로 하여금 독자적인 '대만의식'을 발전시키게 하였다. 1971년 대만이 유엔에서 축출당하고 그 국제지위가 크게 실추하자 국민당정권은 물론 대만인들도 곤혹스러웠다. 이러한 상황에서 중화민국이 전 중국을 대표한다는 주장에 대한 합법성의 위기를 극복하기 위해 국민당은 이제 막 싹을 피우기 시작한 대만내셔널리즘을 용인하게 되고, 나날이 증대하는 민족자결의 움직임을 묵인하기까지 이르렀다.[108] 최종적으로는 실험적 성질을 띤 '본토화'가 추진되고, 이를 통해 그 동안 정치활동의 기회를 박탈당했던 대만의 정치엘리트들이 대거 黨政의 고위직으로 진출하게 된다.[109] 대만내셔널리즘의 발전은 다양한 성질을 내포했는데, 문화적으로 대만 지식인들은 현지의 방언, 향토문학 및 전통적인 민간예능 등 본토문화를 제창하였고, 정치적 측면에서는 국민당 권위체제의 재건을 주장하는 그룹과 국민당의 중국통일이라는 이상과 중화민국이 실제로 지배하는 범위와의 차이를 해소하기 위해 대만의 정치적인 독립을 요구하는 그룹으로 나뉘게 된다. 그 중 대만독립 호소는 국민당의 신 식민지지배가 주요 원인이었기 때문에, 강력

---

107) 若林正仗, 「대만의 정치변동과 에스노내셔널리즘」, 113~114쪽; 王家英, 앞의 글, 135쪽.
108) 王家英, 앞의 글, 135~136쪽.
109) 심혜영, 「대만정체성 논의에 관하여」, 『중국학보』 44, 2001, 150~151쪽.

한 반 외성인 감정을 수반하게 되었다.110) 그리하여 1980년대 이후 본성인의 에스노내셔널리즘＝대만내셔널리즘이 반대세력의 중심 이데올로기, 민진당의 이데올로기로 형성되게 된다.

민주화의 진전과 '대만의식'의 확산

국민당의 '본토화' 실험이 진행되는 가운데 장개석 사망(1975년)에 이어 국제정세가 대만에 불리해지고 경제발전으로 생활이 윤택해진 국민들이 차츰 정치문제에 관심을 보이기 시작하면서 통치권위에 대항하는 도전이 다시 고개를 들기 시작했다. 1975년 반정부 간행물 『臺灣政論』의 발간, 1977년 지방선거 당일의 中壢사건, 1979년 美麗島사건 등 대만출신의 재야인사를 중심으로 한 민주화운동이 전개되었다. 1980년대 들어 재야세력의 반대운동이 더욱 거세지고 대만이 국제사회에서 더욱 고립되는 가운데 蔣經國은 민주개방정책을 채택하고 李登輝를 부총통으로 지명(1984년)하는 등, 국민당정권의 '본토화'를 더욱 가속화시켰다. 이에 대만의 정치엘리트들이 대거 당정의 고위관료로 진출하거나 선거를 통해 중앙과 지방에서 정치적 지위를 확립해나감에 따라 여론 형성의 중추적인 역할을 담당할 수 있게 되었다. 한편 각종 선거에서 연합과 분열을 거듭하던 재야세력은 1986년 마침내 민주진보당을 창당하고 그 해말 선거에서 22%의 득표율을 기록함으로써 대만의 정치는 비로소 정당정치시대로 접어들게 되었다.111)

1987년 38년간 지속되었던 계엄이 해제되면서 그동안 금기시되어 왔던 2.28사건의 진상규명과 피해자의 명예회복을 위한 민간과 정부

---

110) 王家英, 앞의 글, 136쪽.
111) 李筱峰, 앞의 글, 292쪽.

차원의 다양한 활동이 전개되고, 이와 더불어 중국(인)과 구별되는 대만(인)의 정체성을 강조하는 '대만의식', '대만정서'에 관한 논의가 활발히 전개된다. 계엄해제와 더불어 이루어진 중국대륙 가족방문 허용은 한편으로 대만 내에 '중국정서'를 부추기고 故國에 대한 향수를 증폭시키는 계기가 되기도 했지만, 다른 한편으로는 지금까지 그들이 갖고 있던 '중국의식'의 실체가 과연 무엇인지를 묻는 계기로 작용하였다. 대륙을 방문한 외성인들이 발견한 것은 그들의 관념 속에 있던 고국 '중국'이 아니라 사회주의체제 하에서 완전히 다른 제도와 가치관과 문화를 가진 낯선 나라가 된 '중화인민공화국'이었고, 이런 변화는 그들로 하여금 심각한 정체성의 혼란을 경험하게 하였다.112) 더욱이 1989년 천안문 민주화 시위에 대한 중국공산당의 무자비한 진압에 대만인들, 특히 대륙출신들은 커다란 충격을 받았고 통일문제에 점차 회의를 느끼게 된다.

점진적이며 온건한 방법을 통해 정치의 민주화, 사회의 개방화, 국민당의 '본토화'를 추진한 장경국의 노력은 1988년 그의 사후에도 총통 직을 승계한 이등휘에 의해 계속되었다. 그리하여 1989년 지방선거에서 대거 당선된 본성인 후보들은 해당 지역의 학교에서 모어교육과 향토 교육을 실시했으며, 이러한 문교정책은 중앙정부에도 영향을 미쳐 초·중학교 교과과정에서 '대만 알기'와 관련된 내용이 늘어나고 국어·미술·음악 등에서도 본토적인 내용이 대폭 강화되는 등 '문교의 본토화'가 실현된다.113)

장경국의 잔여임기를 채운 이등휘는 당내 권력투쟁을 거쳐 1990년 중화민국 제8대 총통에 당선되었다. 이등휘의 당선은 비록 그가 국민당에 속해 있긴 했지만 최초의 본성인 총통시대를 열었다는 점에서 "대만인이 주인되는 대만"의 꿈을 실현한 것이었다.114) 그는

---

112) 심혜영, 앞의 글, 151쪽, 153~154쪽.

113) 陳昭瑛, 「論臺灣的本土化運動: 一個文化史的考察」, 『海峽評論』 51, 1995, 50~51쪽.

재임기간 중 '動員戡亂時期臨時條款' 폐지와 중앙민의대표의 전면 개선, 총통을 비롯한 대만 성장 및 대북과 高雄 시장 직선 등 민주화를 추진하였다. 한편 1990년 양안관계의 발전과 민주·자유 원칙에 따라 중국을 통일한다는 뜻에 따라 국가통일위원회를 조직하고, 1991년 대륙과 대만은 모두 중국의 영토로 모든 중국인은 중국의 통일을 이룩해야 할 의무가 있다는 점을 천명한 '국가통일강령'을 제정하는 등 통일을 지향하는 듯하였다.115) 그러나 1993년 '반 이등휘' '반 대만독립'을 주장하며 국민당을 탈당한 입법의원들이 新黨을 결성한 데서116) 볼 수 있듯이 '중화민국의 대만화'의 체제 내 추진자는 바로 이등휘 자신이었다.

이등휘는 1996년 실시된 대만 최초의 총통 직선에서 국민당 후보로 나서 큰 표차이로 재선되었다. 하지만 재임기간 중 '대만의식'을 드러낸 이등휘의 당선을 저지하기 위해 중국정부가 선거기간 중 무력시위를 하는 등 양안관계가 심각한 대립과 갈등 국면으로 접어들게 되고 이에 따라 대만 내의 反중국정서도 점차 강화된다. '하나의 중국'을 내세우며 대만이 독자적인 정치실세라는 것과 주권국가임을 부정하는 중국정부의 태도는 대만인들로 하여금 중국공산당을 대만 주체성을 위협하는 새로운 '패권적' 세력으로 인식하게 하였다. 이로 인해 대만의 정체성 논의에서 배타적 대상으로 설정되었던 '중국'의 실체는 과거 국민당정부에서 현재 중국공산당이 통치하는 중화인민공화국으로 대체되는 양상을 보이게 된다.117)

재선 후 이등휘는 '중화민국의 대만화'노선을 더욱 노골화하였다. 대만을 고향으로 여기고, 또 대만의 중화민국을 주권독립국으로 보는 입장을 견지하고 있는 사람들에 대해서는 출신을 묻지 않고 '신

---

114) 심혜영, 앞의 글, 151~152쪽.

115) 蔡石山 著, 曾士榮 等譯, 『李登輝與臺灣的國家認同』, 臺北: 前衛出版社, 2006, 241~282쪽.

116) 신당 성립과정에 대해서는 李筱峰, 앞의 글, 293~294쪽을 참조.

117) 蔡石山 著, 曾士榮 等譯, 앞의 책, 297~301쪽; 심혜영, 앞의 글, 152쪽.

대만인'으로 칭한다고 하는 '신대만인론'과 1991,92년의 헌법수정으로 중화민국 헌법의 유효한 적용범위는 대만지역에만 국한되고(따라서 중화인민공화국 정권의 합법성을 승인), 동시에 중화민국의 입법원·국민대회·총통과 부총통 선거에서의 유권자를 대만지구에만 한정한 결과 양안관계가 "정통적인 정권 대 반대단체의 내정 관계 또는 중앙 대 지방의 관계로부터, 특수한 국가와 국가 간의 관계로" 변하였다는 '兩國論' 등을 내세워 '대만의식'을 체제화시키게 된다.118) 이런 바탕 위에 2000년 총통선거에서 대만독립을 政綱으로 삼은 민진당 후보 陳水扁이 당선됨으로써 50여 년 만의 정권교체와 더불어 '대만의식'의 고양을 분명하게 보여주었다.

대만, 그들은 어디로 갈 것인가

일제 초기까지 민족관념은 물론 지역 정체성으로서의 '대만의식'도 형성되지 않았던 대만사회는 일본의 식민지 착취와 민족차별을 겪으면서 피지배자로서의 동질감을 공유하게 되고, 식민당국의 근대화 조치와 '동화'정책의 결과로 '사회소통'이 활발해짐에 따라 족군 간의 융합이 강화되면서 1920년대에 들어 '대만의식'이 점차 분명한 형태를 드러내게 된다. 단 반식민지 저항운동을 통해 응집된 '대만인' 상상은 극히 일부를 제외하고는 여전히 농후한 '중국의식'을 내포하고 있었다. 하지만 1930년대 이후 특히 '황민화'운동이 전개되면서 많은 대만 젊은이들이 '동화'되어 중국인으로서의 정체성을 점점 상실하게 되고, 그나마 민족의식이 남아 있던 식민지 1세대조차도 중일전쟁의 비극 속에서 중국인도 일본인도 아닌 자신의 존재를 '고아의식'으로 승화시키게 된다.

---

118) 王家英, 앞의 글, 138~139쪽; 若林正伏, 「대만의 정치변동과 에스노내셔널리즘」, 119쪽.

이런 대만인의 애매한 입장과 막연한 '고아의식'은 해방 후 국민당 정부의 부정적인 행태와 2.28사건의 충격으로 반 외성인적인 '대만의식'으로 전환된다. 그 후 백색테러를 비롯한 권위주의 통치 하에서 '대만의식'은 잠복하지만 성적 모순은 더욱 심화되어 갔고 중국대륙에 대한 소외감도 깊어만 갔다. 대신 대만 내 성적 간의 '융화'가 진전됨에 따라 중공의 위협에 대한 운명공동체 의식이 서서히 형성되었고, 유엔 탈퇴 등 국제환경의 변화 속에 국민당정부는 정통성 위기를 극복하기 위해 '본토화'운동을 추진하게 된다. 한편 경제성장에 따른 민주화 요구와 함께 모어와 향토애를 강조하는 '대만의식'이 발전하게 되고, 이를 배경으로 대만인의 자결을 표방한 민진당이 창당되었다. 1987년 계엄 해제 이후 '대만의식', '대만정서'에 관한 논의가 활발하게 전개되고, 대륙 친척방문으로 '중국의식'의 실체에 대한 회의와 더불어 정체성의 혼란을 경험하게 된다. 1990년 이등휘의 총통 당선으로 "대만인이 주인되는 대만"의 꿈이 실현되었고, 재임 중 추진한 '중화민국의 본토화'노선에 대해 중국이 과도하게 반응함으로써 대만 내 반 중국정서도 점차 강화된다. 대만의 주권과 실체를 부정하는 중국의 태도에 많은 대만인은 중국공산당을 '패권적' 세력으로 인식하게 되고, 이러한 '대만의식'의 고양 속에 2000년 민진당이 정권을 잡았다.

21세기에 들어 대만은 민진당의 8년 집권을 거쳐 국민당이 재집권하면서 양안관계는 경제협력기본협정(2010년)을 비롯하여 서비스무역협정(2013년)을 체결하는 등 새로운 밀월시대를 맞고 있을 뿐 아니라 지난 5월 4일 국공수뇌회담에서는 '하나의 중국'과 '대만독립 반대'라는 공동의 정치적 기초를 견지한다는 입장을 밝히기도 하였다. 하지만 최근 실시된 중국과의 통일에 대한 대만인의 찬반여론조사 결과, 현상유지를 원하는 답변이 86.1%에 달하고 대만인민에 대한 중국정부의 태도가 비우호적이라는 답변이 48.8%로 나타나고 있다.119) 이는 다수의 대만인들이 여전히 중국정부에 대해 불안감을 갖고 있으며 통일과 독립에 대한 태도를 유보하고 있음을 보여준다. 대만인의 이런 애매한 정서는 현실적 이해관계 외에 지난 세기 그들이 겪은 다양한 차별과 이를 통해 축적된 배타적 '대만의식'의 역사 속에서 배양된 것으로 보인다. 이런 점에서 민족과 문화, 지역과 언어, 이념과 체제 등으로 인한 차별이 남긴 트라우마의 심각성을 이해하고 이를 치유·극복할 수 있는 해법을 생각해보게 한다. 대만! 그들은 누구인가? 그리고 어디로 갈 것인가?

---

119) 중화민국 행정원 대륙위원회의 위탁으로 2015년 7월 실시된 여론조사 결과, 빨리 독립하자는 의견이 4.0%, 현상유지 후 독립하자는 의견이 21.3%, 영원히 현상을 유지하자는 의견이 25%, 현상유지 후 통일과 독립에 대해 차후에 결정하겠다는 의견이 32.4%, 현상유지 후 통일하자는 의견이 7.4%, 빨리 통일하자는 의견이 2.3%, 기타(모름 내지 의견 없음) 7.7%로 나왔고, 중국정부의 대만인민에 대한 태도가 우호적이라는 의견은 35.9%, 기타 15.3%, 대만정부에 대한 태도가 우호적이라는 의견이 24.9%, 비우호적이라는 의견이 56.7%, 기타 18.4%로 나왔다. 「民衆對當前兩岸關係之看法' 例行民意調査問卷各題百分比配布表」, www.mac.gov.tw/public/Attachment/57161771312.pdf(2015.9.3 검색) 참조.

재일코리안 문제를 둘러싼 일본 우익 내부의 균열 양상

–『사피오(SAPIO)』의 '재특회(在特會)' 기사에 대한 분석을 중심으로–

이승희

1. 머리말

최근 과격한 재일코리안 배척운동 및 혐한운동으로 유명한 '재일특권을 허용하지 않는 시민의 모임(在日特權を許さない市民の會)', 속칭 '재특회(在特會)'는 한일관계의 악화가 장기화됨에 따라 나날이 그 활동의 수위를 높여나가고 있다. 그 직접적인 표적이 된 재일코리안 및 한국 사회의 우려가 깊어지는 것은 아랑곳하지 않고, '재특회'는 '행동하는 보수'를 표방하며 '헤이트스피치(hate speech)'로 대표되는 적극적인 가두활동을 전개하면서 일본 우경화의 선봉을 담당하고 있다. 한국에서도 '일간베스트저장소' 속칭 '일베' 회원들의 과격한 보수적 주장과 세월호 사건 관련 퍼포먼스가 세간의 이목을 끌며 사회문제가 되면서, 현재 인터넷을 기반으로 하고 있는 양국의 이러한 '극우' 단체의 관련성 또한 화두가 되고 있는 상황이다.[1]

---

1) 「한국일베의 위험한 미래는 일본의 재특회」, 『경향신문』, 2014년 9월 19일자. 한편으로 '재특회'에 대한 일정한 '이해'를 나타내고 '재특회'에 대항하는 '시바키타이(レイシストをしばき隊)'에 대한 맹목적인 지지에 경종을 울린 논평도 나왔다(최석영, 「반발의 목소

하지만 이러한 사회의 관심과 사태의 중요성에도 불구하고 한국에서의 '재특회'에 대한 연구는 이제 막 첫발을 내딛은 단계에 불과하다.[2] 신문기사나 TV 등 언론의 보도를 통해 '재특회'에 대한 단순한 소개나 위험성에 대한 주의를 환기시키는 수준에 그치고 있던 상태에서 탈피하여, '재특회'의 폭력성을 구조적으로 분석한 김응기, 그리고 '재특회'의 등장배경을 역사적인 시점에서 계통적으로 검토한 이규수에 의한 선구적인 연구들이 2014년 상반기에 나오기도 했지만,[3] 보다 다각적인 시점에 착목한 심층적인 분석이 절실히 필요한 시점이라 할 수 있다.

일본의 경우 '재특회'의 지나친 배외주의 언설 및 행동에 대해서는 사회 전체적으로도 커다란 우려와 함께 매스컴, 시민단체, 학계 등에서 반성과 함께 다양한 비판과 분석이 이루어지고 있다.[4] 한 가지 흥미로운 점은 중도나 진보적 성향이 아닌 보수우익 단체 및 언론에서도 '재특회'에 대한 비판이 이루어지고 있다는 사실이다. 특히 창간 이래로 보수, 우익적 성향의 반한, 반중 기사를 쏟아내며 '우익의 대중화'에 기여해온 잡지 『사피오(SAPIO)』가 현재 그 비판의 선봉에 서있다. 일본의 보수우익 세력 내에도 '재특회'의 과격한 가두활동을

리를 내기 시작한 일본의 우익, 재특회」, 『인물과 사상』 192, 인물과사상사, 2014).

2) 재특회의 기반이 된 일본 '넷우익'에 대해서는 김효진, 「기호(嗜好)로서의 혐한(嫌韓)과 혐중(嫌中): 일본 넷우익과 내셔널리즘」, 『일본학연구』 33, 단국대학교 일본연구소, 2011 참조.

3) 김응기, 「혐한(嫌韓)과 재일코리안: 재특회(在特會)의 논리에 내포된 폭력성을 중심으로」, 『日本學報』 98, 한국일본학회, 2014; 이규수, 「일본의 '재특회(在特會)'의 혐한·배외주의」, 『日本學』 38, 동국대학교 일본학연구소, 2014.

4) 한국에도 번역 소개된 야스다 고이치(安田浩一)의 르포 『ネットと愛國: 在特會の「暗」を追いかけて』(講談社, 2012)가 유명하며, 학계에서도 히구치 나오토(樋口直人)가 재특회를 분석하는 일련의 연구성과를 발표하였다('학술레터'로는 「在特會の論理」 시리즈 (1)~(25), 2012~2013 및 『行動する保守』の論理」 시리즈 (1)~(9), 2012~2013, 연구논문으로는 「排外主義運動のミクロ動員過程: なぜ在特會は動員に成功したのか」, 『アジア太平洋レビュー』 9, 2012 및 「排外主義運動の核心をつかむ: 在特會調査からみえてきたもの」, 『Journalism』 282, 2013, 저서로는 『日本型排外主義: 在特會·外國人參政權·東のアジア地政學』, 名古屋大學出版會, 2014 등).

둘러싸고 입장에 온도차가 존재했던 것이다.

일본 보수우익 세력 내부에서 보이는 이러한 '균열'은 왜 일어났고, 어떠한 의미가 있는 것인가? 이러한 의문점을 규명하기 위해 이 글에서는 재일코리안에 대한 '재특회'와 『사피오』 양자의 인식 차이에 주목하면서 먼저 일본의 대표적 보수우익계 언론인 『사피오』와 '행동하는 보수'의 상징적 존재인 '재특회'의 관계에 대해 검토한다. 또한 『사피오』에 게재된 '재특회' 관련 기사에 대한 분석을 통해 재일코리안 문제를 둘러싸고 '재특회'와 『사피오』가 어떠한 경위를 거쳐 대립해 나갔는지에 대해 분석한다. 『사피오』에 초점을 맞추어 '재특회'에 대한 분석을 시도하는 최초의 연구인 이 글을 통해 한국사회가 갖고 있는 일본 우익에 대한 획일적인 시각에서 벗어나 이들의 실체에 보다 다가갈 수 있는 기회가 되었으면 한다.

2. '재특회'의 등장 배경과 『사피오(SAPIO)』의 역할

2.1. 재특회의 현황과 그 활동의 특징

현재 일본의 보수우익 단체 중 최대규모를 자랑하는 '재특회'는 회원수가 14,783명(남성 12,696명, 여성 2,087명)에 달하며 전국에 36개의 지부를 갖고 있다. 해외에서 가입해 활동 중인 회원도 331명에 이른다.5) 재특회를 제외한 일본 국내 우익단체 중 가장 큰 규모인 '일본청년사(日本靑年社)'의 회원수가 약 2,000명이며 기타 대부분의 단체들은 많아야 수백 명에 불과하다는 것을 고려하면 '재특회' 조직의 거대함을 알 수 있다.6)

---

5) '재특회' 홈페이지 http://www.zaitokukai.info/ 참조. 통계는 2014년 9월 29일 현재 기준.
6) 宮崎學, 『右翼の言い分』, アスコム, 2007, 158~159쪽.

기존의 우익과 차별화되는 '재특회' 활동의 가장 큰 특징은 그들 조직의 이름에서도 표방하고 있듯이 일본 내에 거주하고 있는 '재일코리안'을 공격목표로 삼고 있다는 점이다. 반격 받을 위험 없이 가장 상대하기 쉬운 사회 내부의 마이너리티를 '적'으로 선정하여 집단행동을 통해 지속적인 압력을 행사하고 있는 '재특회'의 가두활동의 모습은 이들의 편협한 내셔널리즘의 폭력성을 잘 대변해준다고 할수 있다.[7] 더군다나 이미 다양한 검증을 통해 재확인되었듯이 '재특회'가 그토록 소리 높여 외치며 증오하는 재일코리안의 '특권', 즉 ① 재일코리안에 대한 특별 영주 자격 부여, ② 반일교육을 하고 있는 조선학교에 대한 보조금 지원, ③ 생활보호 보조금을 우선적으로 지급하는 등의 우대, ④ 범죄를 조장하는 통명(通名)제도 등은 의도된 악의와 피해망상에 의해 왜곡된 사실에 불과하다.[8] 기존의 전통적인 우익단체들이 한국과 북한이라는 국가에 대해, 그리고 북한과 직접적인 관련이 있는 조총련 조직에 대해서는 격렬하게 비판해도, 재일코리안 전반을 공격목표로 삼아오지 않았던 것과도 확연히 다르다고 할 수 있다.[9] '재특회'는 이를 우익단체의 구성원으로 재일코리안이 다수 재적·활동하고 있기 때문이라고 비판하며,[10] 스스로도 기존의 우익과 거리를 두고 차별화하고 있는 점이기도 하다.

또 하나의 특징은 '재특회'의 성격을 지칭하는 '넷우익(ネット右翼; ネトウヨ)'이라는 호칭을 극도로 꺼려하며, 일본의 일반적인 '보통의

---

7) '재특회'의 폭력성 및 헤이트폭력의 구조에 관해서는 김웅기, 앞의 논문 참조.

8) 安田浩一, 앞의 책, 2012 및 野間易通, 『「在日特權」の虛構: ネット空間が生み出したヘイト·スピーチ』, 河出書房新社, 2013 등 참조.

9) 물론 외국인 배척이라는 측면서 '재특회'와 입장을 같이하는 '배해사(排害社)'나 'NPO 외국인범죄추방운동'과 같은 신흥 배외주의 단체도 존재한다(安田浩一, 앞의 책, 154~170쪽).

10) 인터넷상에서 떠도는 루머이지만 실제로 기존 우익에 대한 비판에 자주 활용된다. 실제 사례로 구마모토(熊本)현 소재 일본주의 우익단체 '겐도샤(原道社)' 블로그의 2010년 2월 19일 기사「在特會は下品すぎる!!」(http://blogs.yahoo.co.jp/gendousha/24375668.html) 참조.

시민'임을 적극적으로 자처하고 있다는 점이다.11) 재일코리안, 그리고 한국에 대한 증오는 보편적인 일본인이라면 누구나 갖고 있는 감정이라는 것을 어필하고자 하는 것이며, 이러한 '전략'은 '재특회'의 공격대상인 재일코리안 및 그 지원세력에게는 커다란 두려움을 불러일으키는 한편 '재특회' 및 그 우호세력에게는 자신감을 불어넣어주는 효과가 있다고 할 수 있다.12) 기존 우익의 가두활동이 극소수의 열성적인 과격파 만에 의해 이루어진 것에 비해, '재특회'의 가두활동은 일반인의 참가를 호소·선전하며 실제로도 이에 동조하여 캐주얼한 기분으로 참여하는 사람들이 점차 늘어나고 있는 상황이다. 이 역시 '재특회'와 기존 우익과의 차별성을 강조하는데도 이용되고 있다.

'재특회'의 마지막 특징은 홍보와 활동에 인터넷을 적극적으로 활용하고 있다는 점이다. 주지하는 바와 같이 '재특회' 조직의 전신은 사쿠라이 마코토(櫻井誠; 본명은 다카다 마코토(高田誠))에 의해 2006년에 조직된 스터디 그룹 '동아세아문제연구회'이며, 같은 해 9월에 있었던 재일코리안에 의한 연금 소송문제에 불만을 품고 3달 뒤 일본 최초로 재일코리안 문제에 '특화'된 조직적인 대중운동을 추진해 나가기 위해 '재특회'를 만들게 된다.13) 과거 인터넷 게시판에서 이른바 반한 '논객' '도론파(doronpa)'란 필명으로 활동한 경험을 가진 사쿠라이는 인터넷을 매개로 '재특회' 활동을 전개해나갔다. 특히 그 주된 활동무대가 되었던 곳이 당시 일본 최대 규모의 인터넷 익명게시판으로 유명했던 '니챤네루(2ちゃんねる; 2ch)'14)였으며, 이 게시판

---

11) 安田浩一, 앞의 책(2012), 246쪽. 이들은 '넷우익'이라는 용어는 '넷좌익' 세력이 만들어낸 허상에 불과하다고 단언한다(「ネット右翼は幻影か?: ネット右翼現象の虛實と心性」, 寶島社編集部 編, 『ネット右翼ってどんなヤツ?: 嫌韓, 嫌中, 反プロ市民, 打倒バカサヨ』, 寶島社, 2008, 114~115쪽).

12) '재특회'를 비판하는 입장인 樋口直人의 경우 이들이 '보통의 시민'이라는 것을 인정하고 오히려 그렇기 때문에 더욱 보통 시민의 참가가 무섭다고 경고하였다(「ヘイトスピーチへの處方箋」, 『朝日新聞』, 2014년 10월 2일자).

13) 櫻井誠, 『在特會とは「在日特權を許さない市民の會」の略稱です!』, 靑林堂, 2013, 40~41쪽.

의 이용자들 중 익명성을 무기로 한국과 재일코리안에 대해 불만을 갖고 비방과 중상을 해오던 사람들이 '재특회'의 주된 지지층을 형성하게 되었다.15) '재특회'는 인터넷 게시판뿐만이 아니라 자신들의 강연, 토론 및 가두활동을 수록한 영상도 인터넷의 동영상 투고 사이트인 '유튜브(YouTube)'나 '니코니코(niconico)'16)에 올려 선전의 도구로 활용하고 있다. 특히 '니코니코'의 경우 동영상을 시청하는 이용자들의 코멘트가 실시간으로 화면상에 투영되도록 조치함으로써 시청자의 참여와 소통을 통한 일체감을 느낄 수 있도록 해준다는 점에서 중점적으로 이용되고 있다. 기존의 우익이 잡지나 저서 등을 통해 혹은 확성기가 달린 선전차를 이용한 가두활동을 통해 존재감을 어필하고 자신들의 주장을 일방적으로 전달하는 데 치중한 반면, '재특회'는 새로운 매체이자 열린 공간인 인터넷을 활용하여 쌍방향적인 소통을 통한 지지층의 확보를 달성했던 것이다.

기존 보수우익 세력과 대비되는 '재특회' 활동의 이러한 특징들로 인해 양자 간의 대립은 필연적으로 일어날 수밖에 없는 것이라고도 할 수 있다.

'재특회'의 가장 중요한 목표는 "재일코리안의 특권을 박탈하는 것"이지만, 최근에는 저변확대를 꾀하기 위해 '원전 반대를 반대', '핵무장 추진', '다케시마(竹島) 수호' 등 일본국민들에게 '강한 일본'

---

14) 1999년에 설립된 일본 최대 규모의 인터넷 게시판(www.2ch.net)으로 익명성을 무기로 타인 및 특정단체, 국가에 대한 비방, 중상은 물론 일반에 대한 범죄예고 등에도 사용되고도 있어 커다란 사회문제를 야기하고 있다.

15) '재특회'에 등록된 회원수는 약 15,000명이지만 인터넷상에서 이를 지지하는 '넷우익'의 최대 규모는 약 120만 명 정도로 추산된다(安田浩一・山本一郎・中川淳一郎 共著, 『ネット右翼の矛盾: 憂國が招く「亡國」』, 寶島社, 2013, 65~67쪽).

16) 2006년 12월에 설립된 일본 최대 규모의 인터넷 동영상 공유서비스로 설립 당시에는 '니코니코 동화(ニコニコ動畫)'(http://www.nicovideo.jp)라는 명칭이었으나, 2012년 5월 사업성공을 바탕으로 다양한 파생서비스를 확대시켜 나가면서 'niconico'로 개칭하였다. '니챤네루'와 마찬가지로 익명성을 악용한 비방, 중상 및 범죄예고 등의 불법적인 동영상 게재로 경찰에 체포되어 사법처리 되는 경우도 일어나고 있다.

으로 나아갈 것 또한 촉구하고 있다.17) 현재 '재특회'는 기로에 서있다고도 할 수 있다. '헤이트스피치'와 '교토(京都)조선학교 습격사건' 등 '재특회'의 과격한 활동에 대한 사회의 비판과 사법처리로 인해 초기 열성적인 협력자·동조자들 중에서 이탈하는 사람들이 나오고 있으며, 잇스이카이(一水會)의 스즈키 쿠니오(鈴木邦男) 등 기존 보수 우익세력으로부터의 비판도 집중되고 있기 때문이다. 특히 '습격사건'과 관련한 사법처리로 인해 회장인 사쿠라이 스스로도 "우리들이 어려운 상황에 처해있다는 것은 사실입니다"라고 심경을 토로할 정도로 '재특회'는 커다란 타격을 입었다.18) 하지만 그렇기 때문에 계속적으로 인터넷 및 가두에서의 활동을 통해 자극적인 이슈를 확대·생산해냄으로써 그 이상으로 많은 동조자들을 획득해 나가려고 하고 있는 상황이다. 현재 한일관계 악화의 장기화라고 하는 '재특회'에게는 '호재'가 지속되고 있기에 '어려운 상황'임에도 불구하고 '재특회'의 세력은 쉽게 수그러들지 않고 있는 것이다.

2.2. 『사피오』와 '재특회'의 관계

『사피오』는 1989년 5월에 창간된 격주간지(현재는 월간지)로 '국제정보지'를 표방하며 실제로는 반한·반북, 반중 관련 기사를 중심으로 헌법, 군사, 황실, 역사, 교육, 치안 등 일본국내의 정치문제도 다루고 있는 대표적인 보수우익계의 잡지이다. 같은 성향의 잡지로 1973년 11월에 창간된 산케이신문사(産經新聞社)의 『세이론(正論)』이나 1977년에 창간된 PHP연구소의 『보이스(Voice)』, 2004년 11월에 창간된 왁매거진즈(ワック·マガジンズ)의 『먼스리 윌(月刊WiLL)』 등이 존재하지만 이들 중 『사피오』가 발행부수에서도 최대 규모로 대표성을 지닌

---

17) '재특회' 홈페이지 http://www.zaitokukai.info/ 참조.
18) 櫻井誠, 앞의 책, 6쪽.

다.[19] 같은 보수우익 성향의 잡지라 하더라도 다른 잡지들의 논조가 미국, 자민당, 재계에 대체로 우호적인 것에 반해 『사피오』는 미국 및 자민당에 대해서도 종종 비판적이라는 점에서 방향성에 약간의 차이가 존재하는 점은 흥미롭다고 할 수 있다. 『사피오』는 2014년 8월호의 공지를 통해 "본지는 더욱 '위험한 잡지'가 될 것입니다"라고 선포하며 중국, 한국, 미국, 신문, TV, 정치가, 관료, 종교, 병원, 연금 등의 '거짓말'을 폭로해 나갈 것이라고 피로하였다. "이는 '피해자를 사칭'함으로써 일본을 함정에 빠뜨리려고 하는 중국·한국" 등에게 "매우 '위험'한 것이 될 것이다"는 의미라고 한다.[20] 이 공지에는 보수우익 잡지로서의 『사피오』의 성격과 방향이 잘 드러나 있다고 할 수 있다.

『사피오』의 특징은 1995년부터 유명한 시사만화인 「신·고마니즘 선언(新·ゴーマニズム宣言)」의 연재와 화려한 지면구성 등을 통해 2002년 월드컵 한일공동 개최로 인해 한국에 대한 우호도와 관심이 비약적으로 고조되었던 시기는 물론 얼마 전까지 한류붐이 사회적인 현상이 되었을 때에도 일본의 젊은 세대들에 대해 끊임없이 반한, 반중 인식을 불어넣어 왔다는 점에 있다고 할 수 있다.[21]

---

19) 『사피오』의 발행부수는 약 12만부이며, 『正論』은 약 8만부, 『Voice』 약 3만 2천부, 『WiLL』은 약 11만부라고 추산된다(「Weekly雑紙ニュース」의 잡지정보 통계에서 인용: http://www.digital-zasshi.jp/info/seiji-keizai/). 1969년에 창간되어 평균 발행부수 약 8만부에 달했던 분게이이슌슈(文藝春秋)사의 월간 『쇼쿤(諸君)!』은 계속되는 부수 감소로 인해 2009년 6월호를 끝으로 휴간했다(「創刊40年「諸君!」休刊へ部數低迷」, 『朝日新聞』, 2009년 3월 2일자).

20) 『SAPIO』552, 2014.7.10, 114쪽.

21) 예를 들어 한국관련 특집만 하더라도 「「W杯共催=友好」という名の幻想とプロパガンダにダマされるな: 揺れる韓國「サッカー, 反日, 大統領」(288, 2002.2.18), 「「W杯で日韓友好」の嘘と偽善」(299, 2002.7.24), 「反日歷史敎育の實體から權力者の「政治的操作」まで 韓國「仰天の歷史觀騷動」」(302, 2002.7.24), 「頻發する勞動爭議, 經濟實熊, そして北朝鮮シフト: 盧武鉉政權の正體見えた「親北朝鮮國家」韓國の暴走: これは日本の危機だ!」(329, 2003.10.8), 「4.15韓國總選擧で動き出した「對日包圍網」の正體を暴く日本を撃つ!「赤い統一朝鮮」の蠢動(しゅんどう)」(342, 2004.5.12), 「「ヨン樣ブーム」から「反日ドラマ」まで, 韓國エンターテインメントの猖獗(しょうけつ)を座視していいのか」(348, 2004.8.18), 「こんな「暴論」「虛論」がなぜ罷り通るのか! 竹島 敎科書 靖國 國聯常任理事國 韓國「反日狂奔」の深層」(363, 2005.

잡지 외적인 면에 있어서도 한 달에 2번 발행되는 격주간지의 체제를 유지해 기존의 다른 잡지가 A5판 서적형태의 두꺼운 월간지였던 것에 비해 B5판의 얇은 주간지의 형식을 취해 상대적으로 일반 잡지 감각, 즉 가벼운 느낌으로 쉽게 접근할 수 있도록 배려하였다.22) 이와 같이 내용 및 외관 모두 젊은 세대들에게 어필하기 위한 형태를 고수해 온 것이 『사피오』이며, 일본의 젊은이들 중 『사피오』를 통해 그들이 이야기하는 이른바 '한국의 진실'에 눈을 뜬 이들이 '니챤네루'와 같은 인터넷 익명게시판 공간에서 반한·혐한 활동을 적극적으로 펼쳐나가는 '넷우익'이 되었고, 눈앞에 존재하는 이웃이지만 내부의 타자인 재일코리안에 대해 적의를 갖고 이를 배척하고자 하는 사람들이 늘어나게 되었다. 이러한 '넷우익'과 『사피오』의 관련성에 대해서는 아래의 분석에도 잘 나타나 있다.

90년대에 창간한 『SAPIO』(小學館)는 강한 임팩트와 비주얼, 친숙해지기 쉬운 편집으로 많은 인기를 얻게 되었다. 이들 잡지로부터 새로운(혹은 그때까지 보지 못했던) 보수계·우익계 언론인이 배출되기도 했다. … 특히 「SAPIO」는 젊은이들을 독자대상으로 삼은 것과 같은 편집방침으로 비주얼도 풍부하고, 고바야시 요시노리의 「고마니즘(ゴーマニズム)」계 만화도 게재하는 말하자면 보수계·우익계 서브컬처지(サブカル志)라고도 부를 수 있는 존재이다. 훗날 넷우익이 된 젊은이들이 「SAPIO」로부터 받은 영향은 무시할 수 없을 것이다. 보수계·우익계 언론지가 키운 일반 독자(특히 젊은 독자층)는 자신들도 자유롭게 발언할 수 있는 기회를 간절히 기다리고 있었다.23)

4.27), 「「アジアの強國·强兵」「バイオ·IT大國」の虛像はもろくも剝されようとしている韓國「墮ちた偶像」(388, 2006.4.26), 「「親北」「反日」の國は變わるのか! [2007年]12月大統領選に向けて動き出した「体制の選択」最前線報告日本を巻き込む「韓國内亂」一触即發」(410, 2007.2.28), 「「反日韓國」再び炎上中」(467, 2009.5.27/6.3), 「暴走 韓國の「哀しき品格」(529, 2012.9.19) 등 다수 기획하여 왔다.

22) 『사피오』는 월 1회 발행 체제로 전환된 현재에도 B5판을 계속 유지하고 있다.

〈그림 1〉신·고마니즘선언(新·ゴーマニズム宣言)

새로운 기법을 활용한 『사피오』의 발간은 젊은 독자층을 개척하고 보수우익 언론계의 새로운 지평을 열었으며, '넷우익'의 토대가 되었던 것이다. '넷우익' 본인들에 대한 인터뷰에서도 이러한 사실은 잘 나타난다. 왜 '넷우익'이 되었는가는 질문에 대해 앞서 언급한 고바야시 요시노리의 만화를 그 이유로 들고 있는 경우가 많았다. 한국과 중국의 '실상'에 대해 신랄하게 비판하는 내용의 고바야시의 만화를 통해 "감동이라기보다 신선했다"는 감상을 받았다는 것이다.24) 이들은 고바야시의 『고마니즘선언』과 함께 인터넷 게시판인 '니챤네루'을 보고 "역사의 진실을 알았다!"는 착각에 빠지게 되었다.25) 2002년 한일월드컵 공동개최를 계기로 일본사회에서의 한국에 대한 관심이 높아지고, NHK에서 방송한 한국드라마 '겨울연가(冬のソナタ)'를 시작으로 한류붐이 일어났지만, 오히려 이와 반비례하여 『사피오』는 반한·혐한 감정을 자극하는 기사를 쏟아내고 인터넷 공간에서는 '넷우익'들의 '혐한'감정과 내셔널리즘도 고조되어 나갔다.26) 시간이 흐를수록 '니챤네루'를 중심으로 '혐한'세력이 늘어나게 되었고, 이들을 중심으로 '재특회'가 조직되었던 것이

---

23) 近藤琉漫·谷崎晃 編著, 『ネット右翼サブカル民主主義: マイデモクラシー症候群』, 三一書房, 2007, 157~158쪽.

24) 「なぜ私たちが「ネット右翼」になったのか」(寶島社編集部 編, 『ネット右翼ってどんなヤツ?: 嫌韓, 嫌中, 反プロ市民, 打倒バカサヨ』, 寶島社, 2008.2, 22~23쪽, 37~38쪽).

25) 近藤琉漫·谷崎晃 編著, 앞의 책, 113쪽.

26) 반한·혐한 관련 특집기사에 대해서는 앞의 각주 21) 참조.

다.27) 결국『사피오』는 '재특회'의 산파 역할을 한 존재라고도 할 수 있을 것이다. 2006년 10월 아직 '동아세아문제연구회' 대표의 직함을 가지고 있던 사쿠라이 마코토가 한국을 비판하는 주장을 기사로 게재할 수 있는 기회를 준 것도『사피오』였다.28)『사피오』는 사쿠라이를 '한일 넷 워즈(net wars)' 등 한국문제에 관한 전문가로 소개하였고, 사쿠라이는 지면을 통해 "한국에서의 '이상반일(異常反日)'의 실태"를 한국의 대일 '사이버 테러'의 양상과 함께 소개하며 한국을 폄하하고 비난하는 자신의 지론을 펼쳤다. 반한이라고 하는 굴레 안에서는 '재특회'와『사피오』양자의 관계는 우호적이었다는 것을 알 수 있다.

3. 재일코리안 인식을 둘러싼 '재특회'와『사피오』의 대립

3.1.『만화 혐한류』의 등장과 재일코리안 문제의 이슈화

『사피오』가 일본사회에 '넷우익'의 씨를 뿌리고 '니찬네루'가 그 자라날 수 있는 토양이 되었다면 크게 성장할 수 있도록 비료의 역할을 담당했다고 할 수 있는 것은『만화 혐한류(マンガ嫌韓流)』였다. '재특회' 회장 사쿠라이도 "인터넷이 보급되어 일본인도 한국의 실태를 알게 되기 시작했습니다. 그런 한국에 대해 반격할 기폭제가 된 것이 『만화 혐한류』(晉游社)라 할 수 있죠"라고 회상하고 있다.29) 특히 그는 "인터넷과『만화 혐한류』덕분에 국민들 사이에서 조금씩 의식이 바뀌었습니다. 그 이전에는 재일문제에 대해 건드린다는 것은 생각

---

27) 森鷹久, 「「ネトウヨ」を産み出した日本社會の現實」(安田浩一・岩田溫・古谷經衡・森鷹久, 『ヘイトスピーチとネット右翼: 先銳化する在特會』, オークラ出版, 2013, 76~82쪽.

28) 櫻井誠, 「自稱「世界一のIT大國」の呆れた實态: 官民一體となって來襲する韓國「反日サイバーテロ」の標的」(『SAPIO』 401, 2006.10.25, 17쪽).

29) 櫻井誠, 『在特會とは 「在日特權を許さない市民の會」の略稱です!』, 靑林堂, 2013, 28쪽.

도 할 수 없었죠"라고도 했는데,[30] 이는 '니챤네루'와 함께 2005년에 출간된 『만화 혐한류』가 보수우익 운동에 있어 얼마나 큰 전환점이 되었는지를 시사해준다.[31] 기존의 보수우익 세력과 같이 단순히 한국이라는 국가, 한국사회, 한국인에 대한 비판, 비방에 그치는 것이 아니라, "재일(코리안) 문제를 터부시해서는 안 된다!"고 주장하며,[32] 일본사회 내의 재일코리안 및 그 협력자로 지칭되는 기존 언론 및 진보세력에 대해서까지도 인터넷상의 루머에 근거한 그들만의 '진실'을 앞세워 공격을 가하기 시작했기 때문이다. 〈그림 2〉에서와 같이 최근 간행된 『만화 혐한류』 4권에서는 표지에서부터 노골적으로 '재일한국인에 의한 본격적인 일본침략'을 내세울 정도로 과도한 제노포비아(xenophobia)적인 양상마저 나타내고 있다. 사쿠라이가 『만화 혐한류』를 높이 평가하는 이유는 본서의 발간이 가져온 충격과 영향력에 대해서 뿐만이 아니라 본서가 근거자료로 사용하고 있는 '진실'의 내용들이 바로 사쿠라이가 그동안 자신의 웹사이트 '이상한 나라의 한국(不思議の國の韓國)'과 인터넷 게시판에 투고·정리해 온 문장들이기 때문이다.[33] 『만화 혐한류』는 사쿠라이의 주장을 그대로 대변해주는 존재였다고도 할 수 있다.

앞장에서 다루었듯이 만화라고 하는 가볍고 친숙한 매체를 이용해 '활자기피증'에 걸려 있는 젊은층에게 접근하는 방식은 『사피오』가

---

30) 위의 글, 같은 곳.

31) 『만화 혐한류』에 관해서는 한국에서도 많은 연구가 이루어져 왔다. 고길희, 「'한류'와 '혐한류'로 본 일본 젊은이들의 변화」(『일본근대학연구』 19, 한국일본근대학회, 2008); 한정선, 「조경수역에서 표류하는 일본: 한류와 혐한류를 통해 본 현대 일본 사회」(『동북아역사논총』 21, 동북아역사재단, 2008); 박수옥, 「일본의 혐한류와 미디어 내셔널리즘: 2ch와 일본 4대 일간지를 중심으로」(『한국언론정보학보』 47, 한국언론정보학회, 2009); 강기철, 「『만화혐한류』의 상업적 전략과 보수 저널리즘의 확대」(『日語日文學』 56, 大韓日語日文學會, 2012) 등 참조.

32) 山野車輪, 『マンガ嫌韓流』, 晋游社, 2005, 97쪽.

33) 野間易通, 앞의 책, 44~45쪽. 참고로 '不思議の國の韓國'(http://ameblo.jp/doronpa01/)은 현재 휴지 중으로 '재특회' 홈페이지와 사쿠라이 본인의 트위터(https://twitter.com/Doronpa01) 주소가 링크되어 있다.

〈그림 2〉『만화 혐한류(マンガ 嫌韓流)』

먼저 적극적으로 활용한 방법이다. 이렇게 만화를 통해 사상을 주입하는 방식은 젊은층 중에서도 특히 '오타쿠'라고 불리는 소위 '아키바계(アキバ系: 秋葉原系)' 사람들에 대한 강력한 호소력을 발휘하여, 이들이 '넷우익'의 중심세력을 형성하기에 이른다.[34] '재특회'가 이슈의 중심으로 등장하기 이전에는 『사피오』의 고바야시가 지니고 있던 '오타쿠'들에게 대한 영향력은 소위 '신자'를 양산할 정도로 매우 강했다.[35] 『만화 혐한류』의 작가도 「고마니즘선언」의 영향을 받았다는 사실을 인정할 정도이다. 『만화 혐한류』의 '성공'은 『사피오』의 방식을 답습함으로써 가능했다고 할 수 있을 것이다. 『만화 혐한류』에 의해 촉발된 재일코리안 문제의 이슈화로 혐한의 감정에 사로잡

---

34) '넷우익'과 '오타쿠'의 관계성에 대해서는 古谷經衡, 「嫌韓とネット右翼はいかに結びついたか」(安田浩一・岩田溫・古谷經衡・森鷹久, 앞의 책); 村上裕一, 『ネット右翼化する日本: 暴走する共感とネット時代の「新中間大衆」』(角川EPUB選書 007), KADOKAWA, 2014 등 참조.

35) 村上裕一, 위의 책, 149쪽, 162~163쪽.

힌 '넷우익'의 수가 증가하고 '재특회'의 지지층이 더욱 확대되는 결과를 초래했다. 하지만 이와 반비례하게 반한에만 집중하는 기존 보수우익 언론의 오피니언 리더격이었던 『사피오』와 고바야시의 젊은층에 대한 영향력은 나날이 감소해 나가게 된다.

3.2. '재특회'에 대한 『사피오』의 비판

'넷우익'과 '재특회'의 재일코리안에 대한 공격의 수위가 높아지고, 앞서 언급했던 '헤이트스피치'나 교토조선학교에 대한 습격사건, 그리고 실제로는 보수우익계 매스컴의 대표격인 후지TV(フジテレビ) 사옥 앞에서의 '반한류 데모' 등으로 대표되는 지나치게 과격한 가두활동이 사회문제가 되어 보수우익 세력 전반에 대한 여론이 악화되기 시작하자, 이들의 '산파' 역할을 담당했던 『사피오』도 책임을 지고 자성의 목소리를 내지 않을 수 없게 되었다. 『사피오』는 기본적으로 한국이라는 국가에 대한 비판에 집중하며 일본사회의 마이너리티인 재일코리안 그 자체에 대해서는 노골적인 공격을 해오지는 않았다. 예를 들어 1998년 7월에는 재일코리안에 대해 "아직까지도 차별과 편견이 남아 있는 중"이라는 현상도 인정하며, 일본사회의 다방면에서 활약하고 있는 재일코리안에 대해 특집을 구성했었다는 점에서 '재특회'와는 다른 입장이라는 것을 알 수 있다.36) 물론 이러한 특집은 재일코리안의 "빛과 어둠"을 함께 다루고 있다는 점에는 주의할 필요가 있으며, 북한과 관련이 있는 조총련 조직 및 이에 우호적이었던 일본 민주당 정권에 대해서는 신랄한 비판기사를 지속적으로 게재해왔다.37) '재특회'가 정식으로 활동을 시작한 해인 2007년에는 『사피

---

36)「スポーツ、藝能からビジネス界まで、變貌するマイノリティ世界の現在「在日コリアンパワー」が日本を動かす」(『SAPIO』209, 1998.7.8, 8~39쪽).

37)「學習組解散, 9·17ショック, 朝銀破綻 在日の朝鮮總聯離れは止まらない」(『SAPIO』308, 2002. 12.11, 18~21쪽),「巨額債務を背負い構成員も10分の1に! 本國にも見捨てられた「朝鮮總聯」

오』도 일시적으로 '재특회'의 주장에 영향을 받아 「외국인참정권을 주장하는 재일코리안이지만 실제로는 "특권" 투성이」라는 권두기사를 싣기도 했다.38) 여기서 이야기하는 '특권'은 '주민세 감면', '일본국적 취득 우대', '통명제도', '한일양국 간의 자유통행권', '교육면에서의 보조금 우대', '조총련시설에 대한 고정자산세 면제조치' 등으로 '재특회'가 주장하는 바와 같았다. 『사피오』는 "물론 재일한국·조선인들이 역사적으로 받아온 차별을 생각한다면 이 조치에 존재가치가 있었다는 것은 틀림없다"고 전제하면서도 '재특회'의 주장을 그대로 소개하였던 것이다. 하지만 그 이후로는 이와 같은 소위 '재일특권'을 다룬 기사는 게재하지 않았다.

이러한 『사피오』는 2011년 8월 21일 이후 계속되는 후지TV에 대한 '재특회'와 '넷우익'들의 항의데모를 계기로 2012년 8월 대규모 특집을 기획하여 '재특회'와 '넷우익'에 대한 본격적인 비판을 개시했다.39) 주지하는 바와 같이 후지TV는 일본을 대표하는 보수언론 후지산케이(フジサンケイ)그룹의 일원으로, 『사피오』의 고바야시와도 관계가 돈독했던 '새로운 역사교과서를 만드는 모임(新しい歴史教科書をつくる會)'의 우익교과서를 출판한 후소샤(扶桑社)도 여기 그룹에 속해 있다. 즉 '재특회'와 '넷우익'이 근거 없는 인터넷상의 루머를 맹신하고 기존 보수우익 언론에 대한 공격에 나서자, 반격에 나설 수밖에 없는 상황이었다고 볼 수 있다.40) 이러한 특집기사의 기획의도를 잘 나타

の斷末魔」(『SAPIO』 386, 2006.3.22, 72~74쪽), 「菅直人よ, 「日の丸に唾する」政治團體に「年間5000万円」貢ぐつもりか!」(『SAPIO』 506, 2011.6.15, 47~49쪽) 등.

38) 「外國人參政權を訴える在日コリアンだが, 實は"特權"だらけ」(『SAPIO』 432, 2007.12.26/ 2008.1.4, 9쪽).

39) 「これで「ニッポン」が教えるのか? ネトウヨ亡國論: この國の本當の「保守」とは何か」(『SAPIO』 528, 2012.8.22/29, 6~27쪽, 64~74쪽).

40) 특집은 각 기사마다 '재특회'와 '넷우익'의 후지TV 데모를 노골적으로 비난하고 있는데, 『사피오』의 이러한 민감한 반응을 통해 후지TV 데모가 '재특회'와 '넷우익'에 대한 공격을 개시하는데 직접적인 요인의 하나였음을 짐작할 수 있다.

내주는 편집부의 권두 설명을 길지만 전문 인용하면 다음과 같다.

　　"한국인은 나가라!" 넷우익의 기세가 멈추질 않는다. 인터넷의 여명기
에는 언론공간이 매스미디어 밖으로 넓혀질 것을 기대한 사람들이 많았
다. 하지만, 문득 정신이 들고 보니 배외주의를 내걸고 매리잡언(罵詈雜
言)을 흩뿌리며 사실에 근거하지 않은 중상에 함빡 빠져 있는 사악한 "이
지메(いじめ) 집단"만이 그 힘을 증대시키고 있다. 인터넷상에는 전문적
인 지견이나 분석을 제공하는 양질의 블로그나 트위터가 존재하는 것도
사실이지만, 이들의 존재가 빛을 바랠 정도로 넷우익의 망언이 범람하고
있다. 그야말로 악화가 양화를 구축해버렸다. 원래 일본의 보수는 근린의
여러 나라에게 마음을 열고 공존공영을 지향하는 포용력이 있었다. 단락
적인 배외나 민족주의는 양식 있는 보수층까지 좀먹을 위험성을 내포한
다. 넷우익의 대두는 이 나라에 진정한 보수의 깃발을 세울 수 있을지에
대해서도 묻고 있다.41)

　　편협한 내셔널리즘과 인종차별주의, 그리고 음모론의 망상에 사로
잡혀 재일코리안에 대한 '헤이트스피치'로 기세를 올리고 있는 '재특
회'와 '넷우익'들에 대한 비판을 통해 이들의 행보와 거리를 두고자
하는 기존 보수우익세력의 경계감과 위기감이 배어나온다. 또한 '재
특회'와 '넷우익'의 활동무대인 인터넷 공간에 대한 회의와 절망감도
잘 드러나 있다.
　　흥미로운 점은 이러한 목적을 위해 『사피오』는 먼저 '넷우익'에 대한
평가절하를 시도하여 남녀 비율, 학력, 연간 수입, '니챤네루' 이용률까
지 망라한 데이터 분석을 통해, '넷우익'은 '니챤네루'를 자주 이용하
며 매스컴의 정보를 신용하지 않는 남성이 대부분을 차지하고 저학력
의 비율도 높은 편이라는 인물상을 제시하였다는 것이다.42) 일반적으

---

41) 『SAPIO』 528, 6~7쪽.

로 인터넷상에서 회자되고 있던 '넷우익'은 저학력, 저수입의 '니챤네루' 남성이용자라는 이미지를 굳히려는 의도가 있는 것으로 보인다.[43] 이러한 데이터 제시와 함께 긴급대담의 형식을 빌려 '넷우익'을 "정의감은 있으나 실적도 재능도 돈도 없는 약자들"이라고 재단하고, 이들이 한국에 대한 피해망상에 빠져 근거 없는 음모론만 양산하는 '니챤네루'와 같은 인터넷 공간에 대해서도 "리터라시(literacy)가 낮은 넷우익이 만들어내는 '바

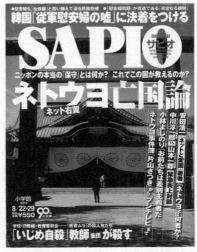

〈그림 3〉『사피오(SAPIO)』 '넷우익망국론' 특집 표지

보의 논단'에 그리 대단한 힘은 없다"며 혹평하였다.[44] 고바야시도 「고마니즘선언」에서 "인터넷을 통한 관계에서만 타자로부터 승인받을 수 있는 쓸쓸한 '약자'들"이 '넷우익'이고 "너희들은 차별주의자다"고 일갈한다.[45] 이와 같이 객관적인 사실에 근거하기는 했어도 '넷우익'과 인터넷 공간에 대해 어떤 의미에서는 인신공격에 해당하는 신랄한 비판과 과소평가는 오히려 이들에 대한『사피오』및 기존 우익세력의 초조감과 위기의식에서 비롯된 것이라고도 볼 수 있다.

---

42) 데이터 자체는 2008년도에 조사된 것(『SAPIO』528, 10~11쪽).

43) 최근 이러한 '저학력', '저지위', '저수입', '오타쿠', '히키코모리', '동정', '배외주의자' 등 '넷우익'에 관한 기존의 이미지가 사실과는 다르며, '30~40대의 중류층'이라는 분석도 나오고 있어, '넷우익'의 실상에 대해서는 더욱 상세한 조사·분석이 필요하다고 판단된다 (古谷經衡,『ネット右翼の逆襲: 「嫌韓」思想と新保守論』, 總和社, 2013, 107~138쪽; 「讀書輿論調査: 「嫌韓·嫌中」本や記事 1割超「讀んだ」』,『毎日新聞』, 2014년 10월 25일자 등 참조).

44)『SAPIO』528, 15~17쪽. '넷우익'과 인터넷 공간에 대한 이러한 비판은『사피오』에서 뿐만 아니며 일반적으로도 "지능이 부족하기 때문에 폭력적인 언론이 될 수밖에 없다"는 식으로 평가되곤 한다(安田浩一·山本一郎·中川淳一郎 共著, 앞의 책, 191~192쪽).

45)『SAPIO』528, 64~74쪽.

특집에서는 '넷우익'에 대한 평가절하에 이어 앞서 언급했던 유명 우익단체 '잇스이카이' 고문 스즈키 쿠니오의 말을 빌려 주로 '재특회'를 대상으로 "네가 하고 있는 것은 운동이 아니라 약자 이지메다. 안전지대로부터 나와 '존경할 수 있는 적'과 싸워라"고 하며 재일코리안에 대한 공격에만 몰두하고 있는 현상에 대해 훈계하였다. 여기서 그치지 않고 저명한 보수우익계 저널리스트인 사쿠라이 요시코(櫻井よしこ) 등의 기고를 통해 '무지'한 '넷우익'들에게 책을 읽고 역사를 공부해 '진정한 보수'가 되어 달라고 충고하기도 했다.46) '재특회'와 그 지지기반인 '넷우익'에 대한 따끔한 비판과 '훈계'를 통해 이들은 물론 일본의 다른 젊은 세대를 기존의 보수우익 세력과 같은 이른바 '진정한 보수'로 '계몽'시키기 위한 특집이었던 것이다.

이러한 『사피오』의 비판에 대한 '재특회'와 '넷우익'의 반발은 매우 컸다. 특집을 접한 많은 '넷우익'들이 "사쿠라이 요시코, 고바야시 요시노리에게 배반당했다"고 격분하며, 실제로 「넷우익 망국론」을 특집한 "『사피오』에 실망했습니다"는 투고가 편집부에 왔다"고 한다. 그 이유는 사쿠라이 요시코와 고바야시 요시노리를 통해 '넷우익'에 입문한 사람들이 많은데다가, 두 사람이 '넷우익'에 대해 여전히 커다란 영향력을 행사하는 인물들이기도 해서 '배반당했다'는 느낌이 매우 강하고, 때문에 증오도 또한 심해졌다는 것이다.47) "『사피오』가 자신의 독자층을 비판했다", "스스로 목을 조르는 행위"라는 식의 비판이 난무하게 되었다. 실제로 이 특집을 '선전포고'로 받아들인 '넷우익' 세력의 『사피오』, 고바야시, 사쿠라이에 대한 '니챤네루' 등 인터넷 게시판 상의 비방·중상은 폭증하게 되었다.48)

---

46) 『SAPIO』 528, 18~23쪽.

47) 安田浩一·山本一郎·中川淳一郎 共著, 앞의 책, 173~175쪽.

48) 예를 들어 일본 최대 규모의 인터넷서점인 Amazon 재팬의 『사피오』 해당호에 대한 독자 리뷰란도 특집에 실망했다는 독자의 비난 발언으로 가득 메워져 있는 상태이다.
http://www.amazon.co.jp/SAPIO-%E3%82%B5%E3%83%94%E3%82%AA-2012%E5%B9%B4-29%E5%8F%B7-%E9%9B%91%E8%AA%8C/dp/B008PEFDHS

이러한 반발을 의식해서인지『사피오』는 화살의 방향을 보수우익 세력의 '공동의 적'인 아사히신문(朝日新聞)으로 돌리고 있다.『사피오』는 '재특회'의 "헤이트스피치로 대표되는 대한감정의 비뚤어짐을 낳은 것"은 바로 아사히신문이라면서 자신들의 책임을 엉뚱한 곳에 전가하고 있다.[49] 일본군 종군위안부 문제를 '날조'하고 공론화에 앞장섬으로써 한국인의 반일여론을 증폭시켜 한일관계가 비틀어졌으며, 이로 인해 '혐한붐(嫌韓ブーム)'이 일어나게 되었다는 논리이다. 최근 아사히신문의 종군위안부 강제연행 관련 기사에 대한 오보 인정과 사죄로 인해 보수우익 언론들은 더욱 기세가 등등하게 되었다. 하지만『사피오』의 이러한 노력은 상대방에게는 전해지지 않았는지, 오히려 '재특회' 회장 사쿠라이 마코토는『사피오』를 '사이비 보수잡지'로 규정하고 2014년 8월 1일부터 불매운동을 전개하고 있는 상황이다.[50] 한일관계 악화의 장기화라고 하는『사피오』와 '재특회' 모두에게의 '호재'에도 불구하고 재일코리안 인식을 둘러싸고 발생한 양자의 '균열'은 쉽게 봉합되지 않을 것으로 보인다.

4. 맺음말

이상으로 일본의 대표적 보수우익계 언론인『사피오』와 과격한 가두활동으로 현재 이슈가 되고 있는 '넷우익'의 심벌 '재특회'의 관계에 대해 검토하고, 재일코리안 문제를 둘러싸고 촉발된 양자의 대립 양상에 대해 살펴보았다. 여기서는 이를 간략히 정리함으로써 맺음말을 대신하고자 한다.

일본 최대 규모를 자랑하는 '새로운 우익'인 '재특회'는 기존의 우

---

49) 「"嫌韓ブーム"を生んだのは「どこの誰か」と朝日に問いたい」(『SAPIO』552, 2014.7.10, 3쪽).
50) 2014년 8월 1일자 사쿠라이 마코토의 트위터 기사, 「【擴散】雜誌SAPIOは不買」 (https://mobile.twitter.com/Doronpa01/status/495028144357650432).

익세력과 차별화되는 특징 3가지를 갖고 있었다. 첫째, 조직의 이름에서도 명백히 표방하고 있듯이 재일코리안을 주된 공격목표로 삼고 있는 점, 둘째, 회원들은 스스로를 우익이 아니라 '보통의 시민' 혹은 '보수 시민'이라고 자처하고 있는 점, 셋째, 새로운 매체인 인터넷을 홍보와 활동에 적극적으로 활용하고 있다는 점이다. 기존의 보수우익 세력이 반한을 외치면서도 재일코리안 문제를 건드리지 않고, 스스로 적극적으로 보수우익임을 어필하며, 상대적으로 인터넷 게시판에서의 활동에 무관심한 것과 비교된다고 할 수 있다. 이러한 차별화 전략을 통해 새로운 지지층을 확보하고 '재특회'는 그 양적규모를 확대해나가고자 꾀하고 있는 것이다.

이러한 '재특회'의 산파역할을 담당한 것이 바로 『사피오』다. 보수우익계 잡지의 대표격인 『사피오』도 창간당시부터 젊은 세대를 새로운 독자로 확보하기 위해 강한 임팩트와 다양한 비주얼을 활용한 편집, 특히 고바야시 요시노리의 「고마니즘선언」이라는 만화를 연재하는 등 독자의 접근성을 높이는 새로운 기법을 활용하여 성공한 잡지였다. 『사피오』는 창간 당시부터 끊임없이 한국과 중국을 비판하는 기사로 독자들을 이끌어왔고, 여기에 감화된 독자들이 인터넷의 보급과 함께 자유로운 발언의 장을 얻으면서 '넷우익'이 탄생하게 되었다. 익명성이 보장된 '안전'한 공간인 '니찬네루'가 이들이 본심을 토로할 수 있는 주무대가 되었다. 이들 '넷우익'을 지지기반으로 하는 '재특회'의 등장도 『사피오』가 존재하지 않았으면 불가능했을 것이다.

『사피오』가 일본사회에 '넷우익'의 씨를 뿌리고 '니찬네루'가 그 자라날 수 있는 토양이 되었다면 크게 성장하여 '재특회'라는 '결실'을 맺을 수 있도록 비료의 역할을 담당한 것은 『만화 혐한류』였다. 단순한 반한·혐한에 그치지 않고 가까운 '적'으로 재일코리안을 지목해 공격대상으로 삼도록 만든 장본인이기 때문이다. 이러한 논조는 얼마 후 '재특회'의 회장이 되는 사쿠라이 마코토가 인터넷상에서 피로한 주장을 그대로 받아들여 만화라는 매체를 통해 이를 대변하는 것에 불과했다. 의도한 바는 아니겠지만『만화 혐한류』의 작가는「고마니즘선언」의 영향도 적지 않게 받았다는 사실을 인정하는 등『만화 혐한류』의 '성공'은『사피오』의 방식을 답습함으로써 가능했다.『만화 혐한류』에 의해 촉발된 재일코리안 문제의 이슈화로 '넷우익'의 수가 증가하여 최종적으로 이를 기반으로 한 '재특회'의 탄생을 초래했다. 하지만 이와 반비례하게 반한에만 집중하는 기존 보수우익 언론의 상징인『사피오』와 고바야시의「고마니즘선언」의 젊은층에 대한 영향력은 나날이 감소해 나가게 되었다.

이와 같이 새로운 매체인 인터넷의 힘을 앞세워 세력을 확장해나가는 '재특회'와 기존의 보수우익 세력 사이의 알력은 점차 증대되었고, '헤이트스피치'와 각종 '습격사건' 등으로 대표되는 '재특회'의 배외주의와 재일코리안에 대한 노골적인 인종차별주의를 계기로 전면 대립의 길을 걷게 된다.『사피오』도 인터넷 공간과 '재특회'·'넷우익'에 대한 신랄한 비판을 통해 사회적 '약자'인 '재일코리안'을 근거 없이 공격하고 배제를 부르짖는 이들을 다그치고 기존의 우익 세력과 같이 포용력 있는 '진정한 보수'로 '계몽'시키고자 하였다. 이제까지 반한적인 입장을 견지해 오며 젊은층의 보수화를 이끌어 온『사피오』에게도 '재특회'의 편협한 내셔널리즘의 폭력성을 인정·옹호하기에는 힘든 일그러진 거울이었던 것이다. 이러한『사피오』를 비롯한 기존 보수우익 세력에 대해 '재특회'와 '넷우익'은 실망감을 드러내며 반격에 나서, 오히려『사피오』를 '사이비 보수'라고 폄하하며 불매운동을 전개하고 있다. 양자의 관계성을 돌이켜보면 아이러니한 상황이 연출되고 있으며, 이는 일종의 헤게모니 다툼으로도 볼 수 있다.

결국 명백한 타자가 아니라 일본사회의 구성원이기도한 재일코리안에 대해 공격을 집중하는 '재특회'의 과격한 가두활동을 둘러싸고 발생한 일본 우익 내부의 온도차가 '균열'을 초래했다.『사피오』는 재일코리안을 보호하고 함께 껴안아야 할 '약자'로 보았고, '재특회'

는 일본사회로부터 배제해야 할 '특권' 집단이라며 적대시하였다. 이러한 양자의 대립적인 시각은 일제 강점기부터 계속되어 온 일본의 '내부의 타자', '마이너리티'에 대한 '동화'와 '배제라는 이중적인 접근 방식을 재현하고 있다.

서구 민족주의의 유입과 중국 근대 '국가사' 만들기*

이춘복

1. 머리말

근래 동아시아 역사학계는 일본의 역사교과서 왜곡과 중국의 동북공정 및 대만과 중국대륙의 '統獨'문제를 둘러싼 논의 등을 활발하게 전개하고 있다. 평화와 공존을 내세우면서도 자국사에 대한 애정과 타국사에 대한 배타적 정서로 인한 갈등의 교차는 '국가'와 '민족'이 역사학에서 여전히 중요한 키워드로 존재하고 있음을 보여준다. 동아시아의 역사분쟁 속에서, 국가와 민족이 중요한 논의의 대상으로 부각된 것은 개혁개방정책 이후 국제 사회에서 중국의 위상이 높아진 것과 관련이 있다. 최근 연구자들은 중국의 국제적 위상 제고와 맞물려 중국 역사학계에서 그간 잠복되어 있던 중화주의가 대두되었다는 점을 지적하고 있다.[1] 이와 함께 역사학에서 '민족'과 '민족주의' 라는 문제가 탈근대, 탈식민지 논의로 이어지면서 근대 '민족국

* 이 글은 2010년 정부(교육과학기술부)의 재원으로 한국연구재단의 지원을 받아 수행된 연구임(NRF-2010-413-A00013).
1) 윤휘탁, 『신중화주의: '중화민족 대가정' 만들기와 한반도』, 푸른역사, 2007.

가'의 역할과 위상에 대한 새로운 문제의식이 부상하게 된 것 또한 간과할 수 없을 것이다.[2] 이에 관한 논의는 민족 공동체 형성과 중화민족사에 대한 '당위론'에서 시작하여 '근대의 산물' 혹은 "만들어진 상상의 공동체"에 이르기까지 다양한 스펙트럼을 형성하고 있다. 바꿔 말하면 이는 중국 역사학에서 민족과 민족주의가 관한 합의된 결론이 부재함을 반영한다고도 볼 수 있겠다. 이에 필자는 이 글을 통해 중국근현대사를 이해하는 중요한 두 코드인 '민족국가'의 형성과 청말 근대 '중국사' 혹은 '중국사학'의 탄생 문제에 초점을 맞추어 '國史의 계보학'[3]이라는 근대 중국 사학사의 일면을 다루고자 한다. 특히 이 글에서는 청말 이후 국사로서의 '중국사'가 탄생하게 된 배경과 '중국사'의 체계와 그 구체적 내용에 대한 사학사적 고찰을 통해 중국의 근대적 국가사 탄생을 짚어보고자 한다. 이는 오늘날 전개되고 있는 한중 역사분쟁의 연원과 배경 및 동아시아의 국사체계를 이해하고, 나아가 동아시아 다문화 사회에서의 역사 인식 전환을 위한 중요한 선결과제라는 것이 필자의 생각이다.

　　연구대상의 시대적 범위는 청말 신해혁명시기에 국한하고자 한다. 물론 국가사로서의 '中國史(혹은 國史)'를 살펴보기 위해서는 전통시대의 왕조사와 신해혁명 이후 '중국사'라는 이름 아래 형성된 사학사의 계보학적 검토 역시 무시할 수는 없다. 그러나 민족, 영토, 국가 및 주권을 핵심 내용으로 하는 근대적 민족주의 역사학은 아편전쟁 후 서구 열강의 충돌과 서구학문 수용으로부터 형성되었다는 것이 필자의 기본 입장이기 때문에 전통적 의미의 왕조사는 본 연구에서 제외하고자 한다. 중화민국이후 '중국사' 역시 청말 역사학을 계승 발전하였다는 점이나 국가사의 형성과 발전이라는 차원에서 반드시

---

2) 이에 대한 대표적인 연구로는 Prasenjit Duara, 문명기·손승희 역, 『민족으로부터 역사를 구출하기: 근대 중국의 새로운 해석』, 삼인, 2006.

3) 이 논문은 2007년 제50회 전국역사학대회 발표에서 기본적인 구상을 제기했던 것을 이번에 구체화하여 새롭게 작성한 것이다.

다루어야 할 연구대상이지만 우선은 필자의 연구가 축적된 이후의 과제로 남겨 놓고자 한다.

청말 시기 역사학에 대한 기존 연구는 많이 축적되어 있다. 이 시기에 대한 기존연구 경향은 '민족국가' 개념의 형성과 청말 '신사학'의 형성을 어떠한 시각으로 바라보아야 하느냐에 따라 두 가지로 구분할 수 있다. 하나는 청말 梁啓超, 劉師培, 章太炎 등이 제기한 '新史學' 자체에 대한 개별적인 Case 연구나 청말 '신사학'과 민족주의(혹은 민족국가)와의 관계를 고찰하는 것으로, 중국 대륙 대부분의 역사학자[4] 및 국내의 역사학계가 선택하고 있는 접근방식이다.[5] 다른 하나는 이 시기의 민족주의 역사학에 대한 종합적인 검토와 黃帝신화로 대표되는 민족신화 연구를 통해 민족주의 역사학에 대해 비판적으로 접근하는 방식으로, 90년대 이후 등장한 대만 역사학계의 연구 성과와[6] 국내 중문학계에서 새롭게 시도하고 있는 연구 성과[7] 등을 들

---

4) 청말 시기 신사학 관련 역사가에 대한 대표적인 개별 연구로는 陳其泰, 「章太炎與近代史學」, 『中國社會科學院研究生院學報』 第1期, 1999; 楊華, 「梁啓超與中國近代新史學」, 『歷史敎學問題』 第6期, 1998; 張錫勤, 「論梁啓超在中國資産階級'史學革命'中的貢獻」, 『求是學刊』 第1期, 1985; 鄭師渠, 「劉師培史學思想略論」, 『史學史硏究』 第4期, 1992 등이 있고, 신사학과 민족주의와 관계를 연구한 대표적인 논문으로 許小靑, 「20世紀新史學與民族國家觀念的興起」, 『社會科學硏究』 第6期, 2006; 劉俐娜, 「晩晴政治與新史學」, 『史學月刊』 第8期, 2003; 張子輝, 「梁啓超與近代中國民族史學」, 『貴州社會科學』 第5期, 2004 등을 꼽을 수 있다. 이 외에 중국 사학사 관련 연구서에서 청말 신사학을 다루고 있다. 兪旦初, 『愛國主義與中國近代新史學』, 中國社會科學出版社, 1996, 44~182쪽; 桂尊義 等, 『中國近代史學史』 下冊, 江蘇古籍出版社, 1989, 91~259쪽; 胡逢祥 等, 『中國近代史學思潮與流派』, 華東師范大學出版社, 1991, 174~308쪽; 陳其泰, 『中國近代史學的歷程』, 河南人民出版社, 1994, 261~323쪽 등이 있다.

5) 신사학 관련 국내 번역 소개된 것으로 汪榮祖, 羅弦洙譯, 「梁啓超의 新史學論」, 민두기 편, 『中國의 歷史認識』 下, 창작과비평사, 1985, 651~667쪽이 있고, 국내 연구자의 개별 연구 성과 가운데 양계초의 신사학과 근대 민족국과 관련 연구로 허증, 「梁啓超의 '新史學'과 近代國家論」, 『역사와 경계』 54권, 2005; 정지호, 「梁啓超의 近代的 歷史敍述과 國民國家」, 『이화사학연구』 제32집, 2005 등이 있고, 양계초의 계몽주의 역사관과 국학에 관한 연구로 조병한, 「양계초의 계몽주의 역사관과 국학」, 『한국사학사학보』 제16집, 2007, 그리고 유사의 신사학 연구로 도중만, 「論辛亥革命前劉師培的新史學」, 『安徽史學』 第1期, 2004 등이 있다.

6) 대만 학계의 대표적인 연구는 松橋, 「我以我血薦軒轅: 黃帝神話與晩淸的國族建構」, 『臺灣

수 있다. 이 글은 개별연구가 아닌 종합적으로 살펴본다는 측면에서 후자의 접근방법과 가깝다. 다만 '신사학'과 민족주의에 초점을 맞춘다는 면에서는 전자의 입장 역시 논의대상에서 제외하지는 않겠다. 또한 이 글에서는 '중국사'의 구체적인 내용 검토에서는 후자의 연구성과, 특히 신화 관련 연구 성과를 반영하였음을 밝혀둔다.

이 연구가 전통 중화주의 세계관의 붕괴된 원인과 중국의 민족주의 역사학의 탄생 배경, 그리고 국가사인 '중국사'에 나타난 주요 패러다임과 내용을 이해하는 데 조금이나마 기여할 수 있기를 바란다.

2. 개항과 중화체제의 동용: 근대적 '민족국가'의 등장

중국 전통 시대에 '중화'주의는 지리적 요소와 문화적 요소가 결합된 형태로 출현하였다. 선진시대에 '중화'는 '中國'과 '中夏'와 같은 뜻으로 사용되었고, 이는 중국 문명이 발생한 '夏'지역과 '天下'의 중심이라는 뜻을 지니고 있다. 여기에서 天下는 天上에 대한 상대적인 개념으로 하늘 아래의 모든 땅과 바다를 포함한 전체공간을 의미하고 있다.[8] 즉 하늘의 명을 받은 천자가 天朝를 구성하여 천하를 다스린다는 전근대적 국가관과 세계의 중심을 자처하는 중국적 천하관을 내포하고 있는 것이다. 또한, 문화적으로 중국인들이 살고 있는 지역

社會研究季刊』(臺北) 第28期, 1997; 沈松橋, 「振大漢之天聲: 民族英雄系譜與晚淸的國族想像」, 『中央研究院近代史研究集刊』(臺北) 第33期, 2000 등이 있다. 2000년대 이후 대륙학계 역시 청말 황제 신화와 민족주의 관계에 주목하고 있는데 재미 화교학자인 孫隆基, 「淸季民族主義與黃帝崇拜之發明」, 『歷史研究』 第3期, 2000, 그리고 대륙학자인 梁京和, 「淸末'尊黃'思潮與民族主義」, 『河北師范大學學報』 第1期, 2007 등이 있다.

7) 중문학계의 황제 신화 연구로 김선자, 『만들어진 민족주의 황제신화』, 책세상, 2007; 홍윤희, 「중국근대 신화담론형성 연구」, 연세대학교 박사논문, 2005 등이 있다. 이 외에 일본의 중국의 민족주의 신화 연구 번역 소개한 것으로 사카모토 히로코, 조경란 역, 『중국 민족주의 신화: 인종·신체·젠더로 본 중국의 근대』, 지식의풍경, 2006 이 있다.

8) 이춘식, 『중화사상의 이해』, 신서원, 2003, 134쪽.

을 華夏라 칭하고, 주변의 族群(ethnic groups)[9]을 東夷, 南蠻, 北狄, 西戎이라 폄하하여, 이들이 화하의 문화를 수용하지 않는 한 야만에서 벗어날 수 없다는 문화 우월주의적인 의미도 지니고 있다. 더불어 주변 족군이 문화적으로 중국문명을 수용하였거나 정치적으로 朝貢 冊封 체제를 받아들였을 경우에는 '중국'과 '천하'의 범위의 확대가 가능한 문화 팽창주의적인 요소도 포함하고 있다. 따라서 기존 연구에서 지적한 바와 같이,[10] 정치적 지배력 강약과 주변 족군의 중화문명에 대한 수용여부에 따라 '천하'와 '중국'의 적용범위는 다소 차이가 있기는 하지만, 중국 중심의 중화사상은 역대 중국 역사 서술의 기본 골격을 이루는 역사관으로 자리 잡게 되었다.

이와 같은 중국적 세계관이자 국가관이면서 동시에 역사관인 중화사상이 동요하기 시작한 것은 기존의 '夷'와 다른 서구 제국주의세력인 '洋夷'와 정면충돌하면서부터이다. 제1차 아편전쟁 전후, 淸朝는 '천조' 중심의 천하관념 속에서 아직 벗어나지 못하고 있었다. 이는 서양 역사 지리의 소개에 적극적이었던 魏源과 徐繼畬 같은 진보적 지식인들 역시 마찬가지였다. 그러나 제2차 아편전쟁 이후 상황은 급변한다. 천진조약[11]과 북경조약을 계기로 하여 청조는 서양과 서

---

9) 族群을 에스닉 집단(ethnic groups)으로 이해하는 것은 대만과 중국 대륙학계의 새로운 경향이다. 족군은 종족·언어·전통·습관 혹은 역사·종교 등으로 관계를 맺은 문화적 공통요인이 많은 문화적 공동체로 전근대 민족에도 적용될 수 있는 개념이다. 다만, 이 족군 개념에는 근대적 의미의 국가·영토·주권 혹은 공민권 등 정치원칙이 포함되지 않은 문화적 공동체를 의미한다(방중영·허종진, 「族群·種族·民族 그리고 中華民族」, 『한국과 국제정치』 제28집, 1998, 339~376쪽 참조). 이 글에서 사용하는 '족군'개념 역시 위의 정의에 기초하고 있다. 또한, 대만 연구자인 沈松僑는 정치적으로 근대적 일국가를 이루는 족군을 '國族(ethnic nation)'으로 사용하였는데 이 글에서 역시 이 정의를 사용할 것이다 (沈松僑, 「振大漢之天聲: 民族英雄系譜與晚淸的國族想像」, 1쪽 참조), 다만, 이 글에서 원 사료를 인용할 때에는 '민족'이라는 용어를 사용할 것이고 그 '민족'이 '족군'의 의미일 경우에는 가로('족군)로 표기할 것이다.

10) 전통시대 '천하'개념을 핵심으로 하는 중국적 세계질서에 변천과정 대한 연구로 김한규, 『古代中國的世界秩序研究』, 일조각, 1995 참조. 청대 중국의 중화체계와 대외인식의 변화에 관한 연구로 조병한, 「청대 중국의 '통일적' 중화체계와 대외인식의 변동」, 『아시아문화』 제10호, 1994, 27~36쪽 참조.

양의 업무를 가리키는 '이(夷)'와 '이무(夷務)'라는 용어를 공식문서에서 사용하지 못하게 되었고, 이를 대체하여 보다 중립적인 '양(洋)', '양무(洋務)'라는 용어를 사용하게 된다. 뿐만 아니라 두 차례에 걸친 아편 전쟁의 패전으로 청조는 전통적인 조공책봉체제에서 조약체제라는 근대적 세계체제로의 편입하게 되었고, 이에 따라 중국 중심의 중화주의는 더 이상 지탱하지 못한 채 신속하게 해체되었다. 이 후 청조는 '藩屬'(혹은 '屬國', '屬邦')이었던 琉球와 베트남, 조선을 연이어 상실하였고, 중국본토 역시 열강에 의한 분할지배('瓜分')라는 위기를 맞이하게 되었다. 일련의 대외적 실패는 천하의 중심이라 자처하는 중국으로 하여금 '天朝'의 자존심을 더 이상 유지할 수 없게 만들었고, 우월한 중국의 문화로 이민족을 동화시킨다는 이하변이(以夏變夷)의 관념 역시 더 이상 견지할 수 없게 되었다.

이러한 상황 속에서 당시 근대지식인들은 중국이 이미 천하의 중심이 아니라 단지 국가 간의 주권을 상호 인정하는 세계 여러 국가 가운데 하나에 불과하다는 현실을 인정해야 했다. 심지어 중국인들 역시 문화적으로 우수한 인종이 아니라 하나의 보통 인종에 불과하고, 나아가 우월한 서방문화(夷)에 의해 중화문화가 바뀔 수 있다(以夷變夏)는 인식까지 출현하게 되었다.12) 더구나 청말 중일전쟁 패배 후 嚴復에 의해 소개된 스펜서의 사회진화론의 영향으로 서방 열강 사이의 식민지 경쟁과 제국주의 침략에 대해 그 정당성을 부여함으로써, 중국지식인 사이에서는 중국이 약육강식의 국제사회에서 '먹히는' 대상으로 전락하였고 亡國滅種할지도 모른다는 위기의식이 팽배하게 되었다. 근대 중국의 민족주의의 흥기는 바로 이러한 중화사상의 동요와 망국과 멸종이라는 위기의식에서 출발하였다.

천하관과 華夷觀에 바탕을 둔 전통적 '천하국가'가 동요됨에 따라

---

11) 1958년 체결된 천진조약(天津條約)에 의해 서양을 가리키는 '夷'를 쓰지 못하게 되었다. 신승하, 『근대중국의 서양인식』, 고려원, 1985, 217쪽.

12) 郭雙林, 『西潮激蕩下的晚淸地理學』, 北京大學出版社, 2000, 295쪽.

일찍이 레벤슨이 중국 근대 사상사를 전통의 '천하'에서 근대의 '국가'로 전환하는 과정에 있다고 지적한 한 것처럼,[13] 새로운 정치공동체인 '민족국가' 이론이 부상하게 된다. 즉 전통시대 세계국가로서의 천하국가에서 벗어나 근대적 의미의 민족국가로 국제질서에 편입해야 한다는 근본적인 변화가 요구된 것이다. 물론 민족국가 개념과 관련한 '주권', '영토', '국권', '민권' 등의 개념이 19세기 60~70년대 이래 선교사와 외국인 등에 의해 출판된 중국서적이나 報刊 등에 간헐적으로 언급되긴 하였지만, 이러한 개념들이 본격적으로 중국에 소개된 것은 20세기 초 무렵이다.

이 시기에 '민족'과 각종 '주권' 및 '국민', '국가' 등의 개념이 서구(일본 포함)를 통해 비교적 체계적으로 도입되면서 중국 지식인들은 '민족국가'라는 새로운 개념을 마주하게 된다. 청말 지식인들의 '민족국가'에 대한 인식의 기원은 대략 루소(J. J. Rousseau)의 『사회계약론』과 블룬칠리(J. K. Bluntschli)의 『국가론』을 수용하고 이를 통해 두 유형의 서로 상이한 민족국가개념을 형성하고부터이다. 이 가운데 루소의 정치이론은 블룬칠리의 국가론 보다 앞선 1870년대부터 부분적으로 소개되었지만, 비교적 체계적으로 수용된 것은 1901년 이후 양계초의 『盧梭學案』과 1902년 楊廷棟이 번역 소개한 『路索民約論』 이후부터이다.[14] 루소의 사회계약론은 '국가' · '주권' · '국민'의 개념과 주권자와 국민의 관계를 명확하게 규정하고 있다. 루소의 '주권재민' 학설의 특징은 국가의 최고 주권이 국민에게 귀속되도록 규정함으로써, 주권자인 국민을 국가와 일치시키고, 국민의 지위를 국가의 요소 가운데 최상의 지위(Sovereign of the People)로 상정하고 있다는 점이다. 루소가 배치한 권력 간의 관계는 국민＝주권＝국가〉정부 통치권으로 도식화

---

13) Joseph R. Levenson, *Coufucian China and its Modern Fate: A Trilogy* Vol. 1, University of California Press, 1968, pp. 98~103.

14) 루소의 사회계약론의 중국 전파에 대한 연구는 夏良才, 「〈民約論〉在中國的傳播」, 黃德偉 編, 『盧梭在中國』(文化硏究叢刊), 香港大學比較文學系, 1997, 82~87쪽 참조.

하여 이해할 수 있다. 루소의 사회계약설과 주권재민학설을 부정하는 국가주의 정치학설은 양계초가 1899년에 번역한 블룬칠리의『국가론』과 그 후 1903년「정치학 대가 블룬칠리의 학설」을 소개할 때까지 저술한 일련의 국가주의 관련 글에 반영되어있다. 블룬칠리는 루소의 사회계약설을 비판, 총체성과 통일성을 강조하는 국가 유기체설을 제시하였고, 루소의 '국민주권'개념을 '국가주권'으로 대체하였다. 국가주권(Stateshohert, 영어의 Sovereign of the State)은 주권은 국민에 귀속되는 것이 아니고 국가에 귀속한다는 학설로, 인격적이고 초월적인 국가주권을 '국민'(Volk, 영어의 people)보다 상위의 권력으로 규정하는 한편 국가주권을 여하의 권력보다 우월한 지위로 상정하고 있다. 블룬칠리가 배치한 권력 간의 관계를 간략하게 도식화해 보면 국가=주권>정부 통치권>국민 공민권의 순서로 정리할 수 있겠다.15) 흥미로운 것은, 양계초가 1903년을 전후로 하여 서로 상이한 두 유형의 정치학설에 관심을 갖고 있었다는 점이다. 그의 정치 입장은 초기에는 주로 루소의 정치이론을 수용하여 정치주장을 전개하는 경향을 보였다. 그러나 이후 블룬칠리의 국가주의 정치이론의 입장으로 점차 전환을 시도하였고,16) 1903년 이후에는 루소의 정치학설을 전면 부정, 블룬칠리의 국가주의 입장으로 전환하게 된다. 양계초의 국가주의 입장은 이후 그의 정치주장은 물론 청말 개혁파 정치주장의 주요 근거가 되었다. 한편, 후술하듯이 루소의 정치이론은 혁명파 정치주장의 이론근거로 자리 잡게 되었다.

---

15) 블룬칠리와 양계초의 국가론에 관한 연구로는 우남숙,「한국 근대 국가론의 이론적 원형에 대한 연구: 블룬츨리(J. K. Bluntschli)와 梁啓超의 有机體 국가론을 중심으로」,『한국정치외교사논총』제22집 1호, 2000, 113~145쪽 참조. 이 외에 블룬칠리의 '네이션' 개념 연구를 통해 중국 근대의 '네이션' 개념의 수용과 변용을 연구한 논문으로 박상수,「중국 근대 '네이션' 개념의 수용과 변용」(박상수 등 공저,『동아시아 근대 '네이션' 개념의 수용과 변용』, 고구려연구재단, 2005, 87~116쪽 수록)이 있다.

16) 양계초의 정치사상이 '국민주권'에서 '국가주권'으로 변천과정에 대한 연구는 拙稿,「論梁啓超國家主義觀点及其轉變過程」,『清士研究』第2期, 2004, 46~60쪽.

국민과 주권 개념의 수용 측면 외에도, '민족국가'와 밀접한 관련이 있는 '민족'개념의 수용 문제 역시 주목할 필요가 있다. 중국어에서 '민족'이라는 단어의 기원을 살펴보면 王韜가 1874년 전후하여 언급하고 있고, 1899년 양계초의 「東籍月旦」에서도 그 용례가 보이고 있다.[17] 그러나 근대적 의미의 '민족'개념은 19세기 말~20세기 초에 형성 되었다 할 수 있다. 특히 이와 관련하여 앞서 언급한 블룬칠리의『국가론』에 등장하는 국가건설과 민족, 그리고 국민과의 관계 설정에 대해 주목할 필요가 있다. 블룬칠리는 천부인권에 바탕을 두고 있는 루소의 사회계약설이 비역사적인 국가 기원설이라 비판하면서, 역사적 사실에 의거하여 전근대적인 '민족(Nation)'을 국가 건설의 실질적으로 기원으로 보고 있다. 이에 대해 양계초는 블룬칠리의 학설을 소개하는 글에서 블룬칠리가 민족과 국가개념을 연결하여 제시한 두 가지 방안을 주목하고 있다. 하나는, "하나의 민족이 고유한 국가를 세우려는 마음이 있고, 또한 실행할 세력을 갖고 있으며 실행하고자 하는 志氣가 있은 연후에 국가를 창립할 수 있다. 다만, 이 主義를 가지고 나라를 세우려면 반드시 민족의 정수를 보존하는 것을 제일의 의무로 해야 하고, 祖宗이 전해준 모든 제도 가운데 국가의 발육에 방해되지 않는 것이라면 터무니없이 파괴할 수 없다"[18]라는 '일민족일국가설' 방안이다. 또 다른 하나는 "다수의 민족을 합하여 하나의 국가를 만드는 것인데 그 폐단이 비록 많지만 그 이로움 역시 적지 않다. ……이러한 다민족이 혼합된 국가는 반드시 하나의 강력한 민족이 중심점이 되어 여러 민족을 통제한 연후에야 국가의 기초가 견고해질 수 있다"[19]라는 '다민족 일국가설' 방안이다. 또한 블룬칠리

---

17) 金天明·王慶仁, 「民族'一詞在我國的出現及其使用問題」, 『社會科學輯刊』 第4期, 1981, 81쪽. 이외에 「論近代思想史的'民族', 'Nation'與'中國'」, 『二十一世紀』 인터넷판, 2002년 6월 29일: F. dikotter, 楊立華 譯, 『近代中國之種族觀念』, 江蘇人民出版社, 1999, 101쪽.

18) 梁啓超, 「政治學大家伯倫知理之學說」, 『飮氷室合集』 文集 13(이하 文集), 中華書局, 1994, 72쪽.

19) 위의 글, 73쪽. 후술하겠지만 이 두 가지 민족국가 방안 가운데 전자는 신해혁명시기

는 민족과 국가의 관계뿐만 아니라 문화적 공동체인 '민족(Nation)'과 정치적 공동체인 '국민(Volk)'을 구분하고 있는데, 양계초는 이를 "민족은 동일한 언어와 풍속을 가지고, 동일한 精神과 性質을 가지는 것으로 그 공동의 마음이 그로 인해 점차 발달하는바, 이것이 굳어져 국가를 건설하는 사다리가 되는 것이다. 그러나 민족이 연합하여 하나의 국가를 창설하지 못할 때 결국에 인격적 법인이 될 수 없기 때문에 단지 민족이라고 부를 수 있지만 국민이라 부를 수는 없다"[20]라는 식으로 소개하고 있다. 다시 말해 '민족'은 '국민'이 되는 전단계의 전제조건이지 문화적 공동체인 '민족'이 직접 국가를 형성하는 것이 아니라 정치적 혹은 법적 공동체인 '국민'은 되어야 '국가' 건설을 할 수 있다는 것이다. 이상에서 볼 수 있듯이, 블룬칠리가 제시한 '민족'개념은 사실상 오늘날 사용되는 '족군'('族群' 혹은 '종족집단', ethnic groups)개념으로 근대적 정치원칙이 포함되지 않은 문화적 공동체를 의미한다. 그리고 이러한 문화적 공동체가 근대적 의미의 국가·주권 및 공민권 등 정치원칙이 결합되었을 때에만이 '민족국가'라는 정치 공동체가 형성될 수 있다는 것이다.

청말 지식인들에 의해 형성된 '민족국가(Nation-State)' 개념은 상술한 루소의 정치이론과 블룬칠리의 국가론의 영향을 받고 있었기 때문에, 그들이 인식한 '민족국가' 역시 두 가지 유형으로 구분할 수 있다. 하나는 역사적으로 공통된 혈통, 언어, 종교, 풍습 및 습관을 가진 '족군(ethnic groups)' 공동체(혹은 '문화민족주의')이고, 또 다른 하나는 정치적이고 법률적인 의미의 정치 공동체(혹은 '정치민족주의')이다.[21] 그러나 당시 이 두 가지 유형의 '민족국가' 개념이 서로 첨예하

혁명파의 민족국가 건설의 이론적 기반이 되었고, 후자는 양계초 자신을 포함한 개혁파의 이론적 근거가 되었다.

20) 위의 글, 72쪽.

21) 許紀霖, 「共和愛國主義與文化民族主義: 現代中國兩種民族國家認同觀」, 『華東師范大學學報』 第4期, 2006, 1~20쪽.

게 대립하지는 않았고, 정도의 차이는 있지만 서로 혼용 혹은 병용하여 사용되었다. 당시 지식인들은 '국가'의 구성요소로 '영토', '주권', '인민(혹은 '국민')' 등 3가지 기본요소를 인식하고 있었고, 또한 국민(즉 공민)의 권리로 선거권, 청원권 등의 정치 권리와 재산, 언론, 출판, 토론 등의 개인 자유를 구분하고 있었다는 측면에서 일정부분 공통된 인식을 갖고 있었다고 볼 수 있다. 그러나 후술하는 것처럼, 주권의 귀속문제에 대해서 인격적인 '국가주권(개혁파)'을 선택할 것인가 아니면 '국민주권(혁명파)'을 선택할 것인가의 문제는 지식인들의 정치적 입장을 가르는 요인으로 작용하였고, '국민'의 자격요건에 전통적 의미의 주변 '족군'을 포함시킬 것이냐(개혁파) 아니면 배제시켜야 하느냐(혁명파)에 따라 두 유형의 민족국가 모델이 나뉘게 된다. 특히 당시 통치계층인 만주족을 민족국가의 구성원인 '국민'으로 포함시켜야 하느냐의 문제와 관련하여 청말 개혁파와 혁명파는 첨예하게 대립한다.[22]

강유위, 양계초, 楊度 등 개혁파는 만주족, 한족, 몽고족, 묘족, 장족 등 다수 족군을 융합한 '대민족주의'(혹은 국가를 구성하는 '國族國家')를 표방하고 이들 모두를 중화민족의 정치적 구성원으로 하는 '다민족 일국가' 방안을 제시하였다. 개혁파의 민족국가 구상은 한족을 제외한 다른 족군들이 이미 문화적으로 한족문화에 동화되었다는 한족우월주의를 전제하는 것이었다. 이는 근대국가를 건설하는 과정에서 한족의 주도권을 인정한다는 측면에서 중화사상의 변용된 형태라 할 수 있다. 다만 이는 서구 열강의 중국에 대한 영토분할이라는 위기의식 하에서 제국주의 간섭을 막고 중화민족의 단결력과 응집력을 강화하여 정치적 민족국가를 건설하려 했다는 점에서 전통적 중화주의와는 그 궤를 달리한다. 개혁파가 구상하고 있는 민족국가 유형을

---

22) 백영서, 「중국의 국민국가와 민족문제」, 『동아시아의 귀환: 중국의 근대성을 묻는다』, 창작과비평, 2000, 73~77쪽.

도식해 보면 전근대적 요소이자 문화공동체인 다수 '민족(족군)'→(발전)국민(정치적 참정권과 공민권 인정)→국가(국가주권, 영토)의 순서로 정리할 수 있다.

한편 손문, 왕정위 등 정치가와 혁명파 경향의 국수학파 역사가인 장태염, 유사배, 鄧實, 黃節 등은 만주족을 제외한 한족의 '혈연' 공동체의 입장에서 한족의 공화공동체를 만들려는 '일민족 일국가' 방안을 구상하였다. 물론 혁명파 내부에 민족혁명과 정치혁명 문제에 대한 미묘한 입장 차이를 존재했지만, 대부분의 혁명파는 이 두 혁명을 단계론적인 선후관계로 보고, 배만 민족혁명을 근대적 민족국가(정치적 공화국 건설)의 선결과제로 설정하고 있었다. 혁명파가 구상하고 있는 '민족국가' 제반 요소의 관계는 전통적 문화공동체로 한족=정치 공동체로 국민(한족 주권[23]과 정치적 공민)＝국가(근대국가)로 도식이 가능하다.

비록 만주족의 처리 문제와 정치공동체의 형식문제(입헌군주와 공화정체)를 둘러싼 대립이 존재했지만, 문화적으로 전통적인 '족군'을 민족국가 건설의 전제조건으로 설정했다는 점, 그리고 정치적이고 법률적인 '국민'과 '국가'를 인정하고 있다는 점에서 혁명파와 개혁파의 근대민족국가 건설 구상은 '민족국가' 만들기의 전형적인 모델이라 할 수 있다.[24]

---

23) 손중산 등 혁명파는 "非我族類, 其心必異(나의 족류가 아니면 그 마음은 반듯이 다르다"(孫中山, 「與芙蓉華僑的談話」, 『孫中山全集』 第1卷, 1985, 293쪽)라든가 "覆彼政府, 還我主權(저들(만주족) 정부를 전복시켜 우리(한족)주권을 회복하자"(孫中山, 「中國同盟會革命方略」, 같은 책, 297쪽)라는 언설을 통해 근대적 주권과 전통적 한족(혹은 족군)과 결합하여 인식하고 있다.

24) Prasenjit Duara, 문명기·손승희 역, 앞의 책, 65쪽.

3. 역사와 '국가'의 관계 및 근대 '중국사'의 탄생

전통 중화주의의 동요와 새로운 민족국가를 통한 국민정체성의 형성은 중국의 이른바 '신사학' 혹은 국가사로서 '중국사'의 탄생과 밀접한 상호관계를 갖고 있다. 신사학이 탄생한 것은 20세기 초, 특히 1901년 1902년 양계초의 『中國史敍論』, 『신사학』이 발표되면서부터이다. 그는 여기에서 근대적 '국민'과 '국가' 등 새로운 개념으로 중국 전통사학을 비판하고, '사학혁명'을 통한 새로운 패러다임인 '중국사'의 기본체계와 방향성을 제시하였다. 朝廷의 군주와 신하를 위한 역사를 대신하여 '국민'을 위한 역사를 서술할 것을 제창하면서 양계초는 '사학혁명'의 구호를 내걸었다. 양계초 외에도 등실, 유사배, 장태염, 馬徐倫, 王榮寶 등 역시 혁명파와 개혁파라는 정파와 금문학과 고문학이라는 학파를 떠나서 '사학혁명', '사학혁신' 및 '신사학'에 동참하였다. 이들은 다각도의 '국가사' 만들기를 시도하였으며, 이를 '국민'정신 고양과 '중화민족'의 동질성과 정체성 확립으로 연결시키고자 하였다. 기존의 연구 성과에서 신사학의 이론체계에 대한 연구가 다수 진행된 상태이므로,[25] 이 글에서는 국가사로서의 '중국사'의 탄생과 그 패러다임을 조명하는 데 초점을 맞추고자 한다.

3.1. '역사학(신사학)'과 근대 '국가'의 관계 설정

국가사로서의 '중국사' 이론체계를 다루기에 앞서, '민족국가' 개념과 역사학과의 관계를 먼저 짚어 볼 필요가 있다. 왜냐하면, 역사학은 과거에 남겨진 유물과 기록을 통한 기억을 연구하는 것이야 하는데, 중국의 전통 역사 속에는 근대적 의미인 '국민', '국가', '주권'

---

25) 高栓來, 「中國近代'新史學'的理論貢獻」, 『唐都學刊』 第2期, 1995, 37~41쪽; 汪榮祖, 앞의 글, 651~667쪽 참조.

및 '공민권' 등 정치적 공동체 요소가 존재하지 않았기 때문이다. 또한 중국은 신해혁명 이후에야 근대 국민국가를 건설했기 때문에, 신해혁명 시기에 국가사로서 역사학이 존재할 수 있느냐 하는 문제가 걸리게 된다.

상술한 바와 같이, 청말 지식인들이 수용한 루소의 '국민주권' 학설은 역사적 근거에서 성립된 것이 아니고 비역사적인 개념인 천부인권과 사회계약설을 기반으로 하고 있기 때문에, 혁명파가 국가와 역사를 연결하려 한다면 논리적 모순이 존재할 수밖에 없었다. 반대로 블룬칠리의 '국가주권'학설을 수용한 양계초 등은 혁명파보다 국가와 '민족'이라는 두 요소를 연결하기가 상대적으로 자유로웠다는 점이 주목된다. 양계초 등은 언어와 풍속, 종교, 습관, 혈통 등 중국의 전통 문화적인 '민족'요인이 굳어져 '국가를 건설하는 사다리(階梯)'가 된다고 이해하였다. 전통적 '민족' 요인을 기반으로 하여 국가를 건설하면 '국민'이 될 수 있다는 블룬칠리의 이론이 양계초가 근대 국가와 역사학의 관계를 설정하고 국가사로서의 역사학 이론체계를 만드는데 영향을 끼쳤으리라는 것은 넉넉히 짐작해 볼 수 있다. 양계초가 중국의 전통 역사서술에 대해 "조정이 있는 것을 알고 있지만 '국가'가 있는 것을 알지 못했다"라고 비판하면서, 그 원인으로 수천 년 동안의 중국 역사가들에게 '國家思想'이 결여돼 있었기 때문이라 진단한 것에서도 역사학과 근대적 '국가'와의 관계를 자연스럽게 연결되어 있는 것을 볼 수 있다. 이러한 견해는 당시 혁명파이자 국수학파인 유사배가 "중국에서 소위 역사라는 것은 대략 一家 一姓의 사건일 뿐이다"[26]라고 한 것과, 혁명파인 馬君武가 "(禹왕이 아들에게 권력을 양도 한 후) 중국의 4천년 世世 동안 朝廷은 있었지만 國家는 없었고, 군주의 족보는 있었지만 歷史는 없었으며, 虐政은 있었지만

---

26) 无畏(劉師培), 「新史篇」, 『警鐘日報』, 1904.8.2(李妙根 編, 『劉師培文選: 國粹與西化』, 上海 遠東出版社, 1992, 132쪽 수록).

의무는 없었던 것이 오늘에까지 이르렀다"[27]라고 한 것에서도 나타난다. 이상에서 볼 수 있듯이 혁명파와 개혁파 사이에 정치적 입장 차이는 있었지만 그들은 근대적 국가와 역사학을 밀접하게 연결시켰다는 점에서 공통된 인식을 갖고 있다.

한편 국수학파 역사가인 황절이 "黃史氏(황절 자신)는 4천년의 중국사를 받아들여 그를 읽어보았지만. 아! 한탄스럽게도 오랜 동안 중국에는 국가가 아니었으니 어찌 역사로 족하겠는가?"[28]라고 반문한 것에서 보이듯이, 중국 역사상 근대적 의미의 '국가'가 건설되지 않은 상황에서 전통시대의 역사학을 '역사'라고 할 수 있는지의 문제가 당시 역사가들에게 제기되었다. 예컨대, 전술한 마군무가 중국의 4천년 역사 가운데에는 국가도 없었고('无國家') 역사도 없었다('无歷史')라고 주장한 것이나, 혹은 등실의 "중국의 3천년 역사는 국가사도 아니고('非國史'), 국민사(혹은 민족사)도 아니었다('非民史')"[29]라는 논리는 바로 이러한 입장을 반영하고 있는 것이다. 문제는 중국 전통 사회에는 근대적 국가도 역사도 존재하지 않았다면, 향후 새로운 근대 국가 건설과 근대적 '중국사(혹은 '신사학')' 구축이라는 두 가지의 임무 가운데 어느 것을 우선순위로 두어야 하느냐는 것이었다. 다시 말해, 근대적 '민족국가'를 먼저 건설하고 그에 상응하는 국가사를 서술할 것인가, 아니면 근대적 국가사에 부합한 역사를 우선 서술하고 난 후에 근대 국가를 건설할 것인가의 문제가 제기되었던 것이다. 근대 국가건설은 그 자체가 상당한 시간을 요하는 것이기에 당시 역사가들은 후자의 방법을 선택하는 경향이 강했다. 예컨대, 등실이 "중국 사학혁명의 사조가 일어나지 않으면, 중국은 영원히 역사가 없을 것이고, 역사가 없다면 즉 국가는 없다(无史則无國)"[30]라고 주장했던 것

---

27) 馬君武, 『『法蘭西今世史』譯序』, 莫世祥 編, 『馬君武集』, 華中師範大學出版社, 1991, 1쪽.

28) 黃節, 「黃史」, 『國粹學報』(第1年 第1期), 1905.

29) 鄧實, 「史學通論」, 『政藝通報』(第12期), 1902.

30) 鄧實, 위의 글.

은 그가 사학혁명을 근대 민족국가 건설의 우선과제로 두는 입장을 취하고 있었음을 알 수 있다. 이 외에 오늘날의 연구자들에게 잘 알려진 양계초의『신사학』서두에 나타난 다음의 주장과 논리 역시 같은 선상에서 이해할 수 있을 것이다.

"오늘날 서구에서 통행되는 여러 學科 가운데 중국에 고유한 것은 史學 뿐이다. 사학이란 학문은 가장 넓고 크며(博大) 가장 절실하고 요체가 되는 것으로 '國民'의 밝은 거울이며 '愛國心'의 원천이었다. 오늘날 유럽 '민족주의'가 발달한 까닭과 열국이 날로 문명화하는 까닭은 사학의 功이 절반을 차지하였다. 그리하여 그들 국가에서는 이 학문이 없는 것을 걱정하였을 뿐이었다. 만약 그것(사학)이 있다면 '국민'이 어찌 단결하지 않을 것이며, 群治가 어찌 진화하지 않겠는가?"31)

이는 서구의 역사학이 서구 '민족주의' 발달의 효과적 수단이자 전제조건이며, 먼저 역사학이 존재해야 근대적 '국민'의 단결력이 강화될 수 있고, 나아가 단결력과 응집력이 있는 '국민'이 전제되어야 근대적 '국가'가 존재할 수도 건설할 수 있다("有國民則有國家, 无國家亦无國民"32))는 논리이다. 이상에서 볼 수 있듯이 청말 역사가들이 역사학의 혁신과 근대 국가 건설의 관계를 밀접하게 연결하여 인식하고 있었다. 그리고 그들이 말하는 '신사학'은 순수한 학문이나 '學科' 건설보다는 민족국가 건설의 수단으로 사용되었던 것이다.

3.2. 국가사로서 근대 '중국사'의 탄생

이상에서 말한 바와 같이, 청말 역사가들은 근대 민족국가 건설

---

31) 梁啓超, 「新史學」, 文集 9, 1쪽.
32) 梁啓超, 「政治學大家伯倫知理之學說」, 文集 13, 72쪽.

보다 새로운 역사학 건설을 통한 '국가사' 만들기를 선결 과제로 상정하였다. 문제는 그들의 논리에 따라 중국의 전통시대에 '국가'가 존재하지 않았고 근대 '민족국가' 역시 아직 건설되지 않은 상황이라면 어떻게 '국가사'를 서술할 수 있고, 이 국가사에는 어떠한 체계를 갖추어야 하는 문제였다. 이 문제를 가장 먼저 체계적으로 확립한 것은 양계초의 '신사학' 이론체계이다.

국가사 서술에 가장 시급한 문제는 국가명과 국가사에 대한 새로운 명명 작업이다. 국가명칭 문제는 「中國積弱溯源論」에서 1901년 양계초에 의해 처음으로 제기되었고, 같은 해 발표한 『중국사서론』에서 거듭 언급하고 있다. 이 두 글에서 나타난 그의 주장을 대략적으로 정리하면, 역대 관습적으로 부르는 唐, 虞, 商, 周, 秦, 漢, 魏, 晉, 송, 제, 양, 진, 수, 당, 그리고 송, 원, 명, 청 등은 왕조의 조정 명칭이지 국가의 명칭이 아니라는 것이다. 양계초는 왕조의 명칭을 국가명으로 사용하면 왕조의 흥망에 따라 '국가'의 칭호가 존재했다 없어진다는 점과, 夏, 漢, 唐 등 왕조명을 사용하는 것은 일개 姓氏의 이름으로 '국민'을 더럽힐 수 있기 때문에 '국민'을 존중하는 취지에서도 부적합하다고 지적하고 있다. 또한 외국인들이 부르는 震旦, 支那 혹은 釟拏(China) 등 역시 외국인이 임시로 정하여 부르는 것으로 중국 '국민'을 깔보는 의미가 깔려 있다는 이유로 부적합하다고 말하고 있다. 양계초는 제3의 방법으로 '중국' 혹은 '中華'라 부르는 것은 自尊自大하다는 외국인들의 비판을 받을 수 있다는 문제를 갖고 있기는 하지만, 이 '중국'이라는 국명이 상대적으로 적합하다고 설명한다.33) 주지하는 바와 같이, '중국'이라는 용어는 중국의 전통 역사나 경전에서 어렵지 않게 찾아 볼 수 있는 실제 존재했던 지리적·문화적 용어34)이다. 그러나 근대적 의미의 '국민'과 결합하여 '국가'의 명칭으

---

33) 양계초의 '국명'에 대한 논의는 「중국적약소원론」(梁啓超, 「中國積弱溯源論」, 文集 5, 14쪽)과 「중국사서론」(梁啓超, 「中國史敍論」, 文集 6, 2쪽 참조)에서 보인다.

34) '中國' 명칭에 대한 연구로 王爾敏, 「中國'名稱溯源及其近代詮釋」, 『中國近代思想史論』, 華

로 사용한 것은 청말 양계초가 처음이라 할 수 있다. 양계초는 국가명을 명명하는 동시에 국가명과 일치하는 '국가사'를 새롭게 명명하여 '중국사'라 부른다고 천명하였다.[35] 이와 같이 梁이 명명한 '중국'은 전통시대의 세계주의적 의미가 포함된 '천하'와 근대적 세계주의를 대신하는, '단체 가운데 가장 큰 단체'이자 '경쟁의 최고조'라 불리는 근대적 국가를 의미하는 것이라 할 수 있다.[36] 동시에 그가 말한 '중국사'는 '국민'과 '민족'을 포함한 '국가사(혹은 국사)'로서의 '중국사'가 새롭게 탄생한 것을 의미한다.

양계초에 의해 '중국'과 '중국사'가 명명된 것을 시발점으로 하여 이후 중국사학계에서는 사회진화론, 통사형식, 章節體 서술체계 및 시대구분 등을 기본 틀로 하는 '중국사' 혹은 '민족사'가 대거 등장하였다. 국가사로서 '중국'의 국명을 사용한 역사서로는 양계초의 『중국통사(초고)』[37]와 장태염의 『중국통사약례』[38] 외에 『중국역사』, 『新體중국역사』 등이 있고, 한족과 중화민족의 뜻을 내포하고 있는 '민족'을 사용한 역사서로 『中國民族權力消長史』, 『漢族侵略史』, 『中國民族志』, 『黃史』 등을 꼽을 수 있다. 특히 청정부가 1901년 전통 서원을 학당으로 바꾸고, 다음해의 『欽定學堂章程』 반포와 1904년 『奏定學堂章程』 반포를 계기로 하여 실시한 근대 학제의 건립은 국가사로서의

世出版社(臺北), 1982, 441~458쪽 참조.

35) 梁啓超, 「中國史敍論」, 文集 6, 2쪽.

36) 양계초는 전통의 '천하'와 국가를 명확하게 구분하고 세계주의적 의미가 담겨 있는 '천하'관을 비판한다. 이와 관련된 문장은 梁啓超, 「中國積弱溯源論」, 文集 6, 15쪽 참조. 이외에도 양계초의 『新民說·第六節論國家思想』에서 전통시대의 '天下'와 근대의 '국가'개념을 구분하여 논의하였고 세계주의를 반대하고 하나의 국가를 '단체(혹은 집단) 가운데 가장 큰 단체'이며 '경쟁의 최고조'라 하여 세계주의로 발전 가능성을 배제하는 입장을 전개하고 있다(梁啓超, 「新民說·第六節論國家思想」, 『飮氷室合集』 專集 4(이하 專集), 16쪽, 21쪽 참조).

37) 1902년 양계초가 『中國通史』의 초고 집필과 존재에 관해서 「中國專制政體進化史論」(文集 9, 65쪽)과 「三十自述」(文集 11, 19쪽)에서 1년 동안 집필을 하고 있다고 언급하고 있다.

38) 章太炎, 「中國通史略例」, 『訄書』(初刻本 重訂本), 三聯書店, 1998, 332~336쪽. 이 문장은 책으로 출판되지 않았지만, 국가사이자 통사체계로 그 틀을 구성하였다는 점에서 국가사로서 '중국사'의 범주에 포함하였다.

'중국사' 보급 및 전파에 결정적인 역할을 하였다.[39] 일련의 근대적 학제가 건립됨에 따라 자연히 신식학당에서 부합하는 역사 교과서가 필요하게 되었다. 이들의 수요에 따라 대량의 역사교과서 출판 및 편찬이 이루어졌는데 필자가 현재까지 파악하고 있는 학제 건립시기부터 신해혁명 이전까지 국가사로서 '중국역사교과서'의 출판 현황은 아래 〈표 1〉과 같다.

〈표 1〉

	저자	서명	출판사	출판년도
1	丁保書	『蒙學中國歷史敎科書』	文明書局	1903
2	丁保書	『中國歷史敎科書』	商務印書館	1903
3	夏曾佑	『最新中學中國歷史敎科書』	商務印書館	1904~1906
4	姚祖義	『最新中國歷史敎科書』	商務印書館	1904
5	劉師培	『中學歷史敎科書』	國學保存會	1905~1906
6	章嶔	『中學中國歷史敎科書』	文明書局	1908
7	陳懋治	『高等小學中國歷史敎科書』	文明書局	1908
8	汪榮寶	『中國歷史敎科書本朝史』	商務印書館	1909
9	陳慶年	『中國歷史敎科書』	商務印書館	1909

위의 9종의 중국 역사교과서 가운데 개혁파이자 今文學派 역사가인 夏曾佑의 『최신중학중국역사교과서』와 혁명파이자 국수파 역사가인 유사배의 『중국역사교과서』를 주목할 필요가 있다. 특히 하중우의 역사교과서는 1933년에 『중국고대사』의 이름으로 바꿔 대학총서로 다시 출판 될[40) 정도로 그 영향력이 컸고, 역사학계에서 "첫번째로 유명해진 新式의 통사"라는 평가를 받기도 하였다.[41) 이들

39) 청말 시기 근대 학제의 건립과 역사학의 건립에 대한 최근 연구로 劉龍心, 『學科體制與近代中國史學的建立』, 新星出版社, 2007 참조

40) 1933년 상무인서관에서 하증우의 개명되어 출판된 『中國古代史』는 2002년 하북교육출판사에서 다시 출판되었다(夏曾佑, 『中國古代史』, 河北敎育出版社, 2002 참조).

41) 齊思和, 『中國史探硏』, 河北敎育出版社, 2001, 682쪽.

중국사와 교과서 출판이 갖는 의미는 양계초, 하증우 등 개혁파 역사가이든 장태염, 유사배 혁명파 역사가이든 정파를 떠나 '중국사(혹은 국사)'를 인정하고 국가사로서 중국통사와 중국사 교과서를 서술하여 일반 대중에게 보급하려 했다는 것이다. 특히 다양한 초·중·고등 중국 교과서에는 양계초, 등실, 유사배 등이 제기한 민족시조와 기년문제 및 왕조와 국가명의 구분 등 국가사로서 민족주의 역사관이 반영되어 있었는데,[42] 이러한 저술이 '미래의 국민'[43]인 학생들에게 광범위하게 보급 전파되었다는 것은 의미 있는 사건이라 할 것이다.

'중국사'의 명명과 국가사로서 '중국사' 교과서 출판이라는 점 외에, 국가사로서의 '중국사' 체계와 관련된 새로운 패러다임은 대략 세 가지로 간추릴 수 있다. 첫째로 역사학을 개별 인물 발굴이나 연구에 초점을 두기 보다는 전체로서의 민족 공동체(종족과 인종 혹은 群體)와 연결시키고 있다는 점이다. 양계초가 전통 사학에 대해 "개인이 있는 것은 알고 있지만 群體가 있는 것은 알지 못한다"라고 비판한 것이나, 그가 역사학의 방향성을 제시할 때 "역사는 人群 진화의 현상을 서술하는 것이다"[44]라고 지적하고 있는 것처럼 개별 인물연구 보다는 공동체의 응집력을 강조하는 것이다. 이와 같은 논리는 혁명파 역사가인 등실이 역사란 "一群 一族 진화의 현상을 서술하는 것이다"고 언급한 것이나, "人群을 제외하면 역사가 될 수 없고, 역사가 없이는 人群을 만들어 낼 수 없다"[45]라고 말한 것에서도 동일하게

---

42) 예컨대, 유사배의 『중학역사교과서』에서 황제를 중화민족의 시조로 규정하고 국가명과 왕조명을 구분하였으며, 황제기년 문제 등이 반영되어 있다(劉師培, 『中學歷史敎科書』, 錢玄同 編, 『劉申叔遺書』(影印本), 江蘇古籍出版社, 1997, 2178~2182쪽). 하증우 역시 이와 유사한 민족주의 역사관을 반영하고 있다. 특히 그의 교과서 가운데 上古史 서술 분야에 민족주의 역사관 잘 반영 되어있다(夏曾佑, 앞의 책(『中國古代史』), 8~39쪽). 그렇지만 하증우의 교과서에는 '중국민족 서방 유래설'에 유보 입장을 보인 것과 요순의 禪讓제도 가 근대적 공화제가 아니라는 점을 명확하게 지적하는 등 유사배의 교과서 보다 비교적 객관적이 입장을 보이고 있다.

43) 湯城, 「歷史敎科書與新史學」, 『河北學刊』 第5期, 141~142쪽.

44) 梁啓超, 「新史學」, 文集 9, 3쪽, 9쪽.

발견할 수 있다.

둘째는 이러한 역사상의 '민족'·'인종'과 근대적 민족국가 요인인 '국민'과 '국가'와의 관계 설정과, 그리고 그에 따른 중국사의 민족범위와 지리적 범위 규정의 문제이다. 앞서 서술한 것처럼 양계초는 이에 대해 역사상의 '민족(족군)'과 근대적 '국민'을 구분하고 있다. 그는 역사상의 '민족'은 '국민'으로 나아가는 '사다리' 역할은 할 수 있어도, 근대적 '국민'과는 동일시 할 수 없으면 근대적 국가도 건설할 수 없다고 보고 있다. 다만, 역사상의 '민족'에게 근대적 국가사상이 갖추어진다면 '국민'이 될 수 있고 국가도 건립할 수 있다고 보았다. '인종(족군)'에 대한 중국사의 연구범위로 양계초는 "묘족, 티베트(장족), 흉노, 만주 등 모든 종족이 우리의 방대한 漢種이다"라며 중국의 주변 族群에 대해 동화주의적인 입장을 취하고 있다. 아울러 그는 중국사의 지리적 범위는 이들 주변 족군이 거주하는 지역을 포함한다는 '영토'주권의 입장을 취하고 있다.[46] 반면 양계초가 역사상의 '민족'과 근대적 '국민'을 구분했던 것과 달리 혁명파 역사가들은 역사상의 문화민족주의와 근대적 정치민족주의를 일치시키는 입장을 취하고 있다. 예컨대 혁명파인 柳亞子의 "혈통의 후예, 풍속 언어가 같다면 동일 민족이고, 혈통, 풍속 언어가 다르다면 다른 민족이다. 하나의 민족 가운데서 하나의 국가를 건설해야만 한다"[47]라는 주장은 당시 혁명파 사가들의 공통된 인식이었다. 그들이 말하는 하나의 '민족(족군)'이란 한족을 가리키며, 이 중국 민족의 범위는 역사상의

---

45) 鄧實, 「史學通論」, 『政藝通報』 第12期, 1902.

46) 역사상 한족에 동화된 주변 족군에 대한 논의는 梁啓超의 「中國史敍論」의 第5節 人種(文集 6, 7쪽)에서 보이고, 중국사의 지리적 범주 설정은 같은 책 第4節 地勢(文集 6, 3쪽)에 보인다. 부연하여 설명하자면, 양계초의 민족주의는 청말 당시의 영토주권과 전통시대의 版圖를 구분하지 않고 청조가 통치하고 있는 것을 중국사의 지리적 범위로 규정하는 면에 현재 중화인민공화국이 중국 국경내 소수민족(혹은 족군)의 역사를 중국사로 간주하는 동북공정의 논리와 그 궤를 같이 하고 있다.

47) 柳亞子, 「民權主義! 民族主義!」, 『復報』 第9期, 1907년 5월(王忍之 編, 『辛亥革命前十年時論選集』 第2卷 下, 三聯書店, 1960, 814쪽 수록).

동이, 남만, 북적, 서융을 포함하지 않을 뿐 아니라(不是夷蠻狄戎的中
國), 5호 16국과 몽고 및 만주족을 포함하지 않는 순수한 한족만을
지칭한다. 또한 이들이 구상 역시 "黃漢(=한족) 공화국의 국가를 건
설"하려는 것이고,[48] 장태염의 말을 빌리면 "漢人 하나의 민족으로
하나의 국가를 조직한다"라는 일민족 일국가 구상이다.[49] 이들은 역
사상의 한족을 유일하게 근대 국가를 구성할 수 있는 '국족'으로 규
정하였고, 이에 따라 그들의 역사상 한족이 거주했던 지역만을 중국
사의 연구범위로 한정하였다.[50]

마지막으로 신사학은 통해 군주를 정통으로 보는 전통사학을 반대
하고 '민족'과 '국민'을 역사의 주체로 보는 '民史'를 제창했다. 이를
통해 역사학을 근대적 '국민' 만들기의 일환으로 보는 조류가 형성된
다. '국민'이라는 신조어는 근대 민족국가를 구성하는 정치적이고 법
률상의 개념이지만 청말 역사가들은 이런 정치적인 용어를 신사학과
결합시킴으로써 역사학을 '국민'들의 애국심의 원천이자 국민 단결
력의 강화 수단으로 바라보았다. 이 외에 후술 하겠지만 민족 시조로
서의 黃帝의 발견과 황제 紀年 문제 등이 국가사로서의 '중국사' 주요
패러다임으로 논의되었다.

이상을 종합하면, '중국사'의 탄생은 청말 이래로 민족의 분열위기
가 점차 고조되던 시기에 새로운 근대 민족국가 만들기를 모색하는
과정에서 근대적 '국가'와 역사학(신사학)이 밀접하게 결합하면서 탄

---

48) 위의 책, 815쪽. 이외에 황절은 「國粹學報'敍」에서 한족 정권을 제외한 오호십육국, 원
   등의 왕조를 "나의 민족의 국가가 아니다(非吾民族之國)"라고 규정하였다(黃節, 「國粹學
   報'敍」, 『國粹學報』 第1年 第1期, 1905 참조).

49) 章太炎, 「中華民國解」, 『民報』 第15號, 1907.7.25(『章太炎全集』 4 別卷 1, 中華書局, 1985,
   261쪽 수록).

50) 혁명파 역사가 가운데 장태염은 주변 민족('족군')에 대해 독특한 견해를 갖고 있다. 그는
   장족(티베트), 몽골족, 회족 등은 혈통과 언어 등이 한족과 다르기 때문에 한족 중심의
   민족국가("漢人以一民族組織國家") 구성원으로 보지 않았고, 조공책봉관계에 있던 조선
   과 베트남을 한나라 때의 郡縣으로 간주하여 古土 회복을 주장하기도 하였다. 章太炎,
   위의 책, 256~259쪽 참조.

생되었다고 할 수 있다. 또한 새로운 모습으로 등장한 '중국사' 체계는 역사를 순수한 학문으로 본 것이 아니라 미래에 실현될 근대적 의미의 '국민' 만들기와 '민족국가' 건설 및 '민족'의 동질성 회복과 정체성 형성의 수단으로 사용하였다고 정리할 수 있겠다.

4. 민족 시조(始祖)로서 황제신화와 민족 영웅 만들기

위에서 논의한 것처럼 새로운 '중국사'와 그 체제는 기본적인 원칙과 방향성을 제시하였다. 그러나 당시 역사가들이 서술한 '중국사'는 전체 단위로서의 '국민'이나 '민족(족군)'을 대상으로 하는 민중사와 사회사는 아니었다. 그들이 말하는 전통 중국 역사속의 '민족정신'과 '국혼'은 중화민족 시조와 기년 설정 및 '민족영웅' 만들기에 잘 반영되어 있다. 이와 관련하여 청말 역사가들은 정파와 학파의 경계를 넘어 중국 민족(혹은 인종)의 기원, 민족 시조인 황제, 그리고 민족 시조와 관련된 기년문제 및 역대 민족 영웅에 대한 담론에 적극 동참하였다.

당시 개혁파와 혁명파 역사가들이 공통으로 주목하고 있는 첫 번째 문제는 중국 인종의 기원이 서구로부터 왔다는 '中國人種西來說'이다. 이 학설은 프랑스의 漢學 연구자였던 라꾸쁘리(T. de Lacoperie, 1844~1894)가 쓴 『고대 중국 문명의 서방 기원론(Western Origin of the Early, Chinse Civilation)』이 일본을 거쳐 중국에 번역 소개 되면서 당시 중국 지식인들에게 광범위하게 알려져 있었다. 이 학설을 간략하게 요약하면 고대 유일한 문명국인 고대 바빌론에서 한 우두머리가 바크(Bak)를 이끌고 중앙아시아를 거쳐 동쪽으로 이동하였고, 다시 昆崙山을 거쳐 중국에 정주하게 되었는데, 이 바크가 '百姓'이라는 뜻으로 한족의 전신이며, 그 우두머리가 중국의 시조인 黃帝라는 것이다.51) 이는 蔣觀雲, 황절, 장태염 등에 의해 수용되었고, 양계초, 유사배, 陶成章 등은 이 학설을 확신하는 등 청말 시기 광범위하게 영향을 미쳤다.[52] 사실 민족의 순수한 전통문화를 강조하는 민족주의 입장에 있던 당시 역사가들이 중국 민족의 시조가 서구에서 유래했다는 주장을 수용했다는 것은 얼핏 상호 모순되어 보이기도 한다. 그러나 그들이 '중국 민족의 서구 유래설'을 주장하는 데에는 다음과 같은 의도가 깔려 있었다. 먼저 서구 열강이 중국에 비해 우월하다는 당시 역사가들의 열등감을 들 수 있다. 따라서 이들은 중국 민족의 기원이 서구에서 비롯하였다는 이론을 받아들임으로써 서구 민족과의 동등한 지위를 확보하려 했던 것이다. 다음으로, 서방에서 온 중국 민족 시조인 황제가 원주민인 苗族을 몰아내고 제국을 건립한[53] 정복민족임을 주장함으로써 중국민족의 우월감을 확보하려는 의도를 들 수 있다. 특히, 당시 '優勝劣敗'의 사회진화론에 입장을 수용한 당시 역사가들은, 중국을 서양 열강의 먹이가 아니라 아메리카를 정복한 앵글로 색슨족이나 인도에 침입한 아리아 민족과 마찬가지로 정복자로 여김으로써 중국 민족의 위상을 높이려 했음을 짐작할 수 있다.[54]

역사적으로 볼 때 황제(이름 軒轅)를 중화민족의 시조로 하여 四萬萬 전체 중국인들이 모두 황제의 자손(黃帝子孫) 혹은 황염의 자손(黃炎子孫)이라는 논리는 사실 20세기 초 당시 역사가들에 의해 새로 만들어 낸 발명품이라 할 수 있다. 존재의 진실성 여부가 불확실한 비

---

51) 라끄쁘리의 중국문명 서구 기원설의 요약은 홍윤희, 앞의 논문, 2005, 120쪽 참조. 이외에 孫隆基, 「淸季民族主義與黃帝崇拜之發明」, 『歷史硏究』 第3期, 2000, 78쪽에도 보임.

52) 蔣觀雲·황절·장태염 등에 의해 수용되었고, 양계초·유사배 등이 라꾸쁘리의 학설을 수용에 관한 연구는 홍윤희 연구(위의 논문, 118~121쪽)에서 보인다. 이외에 도성장은 이 학설을 이용하여 묘족을 원주민으로 보았고, 장족(티베트족)은 한족과 동일한 조상이라는 입장을 취하고 있다(陶成章, 「中國民族權力消長史」, 『陶成章集』, 中華書局, 1986, 215~216쪽). 당시 다른 역사가와 다르게 하증우는 '중국민족의 서방유래설'에 대해 유보적 입장을 취하고 있는 것이 주목된다(夏曾佑, 앞의 책(『中國古代史』), 10쪽 참조).

53) 劉師培, 「攘異篇」, 『民心』 第2期, 1911년 4월(王忍之 編, 『辛亥革命前十年時論選集』 第3卷, 823쪽). 유사배는 이 문장에서 진시황과 한무제 시기에 그 위엄이 변방에 까지 미친 것을 '중국의 신기원'을 열었다고 주장하고 있다.

54) 김선자, 앞의 책, 168~170쪽. 이외에 孫隆基, 앞의 글, 77~78쪽에도 보인다.

역사적 인물인 황제가 역사 속에서 비교적 체계를 갖추어 등장하게 된 것은 사마천의 『사기』의 「오제본기」에서부터이다. 기존 연구에서 이미 지적한 것처럼, 춘추 이전의 문헌 가운데 『시경』과 『서경』에 가장 오래된 帝의 계보는 帝堯, 帝舜 혹은 禹王이었지, 黃帝는 아니었고, 『논어』, 『묵자』, 『맹자』 등에서는 요순은 등장하지만, 황제는 언급되지 않고 있다. 또한, 신화 속의 황제를 통치자의 시조로 여기기 시작한 것은 전국시대부터였고 漢무제 때 사마천이 황제를 사기 본기의 첫 머리에 배치함으로써 皇統 계보의 시조로 설정되었다는 것이 이미 지적되고 있다.55) 그 후 역대 군주들이 황제에 제사를 지낸 것은 皇帝의 현실적 권위의 정당성과 상징으로써 일종의 皇統의 계보를 구성하는 것이었지 청말 역사가들이 말하는 당시 4억 전체 중국인들의 공통시조로 보는 '國統'에 대한 인식 때문은 아니었다. 황제와 蚩尤와의 전쟁 역시 제후의 반란을 평정하는 의미이지 근대적 의미의 '종족전쟁'이라 할 수는 없다.56) 또한, 한대이후 형성된 유가전통을 신봉한 역대 유학자들 역시 요순을 성현의 시조로 보았을 뿐, 청대에 이르기까지 黃帝의 위상은 그다지 높지 않았다. 이외에, 민간신앙에서도 한대 초기 형성된 황노사상이 점차 도교로 발전하면서 민간 신앙에서는 黃帝를 '神仙'으로 모시기는 하였지만 수호신에 불과하여 근대 역사가들이 말하는 것처럼 모든 중국 민족의 공통된 시조나 상징물로 여기지는 않았다.

신화 속의 황제가 민족시조와 민족정체성의 상징으로 확립된 것은 청말 역사가들이 황제를 기점으로 紀年을 설정하면서부터라고 하겠다. 전통 역사학에서 사용하는 年號를 대신하는 새로운 기년 설정의 필요성 제기는 1902년 양계초의 『중국사서론』에서 처음 나타난다.57) 양계초는 여기에서 '공자기년'을 개혁파의 당론으로 제시하고

---

55) 楊寬, 『中國上古史導論』, 顧頡剛 等, 『古史辨』 7冊上篇, 香港太平書局, 1963, 189~207쪽.

56) 沈松橋, 「我以我血薦軒轅: 黃帝神話與晚淸的國族建構」, 『臺灣社會硏究季刊』(臺北) 第28期, 1997, 1~77쪽 참조; 孫隆基, 앞의 글, 72쪽.

있다.58) 비록 개혁파 역사가들은 '공자기년' 설정할 것을 주장했지만, 황제를 전체 중국민족의 시조로 보고 한족의 모든 구성원을 '황제의 후손'으로 여기는 데에는 공통된 인식을 갖고 있었다. 가령 梁이 한족 전체의 인종을 '黃帝之子孫'59)이라고 한 것이 이를 반증하고 있다. 황제를 민족전체의 시조이자 황제 탄생일을 국가 기년의 기준으로 설정할 것을 주창한 것은 1903년에 작성된 유사배의 『攘書』와 『黃帝紀年說』에서 발견할 수 있다. 그는 서양의 기년 방식을 모방하여 황제 탄생을 기년으로 사용할 것을 주장하면서,60) 역대 군주들이 권위의 상징으로 제사 지내던 '황통'으로서의 황제를 4억 漢種의 비조이자 한족 전체의 황제("黃帝者, 漢族之黃帝也")로 규정할 것을 요구한다.61) 이후 『江蘇』, 『黃帝魂』, 『二十世紀之支那』, 『洞庭波』, 『漢幟』 등 혁명파 잡지에서는 한족 전체 민족의 공통시조로 근대화된 황제의 위상과 황제 기년을 표준으로 사용하였다.62) 뿐만 아니라, 『蘇報』, 『黃帝魂』 및 혁명파의 기관지인 『民報』 등에 황제의 圖像을 게재하였는데, 황제가 머리에 면류관을 쓴 제왕의 모습으로 등장하는 것이 아니라 머리에 헝겊 모자를 쓰고 일반 서민의 모습으로 재포장되어 근대적 중국 국민이자 공통의 민족시조라는 상징물로 자리 잡게 되

---

57) 물론 '공자기년'을 가장 먼저 제기한 인물은 강유위 이다. 1898년 유교를 국교의 삼고 국교의 교주인 공자의 탄생일 을 정식 기년으로 삼아 부정한 제사를 폐지할 것을 주장한다(康有爲, 「請尊孔聖爲國敎立敎部敎會以孔子紀年而廢陰祀摺」, 湯志鈞 編, 『康有爲政論集』, 中華書局, 1998, 279~283쪽 수록). 같은 해 양계초는 『淸議報』에서 공자기년 문제를 정식으로 제기하고 있다(梁啓超, 「紀年公理」, 文集 3, 35~37쪽 참조).

58) 梁啓超, 「中國史敍論」 第6節 紀年, 文集 6, 7~8쪽 참조.

59) 梁啓超, 「中國史敍論」 第5節 人種, 文集 6, 6쪽 참조.

60) 劉師培, 『攘書』 互史篇, 朱維錚 編, 『劉師培辛亥前文選』, 三聯書店, 1998, 22쪽 참조.

61) 劉師培, 『黃帝紀年說』 互史篇, 위의 책, 3~4쪽 참조.

62) 부연하자면, 1903년에 창간한 『황제혼』에서는 당해 연도를 황제 기원 4614년으로, 같은 해에 창간한 『강소』는 화제 기원 4394년, 『이십세기지지나』, 『동정파』, 『한치』 및 『민보』는 통일된 연도를 사용하였다. 즉 1905년에 창간한 『이십세기의 지나』에서는 당해 연도를 황제 기원 4603년으로, 1906년 창간한 『민보』에서는 황제 기원 4604년으로, 1907년 창간한 『한치』에서는 황제 기원 4605년으로 사용하고 있다.

었다.63) 이와 같이 전설속의 황제는 혁명파 역사가들에 의해 근대화된 공통된 민족문화 코드로 재구성되어, 전체 중국인들의 근대적 민족과 국민의 상징물로 탈바꿈하였고, 궁극적으로 이를 통해 근대 중국민족의 혈연공동체와 민족 일체감을 강화시키는 수단으로 사용된다.

황제의 신화 만들기와 동시에, 청말 역사가들은 중국 역사 속에서의 특출 난 업적을 남긴 민족영웅을 발굴하여, '국혼'을 환기시키고 근대 민족의 부흥과 자신감을 부여하는 또 다른 문화적 코드로 사용하였다. 황제의 신화 만들기가 시조와 기년 문제라는 가장 오래된 시기의 전설을 근대적 민족주의로 재구성하였다면, 과거 기억속의 민족 영웅 발굴은 신화시대가 아니라 역사적 실체를 확인할 수 있는 인물들을 선정하여 근대적 민족주의에 맞게 재구성되었다. 당시 역사속의 민족 영웅의 계보를 비교적 체계적으로 서술한 저술로는 황절의 『黃史』와 陶成章의 『중국민족권력소장사』를 들 수 있다. 특히, 도성장은 황제에서 시작하여 진시황, 한무제, 명태조, 장건, 반초 및 악비, 정화 등을 포함한 34명의 민족 영웅을 분야 별 민족 영웅으로 선정하여 나열하고 있다.64) 이러한 민족영웅 선정은 청말 역사가들의 근대 민족국가 건설에 대한 정치적 입장에 따라 서로 다른 두 유형의 민족영웅 계보로 형성된다. 즉 역사가들의 당시의 주관적 민족 인식이 그들이 선정한 과거의 인물에게 반영되었던 것이다.

당시 통치계층인 만주족을 옹호하는 것은 물론이고 역사상 묘족, 장족, 몽고가 모두 한족에 동화되어 이미 '漢種'이 되었다는 대민족주의를 주장하던 양계초 등 개혁파 역사가들은 역사상 한족과 이민족 (주변 족군)과의 대립과 충돌을 일으켰던 인물들을 민족 영웅 서술

---

63) 김선자, 앞의 책, 163~164쪽. 이외에 청말 시기 황제를 높이는 '황제열풍'과 민족주의에 대한 연구로 梁京和, 앞의 논문(「淸末'尊黃'思潮與民族主義」, 『河北師范大學學報』 第1期, 2007), 115~120쪽 참조. 흥미로운 것은 혁명파의 기관지인 『민보』의 창간호에서도 황제의 형상을 확인할 수 있다.

64) 陶成章, 앞의 책, 213~214쪽.

대상에서 배제시키는 모습을 보이고 있다. 그 가운데 '다민족 일국가'와 국가주의의 입장을 지닌 양계초의 경우에 영토를 개척하거나 이역 땅에 중국의 위엄을 떨치는데 혁혁한 공적을 세운 인물을 민족 영웅으로 선정하였다. 예컨대 양계초는, 전국시대 서북방의 유목 민족의 복식을 수용하여 胡服騎射 개혁을 단행함으로써 주변의 땅을 정복하고 그 영역을 확장한 趙武靈王, 한나라 때 서역으로 가는 길을 개척하고 비단길을 장악한 張騫, 후한 시대 흉노를 서쪽으로 몰아내는데 큰 공적을 세운 班超, 그리고 명나라 때 콜럼버스 보다 72년 빠르게 해외 원정을 통해 국위 선양에 혁혁한 공을 세운 鄭和 등을 민족 영웅으로 서술하였다. 이러한 민족 영웅의 선정과 역사 서술은 양계초 자신의 국가주의적 입장을 반영한 것으로 당시의 중국이 서구 열강의 약육강식의 대상이 아니라 서국 제국주의와 동등한 위상과 지위가 있는 우수한 민족임을 부각시키려는 목적을 가지고 있었다. 이는 그의 국가주의 입장이 팽창주의적 민족주의로 나아갈 수 있다는 가능성을 보여주는 것이기도 하다. 흥미로운 것은 앞서 언급한 바와 같이 몽고와 만주족 등이 이미 한족에 동화되었다는 양계초의 논리에 따르자면, 역사상 영토 확장에 혁혁한 공을 세운 몽고의 징기스칸이나 만주족의 강희, 건륭 등 비한족 인물들도 역사서술의 대상으로 선정해야겠지만, 비한족 인물들은 배제되고 한족 출신만 국한하여 민족 영웅을 서술하였다는 점이다. 이는 개혁파 역사가들이 비록 주변 '민족(족군)'을 동화의 대상으로 여기기는 했으나, 근대 민족국가를 건설하는 과정에서는 한족의 주도권을 잡아야 한다는 그들의 정치적 입장을 반영한 것이라 할 수 있을 것이다.

한편 개혁파 역사가와 달리 한족만을 유일한 國族으로 규정하고 있던 혁명파 역사가들은 이민족의 정복에 저항 혹은 항거한 한족인물을 민족 영웅으로 선정하고 있다. 이들은 예컨대, 여진족인 금나라에 의해 북송이 멸망할 무렵 금나라 군대를 저지하는데 전공을 올렸지만 북송 정부의 명령을 복종하지 않았다는 이유로 투옥 살해된 岳

飛, 남송이 멸망할 무렵 원나라에 항거하다 사형을 당한 文天祥, 명나라가 멸망할 무렵 청나라에 저항한 王夫之, 그리고 청정부에 맞서 항거한 鄭成功과 洪秀全 등을 선정하여 한족의 민족 영웅으로 서술하였다. 개혁파 역사가들이 한족 우월주의를 암묵적으로 조심스럽게 표출했다면 혁명파 역사가들은 공개적인 대한족주의 입장을 취하고 있다. 혁명파 역사가들이 한족의 영웅들을 선정한 것은 이들이 끊임없이 이민족의 침략에 맞서 저항 혹은 항거하여 한족의 순수성을 지켜냈다는 점을 강조함으로써, 한족으로서의 공동운명과 자아 인식을 강화하기 위해서였다. 뿐만 아니라 이는 역사 연구를 당면 과제인 배만 혁명의 여론 형성 수단으로 사용한 것이고, 나아가 이러한 한족의 저항정신을 통해 배만 혁명을 성공적으로 이끈 후 '일민족 일국가'라는 근대국가 건설을 하고자 했던 그들의 정치적 입장을 반영한 것이다.

이상을 정리하면, 혁명파 역사가이든 개혁파 역사가이든 이들은 국가사로서 '중국사' 서술의 기본 원칙으로 개별 인물의 서술보다 전체 구성원으로서 민족 공동체(민족과 인종 혹은 국민)의 역사 서술에 역점을 두어야 한다는데 공통된 인식을 갖고 있었다. 그러나 이들 역사가들은 전체로서의 인종이나 민족이 아니라 황제 신화나 역대 개별적인 인물에 역점을 두었고, 이는 그들이 제시한 기본 원칙과 모순되는 것이었다. 또한 역사 속의 영웅적인 인물이 민족 전체를 대표할 수 있는지가 불분명함에도 불구하고, 개별적인 인물을 전체로서의 민족공동체의 발전사와 동일시 혹은 일치시켰다는 문제점을 지적할 수 있다. 실제로는 청말 역사가들이 정치적 입장에 따라 20세기 초에 형성된 자신들의 주관적 민족의식을 역사속의 영웅들에게 투영함으로써 과거의 인물들을 마치 근대적인 민족 영웅으로 재포장, 재구성하였던 것이다.

5. 맺음말에 대신해서

중화민국 건립이후 5.4신문화 운동을 전후로 하여 국가사로서 중국의 역사학은 보다 조직화되고 전문화 과정을 거치게 되었다. 이후 중국 역사학계는 胡適과 傅斯年 등의 실증사학, 錢穆과 劉诒徵 등의 문화사학 및 이대조 등의 맑스주의 사학 등 다양한 서구의 역사학 사조를 도입하였다. 그러나 큰 틀에서 보자면 중국역사를 서로 다른 민족이 끊임없이 동화 혹은 융합 발전하는 역사로 묘사하고 있다는 측면에서 신해혁명 시기 양계초를 중심으로 하는 개혁파 역사가들의 민족주의 입장과 역사관이 계승 발전되었다고 볼 수 있다. 오늘날의 중국 관방사학에서 보편주의적인 세계화 보다는 중화민족의 민족성을 고취하는데 역점을 두고 황제를 민족의 시조로 설정하거나 황제의 대형 조형물을 만들어 상징화시키는 것 역시 20세기 초에 탄생한 민족주의 역사관과 국가사로서 '중국사'의 연장선상에서 이해 할 수 있을 것이다. 물론 1920년대 실증주의와 반전통주의를 표방했던 신고증학파인 顧頡剛과 부사년 등이 민족주의 사학이론과 방법론을 비판하여 일정정도의 자정능력을 보였지만, '고사변(古史辨)'과 '이하동서설(夷夏東西說)'에서 그들이 토론하고 있는 중심 담론은 중국민족의 기원과 형성에 관한 것으로 민족주의 역사학 만들기의 또 다른 모습이었다.

특히 1930~40년대 일본의 만주침략과 제2차 세계대전 발발로 20년대 민족주의 역사학을 비판하였던 고힐강과 부사년 역시 기존 입장을 대신하여 『우공(禹貢)』 잡지와 『동북사강(東北史綱)』 등에서 민족주의 역사학으로 전환하였고, 전목의 『국사대강』과 유이징의 『중국문화사』 또한 강력한 민족주의 정서와 정신이 깃들어 있었다. 심지어 1940년대 출현한 뢰해종(雷海宗) 등의 상대주의 역사학파는 역사학을 중화민족부흥의 도구로 사용하기도 하였다. 또한 중화인민공화국 건립이후 '통일적 다민족국가' 건설과 유지라는 현재적·정치적 목적에 맞게 전통의 중국 역사가 민족주의 역사가들에 의해 재구성되고 있다는 측면에서 국가사로 '중국사'가 도구화, 수단화되고 있다는 비판을 면치 못할 것이다.

독일 양말 공장의 한인여성들

- 한독개발원조 관계 속 젊은 한인여성들의 삶 -

나혜심

1. 머리말

1966년 10월 5일 독일 서북지방의 지방신문인『베스트팔렌 포스트(Westfalen Post)』는 한복을 차려입은 여성들의 사진과 함께 한 기사를 실었다. 그 제목은 "양말대학에 선 한인여성들"이다. 당시로부터 약 5년 전으로 거슬러 올라가 시작된 독일생활의 기원에 대해 설명하고 있는 이 기사는 맨 마지막에 사진 속에 있는 한 여성이 했을 법한 다음과 같은 인사말로 끝을 맺는다.

우리는 슈말렌베르그, 가족들 그리고 우리의 자유시간에 다정하게 대해주던 모든 이들, 우리가 자우어란트에서 보낸 아름다운 시간들을 절대 잊지 않을 것이다. (…중략…) 감사를 표한다.

이 여성들은 1963년에 독일 중부 자우어란트(Sauerland) 지방 한 도시에 있는 섬유공장에 왔던 여성들이다. 기사에 의하면 그들은 이 공장에 보다 높은 교육을 받기 위하여 왔고 이제 막 그 교육기간을 끝내는 시험에 통과하여 신문의 표현대로 '대학'에 서 있는 상태이다. 대학이 학문의 중심인 것을 생각하면 이들의 양말대학이라는 표현은 양말 공장에서의 단순한 노동 행위와 이를 배우기 위해서 3년 이상의 세월을 보낸 여성들의 삶을 아이러니하게 믹스하고 있다. 그럼에도 불구하고 이 여성들의 감사표현이 마지막을 장식한 것은 가난한 먼 타국에서 날아와 그들이 고국에서 받기 어려웠던 '고등교육'을 받게 해준 나라에 대한 감사의 표현이 담겨 있다.

1960년대와 70년대에 인구는 넘쳐나고 일자리는 부족하고 대외원조에 의지하여 일부 기업들을 중심으로 하는 급속한 산업화과정에 있던 한국은 비록 가공무역이기는 했지만 급속하게 수출품의 양을 늘려가던 상황이었다. 한국에서는 도시와 농촌 간 발전의 불균등 속에서 많은 어린 여성들이 공장지대와 소규모의 섬유공장들에 찾아들어 가정 경제에 도움을 주고 있던 이 시기에 국가를 떠나서 이 과정을 직, 간접적으로 도왔던 사람들이 있었다. 독일지역만 제한적으로 이야기하면 광부와 간호사들이 주로 그런 이들이었다. 이들이 어떻게 독일에 가게 되었고 어떤 노동을 했고 어떤 대우를 받았는지에 대한 역사적인 연구도 매우 미진한 상태이기는 하지만 이들 주변에는 이들보다 더 주목되지 않았던 여성들이 (아마도 여성들만은 않았을 것이지만) 있다. 그 중의 일부가 위에 묘사되었던 이들이다.

이 여성들은 간호사와 광부의 독일행보다 이른 시기에 독일 땅을 밟았으며 그들과 동시대에 그곳에서 생활하였다. 간호노동자의 파독이 초기의 종교단체와 연계되어 시작되고 개인적인 경로를 통하여 확대되고 1969년에 이르러서 독일병원협회와 한국해외인력공사의 공적인 사업으로 진행되고 있던 바로 그 시기에 다른 한 쪽에서 매우 소수이기는 했지만 이들 여성보다 더 어린, 고등학교 졸업을 전후한 여성들이 독일 땅으로 향했다. 전문간호인력 이전에 간호학생으로 이미 한인여성들이 독일로 향했기 때문에 이들 어린 여성들의 독일행은 그다지 특별한 일이 아닐 수도 있다. 그러나 아직까지 이들에 대한 연구는 물론이고 다른 한인이주자들 스스로가 드러내는 기억의 조각들과 같은 형태로, 예를 들면 수기, 회고록, 개인전기 등의 형태의 글에서 조차도 이들의 흔적은 거의 알려지지 않았다. 한국 현대사 내에 여성들의 삶과 질곡에 관한 어떤 글도 이들 여성들에 대해 주목하고 있지 않다. 또한 1960년대와 70년대 한인들의 해외 이주와 취업에 관한 글에도 이들에 관한 언급은 없다. 혹 '기능공 및 기타 서비스 종사자'라는 표현이 바로 이들을 포함하는 것인지는 모르겠다.[1] 최근에 과거사 위원회의 보고서에는 1961년 12월 한국과 독일이 차관과 기술원조 협정을 맺은 후 소규모로 기술교육생들이 독일로 갔었다는 것에 대해 언급하고 있으나 이들 역시 광부의 경우를 의미하는 것이었다.[2] 더구나 이 여성들의 독일 행은 이 소규모 기술교육생의 경우보다 먼저 시작된 일이었다. 이제까지 확보한 기록에 의하면 1958년부터 이들의 역사는 시작되었고 1975년 경 끝이 났다. 그들의 숫자가 얼마인지 정확하게 알지 못하지만 매우 적은 규모였다. 그러나 이들 역시 당시 한국과 독일의 상황적인 이해관계 속에 국경을 넘었던 이들이다. 간호 인력이나 광부가 가족들에게 돈을 보내어 가족과 간접적으로는 국가적인 경제발전에 기여했듯이 이들도 매우 적은 월급이지만 그 대부분을 모아서 고국으로 보냈다.

파독노동자의 범주에 속하지 않았던 이들 기술교육생(fortbildung oder weiterbildung)들의 숫자는 매우 적었고 이 일에 관련된 독일기업 역시 한정적이다. 하지만 그들 역시 어느 한 시기의 한국과 독일사회가 각기 원하는 목적을 위해 국경을 넘었던 역사적 대상이기 때문에 이들에 대한 역사는 드러내어져야 한다. 이 글의 목적 중 하나는 바로 이들의 존재를 드러내는 데에 있다. 다른 하나는 당시 한국에 대한 독일의 원조의 실제적인 의미를 다른 측면에서 생각해보는 계기를

---

1) 정해본, 「서독진출」, 박래영, 『한국의 해외취업』, 아산사회복지사업재단, 1988, 155쪽.
2) 진실, 화해를 위한 과거사위원회, 2008년 하반기 조사보고서, 『파독 광부·간호사의 한국 경제발전에 대한 기여의 건』 제1권, 180쪽.

갖는 데에 목적을 두고 있다. 전후, 그리고 한국의 경제적 근대화과정의 해외 원조에 대해서는 거의 미국의 경우만이 연구자들의 관심을 받아왔다. 물론 양적인 측면에서 그리고 원조제공이 오늘날의 한국을 둘러싼 역학관계를 만들 것과 관계해서 이는 당연한 일이기는 하다. 그러나 독일 역시 한국의 근대화과정에서 상당히 중요한 위치를 차지하고 있는 것은 분명하다. 그런데 이 원조관계에서 한국 측이 받은 시혜만이 강조되고 있고 그 근거는 다른 어떤 것보다도 경제적인 발전과 팽창에 한정되어 있다.[3] 기술교육생으로 갔던 여성들의 삶은 이 일방적인 시혜라는 관점을 제고해보는 계기가 될 것이다.[4]

다른 한 가지는 경제발전을 위하여 해외로 보내졌던 사람들을 바라보는 우리의 관심의 범위와 관계가 있다. 1960년대와 70년대에 독일로 갔던 광부나 간호사, 그리고 베트남으로 파병된 군인들의 역사는 한국의 경제적 근대화를 위한 박정희 정권의 개발독재에 강제적이거나 또는 자발적으로 동원되어진 이들이라는 것은 이미 널리 알려진 일이다.[5] 그 근대화과정의 결과물 위에 서있는 현대의 한국사회는 그들이 나라를 위해서 희생되었고 그 도움과 희생에 대한 미안함과 안타까움으로 그들을 바라본다. 이는 학계나 또는 언론매체 공히 갖고 있는 생각이다. 그러나 그것뿐 그들이 어떻게 우리는 위해서 희생되었는지에 대한 관심은 가져보질 않는다. 그런 무관심은 이들

---

3) 이 시혜라는 관점에 대해서는 이성봉, 「한독 경제협력에 대한 제도적 분석과 개선방안」, 『질서경제저널』 제12권 1호, 2009년 6월 참조. 이 글에서는 특히 1960년대에서 1980년대까지의 양국의 관계에 대한 설명에서 독일의 한국 측에 대한 일방적인 자본 원조 및 기술지원이 이루어졌던 점을 강조하고 있다.

4) 최근 경제적 원조관계 속에서 독일의 노동력부족을 해소해 주었던 광부나 간호사 파견은 독일의 긴급한 노동력 부족이 해소에 도움이 되었으므로 이는 사실상 거꾸로 된 개발지원의 의미를 갖는 일이었다는 주장이 제기되었다. 이에 대해서는 Sun-Ju Choi/You Jae Lee, "Umgekehrte Entwicklungshilfe. Die koreanische Arbeitsmigration in Deutschland", in: Koelischer Kunstverein u.a., (Hg.), Projekt Migration, Koeln 2005, pp. 735~742.

5) 예를 들면, 조희연, 『박정희와 개발독재시대』, 역사비평사, 2007, 42쪽. 그러나 이 책에서 서독으로 보낸 광부와 간호사가 일종의 지급보증이 되어 차관을 얻었다는 주장은 역사적 사실과 다르다.

정규적인 인력 이외에 기술교육생이라는 명분으로 노동력을 제공했던 여성들의 존재와 삶에 대한 무지로 연결되어졌다. 이 글에서는 한국현대사에서 전혀 주목되지 않았던 여성들의 삶을 드러내고자 한다. 물론 이 한편의 글로 이들의 삶의 족적에 대해 전부 드러내겠다는 것은 아니다. 그 전체적인 규모나 이들의 독일생활, 또는 한국으로의 귀환여부 등 너무나 많은 것들이 불명확한 상태이기 때문이다. 독일 쪽에서 찾을 수 있는 약간의 자료 이외에 남아 있는 것이 없기도 하지만 그들이 노동자와는 달리 기술교육생이라는 특성으로 인해 남겨둘만한 기록도 많지 않다. 따라서 이들을 모두 분명하게 하는 데에는 많은 시간과 노력이 필요할 것이다. 그렇기 때문에 이 글에서는 많은 과제를 남겨두고서라도 이들의 존재여부와 그 흔적을 양국의 역사적 상황 속에서 살펴보는 작업의 시작의 의미를 갖는다. 이는 또한 이주노동력이 상이한 경제 발전의 차이가 있는 국가 간의 국경을 넘어 이동하면서 양 국가가 공식적으로 세웠던 명분과는 달리 실질적으로 어떤 유형의 삶들을 영위했는지에 대하여 생각해보게 될 것이다. 궁극적으로는 이주발생의 공적이고 사회적인 영역을 넘어 실질적인 이주민의 삶에 대해 보다 구체적으로 접근하는 계기가 될 것이다.

2. 기술교육생 파견의 역사

『베스트팔렌 포스트』는 이들 여성들이 '양말대학' 올 수 있었던 경위를 다음과 같이 설명하고 있다. 독일 자우어란트지방의 한 도시 슈말렌베르그(Schmallenberg)에는 벨틴스(Veltins, Wiethoff & Co., Schmallenberg)라는 기업이 있다. 이 기업의 공동소유주인 파울 비트호프(Paul Wiethoff)는 부퍼탈(Wuppertal)의 한 친구에게서 그 시점으로부터 약 5년 전에 제의를 하나 받았다. 그 친구란 1956년 아시아지역 학생장려장학회

(Gesellschaft zur Foerderung und Betreuung asiatischer Student)란 단체를 설립해 이끌던 카알 타케(Karl H. W. Tacke)였다. 그는 비트호프에게 한국전 이후 한국사회의 빈곤 상을 설명하고 한 사제의 교육사업에 동참할 것을 제안한 것이다. 그 사제는 약 13년간 중국에서 생활한 경험이 있는 프란츠 아이힝어(Franz Eichinger) 신부였다.6) 그는 독일로 돌아온 후에 개인적인 동기에 의해 아시아인을 위한 교육 프로그램을 만들고자했다. 아이힝어는 독일이 한국에서 진행하고 있던 개발원조사업을 지켜보면서 돈만이 아닌 교육을 통하여 사람들을 도와야 한다고 생각했다고 한다.

1955년 이래로 진행되던 외국인고용정책에 맞추어 이미 외국인노동자(Gastarbeiter)를 고용하고 있던 비트호프는 처음에는 이에 대해 동의하지 않았지만 결국 이 일에 동참하게 된다. 이 과정에서 타케는 아이힝어 신부와 함께 그 교육프로그램에 공조하고 있던 당시 서독 대사 신응균 장군을 소개받기도 하였다. 이를 계기로 그는 1963년에 28명의 뜨게질판정관을 교육시키기로 했었는데 약 3년 반 동안의 교육을 마친 그들 중 21명이 전문직업시험에 응시하여 그 중 19명이 통과하였고 그들에 관한 기사가 이날 신문에 보도된 것이다.7)

이 일에 먼저 뛰어들었던 타케는 부퍼탈에서 여성속옷 생산 공장을 경영하고 있었다. 1960년대에 이미 약 500명의 종업원이 일을 하던 그의 공장에는 90% 이상의 종업원이 여성이었다. 타케는 1910년에 바멘(Barmen)에서 태어났고 부퍼탈에 처음에는 여성 속옷을 그리고 나중에는 겉옷생산을 하는 기업을 운영하였다. 그는 1954년 가톨릭

---

6) 아이힝어 신부는 이수길과 이종수와는 별개로 간호인력의 부족문제 해결을 위한 모색 속에서 한국간호학생의 독일 행을 진행하는데 협조했던 사람이다. 이에 대해서는 노르트라인-베스트팔렌(Nordrhein-Westfalen)주 수도인 뒤셀도르프의 인력관리소에서 연방 노동중재 및 실업보장국에 보낸 편지. Bundesarchiv-Koblenz B. 149. Nr. 22428, Betr.: Anwerbung von koreanischen Pflegeschuelerinnen.

7) "Koreanerinnen auf der Strumpf-Universitaet", 1966.10.5. Bundesarchiv-Koblenz, B. 149. Nr. 22408.

독일학생연대(Katholische Deutsche Studentenverbindung Falkenstein(CV))의 명예회원으로 선정되었고 이후 특히 아시아지역 출신학생들의 지원단체인 "Gesellschaft zur Foerderung und Betreuung asiatischer Studenten"을 1956년에 만들었다. 이 사업으로 해서 그는 1962년에 일본 나고야의 난잔(Nanzan) 대학에서 명예 철학박사학위를 받았다. 그리고 1971년에 아들들에게 회사를 넘겨준 후 1975년에 박사학위를 받은 후 한국의 한 대학에서 교수로 재직하였고 2008년에 사망하였다.

그는 사실 한국 현대사의 한 켠에 적지 않은 역할을 한 사람이다. 특히 한국인의 독일이주사의 초기에 그렇다. 1966년에 독일에서 일하던 한인 의사들과 한국의 해외개발공사가 한인간호사들을 파독시키는 것에 합의하고 일을 본격적으로 진행했는데 그 이전부터 한인 간호인력들은 이미 개별적인 경로를 통하여 독일 병원과 노인들의 곁에서 일을 하고 있었다. 그 개별적인 경로에는 종교적인 선행과 사회봉사의 일환으로 간호교육이라는 명분을 실천하기 위해 한인여성들을 독일로 데려갔던 것들이 있었다. 8) 바로 이 과정에 타케는 깊이 간여하였다. 그는 1959년 12월, 12명의 한국여성들이 독일에 도착했을 때 이들을 마중하였던 적이 있는데 이 여성들은 부퍼탈의 파트루스병원(Patrus-Krankenhaus)에서 간호교육을 받았다. 타케는 독일의 가톨릭계 선교단체인 슈타일러 선교회(Steyler Mission)와 연관을 갖고 이 일을 진행하였다. 그러나 그는 이미 바로 전 해에 자신의 공장에 한국인 노동자들을 실습을 위하여 데려왔었다.

이와 같이 한국 여성들을 공장의 기술교육생으로 받아들이고 간호학생으로 받아들이는 일을 했던 타케는 1963년 들어 자신의 친구에게도 권하면서 이 일을 확대하고자 하였다. 1958년의 첫 시도 이후 1973년까지 그는 기술교육생을 받아 자신의 공장에서 일을 시켰는데 그 사이에 얼마나 많은 인력을 더 데려갔는지는 현재로서는 알

---

8) 나혜심, 「파독 한인여성 이주노동자의 역사」, 『서양사론』 100호, 2009년 3월, 262ff쪽.

길이 없다.9) 또한 1965년 4월에 독일 연방 노동중개 및 실업보장국 (Bundesanstalt fuer Arbeitsvermittlung und Arbeitslosenversicherung)10)이 연방 노동 및 사회질서부의 장(Bundesminister fuer Arbeit und Sozialordnung)에 게 보낸 문서에 의하면 아이힝어 신부가 노르트라인과 베스트팔렌의 몇 몇 기업에 기술교육생을 보내는 일을 중개했다고 되어 있어 많지 는 않아도 두 회사 이상에서 이 일을 했을 가능성은 있다.11)

그러면 이 과정에 간여한 이들이나 기관들은 어떤 것이 있는가? 이에 대해서는 1965년에 추가로 여성 기술교육생들을 받는 문제를 두고 이루어졌던 공방을 통하여 살펴볼 수 있다.

1965년 여름에서 가을 사이에 주한 독일 대사관과 노동자고용에 관련된 독일의 각종 정부기구들, 그리고 독일의 기업가들 일부 및 종교단체 소속인들 사이에 한국의 여성들, 특히 21세 이하의 여성들 30명을 독일로 받아들이는 문제와 관련해서 공방전이 벌어지고 있었 다. 구체적으로는 비트호프의 공장으로 가게 되어 있는 여성들에 비 자를 내어주는 문제에 관한 것이었다. 당시 잉골슈타트(Ingolstadt)에 살고 있던 가톨릭 사제 아이힝어는 이들 중 미성년자들에 대해서 법 적인 보호의 책임을 자신이 지겠다고 하면서 이 일을 돕는다. 그는 이들에 관한 초청문제로 한국에도 다녀왔다.12)

이 일을 두고 기관들 간에 설전이 벌어진 이유는 이들이 미성년이

---

9) 고용계약을 맺고 각종사회보험을 지불하는 노동자들과는 달리 기술교육생들의 독일체 류기록은 쉽게 찾을 수 없다. 또한 이미 본 것과 같이 초기에 이들을 데려갔던 것은 국가 적인 기구가 아니라 개인적이거나 사적인 단체를 통해서였다. 물론 이 시기의 종교단체 의 기록을 살펴서 이들의 흔적을 보다 자세히 추적할 수 있을 수도 있지만 이를 위해서는 많은 시간과 노력이 필요하다.

10) 연방정부내의 최초의 독립기구로서 일반 연방기구들의 부(部)와 구별하기 위해 국으로 번역하였다.

11) 이 공문은 1965년 4월 6일 양 기관 사이에 전해졌다. Bundesarchiv-Koblenz. B. 149. Nr. 22428. Betr.: Beschaeftigung suedkoreanischer Arbeitnehmer in der Bundesrepublik Deutschland.

12) Bundesanstalt fuer Arbeitsvermittlung und Arbeitslosenversicherung이 Bundesminister fuer Arbeit und Sozialordnung에 보낸 공문, 1965.4.6, Bundesarchiv-Koblenz, B. 149. Nr. 22428. (4).

라는 데에 있었다. 그러나 보다 심층적인 이유는 이 일을 추진하는 기업들의 목적과 관계가 있었다. 즉 개발원조의 차원에서 자신들의 사비를 들여 가난한 나라의 여아들을 교육시킨다는 그들의 명분이 단지 명분일 뿐이며, 실질적인 목적은 독일 내 심각한 문제가 되어 있는 '노동력 부족의 해소'를 위한 것이 아닌가 의심스럽다는 것이다. 이 의심은 이전부터 있어 왔다. 예를 들면 1962년 10월 1일과 1963년 6월 12일의 공문에서 독일연방내무부 장관은 타케에게 그가 하는 일이 노동력 부족을 해소하기 위한 방식이 아님을 명확히 한 후에야 허가를 하리라는 점을 강조하였다.13) 그는 덧붙여 순전히 교육을 위한 것이어야 하므로 교육이 끝난 후 그 교육생들이 독일에서 일하는 것은 허락되지 않는다는 점을 분명히 하였다.

1965년에 인원을 추가로 받는 문제가 논의될 당시 주한 독일 대사관에서는 타케와 아이힝어 신부의 일에 대해 부정적인 입장을 보이고 있었다. 그들이 너무 어리다는 이유 때문에 비자허가를 연기하면서 이 문제에 관하여 연방경제지원부와 연계해서 더 신중하게 상의해야 한다고 생각하고 있었다. 더구나 아직 비자도 허락하지 않은 상황에서 이들의 체류허가를 본국에 신청한 처사에 대해 문제시 하고 있었다.14) 그러나 대사관의 반대이유에는 이전의 경우에 비추어 볼 때 교육생의 교육 명분이 의심스럽다는 점이 있었다. 그 의심은 1965년 7월 14일 타케에 보낸 공문에서도 드러나는데 대사관에서는 한국의 간호교육을 위하여 독일로 데려간 여성들이 과연 원래의 목적대로 한국으로 돌아가 병원에 자리 잡았는가 하는 것에 대한 회의를 드러낸다.15) 연방경제지원부 장관(Bundesminister fuer Wirtschaftliche

---

13) Der Bundesminister des Innern이 타케에 보낸 편지. Bundesarchiv-Koblenz, B. 149. Nr. 22408. Betr.: Einreise und Aufenthalt koreanischer Fachlinge.

14) 주한 독일 대사관이 외부부에 보낸 65년 7월 16일자 공문에 첨부된 대사관 사무총장 Thier의 기록문. Bundesarchiv-Koblenz B. 149, Nr. 22408.

15) 대사관 사무총장 티어가 타케에게 1965년 7월 14일에 보낸 편지, Bundesarchiv-Koblenz, B. 149. Nr. 22408(2).

Zusammenarbeit) 역시 어린 여성들의 도입에는 부정적이었다. 이는 1965년 10월 12일에 있었던 관계부서들간의 회의에서도 제기된 바 있다. 연방노동과 사회질서부 내에도 반대의견이 있었다.

이 일이 성사되었는지 아닌지는 알 수 없다. 그러나 1972년 11월 13일 타케가 본(Bonn)의 연방노동 및 사회질서부 장관(Bundesminister fuer Arbeit und Sozialordnung)에 편지를 보내어 8명의 실습생이 부퍼탈 상공회의소로부터 직업교육 후 치룬 시험에 통과했다는 공문을 받은 사실을 이 기관에 알린 것을 보면 사업이 중단되지는 않았던 것 같다. 이들의 체류가 3~4년 걸리는 것으로 보아 1965년 위의 건은 반드시 아니더라도 여성들이 독일 행은 계속되었던 것으로 보인다.[16] 이런 과정과 함께 한 가지 주목할 만 한 일은 독일 정부기관 내에 이들 기술교육생들이 실질적인 교육생인지의 여부를 두고 논의가 오고가 던 시기에 한국에 타케의 주도 하에 기술학교가 설립되었던 점이다. 이 기술학교가 한독여자실업학교(korean german girl's Technical School)이 다. 이 학교는 1964년에 아시아지역 학생장려장학회의 사업과 연관되 어 한국에 왔고 부산의 명예영사를 했던 슈미트케(Kurt Karl Schmidtke, 1942~2003)[17]가 1965년에 독일정부의 지원을 받아 설립한 학교이다. 그리고 이 학교의 설립에는 당시 한국의 교육부도 간여한 것으로 알 려져 있다. 이후 타케는 독일 정부기관에서 이 사업의 진의를 의심할 때마다 이 학교에 교육자(Lehrkraefte)로 여성들을 보낸 적이 있다는 점을 자신들 사업의 진의성에 대한 증거로 언급하였다.

---

16) 타케가 연방노동 및 사회질서부에 보낸 보고문, Betr.: Abschlusspruefung von koreanischen Praktikantinnen, Bundesarchiv-Koblenz, Bd. 2183(1).

17) Schmidtke(1942~2003) 부산의 명예영사로서 독일 부퍼탈 출생이다. 22세 때인 1964년 2월 독일 "아시아지구 학생장려 장학회"를 통해 한국에 오게 되었다. 1965년 독일정부의 지원을 받아 한독여자실업학교를 세운다. 1967년 10월 1일자 〈가톨릭 시보〉에 의하면 슈미트케가 이 해 10월 12일에 이 학교를 설립했다고 되어 있는데 그는 이미 부산지역에 서 활발한 활동을 벌여 부산시장으로부터 8.15 광복을 기념하는 표창장을 받았다고 되어 있다. 그는 이외에 지리산 수련원, 유치원, 부산독일문화원 등을 건립하고 40여 년을 한 국에서 생활하다 2009년 12월 11일 세상을 떠났다.

1971년 독일 외무부, 연방경제지원부, 연방내무부, 연방경제와 재정부 등의 기관은 다시 타케가 한국에서 들여오려는 50명의 실습생들의 허가 문제를 두고 논의한다.18) 그 이유는 1971년 7월 26일 한독여자실업학교(korean german girl's Technical School)의 교장이 타케에게 보낸 편지 때문이었다. 이 학교장은 매년 10~15명에 걸쳐 약 50명의 여성들을 타케의 기업에서 받아줄 수 없는지 묻는다.19) 여기에는 부산교육청(Pusan Board of Education)의 교육감실의 추천서가 동봉되어 있다.

이 공문이 전달된 후 타케는 이들을 섬유 및 의류제조(Textil-und Bekleidung) 교육에 초대하기 위한 별도의 초청장과 고용조건을 만들었고 이 내용이 독일의 노동법적인 조건에 충족하였다는 생각에 이를 기반으로 1972년 11월 13일 주노동청에 이 여성들의 노동 및 체류허가를 요청하였다. 이 일은 성사되어 그 인원 중 20명이 우선적으로 1973년 초에 독일로 갔다. 그 후 외국인 노동자고용정책이 1975년 들어 중단되게 되면서 독일연방노동부 으로부터 초청불가 조치가 내려졌다.

3. 기술교육생들과 그들의 일

이 여성들은 무엇 때문에 독일에 갔으며 어떤 일을 했으며 이 일을 중재한 종교단체와 기업인은 무슨 목적과 동기로 이 여성들을 독일로 데려갔던 것일까? 왜 이들이 당시 이 기업들에서 기술교육을 받게

---

18) Bundesminister fuer Arbeit und Sozialordnung이 Auswaertigen Amt, Bundesminister fuer wirtschaftliche Zusammenarbeit, Bundesminister des Innern 등의 기구에 보낸 공문, Betr.: Fort-und Weiterbildung koreanischer Pratikanten bei der Firma Tacke, Wuppertal, 1971. 9. 28, Bundesarchiv-Koblenz, B. 2183.

19) 한독여자실업학교 교장이 타케에게 1971년 7월 26일에 보낸 편지, Bundesarchiv-Koblenz, B. 2183.

된 것일까? 왜 이들의 파독 역사는 알려지지 않은 것일까? 이들의 존재에 대해 알지 못하는 것은 현재 한국의 국민들이나 연구자들만이 아니다. 독일로 갔고 그곳에서 30~40여 년을 살아온 간호여성들 역시 이들에 대해 잘 알지 못한다. 그저 들어본 것은 있다는 정도였다.

"여직공들이 있었다는 이야기 들어보셨어요? 부퍼탈이나 이런 곳에 직물공장 같은 데에…"(질문에 대해) "나는 그걸 몰랐는데 나중에 여기 어느 신학공부하시는 분의 부인이 우연히 들으니까… 그 길로 왔었다가 한국에서 이 분을 사귀어서…"[20]

약 30~40년을 독일에서 직업을 가져온 이 간호여성도 이들의 존재를 매우 우연한 계기로 알게 되었고 이들의 독일 내 사회적 흔적은 간호여성들의 독일에서의 삶에 대한 이야기 어느 곳에서도 전혀 들을 수 없었다. 다만 독일 이주한인들을 대상으로 사회복지사로 활동했던 여성은 이주사 전반에 대한 약 35년간의 경험 속에서 이에 대한 이야기를 전해주었다.

그 때 당시에 타케라는 사람이 … 한국이 전쟁 후에 너무 어려우니까 걔네들을 모아가지고 이 타케 그 때 당시에 양말공장이었거든 거기서 이제 실습생 형식으로 데리고 온 거야 정식 노동자로는 데려올 수 없기 때문에 실습생으로 해서 데리고 와서 온전히 일을 시킨거야[21]

이와 같이 이들 여성들은 한인들에게조차 기억되지 않는 사람들이다. 그런데 2008년 우연히 독일 자우어란트를 지나는 기차 안에서

---

20) 1945년 서울 출생, 67년에 간호보조원으로 독일로 가서 간호학교 교육을 거쳐서 간호사, 공동체 간호사로 활동했던 여성.
21) 1963년에 간호학생으로 가서 교육 후 간호사로 활동하다 사회복지 대학을 거쳐 한인 이주노동자들을 상담하는 사회복지사로 활동했던 여성.

만난 한 독일인 할머니는 그들의 존재에 대한 기억을 갖고 있었다. 그가 그들을 기억하는 이유는 그들에게서 받은 인상 때문이었다. 표현에 의하면 그들이 하는 일에 비하여 차림이 너무나 어색했고 이상했다. "매우 말끔하게 잘 차려입고 다녔다"는 것이다. 자우어란드는 벨틴스가 있던 곳이다. 그 독일인 할머니의 눈에 비친 한인여성들은 가난한 나라에서 양말 공장으로 일하러 온 외국인이 마땅히 입어야 할 수준의 옷이 아닌, 단정하고 말끔한 옷을 입은 모습이었고 그래서 매우 인상적이었던 것 같다.

그러나 타케나 비트호프가 데려갔던 이 여성들은 정식노동자가 아닌 교육실습생이었고 문건들에는 Weiterbildung이나 Fortbildung이 이들의 고용 목적으로 되어 있다. 아주 기초적인 기술습득을 위한 독일사회로서의 진입은 독일이 정책적으로 막고 있었기 때문에 이론적으로 이들은 일정한 기술을 이미 익힌 사람들이고 좀 더 고급의 기술을 익혀야 하는 이들이었다.

그러나 이 여성들은 앞의 사회복지사로 일한 여성이 이야기한대로 '온전히' 일을 했다. 그리고 비트호프에게 이런 사업을 하도록 제언했던 타케는 이미 1958년부터 이런 식으로 한인여성들을 독일로 데려갔고 교육을 시키고 이들의 노동력을 이용하였다. 1963년 12월 16일 한국과 독일 양국 간의 임시고용계획에 체결되었던 한인광부의 경우 당시 한국이 ILO에 가입국가가 아닌 까닭에 광산기술 훈련교육의 명분으로 한인광부의 파독이 임시로 이루어졌다. 그렇게 때문에 고용계약보다는 1961년에 한독 간에 맺은 기술원조를 명분으로 이들을 데려갔던 것으로 볼 수 있을 것 같다. 그러나 이 일을 주도적으로 진행했던 타케의 지난 행적이나 이후의 활동을 통해서 보면 이 한인 여성 기술교육생들의 경우는 광부들의 경우와는 다른 파독의 이유가 있었다.

앞에서 언급했듯이 타케는 종교단체와 연관되어 있었지만 순수하게 종교적인 사업의 일환이 아니라 독일노동시장 상황을 위하여 이 일을 한 것으로 보인다. 1959년 12월에는 12명의 한인여학생들을 독일에서 받은 동기가 대구지역에 있던 수녀가 한인여아들의 '교육지원'의 필요성을 제기하였기 때문이라고 설명하고는 있지만 그는 이미 그 이전인 1958년부터 자신의 속옷공장에 여성들을 교육의 명분으로 데려갔던 것이다. 당시 한국에서 독일의 공장에 노동력으로 사용하기 위해 여성들을 보내는 일은 아주 특별한 일은 아니었던 것으로 보인다. 왜냐하면 다른 경로에 의해서도 여성들은 보내지고 있었던 것 분명하기 때문이다. 2009년 10월에 1959년부터 한국에 있었고 자신도 기술교육생을 보내는 일을 한 적이 있다는 독일인 신부와 서면 인터뷰를 한 적이 있다. 그는 현재에도 한국에서 사제로 일하고 있는데 서면 인터뷰에서 당시 슈타일러 선교회는 한국에 없었고,[22] 하지만 자신도 1959년에 에그(Aegh)라는 독일 슈타일러 선교회 소속의 신부의 부탁으로 23명의 여성들을 한 공장에 보냈다고 했다. 이들이 타케가 부퍼탈의 병원으로 보냈던 바로 간호학생이었는지는 확인할 수 없다. 하지만 이 독일인 사제는 자신이 보낸 여성들은 간호업무와 관련이 없는 공장교육생이라고 하였기 때문에 공장에 노동력으로 사용될 기술교육생이 가능성이 크다. 이런 일련의 경우로 미루어 보아 당시 한국에 없던 슈타일러 선교회는 한국과 닿는 여러 경로를 통하여 한국에서 기술교육생을 독일로 보낸 것으로 보인다.

전쟁 후에 구호사업을 돕던 종교단체의 이런 일에 대해 어떤 면에서는 독일 정부 측도 긍정적으로 평가하고 있었다. 그것은 불러온 노동력들을 돌보는 부분과 관계해서였다. 1964년 현재 약 120명의 간호학생이 독일에 있다고 하는 정부의 한 보고 내용에서 이것을 종교단체가 주관하도록 하는 것은 이들을 돌보기 위해서도 적절한 방법임이 언급되기도 하였던 것이다.[23]

---

22) 하 안토니오 몬시뇰 신부는 1959년 이래로 한국에 와서 현재까지 한 성당의 주임신부로 재직하고 있다. 독일 쾰른지역의 간호여성들을 이 신부가 최초로 보냈다는 증언이 있기는 하나 이는 그에 의해 부인되고 있는 상황이다.

타케나 비트호프가 했던 것과 같이 기술교육생을 받아서 온전히 일을 시키려는 목적이 이 선교회에 있었는지는 알 수 없다. 물론 독일이 노동력부족을 겪던 당시에 특히 종교기관이 경영하는 병원의 인력부족 현상은 더 심했기 때문에, 그리고 전통적으로 간호와 수녀들의 사회봉사가 동일한 의미로 진행되어 왔던 까닭에 간호인력 부족사태를 해결하기 위한 방식으로 간호학생을 받아들인 것은 분명하다.24) 하지만 공장 교육실습생들의 독일 행 주선에 대해서는 이들이 경제적인 목적을 추구하는 기업가적인 이해와 일치해서 이런 일을 했는지에 대해서는 알 수 없다. 1959년에 대구에서 타케에게 편지를 보냈던 독일인 수녀의 경우에는 '가난한 한국여성들의 교육열'을, 그리고 스스로 교육실습생유치를 위하여 한국행을 서슴지 않았던 아이힝어의 경우, '경제적 지원만으로는 문제가 해결되지 않기 때문에'라는 것으로 자신들의 활동의 의미를 전달하고 있을 뿐이다.

그러나 독일의 관계당국은 기술교육생 초청이 노동력으로 사용하기 위한 것이라는 공감이 확대되어 있으면서 이에 대해서는 다소 부정적이었다.25) 이런 이유로 타케와 비트호프의 행동과 계획은 자주 반대에 부딪히기도 하였다. 1965년의 경우 주한독일대사관의 사무총장인 티어(Thier)의 반대가 심했다. 그의 반대로 인해 일에 차질이 생기자 타케는 1965년 6월 30일 티어에게 답신을 보내어 자신은 매우 선량한 의도로 교육자 1인당 교육기간 전체(3년 기준)를 통하여 약 30,000DM 지출을 감수하면서 이 일을 한다고 주장한다. 타케에 대한 1965년 7월 14일 자 답변서에서 티어는 이미 교육받고 있는

---

23) Bonn, 30. Nov. 1964. Abt. II.(Bundesminister fuer Arbeit und Sozialordnung) Bundesarchiv-Koblenz, B. 149, Nr. 22428. Betr.: Beschaeftigung koreanischer Arbeitnehmer in der Bunesrepublik.

24) 나혜심, 앞의 글, 278ff쪽.

25) 외국인 노동자를 고용문제를 논의하기 위한 경제관련 부처들의 회의자료. 1965.5.12. Betr.: Beschaeftignung und Ausbildung von suedkoreanischen Textil-arbeiterinnen bei den Firmen Tacke, Wuppertal und Veltins, Wiethoff und Co., Schmallenberg. B. 149. Nr. 22428.

25~26명에다가 다시 20명의 인원을 추가하려는 벨틴스의 경우에 전체적으로 백 50만 마르크라는 엄청난 금액이 소용될거라고 추정한다. 그리고 과거, 상인이었던 자신의 경험에 의하면 그런 금액을 이익을 추구하는 경제인들이 순전히 교육 명목으로 지출 할 수 있을지에 회의적이라고 설명한다. 26)

이어서 그는 실상 그 기술교육생들이 어떤 교육을 받는지, 돌아가고 있는 작업대 옆에서 일을 하는 그 여성들이 실제로 얼마나 임금을 받고 있는지에 대한 정보는 전혀 알려지지 않고 있음을 강조한다. 그는 그 여성들이 교육을 위해서가 아니라 그 분야의 극심한 노동력 부족을 해소하기 위해 노동력으로 사용되고 있음을 염려한다고 적었다. 또 다른 문서에서 그는 자기 판단에 의하면 독일의 직물기계를 익히는 것은 이미 그런 기계류를 들여놓은 한국에서도 할 수 있는 것이라는 견해를 밝힘으로써 이 교육의 유효성과 목적에 대한 의심을 감추지 않는다. 27)

그러면 이들 여성교육생들은 실제로 어떤 대우를 받았고 어떤 식으로 교육을 받았을까. 이에 대한 정보가 그리 많지는 않다. 거의 유일한 것이 1964년 5월 14일, 뒤쎌도르프(Duesseldorf)의 주노동청 장관 앞으로 메쉐데-브리론(Meschede-Brilon) 노동청에서 보낸 보고서이다. 이 노동청은 비트호프가 운영하는 기업을 관할한다. 이에 따르면 이미 한 해 전인 1963년 5월과 6월 사이에 도착했던 여성들은 이 보고서를 보낸 시점까지 아무런 직업교육을 받지 않았다. 이 보고서에 의하면 "앞으로 올 부활절 이후에" 직업교육이 실시될 예정이라고 한다. 그것도 일요일 오전에. 그러면 이들의 적응에 필수적이며 도착 직후의 외국인들에게 실시되게 되어 있는 언어교육은 어떻게

---

26) 사무총장 티어(Hans Thier)가 타케에게 보낸 편지. 14. 7. 1965. Bundesarchiv-Koblenz, B. 149, Nr. 22408.

27) Hans Thier, Aufzeichnung, Betr.: Beschaeftung koreanischer Jugendlicher in Deutschland. 16. 7. 1965. Bundesarchiv-Koblenz, B. 149, Br. 22428.

진행되었는가? 이 보고서는 독일어 수업이 그간 오후 5시 30분에서 6시 30분 사이에, 일주일에 두 번씩 이루어졌다고 쓰고 있다. 이들은 무엇인가 정규시간을 보낸 이후에 독일어 교육을 받았던 것이다. 사무총장인 티어가 갖고 있는 정보처럼 그들은 하루의 대부분을 작동 중인 생산라인 앞에서 '노동'을 하고 있었던 것이다.

이 여성들은 월 400DM을 받았다. 이 중에서 숙박과 식사 등 생활에 들어간 비용으로 월 120DM을 미리 제했다. 고용주가 미리 제공한 비행기 값을 상환하는 의미에서 또 100DM을 고용주에게 돌려주었다. 이 비용들을 제하고 그들이 받은 금액은 약 280DM이 될 것이다. 이 보고서가 쓰인 시점이 1964년이면 그들이 도착한 지 약 1년이 지난 뒤의 계산이므로 비행기 값 1300DM는 2년 이후부터는 제해지지 않았을 것이다. 통상적으로 간호여성노동력의 경우 돌아갈 비행기 값을 임금에서 제했기 때문에 이들 역시 이 비용도 공제했을 가능성이 있지만 일단 이 보고서에는 언급되어 있지 않다. 그 나머지 비용들 중에서 적지 않은 금액이 한국으로 보내진 것으로 보인다. 1966년에 '양말대학'을 졸업하게 된 여성들 중 두 여성(송정순, 이부자)이 각 각 6000DM과 4000DM을 모아 가족에 보냈다는 언급이 있는 것으로 보아,[28] 이들 역시 1960년대와 1970년대에 한국의 가족들에게 자신이 번 돈의 대부분을 송금했던 노동자들과 다르지 않았다.

이들이 한국과 독일 양국에 의해 어린 여성들의 보다 나은 미래를 위한 교육을 받으러 국경을 넘었던 경우에 해당하는 것일까?

이 명분이 실재적이었을 가능성은 별로 없어 보인다. 이는 양 국가 모두에게 이들이 갖고 있던 의미를 볼 때 그러하다. 실업해결과 급속한 경제발전을 위하여 젊은이들을 해외로 방출하고 그들로 하여금 한국의 가족을 위하여, 그리고 궁극적으로 한국의 경제발전에 금전

---

28) 1966년 11월 4일, Bundesanstalt fuer Arbeitsvermittlung und Arbeitslosenversicherung이 Bundesminister fuer Arbeit und Sozialordnung에 보낸 문서, B. 149. Nr. 22408.

적인 지원을 하도록 하기 위해 보내진 노동력이었다. 또한 개발지원을 위한 국가적, 종교적인 지원구조를 이용하여 급박했던 단순노동력 부족을 채우기 위한 경제적 의도가 교육명분 뒤에 숨어 있었다. 더구나 이런 명분으로 기술교육생 받을 경우 독일국가는 지원도 했었다. 실제로 앞서 벨틴스의 한인 여성들이 받은 임금 400DM 중 300DM은 독일 정부의 지원금이었다.

이렇게 생각할 수 있는 이유는 다음의 몇 가지 사실들 때문이다. 우선 한 가지는 이미 앞의 메쉐데-브릴론의 노동기관보고서가 보여주듯이 교육받는 시간이 아주 적고 실질적인 노동의 일상을 보내고 있었다. 교육은 사실상 노동시간 이외에 추가적으로 진행되었다. 물론 현장에서의 경험 역시 일종의 교육이 될 수 있기는 할 것이다. 그러나 이들이 근무했던 공장이 모두 섬유나 의복, 또는 양말 공장 등이어서 직조나 옷감 자르기, 수놓기, 등의 기술을 필요로 하는 곳이었다. 물론 독일이 직업교육을 철저히 하기는 하지만 그 과정에 3년 내지는 3년 반이라는 시간을 동원하여 배울만한 기술이 있을 리 만무하다. 더구나 이미 1950년대부터 이 분야에는 작업공정이 합리화되고 테일러시스템과 컨베이어 벨트를 도입하고 있어 개인적인 기술이라는 것은 그다지 필요하지 않은 단순노동이 이루어지고 있었다. 이와 같이 작업에서 필요로 하는 기술에 비하여 이들의 교육시간은 너무 길었다. 이것이 두 번째 이유이다.

세 번째 이유는 이들과 같은 방식이 아니라면 이 분야의 노동력 구하기는 매우 어려웠던 점이다. 이 분야들은 기계화에도 불구하고 조건이 너무나 열악하여 독일인들이 꺼리던 업종이었다. 당시 연방경제지원부 장관은 벨틴스에 한국 기술교육생들이 가는 것을 반대했는데 그 이유 중에는 당시 주한 독일 대사관 측이 그 공장의 노동조건에 대해 불만을 제기하고 있었다는 것이 있었다. 이 부분은 1965년 4월 6일 연방 노동중재 및 실업보장국(Bundesanstalt fuer Arbeitsvermittlung und Arbeitslosenversicherung)이 연방 노동 및 사회질서부 장관(Bundesminister fuer Arbeit und Sozialordnung) 앞으로 보낸 문서의 뒷부분에 추가메모 형식의 수기로 기록되어 있다.29) 이런 상황에서 노동력을 구하는 것은 매우 어려웠을 것이다.

네 번째, 간과해서는 안 되는 것으로 그 여성들이 했던 일들을 들 수 있다. 이미 언급했듯이 당시 독일노동시장에서 필요로 했던 노동력은 독일인들이 꺼려했던, 단순하지만 손이 많이 가는 분야였다. 그런데 앞서 언급했던 메쉐데-브릴론의 노동기관이 보고한 공문 속에서 우리는 그들이 했던 다른 종류의 일들에 대한 흔적을 찾을 수 있다. 그 공문 속에는 한국여성들이 심각하게 거부감을 느끼고 일들에 대한 설명이 있는데 그것은 "이들이 부엌일과 청소일(Kuechen-und Putzarbeit)를 부분적으로 불명예스러운(entwuerdigen) 한 것으로 여기고 있었다"는 문장에서 찾을 수 있다. 연이어 쓰여 있는 바에 의하며, 그러나 이 과정은 곧 극복되었는데 그 이유는 "다른 나라에서 온 사람들도 그렇게 했기 때문이다"라고 하였다. 기술, 그것도 단순 기술이 아니라 보다 나은 고등의 기술을 배우러 온 기술교육생들이 어떤 이유에서인지 부엌일과 청소일을 했던 것이다. 기술교육생 모집이라는 명분으로 갔던 여성들이 모두 그러했는지는 알 수 없다. 하지만 그럴 가능성이 전혀 배제되어 있는 것은 아니다. 그것도 일시적이거나 원래 일을 하면서 도움을 주는 정도의 것이 아니었다는 것은 당시 독일의 노동시장의 사정을 보면 분명해 진다.

실지로 당시 독일사회에서 필요로 하는 노동력에는 가사, 비단 가정 뿐만이 아니라 병원이나 호텔, 기업체 등에서 빨래나 요리, 또는 청소를 하는 인력이 속해 있었다. 1955년 이후의 상당기간 동안 이 부분에는 유고 등에서 노동력이 제공되었고 터키나 그리스 등에 협조를 요청

---

29) Bundesanstalt fuer Arebitsvermittllung und Arbeitslosenversierung이 Bundesminister fuer Arbeit und Sozialordnung 앞으로 보낸 문서. 6. 4, 1965. Bundesarchiv-Koblenz, B. 149. 22428(1) 이 메모는 수기로 4월 9일에 추가로 쓰였다. 이는 1965년 4월 9일에 바이켄 (Weiken)이 원거리 전화상으로 들은 것을 적어놓은 것이다.

하는 경우도 있었다. 그러나 이들 나라들은 이런 일에 젊은 여성들을 보내는 것을 공식적으로 꺼려하고 있었다. 이런 이유로 독일의 당국에서는 이 분야의 노동력을 유럽이외의 대륙에서 도입할 궁리를 하게 되었는데 바로 공식적으로 이를 진행하기 이전에 이들 한국여성들은 이러한 노동력 필요를 충족시키기 위한 노동을 했을 가능성이 있는 것이다. 심지어 1970년 독일의 한 호텔업 협회가 연방노동부장관 앞으로 보낸 공문에 의하면 협회소속의 호텔과 요양소에 앞으로 3년 동안 50~100명의 한인 여성들을 호텔의 가사일(Zimmermaedchen)을 위해 데려오기로 했다고 보고한 바 있다.[30] 이런 일련의 상황들을 보면 기술교육생들은 당시 긴급하게 필요했던 다양한 분야의 일들을 하도록 하는데 적절한 명분이 되었던 것이다.

다섯 번째로 이 여성들이 원래의 목적대로 기술교육 후 귀국하여 배워온 기술을 사용했을 가능성이 매우 희박했던 것을 들 수 있다. 맨 앞의 '양말 대학'에 서 있던 여성들에 관한 간단한 정보와 장차 어떤 일을 하게 될 것인가에 대한 설명 자료가 남아 있다. 이 자료에 의하면 총 30명의 여성들 중 적지 않은 수가 한국인 광부들 또는 독일인 남편과 결혼하였다. 그리고 일부는 브라질 등 타국으로 남편과 이주를 하였고 이 이외에 요리, 음악 등의 교육을 계속해서 받은 여성들이 있었다.[31] 이 자료에 의하면 교육을 중단한 경우를 제외하고는 한국으로 돌아온 경우는 거의 없다. 물론 한인광부와 결혼했던 여성들이나 다른 업종의 교육을 받을 것이라고 계획했던 여성들 중에 한국으로 귀국했을 가능성이 아주 없는 것은 아니다. 그러나 적어도 교육을 마친 후 그 목적에 맞게 한국으로 귀국한 여성은 없어 보인다는 것이다.

---

30) 나혜심, 앞의 글, 286쪽.

31) Bundesanstalt fuer Arbeitsvermittlung und Arbeitslosenversicherung 이 1966년 11월 4일에 Bundesminister fuer Arbeit und Sozialordnung에 보낸 문서의 첨부자료. Bundesarchiv-Koblenz B. 149, Nr. 22408.

마지막으로 눈에 뜨이는 부분은 이들 여성들의 연령이 매우 어렸다는 것이다. 이미 언급했듯이 1965년 벨틴스는 자신들의 이전 경험을 기초로 하여 30명의 여성을 다시 한국에서 데려오기 위해서 비자나 체류허가를 위한 공적인 절차를 밟았다. 그 과정에 드러난 바에 의하며 이 기업은 이미 1963년에 28명의 여성을 데려와 고용하고 있었고 다시 이와 같은 시도를 하는 중에 정부기관들로 부딪히게 된다. 문제가 되었던 것은 이들 중에 18세 이하의 미성년자들이 있었기 때문이다. 30명의 추가 고용될 여성의 명단 중 가장 어린 여성은 1947년 3월 6일 생의 이화자라는 여성이었다.[32] 1964년 11월 27일에 외국인 노동자고용 문제를 다루는 기관의 대표들이 모인 회의가 열렸는데 여기서 한국인들을 데려다 기초교육시키는 것이 여러 가지 문제를 야기할 수 있다는 우려가 나타나 있다. 그리고 만약 이를 하게 된다면 다른 유럽의 주변 국가들과도 이를 진행할 수밖에 없을 것이라는 주장도 제기된다.[33] 이로 보아 당시 독일은 이주노동자를 기술교육을 위한 목적으로 받아들이더라도 기초교육이 되지 않은 사람들은 받아들이지 않았던 것으로 보이는데 방금 언급한 이제 10대 후반 쯤 서 있는 한국여성들이 과연 이미 직업관련 기술교육을 받은 경우라고 볼 수 있는지 의문이다. 이런 이유에 의해 이 여성들이 이런 규정을 어겨서라도 기초 기술 없이도 가능한 일들을 하기 위해 독일로 갔던 것이며 당시 독일이 급박하게 필요로 했던 일들과 이들의 노동력 송출 사이에 분명한 관련성을 가진 것으로 판단할 수 있다.

---

32) 사제 아이힝어가 Bundesarbeitsministerium에 보낸 편지. 13. 9, 1965 관청에 도착. Betr: Ausbildung von 30 koreanischen Praktikantinnen bei der Firma Veltins, Wiethoff & Co. Schmallenberg. Bundesarchiv-Koblenz B. 149. Nr. 22408.

33) Der Bundesminister fuer Arbeit und Sozialordnung에서 정리한 회의록. Auszug aus der Niederschrift ueber die Sitzung des Arbeitskreises fuer Fragen der Beschaeftigung auslaendischer Arbeitnehmer im Bundesministerium fuer Arbeit und Sozialordnung am 27. November 1964. Bundesarchiv-Koblenz B. 149Nr. 22428.

4. 개발원조관계와 이주노동력 사이

이 기술교육생들의 개인적인 참여 동기가 무엇인지, 그들이 장차 독일에서 진행될 일에 대해 알고 있었는지, 대체로 어떤 일들을 했는지, 등은 현재로서는 알 수 없다. 하지만 이들의 독일행 동기는 당시 한국사회의 젊은 여성들이 잘사는 외국, 독일로 (간호)유학을 떠나는 것에 대해 홍분했던 간호유학생들의 그것이나 다양한 경험과 금전적 기회를 제공할 일자리를 찾아 떠났던 간호보조원, 간호사 또는 광부들의 그것과 크게 다르지 않을 것으로 보인다.

1955년 이후 외부에서 지원 받아야 할 만큼 노동력이 부족했던 독일이 한국과 1961년 12월에 한국 경제 및 기술 협조에 관한 의정서를 맺었기에 이 범주 안에서 한인노동자와 교육생을 받아들였던 것은 매우 자연스럽게 보일 수도 있다. 개발원조 주체인 독일이 원조제공 국가에서 이미 교육받은 노동자를 데려다 쓰는 것이 국내외적 지탄의 대상이 되었던 까닭에 간호노동자를 데려다 쓰는 것은 매우 조심스러운 일이었다. 이런 이유로 한인 여성이 초기 상당기간 동안 주로 학생이나 교육생의 형태로 한국을 떠나는 것이 순조로운 방법이었을지도 모른다. 그러나 사실 한국여성들을 실습생이나 교육생의 명분으로 독일 기업에 데려가는 것은 개발원조관계와 반드시 연관되었던 것은 아니다. 왜냐하면 차관 및 기술협력은 1961년 12월의 협약에 의한 것이지만 여성들을 공장에 데려갔던 것은 이보다 이른 시기인 1959년에도 있었기 때문이다. 사실 이 개발원조협약 이전에도 한국 전쟁으로 무너진 한국사회를 지원하던 복구사업의 기반들이 이 계획을 진행하는 데에 명분과 통로를 제공해 주었던 것이다. 타케와 연결되어 있던 가톨릭 선교단도 크게 보아 그 지원사업의 한 자리를 차지하고 있었다.

타케나 비트호프가 이 일을 진행하는 데에 중간에 역할을 했던 종교단체가 어떤 목적으로 이 기술실습생들의 파독과정을 도왔는가 하는 것은 정확하게 알 수 없다. 다만 1950년 한국 전쟁 이후 전후복구를 돕기 위한 다양한 기구들의 한국진출이 있었고[34] 그 중에는 병원이나 고아원 사업을 지원하는 종교단체들이 있었기 때문에 이들의 활동목적의 범위 내에서 이해할 수 있을 뿐이다. 타케의 기술교육생 고용사업과 연계된 슈타일러 선교회가 비록 당시 한국사회에 진출해 있지는 않았지만 거기에 소속되어있는 사제 아이힝어의 적극적인 활동이 있었고 앞에서 언급한 하 안토니오 몬시뇰신부의 경우처럼 개인적으로 그 선교회의 활동을 한국의 현장에서 지원하는 경우도 있었다. 그러나 분명한 것은 이 경로를 통하여 기술교육생을 받았고 이들의 노동력을 이용한 기업가들 역시 이 선교기관들의 선교와 봉사를 위한 목적에만 충실한 것은 아니었다는 것이다. 앞에서 보았듯이 이들은 당시 독일현실에서 기업적인 이해와 맞물리면서 저렴한 임금으로 급박한 노동수요를 충족시키는 목적으로 이용되고 있었다고 보아 무리가 없을 것 같다. 더구나 1961년의 의정서 교환이 교육생 도입을 원하는 기업가들에게 보다 긍정적인 조건이 되어 주었고 심지어 이에 대한 지원금도 받을 수 있었다.

기술교육생을 노동력으로 이용하는 시도들을 독일 정부가 지원했는가의 여부는 단언하기 어렵다. 그러나 간호를 비롯한 낮은 수준의 육체노동력이 극심하게 부족하고 1961년 들어 베를린 장벽의 세워짐으로 동독지역에서 가는 노동력마저 끊어졌던 점, 그리고 1960년대 말에 이르러 그동안 독일에 노동력을 제공해오던 주변유럽 국가들의 상황개선으로 더 이상 순조롭게 노동력수급이 되지 않았던 까닭에 지역에 따라서는 노동력 부족은 위기상황에 도달한 점을 주목해야 한다. 이런 상황에서 공식적인 지원은 어렵더라도 사회적 위기상황의 지속을 간과하기는 실제로 어려웠을 것으로 보이기 때문이

---

34) 1954년 2월 12일 '한국에서의 독일 적십자병원에 의한 원조에 관한 협정'을 미국과 체결하고 야전병원을 부산에 설립하여 의료봉사를 하였다. 최종고, 「한강에서 라인 강까지」, 『유로』, 2005, 243쪽.

다. 그 심각의 정도를 다음의 예에서 짐작할 수 있다.

1969년 7월 27일 노르트라인-베스트팔렌 시 노동국장인 데겐(Alois Degen)은 『벨트 암 존탁(Welt am Sonntag)』이라는, 전 독일을 대상으로 생산되는 일요신문과 인터뷰를 진행하였다. 이날 데겐은 '지구 저쪽에 있는 굶주리는 사람들이 더 이상 배고프지 않게 할 수 있는 방법'이자 독일의 위기상황을 구할 수 있는 방법의 하나를 제안한다. 그는 이 지역이 처한 심각한 위기상황의 극복을 위해 유럽이외의 대륙에서 사람들이 오는 것에 대한 거부감을 거두어야 한다고 주장한다. 이어서 그는 인도와 라틴아메리카, 그리고 한국의 여성들을 저렴한 비용으로 들여와서 병원이나 양로원, 요양원에서 쓰일 수 있으며 자녀가 많은 가정에서도 일손으로 쓰이게 될 것이라고 하였다. 이들이 할 일이란 가사에 해당하는 일(Hauswirtschaftliche Arbeit)이었다.[35]

그리고 1969년 11월 들어 독일연방노동부는 연방 노동 및 사회질서부에 편지를 보내 호텔, 여관, 병원, 심지어 개인가정에서 필요로 하는 가사일은 외국인노동자들에 의해 해결될 것이라는 점을 강조한다. 물론 이 글에서 노동자가 오는 나라는 유럽이었다. 하지만 특히 꺼려하는 가사일(개인집, 병원) 등을 위하여 유럽이외 대륙의 노동자가 올 수 있는 가능성을 모색해보자고 한다. 위의 데겐의 인터뷰를 실은 기사에 의하면 당시 노동력 부족으로 초과근무, 토요일근무 등이 행해졌고 심지어 고등학생과 대학생들이 업무보조의 형태로 일을 하는 비중이 1969년에는 그 전 해에 비하여 약 22%나 증가해 있었다. 또한 백화점에는 물건들을 진열하는 옆에 다음과 같은 문구가 내걸리기도 하였다. "인자한 부인이여, 직업도 하나 사가세요." 그만큼 노동력이 절실했다.

이런 상황에서 외국여성들은 만약 그들이 전문적인 직업교육이 되어 있지 않을 경우, 적어도 공장이나 작업장이 요구하는 간단한 일을

---

35) Bundesarchiv B. 149. Nr. 22408 Aus "Welt am Sonntag" vom 27 Juli. 1969.

하는 것은 물론이었고 개인가정을 돌보는 경우에는 다소라도 직업적인 전문성을 가진 독일 여성들이 다시 직장으로 나오게 하는 효과를 나타낼 수 있었다. 데겐을 인터뷰한 신문은 이어서 "이렇게 하면 고도의 능력이 요구되는 직업을 익혔지만 아이들 문제로 이를 발휘할 수 없는 여성들이 다시 자신의 일을 할 수 있게 된다"고 쓰고 있다. 흥미로운 점은 외국에서 온 여성인력 지원자들이 늘어나면서 독일 여성 중에서 일을 하는 숫자가 증가했다는 점이다.[36]

물론 우선적으로 이 일들은 주로 그리스, 터키 등에서 온 남성 노동자의 부인들이 담당했다. 그러나 1960년 대 중반 경제사정이 나아진 이들 국가 출신의 여성들은 이 일을 하려하지 않았고 1969년에 이르면 많은 인원들이 유럽 밖에서 충당되었다.[37] 비단 이런 일들이 아니라 공장의 생산직이라도 당시 독일에서는 특히 섬유와 의복산업 종사는 기피되는 일들이었다. 낮은 노동임금과 소음, 먼지, 열기, 그리고 이미 1950년대부터 도입된 작업공정의 합리화와, 테일러시스템과 컨베이어 벨트 도입 등으로 노동 강도는 매우 높았다.[38] 이런 상황에서 독일이 당시 한국에 대해 개발원조를 하는 국가라는 점은 독일 노동시장에 교육생의 명분을 띤 실질적인 노동인력고용에 긍정적인 방식으로 작용할 수 있는 조건이 되어 주었다. 이는 한국 측의 입장에서도 마찬가지였다. 물론 허드렛일에 아주 먼 거리의, 아주 다른 문화권의 사람들을 받는 비용과 번거로움은 이를 꺼리는 요인이 되기도 하였다. 개발원조지원국이면서 노동력을 필요로 하는 한 쪽의 나라와 남아도는 실업인구를 어떻게든 해외로 방출하는 정책을 취하면서 경제개발을 위한 외화를 필요로 하던 다른 쪽 나라의 조합

---

36) Monika Mattes, *Gastarbeiterinnen in der Bundesrepublik*, Campus, 2005. p. 183.

37) Bundesarbeitsminister가 Bundesminister fuer Arbeit und Sozialordung에 보낸 공문. 1969. 11.20. Betr.:Anwerbung von Hilfskraeften aus dem aussereuropaeischen Ausland fuer deutsche Krankenhaeuser. Bundesarchiv-Koblenz, B. 149, Nr. 22408.

38) Mattes, p. 198.

은 이 계기를 통하여 절묘하게 충족되고 있었다.

실제로 한국의 관계기관들의 입장이나 역할은 어떻게 확인할 수 있는가? 이를 관할하는 정부기구나 공식적인 제도적 장치가 있었던 것은 아니나 정부수반과 주요 인사들의 관심과 지원은 명백한 몇 가지의 사례를 통하여 확인할 수 있다.

『베스트팔렌포스트』가 보도 했듯이 아이힝어 신부가 진행했던 이 계획에는 당시 장군출신이며 1961년 7월 이후 서독대사 있던 신응균의 역할이 결합되어 있었다. 게다가 이 사업에 핵심적인 인물인 타케는 1964년 박정희의 독일방문 시 그를 당시 독일에 있는 한인간호여성들의 작업장으로 안내한 경력을 가지고 있다. 그런 이력 때문에 1965년에 30명의 여성을 벨틴스가 추가로 받아들이는 작업이 관계기관들의 의심과 반대로 자꾸 차질을 빚자 타케는 1965년 6월 30일에 이 문제에 대해 강하게 부정적이었던 주한 독일 대사관에 공문을 보내어 자신의 기업과 벨틴스에 교육생을 보내는 일은 "한국의 대통령이 모든 수단을 동원하여 지원"하는 과제임을 강조할 수 있었던 것이다.39) 사실 이런 과정들이 하나도 이상하지 않은 것은 이미 1957년부터 한국정부는 그 집권자가 누구인가에 관계없이 독일에 한국인 청년들을 보내어 직업을 갖게 하는 일에 열성이었다. 그것은 업종간의 구별이 없었고 노동자로 가는 것인지 실습생으로 가는 것인지 하는 것은 전혀 문제될 것이 없었다. 인구의 해외방출, 실업의 해소, 그리고 외화의 획득이라는 목표에 기여하는 것은 무엇이든 당시 한국정부는 진행하고자 했다.

게다가 당시 교육부장관인 권오병은 이와 같은 독일의 한인 기술교육생 초청에 감사편지를 보내었고40) 이런 일련의 과정들을 종합

---

39) Tacke가 주한 독일 대사관 사무총장인 Thier에게 보낸 편지, 1965.6.30. Bundesarchiv-Koblenz, B. 149, Nr. 22408.

40) 한국교육부장관이 주한 독일대사에게 보낸 편지. 1965.11.1. Bundesarchiv-Koblenz B. 149. Nr. 22408.

해 보면 직업교육생을 보내는 일은 한국의 입장에서는 정권의 차원에서 지원하고자 하는 사업이었음이 분명하다. 이런 한국정부의 지원의사를 알기에, 당시 이 문제를 진행하고 있던 기업인 벨틴스의 비트호프는 이 일이 순조롭게 진행되지 않음을 개탄하며 메쉐데 노동관청에 탄원하여 원활한 진행을 요구할 때 이건 한국정부차원에서 진행하는 일이라고 강조하기도 하였다.

이런 방식으로 독일의 기업이 한국의 젊은 여성들을 기술교육생명분으로 받아들이는 일은 1970년대에서 지속되었다. 1971년 7월 26일 부산의 한독여자실업학교(Korean-German Girl's Technical School)의 교장은 타케에게 편지를 보낸다.41) 이 글에서 교장은 그동안 타케에 의해 교육받은 여성들이 한국에 돌아와 이 학교에서 주도적인 교육 인력으로 일을 했고 이외에 부산시내의 다른 학교의 실습교육을 위하여 일을 하였다고 이야기 한다. 그런데 학교의 규모는 커지고 결혼이나 기타 유사한 사유로 인해서 그 여성들이 학교를 떠나기 때문에 이를 보완하기 위해서 앞으로 2~3년에 걸쳐 매년 10~15명의 여성을 더 교육생으로 받을 수 있는지를 물었다.42) 이 제안서 뒤에는 그 3일 전에 온 부산교육감실의 공문이 있었다. 교육감실의 공문에는 타케가 1960년 이래로 수백 명의 남녀들을 교육을 시켜왔다고 되어 있어 그동안 어느 정도의 기술교육생이 타케를 통하여 독일로 갔는지를 짐작하게 한다. 타케는 이미 1970년에 아들에게 기업을 물려주었지만 인력의 도입 건에 대해서는 여전히 역할을 하고 있었던 것으로 보인다. 그런데 1970년과 71년은 독일의 오일쇼크로 인해 기업운영에 극심한 어려움이 있던 시기이다. 이런 시기에 타케가 그 자신의

---

41) 이 한독여자실업학교는 1965년에 슈미트케(Kurt Karl Schmidtke, 1942~2003)가 정부의 지원을 받아 설립한 것으로 되어 있는데 슈미트케 역시 1964년에 타케의 "아시아지역 학생장려장학회"가 인연이 되어 한국에 와서 부산에서 명예영사를 하였다. 이 여고는 2009년 이후 한독문화여고로 명칭을 변경하였다.

42) 한독여자실업학교 교장이 타케에게 1971년 7월 26일에 보낸 편지, Bundesarchiv-Koblenz, B. 2183.

말대로 순수하게 가난한 국가의 학생들을 도와줄 명목으로 이들을 데려왔을지 의문이다.

이 계획은 한국 교육부의 적극적인 지지와 타케에게서 교육받은 여성들이 냈던 좋은 성과 등으로 독일의 관련기관들 사이에 별 문제 없이 진행되었다. 그리고 타케는 이들을 위한 특별한 고용 계약서를 작성하였다. 이 계약에 의하면 이 여성들은 초기 3개월 이후에 월 820DM(세전금액)을, 그리고 약 600DM을 실질적으로 조건으로, 그리고 숙박과 식사는 기업에서 돈을 받고 제공하는 것으로 되어 있었다. 그래서 타케는 1973년 20명의 실습생을 받았고 75년 5월까지 10명의 실습생을 더 받기로 하였다. 1975년 5월에 받기로 한 10명의 교육생들 명단에 의하면 이들 예비교육생들 대부분 경상남북도 출신이며 부산에 주소지를 두고 있었다. 여성들 10명 중 가장 어린 여성이 17살 6개월, 가장 많은 여성이 19살 9개월로 당시 독일적인 기준으로 보아도 3인이 미성년자, 당시 한국의 기준으로는 모두가 미성년자에 해당하는, 말하자면 모두 고등학교에 재학하고 있어야 했거나 이제 막 고등학교를 졸업한 여성들이다. 기초기술교육을 받고 성인들의 실습과 교육을 담당할 교육인력에 대한 고등기술교육의 대상으로 보기에는 너무나 어린 여성들이다.[43]

그러나 이 교육프로그램은 1975년 4월에 들어 더 이상 진행할 수 없게 되었다. 그 이유는 1973년 11월 23일 이래로 독일 정부차원에서 외국인노동자고용 정책을 중지하고 예외적인 경우를 제외하고는 외국의 교육생을 받는 일을 더 이상 할 수 없도록 되었기 때문이다. 이에 이날 독일연방노동국은 타케에게 공문을 보내 이후에 진행되는 한국인 실습생 받는 일을 허가할 수 없다는 공문을 보낸다. 이 이후에 더 일이 진행되었는지 아닌지는 자료의 부재로 더 이상 알 수 없다.

---

43) 명단은 1975년 4월 2일 타케가 Bundesminister fuer Arbeit und Sozialordnung에 보낸 공문. Bundesarchiv-Koblenz, B. 2183.

5. 맺음말

이런 방식으로 기술교육생들을 저렴한 노동력으로 보내고 받는 일들이 더 진행되었는지 아닌지는 그다지 중요한 일은 아니다. 중요한 것은 한국전쟁 후와 1960년대의 경제개발과정에서 양국의 관계구조를 이용해서 기업적인 이해를 충족시키는데 희생되었던 어린 여성들의 있었다는 점이다. 이들의 역사는 저임금, 장시간 노동을 통하여 급속한 산업화를 이루려는 한 켠에서 노동력의 해외이주를 추진해서 국내 자본축적에 일정하게 도움을 받기 위해 추진했던 해외노동자의 삶의 한 단면이다. 이제 막 고등학교를 졸업했거나 아직 졸업하지 않은 소녀들을 파견하면서 이들을 보호할 제도적 장치는 아예 존재하지 않았다. 기술습득이라는 명분 하에 어린 여성들이 어떤 일을 하게 되는지 하는 것은 당시 한국정부는 전혀 개의치 않았던 것이 분명하다. 열악한 근무조건으로 인해서 독일의 저임금노동력군단, 특히 여성들이 떠나버린 공간에서 교육보다는 부족한 노동력 채우기를 요구받는 상황에 대해 관심을 가진 이들은 없었다. 개인적인 명예의 훼손이라고 저어하며 그 어린 여성들이 가사일과 청소일, 또는 식당의 일을 했을지라도 이것이 당시 한국정부에는 아무런 문제가 되지 않았다. 아마도 문제로 인식되지 않았다고 보는 것이 더 나을 듯하다. 2009년 9월 24일 경향신문 29면에는 미 육군에 근무했고 하버드 대학에서 박사학위를 딴 한 한국여성에 대한 기사가 실렸다. 그 여성은 한국에서 매우 어려운 삶을 살았고 1971년 미국으로 가게 되었는데 도미의 이유는 '미국에서 식모살이 하러 갈 사람을 구한다'는 것을 들었기 때문이라고 하였다. 아마도 우리가 기억하고 있지 못하는 사이에 미국이든 독일이든 우리의 젊은 여성들을 이런 식의 일에 보내는 것이 아마도 일상적이었던 시대를 우리가 지나왔는지도 모르겠다. 물론 이 글에서 다루어진 여성들이 모두 이런 목적으로 독일로 갔다는 것은 아니다. 다만 외화를 획득하기 위한 한국인의 외국행에는 그 일이 어떠한 것이었는지 크게 의미를 두지 않았던 시대가 있었다는 것을, 그리고 그 과정에 교육을 명분으로 하는 실질적인 노동자로서의 생활을 견뎌야 했던 여성들이 있었다는 것을 깨달을 필요가 있다.

이는 다른 한편 개발원조라는 명분을 이용하여 저렴한 육체노동자를 이용하려는 독일자본의 목적에 철저히 기여해준 이들이었다. 2차 대전 이후의 국제적인 경제지원위에서 자란 독일 경제는 해방과 한국전쟁 이후에 급속한 산업화의 필요성을 주장하는 군사정부의 경제발전정책 사이를 이어주는 개발원조라는 명분 속에서 그들이 하는 일과는 "너무나 어색하게 안 어울리는" 옷을 짐 속에 집어넣었던 어린 여성들의 노동력을 이용했다. 비록 그것이 정부의 뜻은 아니었다고 해도, 그래서 그런 식의 노동력 사용에 대해 우려와 염려를 넘어서 제어를 하려는 사람들이 있었다 해도 그 구조 속에서 기업적인 이해는 관철되었다.

물론 이 과정에서 노동력을 제공했던 이들이 모두 개인적으로 양국가와 기업의 목적, 그 일이 진행되었던 구조들을 인식하였는지는 알 수 없다. 그리고 개인적인 동기나 경험, 그리고 이 후의 삶의 모습은 매우 다양하다. 2008년 과거사 위원회에 파독노동자들은 자신들의 지나온 삶으로 해서 자신들이 당당해질 수 있도록 평가해달라고 청원을 넣었다. 그리고 그들의 한국 경제에 기여한 바가 컸다고 결론 내려졌다. 최선을 다해 이국에서 자신들의 삶을 개척해온 이들의 지난 시간은 존경할 만한 것이며 이주사에서도 그들의 과거의 어려웠으나 성공적이었던 정착도 주목하여 이주의 의미도 설명하는 것을 잊지 말아야 한다. 그러나 그것은 그들의 삶을 바라보는 관점에서 가능한 것이지 적어도 그 이후의 일정과 인생경로와는 관계없이 그들이 어떤 양국 간의 관계의 망 속에서 어떤 목적으로 바다를 건너서 살게 되었는지는 또 다른 이유에서 인지하고 주목해야 할 역사적 현상이다. 최소한 우리가 빚지고 있는 그들의 노고를 살펴보았을 때 그러하다. 기술교육생으로 갔던 여성들 역시 그런 대상 중의 하나이다. 이들은 1960년대에 국가주도로 경제발전을 이루는 시기의 한국의 수출공단, 또는 도시의 작은 작업장에서 일을 하던 당시의 젊은 여공들의 모습 그대로였다. 다만 개발원조라는 구조 속에 있던 경계 사이에 있던 여성노동자들이었다는 것이 다를 뿐이다.

다민족국가 오스트리아-헝가리 이중제국의 국가체제와 민족문제

박 재 영

1. 머리말

1867년 '대타협(Ausgleich)'으로부터 제1차 세계대전까지 존속했던 오스트리아-헝가리 이중제국(Austro-Hungarian Dual Empire)은 동 제국이 가지고 있었던 독특한 국가체제와 민족구성으로 인해 시대적 요구에 반하는 '모순의 왕국'이라는 비판을 받아왔다.1) 아울러 절대주의가 몰락하고 민족주의와 자유주의 사상이 싹트기 시작하는 시대에 가장 보수적이며 반동적인 국가의 성립은 역사의 퇴보를 의미하는 것이라는 주장이 동 제국에 대한 일반적인 평가였다. 그러한 평가는 19세기 민족주의 시대에 있어서 동 제국을 구성하고 있는 민족들을 지속적이면서 단일한 정치적 틀로 결합시킬 수 없었던 복잡한 성격에 기인한다. 그럼에도 불구하고 동 제국의 역사는 민족과 국가라는 테마를 연구하는데 많은 시사점을 던져주고 있으며, 활발히 추진

---

1) Francois Fejtö, *Requiem für eine Monarchie. Die Zerschlagung Österreich-Ungarn*, Wien, 1991, pp. 365~384.

되고 있는 유럽연합의 정치적 통합에 있어서도 다민족 국가였던 동
제국이 민족적·국가적 통합을 이루기 위해 어떠한 노력을 경주하였
는가는 오늘날 유럽의 사가들에게도 관심을 끄는 주제인 것이다.[2]

필자는 이 글의 시대적 범위를 1867년 '대타협'의 성립에서 프란츠
요셉(Franz Jaseph) 황제의 제위시기인 1890년대까지로 한정하였고, 이
시기 동안의 역사적 사실을 살피면서 오스트리아-헝가리 이중제국의
성립 이후 새로운 헌법에 의한 국가체제하에서 어떠한 민족문제들이
파생되었는지, 어떠한 과정을 거쳐서 이중제국이 해체의 길로 접어들
게 되었는지를 분석해 보고자 한다. 이 글의 구성은 다음과 같다. 머리
말에 이은 제2장에서는 오스트리아와-헝가리 제국이 가지는 국가체
제의 특성을 헌법(Verfassungsrechts)의 내용을 분석하면서 살펴보았으
며, 동 제국의 헌법, 즉 '아우스글라이히법'의 특징과 그 역사적 의미
를 제시하였다. 이중제국의 성립으로 헌법이 규정하는 정부 각 부분
에서의 행정기구의 개편이 불가피하게 되었으며, 공동의 이익에 부합
하는 정책을 집행하기 위한 새로운 기관의 설립이 요청되었는데 이는
당시로서는 특이한 형태의 헌법구조에 기인한 바 크다. 그러한 새로
운 형태의 국가구조는 오스트리아인과 헝가리인의 지배를 받아야 하
는 동 제국 내 슬라브인들에게는 소수민족에 대한 억압과 불평등을
의미하였다. 또한 유럽의 내셔널리즘은 민족의 통일을 달성한 이탈리
아와 독일의 경우 긍정적인 방향으로 작용하였지만 다민족 국가였던
오스트리아-헝가리 제국에서는 국가적 통합을 위협하는 요소로 작용
하게 되었는데, 제3장에서는 "대타협" 이후 오스트리아와 헝가리의

---

2) 독일의 동구사 연구자 베버(M. Weber)는 마스트리트 조약 이후 유럽의 경제적 통합이
달성되는 것을 보면서, 유럽의 정치적 통합의 가능성을 과거 오스트리아-헝가리 이중제
국의 소수민족정책과 비교하여 찾아내려는 작업을 계속하고 있다. Matthias Weber,
"Habsburgermonachie und Neuere Geschichte Österreichs", *Geschichte in Wissenschaft und
Unterricht* Vol. 53, 2002, pp. 752~768; Matthias Weber, "Ein Model für Europa? Die
Nationalitätenpolitik in der Habsburgermonarchie-Österreich und Ungarn 1867~1914 im
Vergleich", *Geschichte in Wissenschaft und Unterricht* Vol. 11, 1996, pp. 651~672.

통치영역으로 구분된 치스라이타니엔(Zisleithanien)과 트란스라이타니엔(Transleithanien)의 민족구성과 민족의식의 각성에 대하여 살펴보았으며, 제4장에서는 오스트리아와 헝가리 정부의 피지배 민족에 대한 민족정책의 전개 양상을 추적하였다. 마지막으로 결론에서는 동 제국의 역사적 의의와 제국의 역사가 오늘날 우리에게 시사하는 바는 무엇인가를 검토하였다. 오스트리아-헝가리 이중제국의 민족문제 해결을 위해 제시된 여러 가지 방안과 노력들에 대해서는 차후에 보다 심도 있는 논의를 전개하고자 한다.

2. 오스트리아-헝가리 이중제국의 헌법적 특징

19세기 민족주의 시대의 본질적인 문제는 합스부르크 정부가 제국 내의 민족적 자기표현으로 제기된 문제에 어떻게 대처하느냐는 것이었다. 1867년의 '대타협(Ausgleich)'은 그러한 질문에 대한 오스트리아 절대주의의 정점인 프란츠 요셉 황제의 불가피한 대응이었다.[3]

1867년의 '대타협'은 유럽에 전대미문의 이중제국을 만들어 내었다. 합스부르크 제국의 황제가 헝가리의 국왕을 겸한다는 同君聯合體制로서의 이중제국의 판도는 오스트리아와 헝가리를 포함하여 동쪽으로는 트란실바니아 지역까지, 북쪽으로는 갈라치아, 남쪽으로는 크로아티아 전역과 보스니아의 일부를 포함하였다. 라이트江(Leithar

---

3) 1910년의 통계에 의하면 동 제국의 인구는 독일계, 헝가리계, 슬라브계, 이탈리아계, 루마니아계를 합쳐서 48,500,000명으로서 당시 유럽에서는 러시아 다음으로 많은 인구를 거느리고 있었다. 그 중 독일계가 약 10,000,000명, 슬라브계 16,250,000명, 이탈이아계 800,000명 그리고 기타였다. 헝가리의 인구는 약 20,000,000명이었다. 이 중에서 헝가리계는 10,000,000명, 슬라브계 5,500,000명, 루마니아계 3,000,000명, 독일계 2,000,000명이었다. 그 외에 소수의 유태인들이 있었다. 이러한 복잡한 민족구성만 보더라도 이중제국이 왜 해체되었는가를 묻기보다는 그럼에도 불구하고 어떻게 그렇게 오랫동안 합스부르크 왕가가 제국을 통치할 수 있었는가를 묻는 것이 더 타당할 정도이다. Galantai, Josezef, *Der Österreichsch-Ungarische Dualismus-1918*, Crvina/OBV, Budapest, 1985, p. 10.

Liver) 서쪽은 오스트리아 제국이며, 강의 동쪽은 헝가리 왕국이었으며 두 국가의 관계는 표면상으로 평등한 권리에 기초하고 있었다.[4) 또한 오스트리아와 헝가리는 각각의 독립적인 입법부와 행정부를 갖고 있었고 각각의 국내문제에 대해서는 독립적인 권리를 행사하는 주권국이었다. 이들 두 국가 사이의 이러한 특징은 광범위한 합의에 기초된 것이지만 구조적으로는 밀접한 연관성을 가지고 있었다. 특히 동일한 합스부르크의 통치자가 언제나 오스트리아의 황제이며 헝가리의 국왕이라는 사실에 의해 결합되었고 공동의 이익에 관계되는 정책(Common Interest)에 대해서는 공동으로 정책을 집행하였다. 두 나라 의회의 대표들은 비엔나와 부다페스트에서 바꿔가면서 만나게 되어 있었고, 재무, 외무, 국방문제는 공동의 장관이 정책을 협의하는 형태였다. 이러한 오스트리아, 헝가리의 공동 각료직에는 오스트리아인이나 헝가리인을 막론하고 임명할 수 있게 되어 있었다.

이중제국의 외교정책에 있어서 정책의 주도권은 대부분 비엔나측이 쥐고 있었으며, 헝가리인의 의사가 반영되는 경우는 적었다. 따라서 오스트리아 제국의 한 부분으로서 헝가리는 독립적인 외교정책을 수행하지 못했다. 외교권의 행사에 있어서 헝가리는 먼저 오스트리아측의 외무장관과 사전 협의를 거쳐야 했다. 오스트리아-헝가리의 '타협법' 제8조에는 공동통치를 위하여 모든 국가는 자신의 주권에 의하여 통치된다는 사항이 명시되어 있는데 이것은 법적으로 주권과 외교권에 있어서의 독자성과 자치성을 의미하는 것이었다. 외무부 장관은 외교와 무역에 관한 국제적인 조약체결시 자신의 국가를 대표할 수 있으며, 다른 장관들과 마찬가지로 어떠한 전제조건이나 사전협의 없이 황제에 의하여 임명된다. 또한 비엔나와 부다페스트에 있는 각국의 정부는 국제적인 조약에 관하여 제각기 그들의 의회에 통보할

---

4) Ferenc Glatz und Ralp Melville, *Gesellschaft, Politik und Verwaltung in der Habsburgermonarchie 1830~1918*, Budapest: Akademial Kiado, 1987, p. 190.

의무가 있었다. 제8조에 규정된 이러한 내용은 "두 정부의 허락과 동의를 받아서 행위 할 수 있다"는 유보조항에 의하여 제한되었는데, 이는 외교적 현안에 대해서 두 정부는 사전 논의를 거쳐야 함은 물론이고 두 정부의 공통된 인정이 외교현안의 집행에 관한 선결조건이었다.5) 그리고 중요한 외교정책은 왕립위원회(Crown Council)나 합동 내각의회에서 결정되었다.6)

정치구조에서 특징적인 것은 오스트리아와 헝가리의 평등성을 상징하는 의회제도였다. 각국의 의회는 매년 60명의 대표를 선출한다. 상원에서는 20명을 선출하고 하원에서는 40명을 선출한다. 이들 대표들은 상호 호혜적인 원칙에 의거하여 비엔나와 부다페스트에서 번갈아 가며 제국의회를 개최하였다. 이 대표들은 공동의 업무를 위한 예산을 결정, 집행하는 일을 하게 되고 각각의 의회에서 승인을 받아야만 했다. 이 대표들은 또한 공동장관의 업무를 감독할 권리를 갖는데 장관의 업무와 행정에 관하여 필요한 경우 그를 소환하여 질의할 수 있다. 그러나 형식적으로 보유한 이러한 권리를 제외하고는 의회의 실질적인 권한인 입법권은 행사하지 못했다. 따라서 의회라는 고유의 의미에서의 명칭을 부여하기는 어렵고 정책심의기관으로서의 성격이 더욱 강했다고 볼 수 있다. 외교정책에서는 그나마 이들의 존재가 거의 무시되었다. 이 의회에서 헝가리 측 대표들은 보통 하나의 연합을 구성하였던 반면, 오스트리아 측 대표들은 자주 분열의 양상을 보였다. 헝가리에서 이들 대표들은 의회의 각 위원회에서 선출되었으며 대표들의 구성원은 전원이 헝가리인들이었다. 소수민족, 특히 슬라브인들은 그들의 대표를 헝가리 의회에 보낼 수 없었는데 이는 헝가리의 타민족 지배정책의 한 단면을 보여주는 것이라 할 수

---

5) Theodor Mayer, *Der österreichisch-ungarische Ausgleich von 1867-Seine Grundlagen und Auswirkungen*, München: Verlag R. Oldenbourg, 1968, pp. 125~126.

6) 왕립위원회는 자문위원회의 성격이었다. 실제로 가지고 있는 권한은 거의 없었다. Ferenc Glatz und Ralph Melville, *op. cit.*, p. 203.

있다. 한편 오스트리아 측의 대표단 구성은 헝가리와는 매우 상이하였다. 하원출신의 대표는 몇몇 지방이 대의원들에 의하여 선출되었다. 따라서 여기서 선출된 대표들은 각기 자신이 속한 지역의 이익을 대변하는 경우가 많았다.

대의제가 제대로 기능하지 못하는 상황에서는 권력이 현실적으로 관료제로 이전되는 결과가 나타났다. 정치적 기능과 행정적 기능이 얽혀 있어서 하나의 동일한 것으로 인식되는 일도 드물지 않았다. 그리고 거의 모든 측면의 통치가 점차 공무원의 일로 간주되었다. 그들이 거두어들인 세금의 많은 부분이, 국가가 유용하게 시행할 수도 있는 사업보다는 그들 자신의 고용을 위해 지출되었다. 관료들은 점차 자신의 특권을 보호하고 자신의 지위를 유지하는데 관심을 기울이게 되었다. 관료 개개인들도 마찬가지로 촘촘하고 꽉 짜여진 직급체계를 통해서 승진하는데 몰두하였다.

국방에서의 특징은 공동방위체계였다. 오스트리아-헝가리 '타협법' 제11조에 의하면,

> 방위영역의 관할은 주권을 가진 헌법적 특권에 의하여 군대의 내부적인 구조와 통일적인 지휘에 관한 모든 권리를 자체적인 주권하에 통제되는 것을 인정한다[7]

고 명시되어 법적으로는 헝가리가 독자적인 군사행동을 할 수 있도록 규정하였다. 그러나 '타협법' 제12조에는,

> 그 국가는―헝가리를 지칭함―새로운 징병의 권리를 스스로 유보할 뿐 아니라 유사시를 위한 군대의 병력준비와 주둔에 관한 법안까지도 유보한다[8]

---

7) Theodor Mayer, *op. cit.*, pp. 130~131.

라고 규정하여 헝가리의 군사권을 박탈하고 있다.[9) 결국 헝가리가 군대에 가질 수 있는 권한은 병사들을 제국군에 제공하는 것뿐이었다. 헝가리는 공동방위체계에서 행사할 수 있는 권리의 제약성으로 인하여 헝가리 자체의 방위력과 안보는 무시되고 어디까지나 '공동의 이익'에만 충실히 봉사하는 군대로 강요되었던 것이다. 군대의 공용어로는 독일어가 사용되었고 헝가리 군인에 대한 배려는 전혀 이루어지지 않았다. 문화적으로도 이들에게는 오스트리아 제국의 군대로서의 이념과 행동이 강조되었다. 오스트리아 측은 이중제국의 군대가 연합군임을 강조하고 각 군의 통수권을 인정한다는 입장을 취하였다.[10) 또한 군에 관계되는 입법사항은 먼저 각 의회에서 결정하도록 명문화함으로써 헝가리 측의 거부감을 유화하려 하였다. 하지만 연합군에 있어서의 최종적인 결정은 합스부르크 측의 공동방위장관에 의해서 이루어졌다.[11)

재정적인 부분에 있어서의 공동체계는 엄격하게 외교와 국방에 관한 사항만을 담당했다. 그 이외의 예산집행은 각각의 의회에서 다루어졌다. 예산집행에 있어서 헝가리가 오스트리아제국의 간섭을 적게 받았는데 그 이유는 당시 헝가리의 경제력이 발전단계에 있었다는

---

8) *Ibid.*, p. 131.

9) Otto Brunner, "Der österreichisch-ungarische Ausgleich von 1867 und seine geschichtlichen Grundlagen", *Der österreichisch-ungarische Ausgleich von 1867-Seine Grundlagen und Auswirkungen*, München: Verlag R. Oldenbourg, 1968, pp. 16~17.

10) 군의 최고지휘부는 제1차 세계대전의 마지막 시기까지 대체로 오스트리아인들이 차지하였다. 그러나 오스트리아 내에서 군사기구의 제도적 중요성은 절대주의의 평균이하였다. 참모본부는 1914년 8월의 위기에서 결정적인 역할을 하였다. 그러나 전쟁이 일단 시작되자 참모본부는 그 실패로 인하여 상대적으로 하찮은 지위로 밀려났다. 반면에 전쟁이 지속됨에 따라 비엔나에서의 마쟈르의 정치적 영향력은 현저히 증대되는 양상을 보이게 된다.

11) 1차 세계대전이 발발할 당시, 협정의 의미를 살린다면 헝가리 측과 사전에 충분한 협의가 있어야 했다. 그러나 전쟁에 참가하는 과정에서 헝가리 측의 의사는 무시되기 일쑤였다. 특히 군대의 움직임은 전적으로 합스부르크 측의 의사가 반영되었다. Joszef Galantai, *Hungary in the First world War*, Budapest: Akademiai Kiado, 1989, p. 85.

점을 들 수 있다. 공동으로 예산을 집행할 경우 초기의 분담비율은 오스트리아가 70% 이상을 부담하였다.12) 그러나 타협 이후 헝가리의 경제상태가 호전되기 시작하여 헝가리의 분담비율이 상대적으로 높아졌다. 공동예산의 확보와 집행은 공동 재무장관에 의하여 결정·집행되었다.13) 공동예산의 확보를 위한 재원은 공동의 세수입으로 충당되었고 공동 재무장관은 제국의회에 출석하여 의원들의 질의에 답변할 의무가 있었다. 그러나 공동 재무장관의 위치나 권한에 대해서는 의회가 아무런 권한을 갖고 있지 않았다. 형식적으로 의회의 대표들은 장관의 신임을 묻는 투표를 할 수 있었으나, 대부분 장관으로부터 간략한 정책설명을 청취한 뒤 마무리되었다. 만약 오스트리아 혹은 헝가리 각각의 의회가 공동장관에 대한 일정한 합의에 이르지 못한 경우 최종적인 결정은 황제에게 일임되었다.

여기에서 두드러진 점은 오스트리아–헝가리 이중제국의 경제적 연대였다. 각자의 고유한 영역은 침범하지 않으면서 상호 협력의 관계를 유지할 수 있었던 점이 공동재정체계의 특징이었다. 이러한 태도는 중대한 긴장의 순간에 정치적으로 살아남기 위한 전제조건으로 보였다. 따라서 불가피하게 공동장관의 사업들은 항상 자금을 충분히 공급받지 못하는 반면에, 자국의 이익을 챙기는 지역적인 사업들은 훨씬 아낌없이 자금을 공급받았다. 가장 중요한 부분은 관세와 무역정책의 수립과 집행에 있어서의 매 10년을 단위로 하여 양국 정부는 경제적 연대, 연합에 관한 구체적인 보고서를 의회에 제출하여야 하는 의무가 있었다.14)

이중제국의 헌법적 구조는 좀 더 특징적인 성격을 보여주고 있다. 1867년의 타협정신에 기초되고 제정된 헌법은 성격상 동등·평등법

---

12) Otto Brunner, "Der österreichisch-ungarische Ausgleich von 1867 und seine geschichtlichen Grundlagen", *op. cit.*, p. 17.

13) Theodor Mayer, *op. cit.*, pp. 132~133.

14) *Ibid.*, p. 17.

이었다. 합스부르크제국과 헝가리의 영토가 각각 독립적으로 존재하며 각자의 헌법을 보유한다는 전제가 헌법상의 특징이었다. 따라서 헌법기관의 구성과 권력기관의 규정에 있어서 각각의 주권과 독립성은 침해할 수 없는 영역으로 간주되었다. 최초로 이 법안을 기초한 학자들간에는 수많은 법적 해석과 논쟁이 있었다. 애당초 '이중주의(dualism)'라는 용어가 근대적 헌법개념에서는 존재하지 않았기 때문이다. 따라서 법학자들은 당시 독일의 법체계, 특히 실증주의 국법학의 대표자인 동시에 비스마르크 시대의 독일 헌법학계의 대표자이기도 하였던 파울 라반트(Paul Laband) 교수의 국가법체계를 수용하였다.15) 그는 공법학을 정치와 역사로부터 순화(純化)하여 실정법(實定法)의 논리적 체계화라는 취지에 한정시켜야 한다고 주장했던 인물이었다. 그들의 법률해석은 다음의 전제에서 시작한다. 먼저 모든 공법관계—국가조직, 행정조직 등—의 주체로서 국가체제를 상정하고, 거기에서 추론되는 국가의 무제한적 권력으로서의 주권이 존재한다. 이러한 근대적 개념에서 1867년의 '타협법'은 병합이나 강점이 아닌 '타협' 또는 '정착'의 의미로 해석되었다. 따라서 이중제국은 단일한 국가이며 동시에 혼합적 체계를 가진 복수국가로 규정된다. 이러한 법적인 특성을 살펴 볼 때, 헝가리는 합스부르크 제국의 식민지가 아닌 제국의 한 구성 부분이 되며 합스부르크 제국과의 관계는 동등한 선상에 있게 되는 것이다. 일반적으로 강대국과 약소국의 관계가 지배와 종속의 관계로 규정되는 시대상황을 보았을 때, 오스트리아-헝가리 이중제국은 말 그대로 유래를 찾아보기 어려운 특별한 형태의 국가체제였음에 틀림없다.16)

---

15) Gyorgy Ranki, *Hungarian History: world History. Indiana Univ. studies on Hungary* No. 1, Budapest: Akademiai kiado, 1984, p. 92.

16) C. A. Macartney, *op. cit.*, pp. 550~553.

3. 치스라이타니엔과 트란스라이타니엔의 민족상황

대체로 1880년에서 1914년까지의 민족주의는 다음과 같은 세가지 주요한 특징들을 내포하고 있었다. 첫째, 후기 민족주의는 자유주의 시대의 민족주의의 중심요소인 '규모의 원칙(Threshold principle)'을 포기했다. 그리하여 1880년 이후 자신들을 '민족'으로 생각하는 민족집단은 한결같이 민족자결을 외쳤다. 민족자결은 결국 자기의 영토내에 하나의 분리된 독립국가를 가질 권리를 말한다. 둘째, 잠재적인 '비역사적' 민족이 이처럼 늘어난 결과 종족과 언어가 잠재적 민족성의 중심적, 나아가 결정적이거나 심지어 유일한 판단기준이 된 점이다. 그러나 세 번째 변화는 점차로 많아지고 야심적이 된 비국가적 민족운동들 보다는 기존의 민족국가내의 민족감정을 광범위하게 촉발시켜 범게르만주의와 범슬라브주의의 대립양상을 가져온 것이다 이와 같은 시대상황하에서 오스트리아-헝가리 이중제국내의 민족문제를 살펴보도록 하겠다.

1867년 오스트리아-헝가리 제국(Austro-Hungarian Empire)의 성립 이후 격화되기 시작한 민족분규의 내적 요인은 다음과 같다. 동 제국은 1867년 대타협(Ausgleich) 이후에 제국을 치스라이타니엔(Zisleithanien)[17] 과 트란스라이타니엔(Transleithanien)으로 양분하여 각각 그 통치령의 경계를 구분지었다.[18] 그러나 민족분규가 점차 격화되자 양 지역의 제민족 중에서 비엔나의 중앙정부에 심한 민족적 주장을 고집해 오는 것은 긴 문화적 전통을 가졌다는 민족들이었다. 치스라이타니엔에 있어서는 체코와 폴란드인이었고 트란스라이타니엔에 있어서는 마쟈르인과 크로아티아인들이었다. 기타 제민족(Nicht Historische Nation)

---

17) *Ibid.*, pp. 603~604.

18) Leithar江을 중심으로 동부는 트란스라이타니엔으로 헝가리의 통치령이 되고 서부는 치스라이타니엔으로 오스트리아의 통치령임을 설정하여 1918년 제국의 해체시까지 분할 통치하였다.

의 산발적인 저항은 대단한 것은 아니었다. 그럼 먼저 이중제국 내 13개 민족으로 된 35,600,000명의 인구가 살던 1870년대의 민족적 양상을 개괄해 보기로 한다.

치스라이타니엔의 경우를 보자. 첫째, 보헤미아와 모라비아에 살고 있던 체코인들은 1870년대까지는 사실상 거족적인 민족운동의 양상을 보이지 않았다. 즉 그 당시 민족문제에 눈뜬 체코인이라면 지식인과 일부 중산 시민층에 한정된 것이어서 아직 정치적 행동으로 나타나기 이전의 미온적인 상태였다. 물론 1867년 모스코바에서 열린 '슬라브인회의'에 자극되어 체코인들이 친러시아적 경향에 기울고 판슬라비즘(Panslavism)을 표방하게 됨으로써 체코 내에 간혹 정치적인 불상사가 발생하는 일은 있었지만 거족적으로 단합된 정치세력이 아니므로 심각한 상황은 아니었다. 둘째, 인구 약 250만의 폴란드를 보면, 중세 이래 갈라치아(Galicia)의 도시에는 어느 정도의 시민층이 형성되어 있었던 외에 귀족과 성직자 계급은 폴란드 국민(Poland Nation)으로서의 정치세력을 구축하고 있었기에 체코인 보다는 정치적으로 문화적으로 개명된 민족이었다.[19] 따라서 그들의 움직임에 오스트리아 정부의 관심이 컸던 반면, 그들의 민족적인 우위는 갈라치아에 있는 우크라이나인과는 계속적인 대립양상을 보이고 있었다. 셋째, 303만 명의 인구를 가진 우크라이나는 폴란드인과의 반목 때문에 판슬라비즘을 내건 러시아의 선전에 동조하기는 했지만 1870년대까지 비엔나 황실과의 관계는 우호적인 상태였다. 뿐만 아니라 대부분이 농민이었기 때문에 그들의 민족의식은 극히 낮았으며, 정신적인 지도층이라고는 오직 성직자 계급뿐이었기에 1870년 무렵까지 우크라이나에는 민족운동이 일어날 수 없었다. 그들에게 범슬라브적 인텔리층이 형성된 것은 1870년 보다 훨씬 뒤의 일이었다.[20] 넷째, 치스라이타니엔의

---

19) C. A. Macartmey, *op. cit.*, p. 605.
20) *Ibid.*, pp. 647~648.

남방에 살던 인구 125만의 슬로베니아인은 1800년대에 이미 언어적 자치를 요구하는 민족운동을 일으켰던 민족이었다. 그러기에 그들의 반오스트리아 경향은 1860년 이후 더욱 심해져서 합스부르크가의 군주체제는 인정하되 오스트리아-슬라브(Austro-slav)적 연방주의를 실현할 것을 주장해 오는 상황이었다.[21] 다섯째, 제국내의 민족분규 중에서 가장 복잡했던 것 중의 하나가 이탈리아인의 민족운동이라 할 수 있다. 1850년대에 롬바르디아와 베네치아에는 454만 명의 이탈리아인이 살았으며, 그 외에도 티롤에 32만, 퀴스텐란트에 11만 7천, 달마치아에 1만 4천 명이 각각 거주하고 있었다. 그런데 이들과 오스트리아 정부와의 부조화와 복잡한 관계는 이들 지역이 문화적, 경제적으로 오스트리아 본래의 자가령(Erbländer)보다 우월했다는 점과 이탈리아인의 각성된 민족의식은 오스트리아 제국 전체에서 그들에 대한 통치가 늘 어려웠던 가장 중요한 이유였다.[22]

트란스라이타니엔(Transleithanien)에 있어서 제민족의 양상은 다음과 같다. 먼저 마쟈르인의 경우, 약 570만 명의 인구를 가진 그들은 헝가리 지역에 있어서 수적으로 월등한 우위를 확보하고 있었을 뿐만 아니라 강한 민족의식을 가진 귀족들이 지배계층을 이루고 있었다. 그들이 트란스라이타니엔의 '마쟈르화'를 위한 민족운동 전개과정에서 더욱 유리한 입장에 섰던 또 하나의 이유는 헝가리 사회의 제계층이 마쟈르적 요소로 짜여 있었으며 그 위에 그들의 정치의식이 확고했다는 점이다. 이러한 기반위에서 1867년 이래 트란스라이타니엔에 있어 타민족들의 희생을 강요하며 마쟈르족의 우위를 꾸준히 시도했으나 바로 이 점에서 그들은 계속 오스트리아 정부의 제국 정책과 충돌을 면할 수 없었다.[23] 다른 한편, 마쟈르족을 제외한 비

---

21) *Ibid.*, pp. 644~646.

22) *Ibid.*, pp. 649~650.

23) 오스트리아 정부와 마쟈르족과의 대립은 마쟈르인이 지니치게 과격한데 원인이 있었지만, 그 반면 오스트리아 정부의 실책이라면 그들은 트란스라이타니엔에 있어서 다른 소

마쟈르계 제민족과 오스트리아 정부와의 관계도 반드시 순조로운 것은 아니었다. 비마쟈르계인 슬로바키아, 세르비아, 크로아티아인[24] 등은 1848~49년의 혁명당시에 오스트리아에 대해 우호적이었음에도 불구하고 그에 대한 배려없이 1867년 이후 마쟈르족의 비마쟈르계 탄압을 오스트리아가 적극적으로 저지하지 않았기 때문에 오스트리아 정부를 불신하기 시작했다.

아울러 비마쟈르계 제민족의 반오스트리아 민족운동을 열거해 보면 다음과 같다. 첫째, 125만 명의 인구를 가진 크로아티아의 경우다. 크로아티아는 1868년 헝가리와의 타협성립으로 트란스라이타니엔의 여타 민족들 보다는 정치적 우대를 받고 있으면서도, 다른 한편으로는 헝가리, 오스트리아 정부와 각각 반목상태에 있었다.[25] 당시 활발한 크로아티아 통합 움직임은 과거의 역사에 대한 찬양과 신화를 중시하는 '문화적 민족주의' 성향을 띠며 크로아티아 민중들 사이에 급속하게 확산되어 갔다. 또한 이러한 문화적 민족주의는 과거 역사적 인물들에 대한 영웅적 민족주의를 낳았다. 둘째, 167만 명의 인구를 가진 세르비아의 반중앙정부적 경향을 들 수 있다.[26] 1689년 그들이 중유럽에서 남하하여 이주한 이래 1690, 1691, 1694년 등 3차에 걸쳐 합스부르크 황제의 특혜를 얻어 그리이스 정교로써 종교적 통일을

수민족들에 비해 마쟈르족의 어떠한 정치적 우위도 원하지 않았다는 점이라고 할 수 있다.

24) 세르비아, 크로아티아, 슬로베니아는 1929년 하나의 독립된 왕국을 형성하였다. 동구권의 다른 나라들과는 달리 유고는 민족적으로, 언어적으로, 종교적으로, 문화적으로 유난히 복잡한 국가구성요인을 가진 나라였다. 6개의 공화국(슬로베니아, 크로아티아, 보스니아-헤르체고비나, 몬테네그로, 마케도니아)과 2개의 자치주(코소보, 보이보디나)로 이룩되어 있다. 이 나라는 7개국(이탈리아, 오스트리아, 헝가리, 루마니아, 불가리아, 알바니아, 그리이스)에 인접되어 있다. 그리고 2개의 문자(라틴과 키루루기), 3개의 종교(카톨릭, 희랍정교, 회교), 4개의 언어(세르비아어, 크로아티아어, 슬로베니아어, 마케도니아어), 5개의 민족(슬로베니아족, 크로아티아족, 세르비아족, 마케도니아족, 몬테네그로족)등을 가진 연방국가였다. 호남대 동구문제연구소 편, 『동구연구』 4, 1988, 133쪽.

25) C. A. Macartney, *op. cit.*, pp. 734~738.

26) *Ibid.*, pp. 729~730.

이루고 있었기 때문에 정치적 자립도 이룰 수 있는 정신적 바탕을 가지고 있었다. 그러나 세르비아인은 1815년까지 친오스트리아적이었으나 이후 그들의 侯國이 세워진 후로는 곧장 독자적인 경향으로 흘렀고 마침내는 1914년 사라예보의 총성을 울리고야 말았다. 셋째, 인구 268만 명의 루마니아를 들 수 있다. 원래 그들의 일부는 세르비아처럼 그리이스 정교를 통해 정신세계가 통일되어 있기는 했지만, 세르비아의 경우처럼 합스부르크 제국으로부터 별다른 대우를 받고 있지는 않았다. 그럼에도 불구하고 그들은 왕가 측과 친근한 사이여서 합스부르크가의 권장에 의해 민족어를 갖게 되었으며 또 이를 계속 발전시키기 위해서 오스트리아의 교육제도 등을 받아들이기도 했었다.27) 그러나 1859년 몰다우(Moldau)와 바라치(Walachie)가 통합해 '루마니아 侯國'을 세운 후로 제국 내에서 루마니아 세력은 인구격증과 아울러 강하게 대두되기 시작했고, 부다페스트의 언어정책은 아무런 실효를 거두지 못하는 형편이었다. 넷째는 트란스라이타니엔의 동북방에 살던 우크라이나인의 경우다. 우크라이나인은 사실상 제1차 세계대전에 이르기까지 줄곧 헝가리의 민족정책에 얽매여 온 민족이었다. 그 이유는 제1차 세계대전 이후까지도 그들에게는 소위 정신적인 지도층이 결여되어 있었을 뿐만 아니라 심지어는 공용화한 문자가 없을 정도로 낮은 문화수준을 가졌기 때문이다. 그들에게 그리이스 정교라는 동일 신앙으로 인한 종족단결의 장점은 있었지만 그 종교자체도 아무런 작용을 하지 못한 채 계속 헝가리의 정책에 의해 억압되어 있었다.28) 다섯째, 인구 약 206만 명의 슬로바키아인으로 이들도 역시 우크라이나인의 경우와 유사하였다. 즉 슬로비키아인은 당시 종교적 분열뿐만 아니라 문화적으로도 학교교육이라는 제도적 미비는 물론이요 문장어가 없는 정도의 수준이었기에 마쟈르화가 용

---

27) *Ibid.*, pp. 650~651.

28) Robert Kann, *Werden und Zerfall des Habsburgerreiches*, Verlag styria printed in Austria, 1962, pp. 54~55.

이하였다. 그러기에 슬로바키아는 마쟈르인의 침략이 있을 때마다 거의 매번 체코의 원조를 받았으며, 나아가서는 범슬라브주의의 도구로 이용되었다. 체코가 마리아 테레지아(1740~1780)와 요제프 2세(1780~1790) 등 계몽군주들의 지배 하에서 근대 산업사회로 발전할 수 있는 기틀을 확립했던 반면, 슬로바키아는 헝가리의 차별적인 탄압정책의 결과 문맹율이 높고 낙후된 전근대적인 농업사화의 단계를 벗어나지 못하고 있었다.29) 그러나 1840년대에 새로이 문학적, 언어적 독립을 위한 노력이 생겨났다. 1848년 혁명과 프라하의 '슬라브회의'에서는 슬로바키아의 민족성을 인정해 줄 것을 호소하였으며, 마쟈르인의 탄압에 대항하여 슬로바키아의 자치정부, 슬로바키아 언어사용의 자유, 슬로바키아 학교설립, 보통선거권과 각종 시민적 자유권을 요구하였다. 그러나 슬로바키아인들의 민족적 저항의 열기는 마쟈르인의 체계적, 이기적인 인종정책 앞에서 수그러질 수밖에 없었다. 슬로바키아 교회는 마쟈르인의 교회조직과 위계질서 속에 철저하게 편입되었고, 학교도 독립적이지 못했으며, 대다수 슬로바키아 농민들은 빈곤 속에서 헤어날 수 없었다. 마지막으로 헝가리에 거주하고 있던 독일인계를 보면, 1850년대에 149만 명의 인구를 점하며 이민족들 틈에서 오랫동안 문화적으로 경제적으로 우위를 점하고 있었으나 그들에게는 정치적 조직이 결여되어 있었기 때문에 1867년 이후로는 점차 마쟈르족의 언어정책에 동화되어 가는 상황이었다.

한편 독일인의 마쟈르화는 사회적으로 큰 중요성을 띠었다. 이 독일인들은 팽창하고 있는 중산계급 속으로 흡수되어 전문기술직이나 재정적인 방면의 공직을 차지하여 마쟈르인의 수를 능가하였다. 독일인들은 교회나 군대, 혹은 숙련노동계급등에 종사하는 경향이 늘어났다.30) 또 유태인들의 숫자도 1720년 이래 꾸준히 증가하였다.

---

29) C. A. Macartney, *op. cit.*, pp. 728~730.

30) *Ibid.*, pp. 516~520; Internationale Historikerkonferenz in Budapest, *300 Jahr Zusammenleben-Aus der Geschite der Ungarndeutschen*, Budapest, 1988, pp. 7~8.

유태인들은 거의 중산층 도시민들로서 북동부 헝가리와 부다페스트에 밀집하여 살았다. 헝가리의 자본주의의 발달은 거의 이들의 업적이었다. 또한 지적인 방면에서 교회, 교육, 대학교수직에 유태인들의 비율은 20~40%까지 이르렀다. 유태인들의 대거 이민은 마쟈르인을 어느 정도 불안하게 했음도 분명하였다.

이상에서와 같이 필자는 치스라이타니엔과 트란스라이타니엔에 있어서의 민족세력 상황과 소수민족의 민족운동 양상을 살펴보았다. 여기에서 이중제국 내 각 민족의 자치적, 나아가 독립적 요구로 인하여 그들 민족이 각각의 독립된 민족국가를 형성한다고 전제할 때 야기되는 것은 그들 국가와 국민경제의 규모가 국가체제를 유지할 수 있는 정도로 안정적인가 하는 문제이다. 후기 독일의 역사학파 경제학자들에 의하면, 한 민족이 경제발전을 이룩하려면 충분한 인구와 경제적 규모를 갖추어야 한다. 이에 이르지 못하면 민족은 역사적 정당성을 갖지 못한다. 리스트(Friedrich List)는 다음과 같이 언급하였다.

많은 인구와 다양한 민족적 자원을 가진 광대한 영토는 정상적 민족의 필수조건이다. (…중략…) 인구와 영토가 제한된 민족, 특히 그 민족이 독자적 언어를 소유한다면, 그것은 단지 불구의 문학, 예술과 과학을 함양하는데 필요한 제도를 불구의 상태로 가지고 있을 뿐이다. 작은 국가는 결코 그 영토 안에 다양한 생산부문을 완비할 수 없다.31)

리스트의 위와 같은 언급은 소수의 인구와 제한된 영토, 자원을 가진 이중제국 내 헝가리를 제외한 제민족의 자치와 독립이 강대국

---

31) 실제로 제1차 세계대전 이후 세르비아인(Sers)은 크로아티아인(Croats)과 합하여 유고슬라비아를 건설하였으며, 체코인은 슬로바키아인과 연합하여 체코슬로바키아를 건설하였다. 이는 역사적 선례를 찾기 어려운 일이기도 하였다. Friedrich List, *The National System of Political Economy*, London, 1885, p. 174.

들에 둘러싸인 당시의 상황 하에서는 실현가능성이 극히 희박하다는 사실을 예증한다고 보겠다.

4. 오스트리아와 헝가리 정부의 민족정책

필자는 위에서 치스라이타니엔과 트란스라니타니엔 양 지역의 제민족의 세력분포와 그 민족운동의 전개상황을 간략하나마 살펴보았다. 이제 양 지역의 민족분규의 불씨가 무엇이었으며 또한 오스트리아와 헝가리 정부가 제민족의 반발 및 그로 인한 정치적 혼란을 어떻게 해결하려 했는지 고찰해 보기로 하겠다.

먼저 트란스라이타니엔의 경우, 동 지역의 민족문제는 헝가리의 지나친 '마쟈르화' 정책에 기인한 바 크다. 마쟈르인은 민족의 독립과 헝가리 왕국 내에서 자신들의 위치를 유지할 필요성에 집착하고 있었다. 이러한 생각은 자신들의 언어를 유지하는 것이 실용주의에 우선하는 중요한 목표가 될 정도로까지 발전하였다. 1889년에는 헝가리에서 징집된 군대에서 독일어를 명령어로 사용하는 데 대해 강력한 반대운동이 전개되었으며 1903년에는 똑같은 문제가 입헌적 위기를 불러일으키기도 하였다. 즉 마쟈르족이 강압적인 언어 및 교육정책을 통해 지배영역내의 여러 민족을 억압하려는 데서 국내적 혼란이 벌어졌고 나아가 이중제국의 존립마저도 위태롭게 하는 결과를 가져왔던 것이다.[32]

1880년대 640만 명을 헤아리던 마쟈르족은 1910년대에 약 995만

---

32) 이러한 태도는 자기 국가의 경우는 완전히 정당화된 권리, 특권, 타당성까지 내세우면서 통치영역 내 다른 소수민족들에게 이러한 권리를 거부하는 것이었다. 자신의 조국은 선민이요 가장 유능한 민족이요, 그래서 해당지역에 대한 주도권을 가질 운명을 진 사람들로 스스로를 평가하였다. 이러한 배타주의적 태도는 줄기차게 적대감과 이방인 혐오감정을 불러 일으켰고, 아울러 현대적, 정치적 반유태주의의 출현으로 이끌어 갔다. Peter F. Sugar, 「동구 민족주의의 제문제」, 『동구연구』 5, 1991, 18~19쪽.

명 정도로 그 인구가 증가되어 있었다. 이와 같은 인구증가와 함께 그들은 타민족의 마쟈르화를 위한 교육정책을 실시하였다. 1883년에 공포한 교육법령중 제30조는 중학교의 운영 및 동수준의 교사자격 등을 규정하였는데, 그 세부조항에는 비마쟈르계의 교육기관에서도 교습상의 언어나 서책 및 문헌은 마쟈르어라야 함을 명시했다. 또 1891년 유치원법을 보더라도 모든 비마쟈르계 아동들은 유치원에서부터 소위 모국어인 마쟈르어를 배우지 않으면 안된다고 명시해 두었으며, 1907년 국공립학교와 교사의 법적 지위를 규정해 놓은 법령 제32조에도 그 세부조항에 국가의 보조를 전혀 받지 않는 사립학교에서도 마쟈르어를 어느 정도까지 필수적으로 익혀야 할 것을 명문화하였다. 동 법령은 4년의 국교과정을 이수한 모든 아동은 마쟈르어로 표현할 수 있고 기술할 수 있어야 한다는 강제성을 성문화한 것이었다.[33] 그러나 부다페스트 정부의 이러한 강경책에 대해서 비마쟈르계인 루마니아, 세르비아, 슬로바키아인 등은 강력히 저항했으며, 결과적으로 부다페스트 정부가 법적으로 국내 제민족의 분열과 혼란을 조장한 셈이었다.[34]

이상과 같이 트란스라이타니엔에 있어서 비마쟈르계의 저항이 격심했던 데 비해 치스라이타니엔에 있어서는 제민족의 상황이 그와는 좀 달랐다. 오스트리아 정부의 민족정책을 헝가리와 비교해서 그 차이점을 살펴보면 다음과 같다. 치스라이타니엔에 있어 1848년 이래 국내 제민족에게는 우열의 차이 없이 '동등'이라는 원칙이 주어져 있었으며 이 원칙은 1867년 〈12월 헌법〉에도 명문화되어 계속 유효한 것이었다. 넓은 의미에서 이중제국의 시민은 동등하고 표현의 자유를 가지며 자신들의 언어를 사용할 권리와 초등교육에서는 자신들의 언어로 교육받을 권리가 있는 것으로 여겨졌다. 언어 및 교육과 관련

---

33) C. A. Macartney, *op. cit.*, pp. 721~734.
34) Robert Kann, *op. cit.*, pp. 135~148.

된 문제는 매우 중요해서 1867년 오스트리아 헌법에서는 그 문제를 특별하게 다루고 있다.

공립학교는 모든 민족 집단들이 제2의 언어를 배우지 않고 자신들의 언어로 교육하는데 필요한 자금을 받는 방식으로 조직되어야 한다.[35]

동 제국 내 17개의 지역들이 약 10개의 언어를 사용하면서 제국의 회(Reichsrat)에 참여하고 있는 상황에서, 이는 실제적인 위임을 뜻하는 것이었다. 그 결과는 헌법에 대한 좁은 해석이 시사하는 바와는 매우 달랐다. 한 민족 집단이 무엇을 의미하는가에 대한 공식적인 정의가 없었으며 어떠한 경우에도 예를 들어, 한 지역이 독일인 지역인가 체코인 지역인가를 결정하는 것이 언제나 쉬운 일은 아니었다. 그렇기 때문에 1867년 이후 치스라이타니엔에서 발생하는 민족문제는 국내의 제 민족이 서로 한결같이 동등하려는 데서 기인하였다고 볼 수 있다. 그 당시 오스트리아의 황실과 제국의 지배층은 동 지역을 게르만화하려는 의도적인 시도는 거의 없었다.[36] 오스트리아에 있어서 독일인계는 다른 민족보다 문화적으로 경제적으로 오랜 기간을 통해 우위를 유지하고 있었기 때문에 일반적으로 독일어가 광범위하게 보급되었으며 독일문화권이 오스트리아 상류사회를 지배하고 있었다. 그러나 다른 한편 독일계의 이러한 문화우월적인 사실이 1848년 이전의 언어 분쟁기에 체코인과 슬로바키아인을 심하게 자극했을 것이라는 점도 짐작할 수 있다. 따라서 오스트리아 정부는 1848년 혁명 이후 언어문제가 장차 제국 내 민족분규의 불씨가 될 것임을 예견하고 응분의 선후책을 수립했더라면 19세기 후반의 심각한 언어분규를 모면했을지도 모른다.

---

35) Robert Kann, *A History of the Habsburg Empire, 1526~1918*, London: California Univ. press, 1977, p. 339.

36) Robert Kann, *The Multinational Empire* Vol. 2, p. 270, p. 294.

그러나 오스트리아 정부는 이에 대한 대비책이 없어 1867년 이후 치스라이타니엔에서는 언어로 말미암은 제 민족간의 분규가 1848년 이전보다 심각한 양상을 드러내기 시작했다. 그 언어분쟁의 대표적인 예는 다음과 같다. 1897년 바데니(Badeni)수상이 체코인에게 유리한 〈언어령〉을 공포했을 때 그에 대한 독일인의 반발이 심하여 2년 후인 1899년 알드링거(Aldringer)내각이 바데니의 〈언어령〉을 폐지해 버린 일이 있었다.[37] 바데니 수상이 공포한 〈언어령〉의 내용은 아래와 같다.

> 보헤미아와 모라비아 양 지역은 앞으로 두 언어를 공용할 것이니 동지역의 관리들은 오는 3년 이내에 두 언어(독일어와 체코어)를 습득해야 한다.[38]

그뿐만 아니라 1904년 체코의 사범교육기관에서도 비독일인계 학교의 병설을 에워싸고 격렬한 분규가 있었는가 하면, 1893년 치리(Cieli)에서 일어난 슬로베니아인들의 중고등학교 설립을 에워싼 분쟁 등은 그 시기의 독일계와 비독일계의 심한 대립을 잘 알려주는 대표적인 사례이다. 그리고 또한 언어분쟁 이외에도 각 민족 간의 이해상충은 급진적인 정치투쟁을 야기시키기도 했다. 그 한 예로 슬로베니아인들이 들고 나온 오스트리아-슬라브주의(Austro-Slavism)의 정치적 혼란은 이후 제국의 해체를 촉진하게 되는 슬로베니아 시민층의 과격한 정치적 행동이었다.

---

37) Stuart Miller, *op. cit.*, pp. 265~266.
38) Böhmea과 Mähren 양 지역은 앞으로 두 언어를 공용할 것이니 동 지역의 관리들은 오는 3년 이내에 두 언어(독일어와 체코어)를 습득해야 한다고 공포한 법령을 말한다(1895.4.5 공포).

5. 맺음말

이상에서 필자는 1867년 '대타협'으로 인한 오스트리아-헝가리 이중제국의 성립과 헌법상의 특징을 통한 국가체제, 라이타江을 기준으로 한 오스트리아와 헝가리의 통치지역인 치스라이타니엔(Zisleithanien)과 트란스라이타니엔(Transleithanien)의 민족상황, 오스트리아와 헝가리 정부의 소수민족정책 등을 살펴보았다. 이러한 탐색은 과연 어떠한 국가체제가 당시 이중제국에 가장 적합한 것이었는가 하는 의문을 전제로 한다. 물론 그에 대한 해답은 제국의 개편을 부르짖었던 오스트리아 사회민주당과 프란츠 팔라츠키(F. Palacký) 등의 민족문제 해결방안에 대한 보다 진지한 탐색이 선행되어야 하지만 여기에서는 그들의 주장과 한계만 간단히 언급하고자 한다.

독일 사회민주당처럼 중앙집권적 조직으로 발족한 오스트리아 사회민주당은 1888년 사회주의 제세력을 규합한 때부터 본격적인 활동에 들어갔다. 이들이 통일적인 첫 행동강령을 낸 것이 1889년의 〈하인휠트綱領〉인데 이것은 사회주의 사회의 건설을 위해 국제주의에 입각하여 민족문제의 해결, 내정의 민주화, 철저한 사회정책과 노동자 보호 등을 골자로 한 것이었다. 그리하여 1890년대 근대 산업의 발전과 노동자의 급격한 증가가 뒷받침된 사회민주당은 놀라울 만한 영향력을 가진 정치단체로 군림하게 되었지만 이들의 활동도 역시 국내의 민족적 대립이라는 혼란을 피할 수는 없었다. 따라서 사회민주당은 오스트리아의 정치적·사회적 진보를 위해서는 민족문제의 해결이 선행되어야 함을 인식하고 민족분규의 조정과 구체적 해결방안을 모색하게 되었다. 사회민주당의 민족이론으로는 인민의 자유로운 동의가 뒷받침 되어 한 민족의 모든 성원을 똑같이 자유로운 발전의 가능성에 관여시키는 칼 라너(Karl Renner)의 '민족적 연방주의(Nationaler Föderalismus)'와 한 민족의 중요한 특색은 어디까지나 그 고유한 문화와 생활양식에 있기 때문에 오스트리아의 민족문제도 결국 '文化的 自治'에 그 타결의 관건이 있다고 보았던 오토 바우어(Otto Bauer)의 주장이 대표적이다.39) 그러나 당시 오스트리아의 정치체제는 위와 같은 민족이론을 용인할 수 없는 성격의 것이었다. 시민적·중앙집권적 헌법은 국내 제민족권의 국민 개인을 일괄적으로 동일시했을 뿐 하나의 통일체로서의 민족을 인정하지 않았기 때문에 각 민족은 민족적인 당파에 의해 조직된 그들의 의원들을 통해서 그들의 요구를 제의할 수밖에 없었고, 그 반면에 의원들은 민족적 이해의 대변자로서 계속 세력 확대에만 전념하게 되었다. 따라서 결국 파당형성과 민족투쟁이 모두 권력투쟁의 성격을 띠게 되었으며 이것이 합스부르크 제국내의 복잡한 민족적 대립을 자아냈던 것이다.

칼 라너와 오토 바우어 외에도 민족문제의 해결과 제국의 존속을 위한 개혁을 시도한 인사들도 없지 않았다. 먼저 우리가 주목해야 할 것은 체코의 역사가 팔라츠키의 '오스트리아제국 개편안'이다. 그는 오스트리아 제국을 기존질서체제로 인정하고 제국이 안고 있는 커다란 문제인 민족문제를 원만하고 조속히 해결하기 위해서는 절대주의를 대신하여 연방주의 체제가 도입되어야 한다고 주장하였다. 즉, 제국내의 다수세력인 슬라브민족에 대한 독일민족의 사회적, 법적 우월성은 연방주의 체제가 가지는 지방분권적인 성격으로 상쇄시킬 수 있다고 믿었던 것이다. 이중체제가 오스트리아에 도입된 후 팔라츠키는 그동안 그가 고수하였던 친오스트리아주의를 일시적으로 포기하고 러시아 주도하에 추진되고 있었던 범슬라브주의에 대하여 관심을 표명하였다. 그러나 팔라츠키는 범슬라브주의가 가지는 문제점인 슬라브 민족 간의 불평등 역시 러시아의 이기심(Egoismus)으로 인하여 쉽게 해결될 수 없다는 것을 파악하면서 러시아가 주도하는 범슬라브주의에 대한 그의 기대를 포기하게 되었다. 이후 그는 주어진 상황 하에서 슬라브 민족들, 특히 체코민족이 추구해야 할

---

39) Hugo Hantsch, *Die Nationalitaetenfrage im alter Oesterreich*, Band 1, Wien, 1953, pp. 71~72.

바를 모색하였고 여기에서 나온 것이 당시 2원화된 제국을 3원화 (Trialismus)시키는 것이었다. 즉 팔라츠키는 비엔나 정부의 양해 아래 오스트리아–헝가리 제국을 오스트리아–헝가리–슬라브제국(Ausgleich zwischen Österreich und Ungarn und Slawen)으로 변형시켜 민족문제를 해결하고자 하였다. 그렇지만 팔라츠키는 이의 실현을 위한 적극성을 보이지 않았는데 이는 첫째, 비엔나 정부에 대한 그의 믿음과 희망이 거의 사라졌기 때문이었고 둘째, 헝가리 정치가들로부터 제기될 강력한 반발을 의식하였기 때문이었다. 그러나 그의 주장은 제국의회 내에서 지지세력을 얻지 못하였음에도 불구하고 당시의 유럽정치가들은 이구동성으로 오스트리아 제국의 재편성을 위해 제시된 연방주의적 구상들 중에서 가장 독창적이고 비중 있는 작품으로 평가되었다. 그러나 독일 정치가들이나 오스트리아 정부는 팔라츠키의 주장에 동조할 수가 없었다. 왜냐하면 이들은 독일민족이 연방주의 체제의 도입으로 그동안 그들이 누렸던 사회적 특권이나 주도권을 동시에 상실하게 됨을 간파하였기 때문이었다.

필자의 견해로는 오스트리아–헝가리 이중제국이 민족문제의 해결과 제국의 존속을 위해 선택했어야 하는 대안은 오늘날 연방주의 체제를 도입한 국가들의 특징을 살펴보면 쉽게 얻어낼 수 있을 것이다. 즉 연방주의체제를 도입한 나라들은 다민족국가이고 이러한 국가적 특성에서 발생될 수 있는 제문제, 특히 언어문제, 종교문제 그리고 구성 민족의 자치문제 등을 그들이 도입한 국가체제를 통하여 해결하고 있는데, 당시 다민족국가였던 오스트리아 제국이 이원주의(Dualism)가 아닌 연방주의(Federalism) 체제를 도입하였더라면 어떠했을까 하는 아쉬움이 남는다. 아울러 이 글의 서두에도 언급했지만 보다 구체적이고 상세한 동 제국의 소수민족 문제는 차후의 연구과제로 남기고자 한다.

오스트리아–헝가리 이중제국이 19세기의 지배적 이데올로기인 자유주의와 민족주의의 역사상황에서 몰락하지 않으면 안 되는 것이었다고 가정할 때, 그것은 한마디로 이중제국 내 제 민족이 제국의 몰락을 막을 수 없는 처지에 있었다기 보다는 다만 몰락을 막기 위해 그들이 적기에 단합하지 못했기 때문이라 볼 수 있다. 그리고 1차 대전 발발 후 거듭되는 혼란 속에서도 이중제국 내 제 민족이 합스부르크가의 기치 하에 뭉쳐 3년여를 끈기 있게 싸워낸 것을 보면 오스트리아-헝가리 이중제국의 몰락은 꼭 와야만 했던 것은 아니었다. 비록 오스트리아-헝가리 이중제국은 1차 대전 이후 패전국으로서 해체되었지만 합스부르크제국의 입장에서 볼 때, 1867년 제국의 성립 자체는 당시 시대상황에서 어쩔 수 없는 최선의 선택이었다고 평가된다.

그러나 여기에서 우리는 또다시 국가와 민족의 관계에 대한 유럽의 전통적 '이중주의(Dualismus)'와 조우하게 된다. 즉, 이는 고대 그리스의 식민활동에서 알렉산더제국, 로마제국, 신성로마제국, 그리고 오늘날 유럽연합에 이르기까지 장구한 역사의 흐름 속에서 우리는 인류의 평화와 공존을 위해서 민족의 독립과 개별 국가의 주권이 보장되는 국민국가의 이상(Idea of Nation State)을 선택해야 하는가, 아니면 민족적·종교적·언어적 보편주의의 입장에서 초국가적 통합을 추구해야 하는지의 선택을 요구받고 있는 것이다. 1·2차 세계대전 이후 민족주의로 인한 분열과 대립의 결과는 인류에게 엄청난 재앙과 참화를 가져왔다는 사실을 즉시 할 때, 19세기 지배이데올로기였던 국민국가의 이상은 더 이상 민족의 번영과 인류의 평화공존을 위한 최선책은 아니라는 것이다. 민족주의의 발전이 민족 대 민족의 치열한 집단투쟁이라는 새로운 양상을 띠게 되었기 때문이다. 그러나 국민국가의 이상은 20세기에 이르러서도 아직 민족적 통일을 이루지 못한, 그리고 외압에 의해서나 이데올로기 시대의 필요에 의해서 독립된 민족국가를 형성하지 못한 민족들에게는 아직도 추구해야 할 이상으로 남아 있다. 아직 냉전시대의 결과로 민족적 통일을 이루어내지 못한 남북한의 경우도 한 가지 사례에 해당한다. 남북한의 통일

을 위한 노력도 어느 시점에 이르러서는 국가연합의 형태를 띠게 된
다고 가정할 때, 국가연합시의 행정실제를 이해하기 위해서 오스트
리아—헝가리 이중제국의 역사는 우리가 관심을 가지고 살펴 볼 이유
가 있다.

군주 칭호를 통해 본 러시아 국가의 다원성

박지배

1. 머리말

러시아는 동서양을 아우르는 거대한 영토와 다양한 민족을 가진 다문화 국가이다. 여기에는 유라시아 한복판에 위치한 러시아의 지정학적 특징이 중요한 역할을 했다. 러시아는 이러한 지정학적 위치 때문에 북유럽 바이킹, 비잔티움 제국, 독일 기사단, 오스만 제국, 그리고 수많은 아시아의 유목 세력들과의 교류와 투쟁을 통해 성장했다. 그리고 그 과정에서 러시아는 동서양의 다양한 요소들을 흡수하여 자신의 국가적 특징을 만들었고, 또한 러시아 고유의 민족문화를 창출했다. 그리고 이러한 러시아 국가의 다문화적 특성은 무엇보다 역사상의 군주 칭호의 다양성에서 잘 드러난다.

군주 칭호는 대내외적으로 해당 국가의 정치·문화적 지향성을 잘 보여준다. 이는 최고 통치자에 대한 명칭이 대내적으로 그 국가의 지배층이 지향하는 이념을 표출하며, 또한 대외적으로 해당 국가가 추구하는 위상을 드러내기 때문이다. 그래서 대개 군주 칭호에 대한 선택은 자국 용어를 사용하기보다는 이국적인 칭호들을 선호하는 경향이 있었다.[1] 실제로 러시아의 군주들은 공후(князь), 카간(каган), 대공(великий князь), 차르(царь), 임페라토르(император) 등 외부에서 들여온 다양한 칭호들을 사용했다. 그러나 러시아 학자들은 러시아 국가 발전에 중요했던 다양한 자양분 가운데 동방의 요소들을 사장하려는 경향이 있다. 예를 들어 필류쉬킨 같은 학자들은 러시아 군주 칭호에 있어서 동방적 요소들을 부정하지 못하면서도, 비잔티움의 영향을 애써 강조한다.[2] 물론 모스크바 국가는 중앙집권국가로 성장하는 과정에서 비잔티움 이데올로기를 적극적으로 차용했던 것이 사실이다. 그러나 근대 초기 러시아 국가의 실무에 있어서 유목민들의 영향 역시 매우 컸다는 사실을 외면하기 힘들다. 베르나드스키는 몽골의 부정적 측면도 인정했으나, 또한 행정, 군사, 조세, 외교 등 다양한 방면에서 몽골의 영향을 강조한다.[3] 더욱이 도날드 오스트로스키는 몽골의 전통이 모스크바 국가의 형성에 중요한 영향을 미쳤다고 주장한다.[4] 특히 모스크바 국가는 군사적 측면에서 유목민의 영향을 받은 기병을 주축으로 했고, 오스만의 예니체리와 유사한 소총병(стрелец)을 가동했다.[5] 또한 내륙아시아를 연구하는 많은 학자들은 주저 없이 러시아 국가를 킵차크칸국의 계승국으로 보고 있다.[6] 그러나 아직까지도 많은 러시아사 연구자들은 러시아 역사에서 비잔티움과 서유럽의 영향만을 강조하고 있다.[7] 이러한 경향은

1) И. Я. Фроянов, Киевская Русь. Очерки социально-политической истории (Ленинград), 1980, pp. 10~12.

2) А. И. Филюшкин, Титулы русских государей (Москва, Петербург), 2006.

3) Г. В. Вернадский, Монголы и Русь (Москва), 2001, pp. 340~396.

4) Donald Ostrowski, "The Mongol Origins of Muscovite Political Institutions", *Slavic Review* 49, Winter 1990.

5) 박지배, 「근대 초 러시아 국가의 군사개혁과 동서양의 영향」, 『서양사론』 121, 2014.

6) 스기야마 마사아키, 임대희 역, 『몽골세계제국』, 신서원, 1999; 피터 C. 퍼듀, 공원국 역, 『중국의 서진: 청의 중앙유라시아 정복사』, 길, 2012.

7) 니콜라스 V. 랴자놉스키, 마크 D. 스타인버그, 조호연 옮김, 『러시아의 역사』 상, 까치,

분명 러시아 역사와 문화의 다문화적 성격을 왜곡하는 결과를 가져올 수 있다.

이 글에서는 다양한 러시아 군주 칭호들의 기원과 의미를 살펴봄으로써 러시아 국가의 다원적 성격을 조명하고자 한다. 러시아 역사 속에서 최고 통치자의 칭호는 카간, 공후, 대공, 차르, 임페라토르 등 다양했다. 이러한 칭호들은 각각의 시대적, 그리고 문화적 배경을 가진다. 여기에는 크게 러시아 고유의 동슬라브적 요소와 정교 문화를 전파한 비잔티움적 요소, 그리고 특히 군사 조직이나 전술 등에서 중요한 영향을 미친 유목민적 요소, 끝으로 표트르 대제를 통해 국가 전반에 변화를 가져다 준 서유럽적 요소 등이 얽혀 있다. 따라서 국가성의 기원과 지향을 담고 있는 군주 칭호의 코드를 하나하나 정리해나가다 보면 원심분리기를 통해 복합물질의 각 요소들을 분리해내듯이 러시아 국가의 다원적 성격의 특징 하나하나를 분리하여 살펴볼 수 있을 것이다.

2. 고대 루시의 군주 칭호: 공후와 카간

고대와 중세 시기 동슬라브인들을 루시(Русь)라 불렀고, 이는 그들이 세운 고대 국가를 부르는 명칭이기도 했다.[8] 고대 루시의 초기 국가는 키예프를 중심으로 인근 슬라브 부족들이 느슨하게 결합된 연맹체의 모습이었다. 이러한 키예프 국가는 988년 비잔티움으로부터 정교를 받아들임으로써 기독교 국가가 되었다. 그러나 정교 신앙의 전파는 매우 느렸고, 루시의 통치자들은 유라시아 대륙의 한복판에서 비잔티움, 바이킹, 독일기사단, 하자르(хазары), 페

2011, 118~119쪽.

8) Словарь русского языка XI~XVII вв. вып. 22 (Мовсква), 1997, p. 22, p. 261.

체네그(печенеги), 폴로베츠(половцы), 몽골(монголы) 등 다양한 유라시아의 세력들과 다투기도 하고, 때로는 협력하면서 성장했다. 이러한 상황에서 주변 국가들이 루시의 수장을 부르는 명칭은 다양했다.

루시의 이웃 국가들은 대개 자신들의 방식으로 루시의 수장들을 칭했다. 루시의 대외적 지위가 아직 높지 않았고, 국가 조직 역시 느슨해서 주체적으로 루시 자신의 칭호를 요구할 수 없었기 때문이다. 먼저 비잔티움의 작가들은 슬라브 지도자들을 부를 때 '렉스(rex)', '아르콘(ἄρχων)' 등으로 불렀는데 이는 비잔티움식 표현이다. '렉스'는 어원상으로 왕이라는 뜻을 가졌지만, 이 경우에는 막연히 다른 지역의 수장을 뜻하는 명칭으로 사용되었다. '렉스'는 키예프의 군주뿐 아니라 다른 동슬라브 수장들을 부르는 명칭이었던 것이다. 반면에 '아르콘'은 집정관이라는 의미로 비잔티움이 루시를 바라보는 시각을 보여준다. 즉 비잔티움 작가가 루시의 수장을 '아르콘'이라 칭했을 때 황제의 밑에서 비잔티움 제국 내의 일정 지역을 다스리는 통치자라는 의미가 들어있는 것이다.[9] 또한 서유럽 텍스트에서는 최초의 루시 통치자들을 역시 왕이라는 뜻의 '렉스(rex)', 그리고 영주, 주인을 뜻하는 '세뇨르(senior)' 등으로 불렀다. 독일의 연대기 작가 티트마르(Thietmar von Merseburg)는 루시의 공후 야로슬라프(Ярослав)와 스뱌토폴크(Святополк)를 '렉스' 또는 '세뇨르'로 불렀다. 여기서도 왕을 의미하는 '렉스'는 특정한 의미를 담아 부르는 용어는 아니고 단순히 자신의 방식대로 다른 지역의 최고 통치자를 표현한 것이다.[10] 이렇듯 비잔티움과 서유럽 국가들은 고대 루시의 통치자들을 부를 때 일관적이지 못했고 또한 자의적인 측면이 강했다.

---

9) А. И. Филюшкин, Титулы русских государей (Москва, Петербург), 2006, pp. 16~17.

10) Е. А. Мельникова, ред. Древняя Русь в свете зарубежных источников (Москва), 2003, p. 333.

한편 아랍의 저자들은 한층 더 정확한 표현으로 루시 통치자들을 지칭했다. 이븐 호르다베흐(Ибн Хордабех, 820~912년 경)는 자신의 저서 『길과 나라에 관한 책』에서 슬라브 통치자를 '크냐즈(кназ)'로 부르고 있는데,11) 이는 슬라브인들의 호칭인 '크냐지(князь)'를 의미한다. '크냐지'는 한국어 문헌에서는 보통 공후로 번역되고, 영어권에서는 프린스(prince)로 번역되는데 통치자에 대한 범슬라브적 칭호였다.12) 〈11~17세기 러시아어 사전〉을 보면 '크냐지'는 11~12세기에 '수장', '연장자', '주권자'의 뜻이 있었고, 또한 12세기 이후에는 '영주', '주인', '소유자'라는 뜻으로도 사용되었다.13) 최고 지도자의 명칭은 이국적인 명칭을 쓰는 관습이 있어서 크냐지 역시 그 어원이 게르만어 '쿠닝(kuning)'일 가능성이 있지만, 명백한 것은 '크냐지'는 일찍부터 다양한 슬라브 종족의 연맹에서 통치자를 뜻하는 말로 사용되었다. 고대 슬라브의 폴랴네(поляне), 드레블랴네(древляне) 등의 부족 연맹에 '크냐제니예(княженье)'라는 '크냐지'의 통치 집단이 있었다.14)

한편 고대와 중세에 슬라브어로 번역된 성경에서 사용된 의미를 보면 공후(크냐지)의 위상이 매우 높은 것은 아니었다. 공후는 종족이나 부족의 우두머리를 의미했고, 또한 개별 영토의 통치자를 뜻하기도 했다. 그러나 공후는 항상 차르의 종복이었다. 예를 들어 예레미야 23장 8절을 보면 "나 여호와가 이같이 말하노라 내가 유다 왕 시드기야와 그 방백들과 …… 애굽 땅에 거하는 자들을 이 악하여 먹을 수 없는 악한 무화과같이 버리되"라는 구절 속에 유다 왕은 '차르(цар ь)'

---

11) Ибн Хордадбех(пер. Н. Велиханова), Книга путей и стран (Баку), 1988, p. 61, p. 159.

12) 크냐지는 슬로베니아어로 knêz, 고대체코어로 knêz, 폴란드어로 ksiądz이다.
   А. И. Филюшкин, Титулы русских государей, p. 13.

13) Словарь русского языка XI~XVII вв. вып. 7 (Москва), 1980, p. 207.

14) И. Я. Фроянов, Киевская Русь. Очерки социально-политической истории (Ленинград), 1980, pp. 10~12.

로 방백들은 '크냐지(князья)'로 번역되어 있다. 또한 성경 구절에서 차르는 자신의 개별 영토를 관리할 총리로 공후를 세웠다. 예를 들어 다니엘서 6장 1~2절을 보면 "다리오가 자기의 심원대로 방백 일백이 십 명을 세워 전국을 통치하게 하고 또 그들 위에 총리 셋을 두었으니 다니엘이 그중에 하나이라 이는 방백들로 총리에게 자기의 직무를 보고하게 하여 왕에게 손해가 없게 하려 함이었더라"라 했는데 여기서 다리오 왕은 '차르'로 호칭되었고, 총리는 '크냐지'로 언급되었다. 이렇게 차르와 공후의 구분이 확실했고, 키예프 루시에서 공후는 결코 차르가 될 수는 없었다. 그들의 차리는 오직 신이 선택하여 세운 자였기 때문에, 공후가 자신의 노력으로 차르가 되는 것은 당시 정교 이데올로기에서는 불가능했다.[15] 동방정교세계에서 차르는 오직 비잔티움 황제 한 명이어야 했던 것이다. 이러한 성경에 담겨 있는 차르와 공후의 관계 속에서 루시 통치자들이 갖는 칭호의 위상은 한계를 가질 수밖에 없었다.

한편 루시 통치자를 칭하는 말로 9세기 전반부터 '카간(Каган)' 혹은 '하칸(Хакан)'이라는 단어가 사용되었다. 이는 물론 유목민 세계에서 차용된 단어이며 루시에 '카간'이라는 칭호를 전해준 유목민은 하자르인들이다.[16] 아랍이나 서유럽 문헌에서 모두 루시의 통치자를 카간 또는 하칸으로 표현한 사례를 볼 수 있다. 이븐 루스테(Ибн Русте)는 자신의 저서 『고귀한 것의 가치』(Дорогие ценности)에서 "그들에게는(루시인들/역주) 루스들의 하칸(хакан)이라 부르는 차르가 있다."고 언급한다.[17] 또한 서유럽에서는 성-베르틴 연대기

---

15) А. И. Филюшкин, Титулы русских государей, p. 29.

16) И. Г. Коновалова, "О возможнх источниках заимствования титула 'Каган' в древней Руси", Г. Г. Литаврин, ред. Славяне и соседи. Славяне и кочевой мир. вып. 10. (Москва : Наука), 2001, p. 108.

17) А. П. Новосельцев, Восточные источники о восточных славянах и Руси VI—IX вв. А. П. Новосельцев и др. Древнерусское государство и его международное значение (Москва), 1965, p. 397.

(Annales Bertiniani)의 839년 항목에서 루시인들(Rhos)은 왕(rex)을 '하칸(chacanus)'이라 부른다고 언급하고 있다.[18] 카간은 동양사에서 친숙한 단어이다. 카간은 형식적으로는 알타이식 칭호이며 고대 투르크인들의 최고위 권력을 상징하는 단어였다. 그리고 몽골 통치시기에는 카간의 축소 형태로 '칸(хан)'의 형태가 사용되었다.[19]

고대 루시 최초의 문헌이라 할 수 있는 수좌대주교 일라리온(Иларион)이 1037~1050년 사이에 작성한『율법과 은총에 대한 이야기』(Слово о законе и благодати)는 블라디미르를 "위대한 카간(Великий каган)"으로 칭하고 있다. "또한 우리들은 보잘것없는 찬사를 통해서 위대하고 경이로운 우리들의 스승이자 지도자이며 우리 땅의 위대한 카간 블라디미르를 찬양합니다(Похвалимъ же и мы, по силѣ нашей, малыми похвалами великаа и дивнаа сътворышаго нашего учителя и наставника, великаго кагана нашеа земля Владимера…)."[20] 또한 키예프의 소피야 성당 내부 벽면의 한 귀퉁이에 쓰인 비문에는 "주여 우리의 카간을 구원하소서(Спаси, господи, кагана нашего)."라는 글귀가 쓰여 있다. 븨소츠키의 분석에 따르면 이 비문은 연대가 나와 있지 않음에도 불구하고 특징으로 보아 명백한 11세기 고대 루시어에 속한다. 그리고 그는 비문의 대상은 현자 야로슬라프의 아들 스뱌토슬라프 야로슬라비치에 대한 것으로 확정한다.[21]

고대 루시에서 유목민의 카간 칭호가 사용되었다는 것은 매우 흥미롭다. 대부분의 학자들은 루시의 카간 칭호는 당대 중앙유라시아

---

18) Е. А. Мельникова, ред. Древняя Русь, p. 288.

19) И. Г. Коновалова, "О возможнх источниках", p. 126.

20) Н. К. Гудзий, ред. Хрестоматия по древней русской литературе XI~XVII веков (Москва), 1952, pp. 31~32.

21) С. А. Высоцкий, Древне-русские надписи Софии, Киевской XI~XIV вв. вып. 1 (Киев), 1966, pp. 49~52.

의 강대국이었던 하자르의 영향으로 보고 있다. 즉 9세기 전반에 하자르인들로부터 고대 루시의 엘리트들이 카간 칭호를 차용했다는 것이다.[22] 한편 고대 루시의 지배 계층이 이 동방의 군주 칭호를 사용한 이유에 대해서는 의견이 분분하다. 일부 학자들은 8세기 말과 9세기 1삼분기에 루시 사회의 정치 체제에서 중요한 변화가 진행되었다고 추정한다. 이러한 변화와 함께 상당한 권력을 가진 최고 통치자의 직함이 필요했는데 당시 루시의 언어 체계에는 그러한 단어가 없었다는 것이다. 그래서 당시 유라시아 중앙에서 상당한 위세를 떨치던 강대국인 하자르 통치자의 칭호를 잠시 차용한 것이다.[23] 한편 다른 학자들은 고대 루시인들이 하자르 통치자의 봉신임을 인정하고, 이 카간 칭호를 받은 것이라고 해석한다. 즉 루시 통치자들의 카간 칭호 수용은 독립적인 루시 카간국(Русский Каганат)에 대한 최고 통치권을 보여주는 것이 아니라, 루시가 튀르크-하자르의 대외 정치적 계서제에 편입되었음을 말해준다는 것이다.[24] 사료가 충분히 남아 있지 않는 상황에서 다양한 해석이 나올 수밖에 없다. 그러나 단순히 카간 칭호를 차용한 것이든, 하자르의 국제질서에 편입된 것이든 분명한 것은 루시 통치자들의 카간 칭호 사용은 고대 루시가 정교문화뿐 아니라 유목문화의 상당한 영향을 받으면서 성장했음을 의미한다.

3. 중세 루시의 군주 칭호: 대공과 대칸

키예프 국가의 봉건적 분열 이후 몽골의 지배가 시작되면서 루시

---

22) И. Г. Коновалова, "О возможнх источниках", p. 108.
23) А. П. Новосельцев, "К вопросу об одном из древнейших титулов русского князя", Т. М. Калинина(отв. ред.), Древнейшие государства Восточной Европы (Москва), 2000, p. 370.
24) И. Г. Коновалова, "О возможнх источниках", p. 109.

지역에는 '대공(великий князь)'이나 '차르(царь)' 같은 통치자에 대한 새로운 칭호들이 출현했다. 먼저 키예프 루시는 11세기 후반부터 봉건적 분열이 시작되면서 조금씩 쇠퇴하기 시작했다. 이 시기에 루시 지역에서는 트베리, 모스크바, 노브고로드 등 여러 공국들이 출현했고, 각 수장들은 저마다 공후 칭호를 사용했다. 한편 13세기 초부터 루시 공국들은 몽골의 침략을 받기 시작했다. 1223년에 칭기즈칸 원정대의 한 분파가 남동부 러시아를 공격한 후에 사라졌으나, 1236년에 칭기즈칸의 손자 바투가 이끄는 서방 원정이 시작되어 1237년에 랴잔 공국을 공격했다. 이후 몽골 군대는 1237~1238년에 '수즈달 땅(Суздальская земля)'을 공격한 후, 1240년에는 이미 쇠퇴하고 있던 키예프를 점령했고, 1241~1242년에는 남서부에 있는 갈리치야(Галиция)와 볼린(Волынь) 지역을 휩쓸었다.[25]

이러한 상황에서 루시 공국들의 국제적 위상은 현저히 약해졌다. 12세기 말의 작품으로 알려진 루시의 서사시 『이고리 원정기(Слово о полки Игореве)』에서 저자는 공후들이 고대 루시의 막강함을 보여주며 '카간' 칭호를 썼던 과거를 회상하고 있다.[26] 한편 루시의 분령 공국들 사이에서도 성쇠가 엇갈렸다. 즉 흥하는 공국들과 쇠하는 공국들이 있었으며 이들 사이에 새로운 질서가 필요했다. 이는 공후의 칭호에 영향을 주었다. 즉 모든 공국들의 수장이 똑 같이 '공후'로 불릴 수는 없었고, '공후'에서 차별화된 새로운 칭호의 필요성이 대두되었다. 이렇게 해서 공후에서 구별된 '대공' 칭호가 등장했다. 대공이라는 표현은 슬라브식 언어 조합이었다. 이미 슬라브화된 크냐지(공후)에 '큰', '위대한', '연장자의' 등의 뜻을 가진 '빌리키(великий й)'라는 단어가 합해져서 '대공(великий князь)'이라는 단어 조합이 탄생한 것이다. 이는 절대 권력을 가진 '왕' 또는 '차르'라는 의미

---

25) 니콜라스 V. 랴자놉스키, 마크 D. 스타인버그, 조호연 옮김, 『러시아의 역사』 상, 까치, 2011, 110~111쪽.

26) С. А. Высоцкий, Древне-русские надписи, p. 49.

는 아니었고, 해당 공동체의 연장자라는 뜻을 가졌다. 물론 이러한 연장자는 단순히 연배의 많음을 뜻하는 것은 아니었고, 실력자라는 뜻을 포함하는 말이었다.[27]

대공 칭호가 이미 키예프시기에 출현했다고 보는 학자들도 있지만,[28] 일반적으로 많은 학자들은 빨라야 12세기 말~12세기 초에, 아니면 13세기 말~14세기 초에야 하나의 칭호로 자리 잡았다고 본다.[29] 루시 최초의 연대기인 〈지나간 세월의 이야기(Повесть врем енных лет)〉에는 11세기 대공 칭호에 대한 표현이 종종 등장한다. 예를 들어 1054년 항목에는 "루시의 야로슬라프 대공이 돌아가셨다(Преставлся великый княз ь рус ькый Ярославль)."고 언급하고 있으며 1093년 항목에서도 "……4월 13일 블라디미르의 손자이자 야로슬라프의 아들인 브셰볼로드 대공이 돌아가셨다(преставися великый княз ь Всеволод, сын Ярославль, внук Володимер, месяца априля в 13 день)."고 언급한다.[30] 그러나 이러한 문구는 살아 있는 권력에 대한 칭호는 아니었고 망자를 기리는 표현이었다. 한편 키예프 시기의 대공 칭호는 국제 협정문에서도 등장한다. 912 년 루시와 비잔티움의 협정문에는 이렇게 쓰여 있다. "우리는 루시 출신인 ……이며, 루시의 대공 올레그가 보낸 사람들이다(Мы от рода русского …… посланные от Олега, великого княза русского)."[31] 또한 945년 루시와 비잔티움의 협정문에는 "우리는 루시 출신의 사

---

27) А. И. Филюшкин, Титулы русских государей, p. 30.

28) 예를 들어 스베르들로프는 올레그(882~913년 키예프 공후)와 이고리(913~945년 키예프 공후)의 법에 대공 칭호에 대한 내용이 있었다고 주장한다.
М. Б. Свердлов, Домонгольская Русь: Княз ь и князеская власть на Руси XV-первой трети XIII в. (Петербург), 2003, p. 152.

29) А. И. Филюшкин, Титулы русских государей, p. 25.

30) Д. С. Лихачев пер. Повесть временных лет (Петербург: Наука), 1996, p. 70, p. 91.

31) Д. С. Лихачев пер. Повесть временных лет, p. 154.

절과 상인들이다. 루시의 대공 이고리가 보낸 사절 이보르(Ивор)이며 일반 사절들 ……인데 이고리 대공과 모든 공후들 그리고 루시 땅의 모든 사람들이 보낸 사람들이다(Мы от рода Рускаго сълии гостье, Иворъ, солъИгоревъ великаго князя Рускаго, и объчи и сли …… послании отъИгоря великого князя Рускаго, и отъ всякоя княжья, и отъ всьхъ людй Руския земля)."라고 언급한다.32) 국제협정문에 사용된 대공이라는 표현은 이 용어가 하나의 칭호로 자리 잡았다는 증거일 수도 있다. 그러나 필류쉬킨은 문맥으로 볼 때 상투적인 표현으로 보는 것이 옳다고 주장한다. 왜냐하면 두 협정문에는 모두 '대(大)'라는 뜻의 '빌리키(великий)'가 남발되고 있다. 예를 들어 "대공(великий князь)", "대보야린들(великие бояре)", "대전제군주(великйй самдрежец)", "대차르(великий царь)" 등의 표현이 그렇다. 무엇보다 루시 내부에서는 대공이라는 칭호보다 대집정관(великий архонт)이라는 칭호를 주로 사용했다.33)

한편 모스크바 공국이 부상하기 전에 루시에서 차르 칭호는 매우 드물게 사용되었다. 남아 있는 기록 가운데 최초의 사례는 11세기 중반까지 거슬러 올라간다. 키예프의 소피야 성당 비문에 "6562년 (1054년) 2월20일에 우리의 차르가 잠들다. ……(В 6562 месяца Февраля 20-го кончина царя нашего……)"라 쓰여 있다.34) 릐바코프는 이 비문의 주인공이 현자 야로슬라프임을 밝혔다. 또한 11세기 말~12세기 초의 작품인 작자 미상의 〈보리스와 글렙의 성스러운 고난에 바치는 이야기(Чтение о житии и погублении Бориса и Глеба)〉에서35) 성스러운 죽음을 택한 보리스와 글렙을 "진실로 당신들은 차르 중의 차르요 공후 중의 공후입니다(По истинѣ вы цесаря цесар

---

32) Д. С. Лихачев пер. Повесть временных лет, p. 160.

33) А. И. Филюшкин, Титулы русских государей, p. 27 참고.

34) С. А. Высоцкий, Древне-русские надписи, pp. 39~40.

35) Н. К. 구드지, 정막래 옮김, 『고대 러시아 문학사』 1, 한길사, 2008, 190~191쪽.

емъ и князя къняземъ)"라고 찬양한다.36) 그러나 이러한 차르 칭호는 예외적인 것이었다. 차르 칭호는 남슬라브(불가리아와 세르비아)에서는 많이 사용되었으나, 동슬라브 특히 러시아에서는 사용 사례가 많지 않았다.37) 그리고 간혹 등장하는 차르 칭호는 정치적인 측면보다는 인간적 예우의 성격이 강했다. 11세기 중엽 소피야 성당 명문에 쓰인 현자 야로슬라프에 대한 칭호는 망자에 대한 예우 차원이었고, 또한 보리스와 글렙에 대한 칭호 역시 특별한 경우에 쓰인 헌사였다고 보아야 한다.

이런저런 에피소드를 제외하면 루시에서 '차르'는 비잔티움의 황제와 킵차크칸국의 대칸을 지칭하는 말로 쓰였다. 먼저 러시아 단어 '차르(царь)'는 고대 루시어로 '체샤르(цьсярь)', 고대슬라브어로 '체사르(цъсарь)'이며, 로마의 카이사르(러시아어로는 체자르 Цезарь)에 기원을 두고 있다.38) 한편 '차르'라는 말은 종교·문화적으로는 정교 세계의 신성한 칭호였다. 러시아어 성경에서 '차르의 영역(царство)'은 어떠한 신성한 총체로 이해되었다. 그리고 '차르'는 군대의 지휘자이자, 민족과 도시의 수장이자 지도자였고, 대중들을 다스리는 통치자였으며, 메시아를 '차르'라 불렀다.39)

이러한 차르 칭호는 비잔티움의 황제와 동급이었다. 실제로 루시에서 비잔티움의 바실레우스를 '차르'로 불렀다. 그러나 몽골이 루시 땅을 정복하고 유라시아 세계의 강자로 자리 잡으면서 루시에서 킵차크칸국의 '대칸' 역시 '차르'라 불렀다. 우스펜스키는 루시에서 '차르'

---

36) Библиотека литературы Древней Руси, т. 1, 1997.

37) В. Водов, "Замечания о значении титула 'царь' примениетльно к русским князьям в эпоху до середины XV века", А. Ф. Литвина, Ф. Б. Успенский и др. Из истории русской культуры, т.2 кн.1 (Москва), 2002, р. 506.

38) Б. А. Успенский, Цари и император: Помазание на царство и сематика монарших титулов (Москва), 2000, р. 34.

39) А. И. Филюшкин, Титулы русских государей, р. 72.

가 서로 다른 두 권력을 지칭하는 것은 그리스어 '바실레우스($\beta\alpha\sigma\iota\lambda\epsilon\upsilon\varsigma$)' 가 비잔티움 '황제'를 칭하기도 하고, 페르시아의 '샤'를 칭하기도 하는 것과 유사하다고 언급한다.[40] 즉 13~14세기 루시인들에게는 두 명의 '차르'가 있었는데 하나는 정교세계의 '차르(비잔티움 황제)'였고, 다른 하나는 현실세계의 '차르(킵차크 대칸)'였다. 그러나 두 차르의 실제 위상은 분명 달랐다. 묘하게도 몽골의 루시 정복은 서유럽의 비잔티움 정복과 맞물려 있었다. 서유럽 십자군이 콘스탄티노플을 점령하고 라틴제국을 건설한 시기(1204~1261)는 몽골이 루시를 지배했던 시기(1240~1480)의 초반부에 해당했다. 이 시기에 루시의 통치자들은 불법적으로 콘스탄티노플을 점령한 라틴제국의 황제를 '차르'라고 부를 수 없었다. 한편 루시를 점령한 몽골은 정교회에 특혜를 부여하며 종교적 관용정책을 폈다. 실제로 루시 교회는 공개석상에서 몽골의 대칸을 위해 기도했고, 몽골의 통치가 영원하도록 염원했다.[41] 점차 사라이에 수도를 둔 킵차크칸국의 '대칸'은 루시세계의 '차르'로 불렸다. 나소노프에 따르면 만그 티무르(Менгу-Тимура 1266~1280년 재위) 시기에 몽골의 통치자들이 차르로 불리기 시작했다.[42]

킵차크 대칸의 권력은 어느 누구도 논박할 할 수 없었던 그의 강력한 군사력 때문이었다. 그리고 대칸의 이러한 군사적 강력함은 루시 통치자들에게 실질적인 영향을 미쳤다. 루시에서 '차르'로 불리는 킵차크의 대칸은 공후들의 수장인 대공에게 루시를 통치할 권한을 줄 수 있었다. 예를 들어 바투는 1243년에 야로슬라프 브세볼로도비치(Ярослав Всеволодович)에게 "네가 루시인들의 모든 공후들 가운데 수장이 되어라(Буди ты старей всем князем в русском языше)."

---

40) Б. А. Успенский, Царь и император, p. 34.

41) Н. С. Борисов, Русская церковь в политической борьбе XVI~XV веков (Москва), 1986, p. 36.

42) А. Н. Насонов, Монголы и Русь (История татарской политики на Руси) (Москва-Ленинград), 1940, p. 30.

라며 통치권을 부여했다.43) 이후로 200년 동안 루시의 공후들은 금
장에 가서 대칸에게 자신의 공후 권력을 부여받아야 했다.44) 그리고
루시에 대한 몽골 차르의 영향력은 루시의 통치 체계에서 대공 호칭
이 하나의 공식적인 칭호로 변화하는 데 최종적인 자극을 주었다.
셀레즈뇨프의 연구에 따르면 킵차크칸국의 계서제에서 루시의 공후
는 에미르(эмир)이고, 대공은 대에미르(великий эмир)에 해당한
다. 즉 대공은 킵차크제국의 개별 지역들을 다스리는 통치자였고, 자
신의 지위와 특권을 몽골의 차르로부터 부여 받았다. 그러나 루시의
대공은 킵차크 제국의 중요한 정치적 사안에 대해 자기 목소리를 낼
수는 없었다.45)

이렇게 볼 때 루시의 대공 칭호의 사용 시기가 몽골 통치 직전인
지, 아니면 이후인지에 대한 논쟁에도 불구하고 몽골 시기를 거치면
서 대공 권력이 루시의 최고 권력으로 확고히 자리 잡은 것은 분명
해 보인다. 이는 대공 권력의 상징물인 '모노마흐의 샤프카(Шапка
Мономаха)'가 유라시아 중앙에 정착한 킵차크칸국의 문화적 유산
이라는 점에서도 잘 드러난다. 루시 최고 권력의 상징으로 보석과
모피로 장식한 모자인 이 유서 깊은 유물은 오늘날 모스크바 크렘린
의 무기고(Оружейная палата)에 보관되어 있다. 한편 16세기 루시
문헌인『블라디미르 공들에 대한 이야기』에는 이 샤프카가 키예프의
공후 블라디미르 모노마흐가 자신의 외조부인 비잔티움의 콘스탄틴
모노마흐 황제로부터 받은 고위 직책을 나타내는 상징물로 언급하고
있다.46) 그러나 이 샤프카는 분명 13세기 말~14세기 초 중앙아시아

---

43) Полное собрание русских летописей, т. 1. 2-е изд. (Ленинград),
   1926~28, p. 326.

44) М. Д. Полубояринова, Русские люди в Золотой орде (Москва), 1978,
   p. 8.

45) Ю. В. Селезнёв, Русские князья в составе правящей элиты Джучиева
   улуса в XIII~XV веках (Воронеж), 2013, p. 155.

46) А. Л. Шапиро, Иториография с древнейших времен до 1917 года (Тверь),

예술의 걸작으로서 몽골의 우즈베크 칸이 이반 1세에게 하사한 것이
었다.[47)

4. 근대 초 러시아 군주의 칭호: 차르와 황제

모스크바 공국은 킵차크칸국의 충실한 봉신으로서 몽골에 협력하
면서 성장했다. 이후 모스크바 공국은 몽골의 쇠퇴와 함께 유라시아
중부의 새로운 강자로 부상했고, 나아가 몽골로부터 루시의 독립을
주도했다. 그리고 마침내 모스크바 공국은 1380년에 쿨리코보 전투
에서 불패의 몽골군에게 승리를 거두었다. 물론 이것이 곧장 모스크
바 공국의 독립으로 이어지지는 않았지만, 이후 모스크바 국가는 몽
골과의 적절한 협력을 통해 자신의 힘을 키울 수 있었고, 1480년에는
실질적인 독립을 이루었다. 또한 모스크바 국가는 경쟁국인 노브고
로드와 트베리를 격파하고, 나아가 여러 소국들을 병합하면서 명실
상부한 통일 루시의 선두주자로 부상하게 되었다. 이와 함께 대내외
적으로 모스크바 최고통치자의 위상이 높아져야 했다. 이제 공후들
가운데 맏형을 의미하는 '대공' 칭호는 새로운 모스크바 군주의 위상
에 걸맞지 않았다. 당시 루시의 정치·문화적 맥락에서 이상적인 대안
은 종교적으로는 비잔티움 황제를, 세속적으로는 킵차크 대칸을 의
미하는 '차르' 칭호였다.

13세기에 '차르' 호칭의 사용은 갈리치야나 볼린 같은 남부 지역의
텍스트들에 집중되었으나, 14세기부터는 북동부 루시의 문학 작품들
에서도 두드러진 현상이 되었다. 그리고 15~16세기 이르면 '차르' 호
칭은 그 사용이 급격히 증가하여 16세기 전반기에 북동부 루시의 연

1993, p. 114.
47) Б. А. Рыбаков, Ремесло Древней Руси (Москва), 1958, pp. 642~643.

대기들과 다른 문학작품들에서 자주 볼 수 있었다.48) 그리고 점차 북동부 루시의 권력이 모스크바 공국으로 집중되면서 이반3세와 바실리3세 시기에 모스크바에서 '차르' 칭호는 점차 공식적인 호칭으로 자리 잡았다. '차르' 칭호는 루시 내부의 관계에서보다는 루시 외부와의 관계에서 먼저 공식적인 입지를 마련했다. 이는 단순한 외교상의 미사여구가 아니라 우스펜스키가 적절히 지적한 것처럼 모스크바 공국의 성장과 비잔티움과 킵차크칸국의 쇠퇴가 적절히 맞물려 이루어진 것이다.49) 즉 비잔티움은 1453년 이슬람 국가인 오스만튀르크에게 무너졌고, 모스크바 공국은 1480년 이슬람 국가인 킵차크칸국으로부터 완전히 독립함으로써 유라시아 중앙에서 실질적인 군사 강국으로 부상한 것이다. 이후 킵차크칸국은 15세기에 카잔칸국, 아스트라한칸국, 크림칸국 등으로 분열되었고, 16세기 초에 멸망했다.50) 계승국들의 수장은 모두 칸의 칭호를 사용했다. 모스크바의 수장 역시 킵차크칸국의 계승자로서 칸을 칭할 자격이 있었고, 앞에서 언급한 것처럼 그 명칭은 러시아어로는 '차르'였다.

15세기 말~16세기 초에 모스크바의 군주들은 차르 칭호를 사용했던 남슬라브 국가들 즉 불가리아와 세르비아가 어떻게 나름의 군주론을 정립해 갔는지 면밀히 관찰한 후 이를 참고했다.51) 모스크바 국가의 기반을 놓은 이반 3세는 먼저 발트 국가들과의 관계에서 조심스럽게 '차르' 칭호를 사용했다.52) 1471~1481년에 리보니아와의

---

48) А. И. Филюшкин, Титулы русских государей, p. 77.

49) В. А. 우스펜스키, 「황제와 자칭 황제: 문화 역사적 현상으로서의 러시아에서의 참칭」, 로트만, 우스펜스키, 리하쵸프, 이인영 엮음, 『러시아 기호학의 이해』, 민음사, 1993, 182 쪽.

50) David Morgan, *The Mongols*, Cambridge MA & Oxford UK, 1993, p. 145.

51) А. Л. Хорошкевич, Русское государство в системе международных отношений (конца 15 - начала 16 вв.) (Москва), 1980, p. 103.

52) В. Водов, "Титул царь в северо-восточной Руси в 1440~1460 гг. и древнерусская литературная традиция", А. Ф. Литвина, Ф. Б. Успенский и др. Из истории русской культуры т.2 кн.1 (Москва), 2002, p. 553.

협정들에서 '차르' 칭호가 사용되었다.53) 나아가 이반 3세는 뤼벡, 나르바, 레발(오늘날의 탈린), 리보니아와의 관계에서 자신을 '차르'로 칭했다. 그리고 1493년에는 덴마크 왕과의 외교 문서에서 이반 3세가 '임페라토르(император)'로 표현되었다. 그러나 폴란드, 리투아니아, 카잔칸국, 크림칸국 등 인접한 여러 국가들과의 관계에서 이반 3세는 여전히 대공이었지 차르는 아니었다.54) 이반 3세의 아들 바실리 3세 통치기에 '차르' 칭호의 사용은 조금 더 확대되었다. 바실리 3세는 덴마크와 프러시아의 관계에서 자신을 '차르'로 칭했으며, 상대국 역시 바실리를 '차르'로 불렀다. 그러나 여전히 바실리 3세의 '차르' 칭호는 주변 국가들에게 충분한 인정을 받지는 못했다. 바실리 3세는 신성로마제국의 황제와의 관계에서 자신을 '차르'로 칭했지만 신성로마제국의 황제는 바실리 3세를 1514년에 공식 문서에서 한 번 '체사르(цесар)'로 표현한 것 이외에는 '차르'로 대해주지 않았다. 또한 폴란드-리투아니아나 특히 킵차크칸국의 계승국인 크림 및 노가이와의 관계에서 여전히 모스크바 대공은 차르 칭호를 사용하지 못했다.55) 한편 필류쉬킨이 제시한 자료에 따르면 오스만과의 관계에서 바실리 3세에 대한 차르 호칭이 등장한다. 예를 들어 1520년에는 오스만의 술탄이 바실리 3세는 "전적으로 존경하는 우리의 신실한 형제이며 친구인 대공 바실리에게, 모스크바 땅의 차르이며 군주인 대공 바실리에게(Во всем почтенному нашему доброму брату и приятелю, великому князю Василию, царю и государю земли Московской……)"라고 언급했다. 1544년에도 오스만의 술탄은 "모스크바의 위대한 차르(великий царь Московский)"라는

---

53) А. Л. Хорошкевич, Русское государство, p. 102.

54) В. Савва, Московские цари и византийские василевсы К впоросу о влиянии Византии на образование идеи царской власти московских государей. (Харьков), 1901, pp. 276~278.

55) В. Савва, Московские цари, pp. 280~281.

말로 아직 차르의 대관식도 치르지 않은 이반 4세를 호칭했다.[56] 그러나 이러한 술탄의 표현들은 의례적인 외교상의 표현일 가능성이 높다. 사바의 견해에 따르면 오스만과의 관계에서도 차르 칭호는 공식적으로 자리 잡지 못했다.[57] 필류쉬킨 역시 이 점을 부정하지 못하는데 오스만에게 있어서 모스크바 대공의 차르 칭호는 중요한 문제가 아니었던 것 같다.[58]

이렇게 15세기 후반과 16세기 전반기를 거치면서 모스크바 대공의 차르 칭호는 대외적 공인의 범위를 조금씩 넓혀갔다. 이와 함께 모스크바 공국은 차르 칭호의 공식적 사용에 대한 내부적인 이데올로기도 공고히 다져갔다. 대표적인 것이 '모스크바-제3의 로마' 이론이다. 이 이론은 프스코프에 있는 엘레자로프(Елеазаров) 수도원의 수사 필로페이(Филофей)가 바실리 3세에게 보내는 1511년의 편지에 들어 있다. 그러나 『도끼와 이콘』의 저자 제임스 빌링턴은 필로페이가 아마도 이 이미지를 이반 3세에게 맨 처음 제시했을 것이라고 언급한다.[59] 이론인즉 첫 번째 고대 로마 교회는 이단자들 때문에 몰락했고, 두 번째 로마인 콘스탄티노플 교회는 이교도들에게 무너졌으나, 세 번째 로마인 모스크바 교회는 태양처럼 온 세상을 비추게 될 것이라는 것이다. 필로페이는 이렇게 언급한다. "모든 기독교 영토는 종말에 이르렀고, 단지 우리 군주의 영토로 축소되었습니다…… 왜냐하면 두 곳의 로마는 몰락했지만 세 번째 것은 서 있으며, 네 번째 것은 결코 없을 것이기 때문입니다."[60] 단순하지만 제3의 로마 이론은 정교세계에서 모스크바를 콘스탄티노플의 계승자로 주장할 수 있는 근

---

56) А. И. Филюшкин, Титулы русских государей, pp. 78~79.

57) В. Савва, Москвоские цари, p. 281.

58) А. И. Филюшкин, Титулы русских государей, p. 78.

59) Д. Х. Биллингтон, Икона и топор. Опыт истолкования истории русской культуры (Москва), 2001, p. 89.

60) Д. Х. Биллингтон, Иона и топор. Опыт истолкования истории русской культуры (Москва), 2001, p. 89.

거를 만들었다. 그리고 모스크바 대공이 콘스탄티노플 황제에 이어서 정교세계의 수장, 즉 차르가 되는 것이 마땅하다는 것을 요약적으로 보여주었다. 그러나 이것은 차르 칭호의 한쪽 측면, 즉 비잔티움의 측면만을 해결해주었다. 왜냐하면 루시인들이 생각했던 세속적인 차르 권력은 몽골의 킵차크칸국에 있었기 때문이다.

냉엄한 국제정치의 현실에서 모스크바 차르의 정당성은 무엇보다 다른 킵차크칸국 계승국들 사이의 경쟁에서 승리함으로써 확보될 수 있었다. 이반 4세는 먼저 1547년에 러시아 군주 가운데 최초로 차르로서 대관식을 치렀다. 이는 러시아 대공들 가운데 최초의 차르 대관식이었고 차르 칭호에 대한 명백한 대내외적 선언이었다. 그리고 이반 4세는 대포와 총병을 포함한 막강한 군사력을 동원해 1552년에 카잔칸국을, 1556년에는 아스트라한칸국을 점령했다(Park, 2013). 이로써 모스크바 공국은 킵차크칸국에서 갈라져 나온 주요 세력들을 정복하고 수도였던 사라이를 포함하여 대칸의 핵심적인 지역 기반이었던 볼가 강줄기 전체를 차지하게 되었다. 이후 16세기 후반에 모스크바 공국은 동방으로 팽창하여 시비르칸국으로 진출했다. 1555년 시비르의 에디게르 공후(Сибирский князь Эдигер)는 이반 4세에게 사절을 파견하여 카잔과 아스트라한 점령을 축하하고 공납을 바칠 것을 약속했다.[61]

이렇게 모스크바 공국은 킵차크칸국의 유산을 차지함으로써 마침내 정교세계의 상징인 비잔티움의 '황제권'과 스텝세계의 상징인 몽골의 '대칸권'을 '차르'라는 하나의 칭호로 통합할 수 있었다. 앞에서 설명했던 것처럼 루시에서 원래 '차르'는 킵차크의 황제 '대칸'과 비잔티움의 황제 '바실레우스'를 포함하는 개념이었다. 루시인들은 자신의 수장을 공후 또는 대공이라 불렀고, 현실 정치에서는 오직 킵차

---

61) И. В. Щеглов, Хронологический перечень важнейших данных из истории Сибири (Иркутск), 1883, p. 16.

크의 대칸을, 문화적 측면에서는 비잔티움 황제를 차르라고 칭했던 것이다. 따라서 차르 칭호는 정교세계를 통합하는데 뿐만 아니라, 킵차크칸국의 유산을 병합하는데도 중요한 기여를 했다. 모스크바 공국이 정복한 동방의 주민들은 모스크바 차르를 자신들의 군주 대칸으로 생각하는 데 무리가 없었다. 유목민들은 킵차크칸국의 가신이었다가 새롭게 부상한 모스크바를 킵차크칸국의 후계자라 생각했던 것이다.62) 베르나드스키 역시 러시아 차르가 몽골 칸들의 상속자였다는 사실이 차르 권력이 여러 투르크 및 몽골 종족들에게 다가가는 데 유리한 심리적 상태를 만들었다. 그리고 모스크바의 외교관들은 의식적으로 또는 무의식적으로 옛 킵차크칸국의 지역에서 이러한 상황을 적절히 이용했다.63) 이러한 모스크바 군주의 대칸권은 공식적인 칭호에서 잘 드러난다. 카잔과 아스트라한 점령 이후 모스크바의 군주는 전 루시의 차르(царь всея Руси)였지만 또한 '카잔의 차르(царь Казанский)', '아스트라한의 차르(царь Астраханский)'가 되었다. 그리고 보리스 고두노프로부터 시작해서 1598년 시베리아 쿠춤 칸의 사망 이후 모스크바의 차르는 시베리아 차르(царь Сибирский)로 불렸다.64) 전 루시의 차르'라 할 때는 정교 세계의 황제를 의미하지만 카잔의 차르, 아스트라한의 차르라 할 때는 카잔의 칸, 아스트라한의 칸이라는 의미이다. 모스크의 통치자는 자연스럽게 자신의 이전 종주국의 칭호를 받아들였던 것이다.65)

그러나 이러한 군주 칭호의 유목민적 요소에도 불구하고 모스크바의 전제 군주권에 대한 논리는 비잔티움 방식으로 경사되었다. 그

---

62) Ю. В. Селезнёв, Русские князья.

63) Г. В. Вернадский, Монголы и Русь(Москва), 2001, p. 394.

64) 우스펜스키에 따르면 시베리아 통치자들은 카잔과 아스트라한의 칸들과 달리 루시에서 차르로 불리지 않았고 보통 공후로 불렸다.
   Б. А. Успенский, Царь и император, p. 50.

65) Г. В. Вернадский, Монголы и Русь, p. 393.

294

원인은 먼저 15~16세기에 이르러 루시 교회의 성장과 함께 루시의 정치 담론에서 정교 이데올로기가 확고하게 자리 잡았기 때문이다. 다음으로 확장된 모스크바 국가의 핵심부가 과거 킵차크칸국의 중심부가 아니라 트베리, 노브고로드, 프스코프 등을 포함하는 정교세계에 속했기 때문이다. 모스크바가 주변 정교 공국들을 하나의 이데올로기로 확고히 통합하는 것이 모스크바 국가의 미래를 보장해 줄 것은 당연한 일이었다. 끝으로 군사적 강력함에도 불구하고 내부분열로 쇠퇴하는 유목 국가들의 고질적인 병폐에 비해 비잔티움의 황제권이 이론적으로 훨씬 더 안정적이었기 때문이다. 이렇게 해서 16세기에 모스크바 국가는 비잔티움의 정교 교리를 활용해 신이 부여한 모스크바의 절대 권력에 대한 개념을 발전시켜 나갔고, 이러한 군주권에 대한 개념은 17세기에 이르러 한층 더 견고한 논리로 자리 잡았다. 17세기 초에 경제·사회·정치적 위기 가운데 스웨덴과 폴란드의 간섭을 겪은 러시아 국가는 내부적 단합을 통해 위기를 극복하고 1613년에 '전 루시의 전국회의'의 합의를 모아 로마노프 가문의 차르를 중심으로 단합했다. 로마노프 가문의 첫 번째 차르 미하일 로마노프는 1613년 7월11일에 차르로 즉위했다. 대관식은 모스크바 크렘린의 전통적인 우스페니야 성당(Успенский собор)에서 매우 화려한 정교 의식으로 치러졌다. 미명부터 차르의 입장 때까지 성당의 종들이 울렸고, 대주교 예프렘(Ефрем)이 의식을 주도하여 미하일에게 차르의 관을 씌웠고, 러시아 각 지역의 종교 권력자들이 함께 의식을 이끌었다.66) 또한 정교회는 신성불가침의 황제권을 확정했다. 외형적으로는 전국회의의 신분대표가 미하일 로마노프를 황제로 선출한 것이지만, 이론적으로는 신의 의지 자체가 미하일 로마노프를 선택한 것이고 전국회의의 인정은 신의 구상을 강화해 준 것이 되었다. 또한 미하일 로마노프는 류릭과 성 블라디미르의 후손으로서 제위의

---

66) Венчание русских государей на царство (Москва), 2013, pp. 22~23.

합법적인 계승자라는 점이 강조되었다.[67] 이렇게 해서 점차 정교 이데올로기의 중요성이 커져갔고 몽골의 유산은 조금씩 잊혀 갔다. 물론 17세기에도 러시아 국가의 많은 부분에서 몽골의 유산은 남아 있었고, 차르라는 말은 여전히 대칸을 포함하는 개념이었다. 그러나 러시아는 다음 세기 초에 표트르 대제가 '임페라토르(император)'라는 새로운 칭호를 받아들임으로써 다시 비잔티움에서 서유럽으로 방향을 전환했다.

이미 17세기 초 동란시기에 '임페라토르' 칭호가 등장했다. 동란의 혼란 속에서 '가짜 드미트리'는 1605년에 대관식에서 자신을 '임페라토르'라고 칭한 것이다.[68] 이는 하나의 에피소드에 불과했지만, 표트르 대제는 이러한 경향을 확고한 추세로 만들었다. 로트만 등에 따르면 표트르는 1721년 성 삼위일체 성당에서 있었던 기념행사에서 선행하는 역사적 전통을 말살하는 한편 고대 로마의 전통을 당대 역사의 이상적인 선조로 만들었다. 이 기념행사에서 표트르는 "조국의 아버지(Отец Отечествия)", "전 러시아의 임페라토르(Император Всероссийскаго)", "표트르 대제(Петр Великий)"라는 칭호를 공식적으로 받아들였다.[69] 로트만 등에 따르면 이는 분명히 비잔티움이 아닌 서로마의 전통을 의미하며 동시에 러시아식 관직과의 결별을 입증해 주는 것이다.[70] 물론 이러한 임페라토르 칭호는 서유럽과의 관계에서 러시아의 대외적 위상을 반영한다. 당시에 임페라토르

---

67) К. В. Базилесич, С. К. Богоявленский, Н. С. Чаев, "Царская власть и Боярская Дума", Очерки истории СССР. Период Феодализма XVII в. (Москва), 1955, p. 345.

68) Б. А. Успенский, Царь и император, p. 35.

69) Полное собрание законов Российской империи(이하 ПСЗ로 약함), т.6 (Петербург), 1830, No. 3840.

70) Iu. M. 로트만, B. A. 우스펜스키, 「표트르 대제의 이데올로기에 나타난 〈모스크바—제3의 로마〉 개념의 반향」, 로트만·우스펜스키·리하쵸프, 이인영 엮음, 『러시아 기호학의 이해』, 민음사, 1993, 260쪽.

라는 호칭은 단지 신성로마제국의 통치자만이 보유하고 있었던 것이다. 그러나 표트르가 이 칭호를 사용함으로써 러시아의 통치자는 신성로마제국의 황제와 칭호에 있어서 같은 수준에 놓이게 된 것이다.71) 즉 표트르 이후 서구를 향해 나아갔던 러시아는 그에 걸맞은 호칭이 필요했고 그것은 전래의 칭호 '차르'가 아닌 새로운 칭호 '임페라토르'였던 것이다.

이렇게 표트르 이후 러시아의 지배층이 서구화로 확고히 방향 전환을 한 것은 사실이지만 그럼에도 불구하고 제정 시기 러시아 군주의 다양한 칭호들은 러시아 국가의 다양성을 반영한다. 1721년 11월 11일 칙령에서 표트르는 "모스크바, 키예프, 블라디미르, 노브고로드, 전 러시아의 임페라토르이자 전제군주, 카잔의 차르, 아스트라한의 차르, 시베리아의 차르, 프스코프의 군주, 스몰렌스크의 대공, 에스토니아, 라트비아의 공후" 등으로 규정된다.72) 예카테리나 2세 역시 표트르와 같은 칭호를 사용했으나 그녀가 오스만과의 세 차례의 전쟁에서 승리함으로써 새로 병합한 크림칸국에 대해서는 '크림의 차르'라는 칸국의 표현보다는 "헤르손과 타브리야의 차르(Царица Херсониса Таврическаго)"라는 그리스식 표현을 사용했다.73) 한편 1815년 칙령에서 알렉산드르 1세는 "전 러시아의 황제이고⋯⋯ 카잔의 차르, 아스트라한의 차르, 폴란드의 차르⋯⋯ 프스코프 군주, 스몰렌스크, 리톱스크, 볼린, 포돌리야, 핀란드의 대공⋯⋯"으로 칭했다.74) 이렇게 18~19세기 러시아 군주의 다양한 호칭들은 러시아 국가의 다양성을 여과 없이 그대로 보여준다.

---

71) А. И. Филюшкин, Титулы русских государей, p. 74.

72) ПСЗ, т. 6, No. 3850.

73) ПСЗ, т. 22, No. 15919. 차리차(царица)는 차르(царь)의 여성형이다.

74) ПСЗ, т. 33, No. 25875.

5. 맺음말

이상에서 러시아 군주 칭호의 변화를 통해 러시아 국가의 다문화적 성격을 살펴보았다. 러시아 국가는 유라시아 중앙에 위치하여 비잔티움, 아시아 유목 제국들, 그리고 서유럽 국가들의 다양한 영향을 받으며 성장했다. 그 과정에서 독일 기원의 '공후', 하자르 유목민의 호칭인 '카간', 킵차크칸국과의 관계에서 대에미르라는 뜻을 가진 '대공', 비잔티움의 황제와 킵차크칸국의 대칸을 의미하는 '차르', 서유럽 신성로마제국의 칭호인 '임페라토르' 등 다양한 칭호를 사용했다. 이러한 과정에서 러시아 군주의 대표적인 칭호로 자리 잡은 것은 '차르'였는데, 이 칭호는 특히 러시아의 몽골적 요소와 비잔티움적 요소를 아우르는 개념이었다.

루시의 일원이자 킵차크의 가신이었던 모스크바 공국은 주변 국가들을 통합하며 강력한 중앙집권국가로 성장하면서 차르 칭호를 사용했고, 이후 이 칭호는 러시아 통치자를 일컫는 전통적인 칭호로 확고히 자리 잡았다. 원래 루시 세계에서 '차르'란 비잔티움의 바실레우스와 킵차크의 대칸을 지칭하는 말이었다. 즉 러시아 국가의 최고 통치자를 의미하는 차르 칭호는 킵차크와 비잔티움 모두에 기원을 두고 있었다. 즉 차르라는 단어가 비잔티움과의 관계에서 나왔지만, 킵차크 대칸의 러시아식 칭호 역시 차르였던 것이다. 그러나 두 차르 칭호가 가지는 의미의 무게는 같지는 않았다. 즉 비잔티움의 차르 칭호가 종교·문화적 측면의 수장을 의미했다면, 킵차크의 차르(대칸) 칭호는 강력한 군사력에 기반을 둔 실제 권력을 의미했다. 따라서 약 250년간의 몽골 지배기에 루시 세계에서 실질적으로 차르란 킵차크의 대칸을 일컫는 말이었다. 따라서 모스크바는 킵차크의 주요 계승국들을 정복하고 나서야 비로소 대외적으로 차르 칭호를 인정받을 수 있었던 것이다.

그러나 러시아는 절대국가의 성립과 관련하여 16~17세기에 이념적으로 비잔티움 방식으로 경사되었다. 모스크바 공국이 주변 국가들을 병합하며 유라시아의 새로운 맹주로 부상하면서 이념적으로 군주의 절대권을 확립하는 것이 필요했다. 이러한 과업을 주도한 인물들은 주로 정교 사제들이었고, 이들은 자연스럽게 정교의 본 고장인 비잔티움의 유산에 주목했다. 한편 18세기 초 표트르 대제가 서구화를 추진하면서 러시아의 지배층의 지향은 서유럽으로 바뀌었다. 16세기 이후 정치, 경제, 문화면에서 서유럽의 부상은 주목할 만했고, 러시아는 자연스럽게 서유럽으로 이끌렸던 것이다. 이는 러시아 군주의 칭호에 새로운 변화를 가져와 신성로마제국의 칭호인 임페라토르라는 용어가 받아들여졌다. 이러한 가운데 러시아 국가의 군주 칭호에서 킵차크칸국의 유산은 점차 희미해졌다.

그러나 18~19세기에 러시아 차르의 여러 칭호들은 여전히 러시아 국가가 얼마나 다양한 기원을 가지고 있는지 잘 보여준다. 제정 러시아의 차르는 러시아의 임페라토르, 카잔의 차르, 아스트라한의 차르 등으로 칭해졌다. 역사적인 관점에서 보면 카잔과 아스트라한의 차르는 대칸으로 이해하는 것이 옳다. 한편 러시아 제국 내의 수많은 몽골-투르크계 민족들은 러시아의 차르를 칸으로 생각했다.

참고문헌

1. 한국불상의 문화융합과 독자성

강우방, 『한국불교조각의 흐름』, 대원사, 1999

국립중앙박물관, 『실크로드의 미술』, 국립중앙박물관, 1991.

김리나, 『한국고대불교조각사연구』, 일조각, 1995.

김리나, 『한국고대 불교조각 비교연구』, 문예출판사, 2003

김진숙, 『고려 석불의 조형과 정신』, 참글세상, 2013.

김춘실, 「三國時代 施無畏·與願印 如來坐像考」, 『미술사연구』 4집, 1990.

김춘실, 「중국 北齊·周 및 수대여래입상양식의 전개와 특징」, 『미술자료』 153, 1994.

김춘실, 「삼국시대여래입상 양식의 문제」, 『미술자료』 155, 1995.

김원룡, 「고구려고분벽화에 있어서의 불교적 요소」, 『한국미술사연구』, 일지사, 1987.

에릭 쥐르허 지음, 최연식 옮김, 『불교의 중국정복』, 씨아이알, 2007.

왕용 지음, 이재연 옮김, 『인도미술사』, 다른생각, 2014.

이주형, 『간다라미술』, 사계절, 2003.

전호열, 「5세기 고구려 고분벽화에 나타난 불교적 내세관」, 『한국사론』 21, 1989.

황수영, 「군위삼존불」, 『한국불상의 연구』, 삼화출판사, 1973.

上原 和, 「고구려 회화가 일본에 끼친 영향」, 『고구려 미술의 대외교섭』, 예경, 1996.

船山 徹, 『佛典はどう漢譯されたのか』, 岩波書店, 2013.

井上 正, 「インド樣と盛唐吳道玄樣」, 『平城の爛熟~人間美術4』, 學研.

高田 修, 「寶冠佛について」, 『佛教藝術』 21號, 1954.

肥田路美, 「唐代における佛陀伽倻金剛座眞容像の流行について」, 『論叢佛教美術寺』, 吉川弘文館, 1986.

松原三郎, 「新羅石佛の系譜: 特に新發見の軍威石窟三尊佛を中心してー」, 『美術研究』 250號, 1966.

大西修也, 「軍威三尊佛考」, 『佛教美術』 129號, 1980.

岡田 健, 「北齊樣式の成立とその特質」, 『佛教藝術』 159, 1895.

Harle, J. C. (1985). *The Art And Architecture of the India Subcontinent*. Harmondsworth: Penguin.

Huntington, S. L. (1985). *The Art of Ancient India, Buddhist, Hindu, Jain*. New York: Weather Hill.

2. 대한제국의 다문화 공간: 정동

까를로 로제티, 『꼬레아 꼬레아니』, 서울학연구소, 1996.

경성부, 『경성부사』(제2권), 1936.

김정동, 『고종황제가 사랑한 정동과 덕수궁』, 발언, 2004.

서울 중구문화원, 『정동: 역사의 뒤안길』(서울특별시 중구향토사 자료 제11집), 상원사, 2007.

서울학연구소, 『대한제국기 정동을 중심으로 한 국제교류와 도시건축에 대한 학술연구』(연구보고서), 서울학연구소, 2011.

윤일주, 『한국양식건축 80년사』, 야정문화사, 1996.

이사벨라 버드 비숍 지음, 이인화 옮김, 『한국과 그 이웃나라들』, 살림, 1994.

이태진, 『고종시대의 재조명』, 태학사, 2000.

지그프리트 겐테 지음, 권영경 옮김, 『신선한 나라 조선, 1901』, 책과함께, 2007.

小松綠, 『明治史實 外交秘話』, 中外商業新報社, 1927.

Gustave-Charles-Marie Mutel, 『뮈텔주교 일기』 1권, 한국교회사연구소, 2009.

H. N. 알렌 지음, 신복룡 옮김, 『조선견문기』, 집문당, 1999.

W. R. 칼스 지음, 신복룡 옮김, 『조선풍물지』, 집문당, 1999.

김갑득·김순일, 「구한말 정동 외국인 거주지의 형성과정에 관한 연구」, 『대한건축학회 논문집』 17(7), 2001.

김광우, 「대한 제국 시대의 도시계획: 한성부의 도시개조사업」, 『향토서울』 50집, 1990.

김기석, 「광무제의 주권수호 외교 1905~1907: 을사늑약 무효선언을 중심으로」, 『일본의 대한제국 강점』, 까치, 1995.

김원모, 「미스 손탁과 손탁호텔」, 『향토서울』 56, 1996.

서영희, 「대한제국의 보호국화와 외교타운 정동의 종말」, 『정동 1900: 대한제국, 세계와 만나다』(제10회 서울역사박물관 국제심포지엄 자료집), 2011.10.13.

송인호, 「정동의 역사도시경관」, 『정동 1900: 대한제국 세계와 만나다』(제10회 서울역사박물관 국제심포지엄 자료집), 2011.10.03.

안창모, 「대한제국의 황궁, 덕수궁: 근대한국의 원공간」, 『정동 1900: 대한제국, 세계와 만나다』(제10회 서울역사박물관 국제심포지엄 자료집), 2011.10.13, 61~62쪽.

이덕일, 「이덕일의 古今通義: 커피 왕국」, 『중앙일보』, 2011.06.06.

홍웅호, 「개항기 주한 러시아 공사관의 설립과 활동」, 『개항기의 재한 외국 공관 연구』, 동북아역사재단, 2008.

Hans-Alexander Kneider, 「'조용한 아침의 나라'에 남겨진 독일의 흔적들: 1910년까지 정동 일대에서 활약한 독일인들의 略史」, 정동 1900: 대한제국, 세계와 만나다』(제10회 서울역사박물관 국제심포지엄 자료집), 2011.10.13.

3. 한국의 귀화 성씨와 다문화

김병모, 『한국인의 발자취』, 정음사, 1985.

김병모, 『허황옥 루트: 인도에서 가야까지』, 역사의아침, 2008.

김정현, 『우리겨레 성씨이야기』, 지식산업사, 2009.

문정창, 『가야사』, 백문당, 1978.

박기현, 『우리 역사를 바꾼 귀화 성씨』, 역사의아침, 2007.

박옥걸, 『고려시대의 귀화인 연구』, 국학자료원, 1996.

이승우, 『한국인의 성씨』, 창조사, 1977.

이희근, 『우리안의 그들 역사의 이방인들』, 너머북스, 2008.

정수일, 『문명교류사』, 사계절, 2009.

KBS 역사스페셜 제작팀, 『우리역사 세계와 통하다』, 가디언, 2011.

강은해, 「한국 귀화 베트남 왕자의 역사와 전설: 고려 옹진현의 이용상 왕자」, 『동북아 문화연구』 26, 2011, 223~240쪽.

곽효문, 「조선조 귀화정책의 사회복지적 의미에 관한 연구」, 『한국행정사학지』 30권, 2012, 151~177쪽.

김경록, 「조선초기 귀화정책(歸化政策)과 조명관계(朝明關係)」, 『역사와현실』 83, 2012, 213~247쪽.

김기홍, 「신라 왕실 삼성(三姓)의 연원」, 『한국고대사연구』 64, 2011, 323~361쪽.

리종일·안화춘, 「중국에서 동래귀화한 조선인의 성씨」, 『중국조선어문』 86, 1996, 18~20쪽.

박옥걸, 「高麗時代 歸化人의 居住地域에 대하여」, 『한중인문학연구』 제7집, 2001, 141~170쪽.

박옥걸, 「고려의 귀화인 동화책: 특히 거주지와 귀화 성씨의 관향을 중심으로」, 『강원사학』 17권 1호, 2002, 87~106쪽.

박옥걸, 「高麗時代 歸化人의 技術·文化的 역할과 영향」, 『제8회 중한인문과

학학술연토회 논문집』, 2002, 124~129쪽.

박옥걸, 「고려시대 귀화인의 역할과 영향」, 『백산학보』 70, 2004.

박현규, 「위그로족 귀화인 설손의 작품 세계」, 『중어중문학』 20권, 1997, 391~423쪽.

송재웅, 「朝鮮初期의 向化倭人」, 『중앙사론』 15집, 2001, 1~28쪽.

우 윤, 「IMF시대에 찾아보는 역사속의 인물: 귀화인 쌍기」, 『통일한국』 17권 10호, 1999, 92~93쪽.

유영봉, 「왕조교체기(王朝交替期)의 "귀화시인(歸化詩人)" 설손(설遜)과 설장수(설長壽) 부자(父子)」, 『한문학보』 23권, 2010, 189~215쪽.

윤용혁, 「鄭仁卿家의 고려 정착과 서산: 고려시대 외국인의 귀화 정착 사례」, 『역사와 담론』 48, 2007, 35~70쪽.

이수환·이병훈, 「조선후기 귀화(歸化) 중국인(中國人)에 대한 정책과 강릉류씨(江陵劉氏) 가경(嘉慶) 2년 첩문(帖文)」, 『민족문화논총』 43권, 2009, 503~533쪽.

이원택, 「조선 전기의 귀화와 그 성격」, 『서울국제법연구』 8권 2호, 2001, 225~246쪽.

이지홍·박현숙, 「다문화 관점에서 본 중학교 〈역사(상)〉교과서의 '귀화인' 서술과 인식」, 『교과교육연구』 4권 2호, 2011, 115~137쪽.

임선빈, 「조선초기 歸化人의 賜鄕과 특징」, 『동양고전연구』 37집, 2009, 63~91쪽.

임형백, 「선택적 포용과 배제를 통한 한국인의 정체성 형성」, 『동서양 역사 속의 다문화적 전개 양상』, 도서출판 경진, 2012.

전국한자교육추진총연합회 편, 「귀화인·외국인의 눈으로 본 한자 혼용; 한국어를 잘하려면 한자공부는 필수: 귀화인 이한우(李韓祐) 박사를 찾아」, 『한글한자문화』 3권, 1999, 16~18쪽.

전영준, 「고려시대 異民族의 귀화 유형과 諸정책」, 『동서양 역사 속의 다문화적 전개 양상』, 도서출판 경진, 2012.

정현욱, 「조선족 귀화여성들에 관한 연구: 유입배경, 수용환경 그리고 부적

응에 관한 고찰」,『한국행정학회 하계학술발표논문집』, 1999, 243
~255쪽.

최덕교, 「새 천년에 생각해 보는 한국인의 성씨: 동음이성이 60%를 넘고,
귀화 성씨가 많아진다」,『한글한자문화』 11권, 2000, 76~81쪽.

황교익, 「임진왜란 때 귀화한 왜장 후손들이 사는 대구 우록동: 한 일본
무사의 유토피아/우록동」,『지방행정』 51권 582호, 2002, 83~87쪽.

http://blog.chosun.com/blog.log.view.screen?logId=5079174&userId=pvc2
(검색일: 2014.04.20.)

http://terms.naver.com/entry.nhn?docId=291763&cid=731&categoryId=1516
(검색일: 2014.04.20.)

KBS 〈역사스페셜〉, 〈역사의 수레바퀴를 움직여 온 귀화 성씨〉, 2010.07.17
방영.

4. 고려후기 제주 이거 원 이주민과 통혼

『高麗史』『高麗史節要』『新增東國輿地勝覽』『增補文獻備考』『元史』

高炳五·朴用厚,『元 大靜郡誌』, 博文出版社, 1968.

高柄翊,『東亞交涉史의 硏究』, 서울大學校出版部, 1970.

국립제주박물관,『몽골의 역사와 문화』, 서경문화사, 2006.

김기선,『한·몽 문화교류사』, 민속원, 2008.

金斗奉,『濟州道實記』, 濟州實跡研究社, 1993.

金庠基,『新編 高麗時代史』, 서울대학교 출판부, 1984.

金錫翼 지음, 오문복 외 옮김,『濟州 속의 耽羅 심재집』, 제주대학교 탐라문
화연구소, 2011.

김일우,『고려시대 제주사회의 변화』, 서귀포문화원, 2005.

金昌淑 譯註, 『『高麗史』 對外關係史料集』, 民族社, 2001.

김태능, 『濟州島史論考』, 1982.

노명호 外, 『韓國古代中世古文書研究(上): 校勘譯註篇』, 2000.

동북아역사재단·경북대학교 한중교류연구원, 『13~14세기 고려: 몽골관계
　　　탐구』, 동북아역사재단, 2011.

박원길 외, 『몽골비사의 종합적 연구』, 민속원, 2006.

朴用厚, 『濟州道誌』, 白映社, 1976.

朴用厚, 『南濟州郡誌』, 상조사, 1978.

여원관계사연구팀, 『譯註 元高麗紀事』, 선인, 2008.

이원진 지음, 김찬흡 외 옮김, 『역주 탐라지』, 푸른역사, 2002.

조한욱, 『문화로 보면 역사가 달라진다』, 책세상, 2000.

강영봉, 「제주어와 중세 몽골어 비교연구」, 『탐라문화』 20, 1999.

高柄翊, 「蒙古·高麗의 兄弟盟約의 性格」, 『백산학보』 6, 1969.

高昌錫, 「麗元과 耽羅와의 關係, 『제주대논문집: 인문학편』 17, 1984.

高昌錫, 「元·明交替期의 濟州道: 牧胡亂을 중심으로」, 『탐라문화』 4, 1985.

高昌錫, 「원대의 제주도목장」, 『제주사학』 1, 1985.

高昌錫, 「耽羅國史料集」, 『신아문화사』, 1995.

高昌錫, 「元高麗記事 耽羅關係 記事의 檢討: 13세기 耽羅와 元과의 關係」,
　　　『慶北史學』 28, 경북사학회, 1998.

김동전, 「조선후기 제주거주 몽골 후손들의 사회적 지위와 변화」, 『지방사
　　　와 지방문화』 13, 역사문화학회, 2010.

김보광, 「高麗·몽골(元) 관계 연구에서 元高麗紀事의 활용과 가치」, 『한국사
　　　학보』 29, 고려사학회, 2007.

金渭顯, 「麗元間의 人的 交流考」, 『관동사학』 5·6, 관동사학회, 1994.

김일우, 「고려후기 濟州·몽골의 만남과 제주사회의 변화」, 『한국사학보』
　　　15, 고려사학회, 2003.

김일우, 「고려·조선시대 외부세력의 제주진입과 제주여성」, 『한국사학보』

　　32, 고려사학회, 2008.

金惠苑, 「麗元王室通婚의 成立과 特徵: 元公主出身王妃의 家系를 중심으로」,
　　『梨大史苑』 24·25합집, 1989.

박경자, 「貢女 출신 高麗女人들의 삶」, 『역사와 담론』 55, 호서사학회, 2010.

박원길, 「몽골과 바다」, 『몽골학』 26, 한국몽골학회, 2009.

배숙희, 「蒙·元의 征服戰爭과 高麗 女性」, 『중국사연구』 48, 중국사학회,
　　2007.

배숙희, 「元나라의 耽羅 통치와 移住, 그리고 자취」, 『중국사연구』 76, 중국
　　사학회, 2012.

배숙희, 「元末·明初의 雲南과 故元 後裔의 濟州 移住」, 『동양사학연구』 119,
　　동양사학회, 2012.

李龍範, 「奇皇后의 冊立과 元代의 資政院」, 『역사학보』 17·18, 역사학회,
　　1962.

李命美, 「高麗元 王室通婚의 政治的 의미」, 『한국사론』 49집, 2003.

李命美, 「奇皇后세력의 恭愍王 폐위시도와 高麗國王權」, 『역사학보』 206, 역
　　사학회, 2010.

정용숙, 「元 公主 출신 왕비의 등장과 정치세력의 변화」, 『고려시대의 后妃』,
　　민음사, 1992.

5. 다민족·다문화 사회의 정체성 모색

김영신, 『대만의 역사』, 지영사, 2000.

김원곤, 「대만사회의 대만의식 확산과 그 영향」, 『중국연구』 36, 2005.

란보조우, 「대만: 2.28에서 50년대로 이어지는 백색테러」, 『역사비평』, 1998
　　년 봄호.

문명기, 「청말 대만의 番地개발과 족군정치의 終焉」, 『중국근현대사연구』
　　30, 2006.

민두기, 「대만사의 소묘: 그 민주화 역정」, 『시간과의 경쟁: 동아시아 근현

대사논집』, 연세대학교 출판부, 2001.

손준식, 「냉전 초기(1952~1965) 미국원조와 대만교육」, 『중국근현대사연구』 66, 2015.

손준식, 「동화와 개화의 상흔: 식민지 타이완의 일어」, 『식민주의와 언어』, 아름나무, 2007.

손준식, 「일본의 대만 식민지 지배: 통치정책의 변화를 중심으로」, 『아시아문화』 18, 2002.

손준식, 「일제 식민지 하 대만 경찰제도의 변천과 그 역할」, 『중국근현대사연구』 47, 2010.

손준식, 「일제 식민통치에 대한 대만인의 반응과 경찰 이미지」, 『역사문화연구』 37, 2010.

손준식, 「일제 하 '臺灣意識'의 형성 배경과 그 성격」, 『중앙사론』 31, 2010.

손준식, 「제국대학에서 국립대학으로: 전환기의 대만대학」, 대학사연구회 편, 『전환의 시대 대학은 무엇인가』, 한길사, 2000.

심혜영, 「대만정체성 논의에 관하여」, 『중국학보』 44, 2001.

若林正仗, 「대만의 정치변동과 에스노내셔널리즘」, 『민족연구』 9, 2002.

왕가영, 「대만내셔널리즘의 발흥과 변천」, 『민족연구』 5, 2000.

李筱峯 지음, 김철수 외 옮김, 『대만민주화운동40년』, 성균관대학교 출판부, 1990.

주완요 지음, 손준식 외 옮김, 『대만 아름다운 섬 슬픈 역사』, 신구문화사, 2003.

하세봉, 「대만의 식민지경험과 정체성」, 『비교문화연구』 16, 2004.

簡炯仁, 『臺灣開發與族群』, 臺北: 前衛出版社, 1995.

簡炯仁, 『臺灣民衆黨』, 臺北: 稻鄉出版社, 2001.

江丙坤, 『臺灣田賦改革事業之研究』, 臺北: 臺灣銀行經濟研究室, 1972.

戴國煇, 『臺灣史對話錄』, 臺北: 南天書局, 2002.

戴國煇, 『臺灣史探微: 現實與史實的相互往還』, 臺北: 南天書局, 1999.

戴國煇 著, 魏廷朝 譯,『臺灣總體相』, 臺北: 遠流出版公司, 1992.

濱崎紘一 著, 邱振瑞 譯,『我啊!: 一個臺灣人日本兵的人生』, 臺北: 圓神出版社, 2001.

矢內原忠雄 著, 周憲文 譯,『日本帝國主義下之臺灣』, 臺北: 帕米爾書店, 1987.

若林正丈,『現代アジアの肖像: 蔣經國ど李登輝』, 東京: 岩波書店, 1997.

葉榮鐘,『小屋大車集』, 臺中: 中央書局, 1977.

葉榮鐘,『日據下臺灣政治社會運動史』, 臺北: 晨星出版, 2000.

葉榮鐘 等著,『臺灣民族運動史』, 臺北: 自立晚報社, 1983.

吳密察,『臺灣近代史研究』, 臺北: 稻鄉出版社, 1994.

吳濁流,『亞細亞的孤兒』, 臺北: 草根出版社, 1995.

翁佳音,『臺灣漢人武裝抗日史研究』, 臺北: 國立臺灣大學出版委員會, 1986.

王詩琅 外編,『臺灣史』, 臺中: 臺灣省文獻委員會, 1977.

王曉波,『臺灣意識的歷史考察』, 臺北: 海峽學術出版社, 2001.

李筱峯,『臺灣史101問』, 臺北: 玉山社, 2013.

林柏維,『臺灣文化協會滄桑』, 臺北: 臺原出版社, 1998.

周婉窈 主編,『臺籍日本兵座談會記錄相關資料』, 臺北: 中央研究院臺灣史研究所籌備處, 1997.

周婉窈,『日據時代的臺灣議會設置請願運動』, 臺北: 自立晚報系文化出版部, 1898.

陳銘城,『海外臺獨運動四十年』, 臺北: 自立報系出版, 1992.

陳翠蓮,『臺灣人的抵抗與認同, 1920~1950』, 臺北: 遠流出版公司, 2008.

蔡石山 著, 曾士榮 等譯,『李登輝與臺灣的國家認同』, 臺北: 前衛出版社, 2006.

許介鱗,『日本殖民統治讚美論總批判』, 臺北: 文英堂, 2006.

黃昭堂,『臺灣民主國の研究』, 東京大學出版會, 1970.

黃昭堂 著, 黃英哲 譯,『臺灣總督府』, 臺北: 前衛出版社, 1994.

黃秀政外,『臺灣史』, 臺北: 五南圖書出版, 2002.

黃俊傑,『臺灣意識與臺灣文化』, 臺北: 臺灣大學出版中心, 2006.

E. Patricia Tsurumi, 林正芳 譯,「日本教育和臺灣人的生活」,『臺灣風物』48-1, 1997.

邱敏捷,「論日治時期臺灣語言政策」,『臺灣風物』48-3, 1998.

山川均 著, 蕉農 譯,「日本帝國主義鐵蹄下的臺灣」, 王曉波 編,『臺灣的殖民地傷痕』, 臺北: 帕米爾書店, 1985.

小澤有作,「日本植民地敎育政策論: 日本語敎育政策を中心にして」, (東京都立大學)『人文學報』82, 1971.

若林正丈,「臺灣抗日運動中的'中國座標'與'臺灣座標'」,『當代』17, 1987.

梁華璜,「日據時代臺民赴華之旅券制度」, 梁華璜 著,『臺灣總督府的'對岸'政策研究』, 臺北: 稻鄉出版社, 2001.

吳密察,「臺灣人的夢與二二八事件」,『當代』87, 1993.

李筱峰,「一百年來臺灣的政治運動中的國家認同」, 張炎憲 外編,『臺灣近百年史論文集』, 臺北: 吳三連臺灣史料基金, 1996.

林瑞明,「騷動的靈魂: 決戰時期的臺灣作家與皇民文學」, 張炎憲 等編,『臺灣史論文精選』下冊, 臺北: 玉山社, 1996.

周婉窈,「臺灣人第一次的'國語'經驗: 析論日治末期的日語運動及其問題」,『新史學』6-2, 1995.

周婉窈,「從比較的觀點看臺灣與韓國的皇民化運動(1937~1945)」,『新史學』5-2, 1994.

陳昭瑛,「論臺灣的本土化運動: 一個文化史的考察」,『海峽評論』51, 1995.

陳儀深,「論臺灣二二八事件的原因」, 張炎憲 等編,『臺灣史論文精選』(下), 臺北: 玉山社, 1996.

何義麟,「'國語'轉換過程中臺灣人族群特質之政治化」, 若林正丈·吳密察 主編,『臺灣重層近代化論文集』, 臺北: 播種者文化有限公司, 2000.

許雪姬,「臺灣光復初期的語言問題」,『史聯雜誌』19, 1991.

黃昭堂 著, 林偉盛 譯,「殖民地與文化摩擦: 臺灣同化的糾葛」,『臺灣風物』41-3, 1991.

6. 재일코리안 문제를 둘러싼 일본 우익 내부의 균열 양상

古谷經衡, 『ネット右翼の逆襲: 「嫌韓」思想と新保守論』, 總和社, 2013.

宮崎學, 『右翼の言い分』, アスコム, 2007.

近藤瑠漫・谷崎晃 編著, 『ネット右翼サブカル民主主義: マイデモクラシー症候
　　　　群』, 三一書房, 2007.

寶島社編集部 編, 『ネット右翼ってどんなヤツ?: 嫌韓, 嫌中, 反』プロ市民, 打
　　　　倒バカサヨ』, 寶島社, 2008.

山野車輪, 『マンガ嫌韓流』, 晉遊社, 2005.

安田浩一, 『ネットと愛國 −在特會の「闇」を追いかけて』, 講談社, 2012.

安田浩一・山本一郎・中川淳一郎 共著, 『ネット右翼の矛盾: 憂國が招く「亡國」』,
　　　　寶島社, 2013.

安田浩一・岩田溫・古谷經衡・森鷹久, 『ヘイトスピーチとネット右翼: 先銳化す
　　　　る在特會』, オークラ出版, 2013.

櫻井誠, 『在特會とは「在日特權を許さない市民の會」の略稱です!』, 靑林堂, 2013.

野間易通, 『「在日特權」の虛構: ネット空間が生み出したヘイト・スピーチ』, 河
　　　　出書房新社, 2013.

村上裕一, 『ネット右翼化する日本: 暴走する共感とネット時代の「新中間大衆」』
　　　　(角川EPUB選書 007), KADOKAWA, 2014.

樋口直人, 『日本型排外主義 −在特會・外國人參政權・東のアジア地政學』, 名古
　　　　屋大學出版會, 2014.

강기철, 「『만화혐한류』의 상업적 전략과 보수 저널리즘의 확대」, 『日語日文
　　　　學』 56, 大韓日語日文學會, 2012.

고길희, 「'한류'와 '혐한류'로 본 일본 젊은이들의 변화」, 『일본근대학연구』
　　　　19, 한국일본근대학회, 2008.

김웅기, 「혐한(嫌韓)과 재일코리안: 재특회(在特會)의 논리에 내포된 폭력
　　　　성을 중심으로」, 『日本學報』 98, 韓國日本學會, 2014.

김효진, 「기호(嗜好)로서의 혐한(嫌韓)과 혐중(嫌中): 일본 넷우익과 내셔널
　　　리즘」, 『일본학연구』 33, 단국대학교 일본연구소, 2011.
박수옥, 「일본의 혐한류와 미디어 내셔널리즘: 2ch와 일본 4대 일간지를
　　　중심으로」, 『한국언론정보학보』 47, 한국언론정보학회, 2009.
이규수, 「일본의 '재특회(在特會)'의 혐한·배외주의」, 『日本學』 38, 동국대
　　　학교 일본학연구소, 2014.
한정선, 「조경수역에서 표류하는 일본: 한류와 혐한류를 통해 본 현대 일본
　　　사회」, 『동북아역사논총』 21, 동북아역사재단, 2008.

7. 서구 민족주의의 유입과 중국 근대 '국가사' 만들기

『國粹學報』 第1年 第1期, 1905.

『民報』 第1號, 1905.

『政藝通報』 第12期, 1902.

康有爲, 『康有爲政論集』, 中華書局, 1998.

陶成章, 『陶成章集』, 中華書局, 1986.

馬君武, 『馬君武集』, 華中師範大學出版社, 1991.

孫中山, 『孫中山全集』 第1卷, 1985.

梁啓超, 『飮氷室合集』 文集, 中華書局, 1994.

王忍之 編, 『辛亥革命前十年時論選集』 第2卷上, 三聯書店, 1978.

王忍之 編, 『辛亥革命前十年時論選集』 第2卷下, 三聯書店, 1978.

王忍之 編, 『辛亥革命前十年時論選集』 第3卷, 三聯書店, 1977.

劉師培, 『劉師培文選: 國粹與西化』, 上海遠東出版社, 1992.

劉師培, 『劉師培辛亥前文選』, 三聯書店, 1998.

劉師培, 『中學歷史教科書』, 錢玄同 編, 『劉申叔遺書』(影印本), 江蘇古籍出版
　　　社, 1997 수록.

章太炎, 『章太炎全集』 4, 中華書局, 1985.

章太炎, 『訄書』(初刻本 重訂本), 三聯書店, 1998.

夏曾佑, 『中國古代史』, 河北敎育出版社, 2002.

F. dikotter, 楊立華 譯, 『近代中國之種族觀念』, 江蘇人民出版社, 1999.

Joseph R. Levenson, *Coufucian China and its Modern Fate: A Trilogy*, Vol. 1, University of California Press, 1968.

Prasenjit Duara, 문명기·손승희 옮김, 『민족으로부터 역사를 구출하기: 근대 중국의 새로운 해석』, 삼인, 2006.

桂尊義等, 『中國近代史學史』 下冊, 江蘇古籍出版社, 1989.

郭雙林, 『西潮激蕩下的晚淸地理學』, 北京大學出版社, 2000.

김선자, 『만들어진 민족주의 황제신화』, 책세상, 2007.

김한규, 『古代中國的世界秩序硏究』, 일조각, 1995.

劉龍心, 『學科體制與近代中國史學的建立』, 新星出版社, 2007.

박상수 등 지음, 『동아시아 근대 '네이션' 개념의 수용과 변용』, 고구려연구재단, 2005.

백영서, 「중국의 국민국가와 민족문제」, 『동아시아의 귀한: 중국의 근대성을 묻는다』, 창작과비평, 2000.

신승하, 『근대중국의 서양인식』, 고려원, 1985.

汪榮祖, 羅弦洙 譯, 「梁啓超의 新史學論」, 민두기 편, 『中國의 歷史認識』 下, 창작과비평사, 1985.

王爾敏, 「'中國'名稱溯源及其近代詮釋」, 『中國近代思想史論』, 華世出版社(臺北), 1982.

兪旦初, 『愛國主義與中國近代新史學』, 中國社會科學出版社, 1996.

윤희탁, 『신중화주의: '중화민족 대가정' 만들기와 한반도』, 푸른역사, 2007.

이춘식, 『중화사상의 이해』, 신서원, 2003.

齊思和, 『中國史探硏』, 河北敎育出版社, 2001.

陳其泰, 『中國近代史學的歷程』, 河南人民出版社, 1994.

夏良才, 「〈民約論〉在中國的傳播」, 黃德偉 編, 『盧梭在中國』(文化硏究叢刊), 香港大學比較文學系, 1997.

胡逢祥 等, 『中國近代史學思潮與流派』, 華東師範大學出版社, 1991.

홍윤희, 「중국근대 신화담론형성 연구」, 연세대학교 박사논문, 2005.

高栓來, 「中國近代 '新史學'的理論貢獻」, 『唐都學刊』 第2期, 1995.

金天明. 王慶仁, 「'民族'一詞在我國的出現及其使用問題」, 『社會科學輯刊』 第4
　　　期. 1981.

도중만, 「論辛亥革命前劉師培的新史學」, 『安徽史學』 第1期, 2004.

方維規, 「論近代思想史的'民族', 'Nation'與'中國'」, 『二十一世紀』 第3期(인터
　　　넷판), 2002.6.29.

방중영·허종국, 「族群·種族·民族 그리고 中華民族」, 『한국과 국제정치』 28
　　　집, 1998.

孫隆基, 「淸季民族主義與黃帝崇拜之發明」, 『歷史硏究』 第3期, 2000.

沈松橋, 「我以我血薦軒轅: 黃帝神話與晚淸的國族建構」, 『臺灣社會硏究季刊』
　　　(臺北) 第28期, 1997.

沈松橋, 「振大漢之天聲: 民族英雄系譜與晚淸的國族想像」, 『中央硏究院近代史
　　　硏究集刊』(臺北) 第33期, 2000.

梁京和, 「淸末'尊黃'思潮與民族主義」, 『河北師範大學學報』 第1期, 2007.

楊　寬, 「中國上古史導論」, 顧頡剛 等編, 『古史辨』 7冊上篇, 香港太平書局, 1963
　　　수록.

楊　華, 「梁啓超與中國近代新史學」, 『歷史敎學問題』 第6期, 1998.

우남숙, 「한국 근대 국가론의 이론적 원형에 대한 연구: 블룬츨리(J.K.
　　　Bluntschli)와 梁啓超의 有機體 국가론을 중심으로」, 『한국정치외교
　　　사논총』 제22집 1호, 2000.

劉俐娜, 「晚晴政治與新史學」, 『史學月刊』 第8期, 2003.

李春馥, 「論梁啓超國家主義觀點及其轉變過程」, 『淸士硏究』 第2期, 2004.

張錫勤, 「論梁啓超在中國資産階級'史學革命'中的貢獻」, 『求是學刊』 第1期, 1985.

張子輝, 「梁啓超與近代中國民族史學」, 『貴州社會科學』 第5期, 2004.

鄭師渠, 「劉師培史學思想略論」, 『史學史硏究』 第4期, 1992.

정지호, 「梁啓超의 近代的 歷史敍述과 國民國家」, 『이화사학연구』 32집, 2005.

조병한, 「양계초의 계몽주의 역사관과 국학」, 『한국사학사학보』 16집, 2007.

조병한, 「청대 중국의 '통일적' 중화체계와 대외인식의 변동」, 『아시아문화』 10호, 1994.

陳其泰, 「章太炎與近代史學」, 『中國社會科學院研究生院學報』 第1期, 1999.

湯城, 「歷史教科書與新史學」, 『河北學刊』 第5期, 2005.

許紀霖, 「共和愛國主義與文化民族主義: 現代中國兩種民族國家認同觀」, 『華東師範大學學報』 第4期, 2006.

許小靑, 「20世紀新史學與民族國家觀念的興起」, 『社會科學研究』 第6期, 2006.

허증, 「梁啓超의 '新史學'과 近代國家論」, 『역사와 경계』 54권, 2005.

8. 독일 양말 공장의 한인여성들

Auszug aus der Niederschrift ueber die Sitzung des Arbeitskreises fuer Fragen der Beschaeftigung auslaendischer Arbeitnehmer im Bundesministerium fuer Arbeit und Sozialordnung am 27. November 1964. Bundesarchiv-Koblenz B. 149Nr. 22428(Der Bundesminister fuer Arbeit und Sozialordnung에서 정리한 회의록).

B. 149. Nr. 22408(Bundesanstalt fuer Arbeitsvermittlung und Arbeitslosenversicherung 이 Bundesminister fuer Arbeit und Sozialordnung에 보낸 문서, 1966년 11월 4일).

Betr.: Abschlusspruefung von koreanischen Praktikantinnen, Bundesarchiv-Koblenz, Bd. 2183(1)(타케가 연방노동 및 사회질서부에 보낸 보고문).

Betr.: Fort- und Weiterbildung koreanischer Pratikanten bei der Firma Tacke, Wuppertal, 1971. 9. 28, Bundesarchiv-Koblenz, B. 2183.

Betr.: Beschaeftigung koreanischer Arbeitnehmer in der Bunesrepublik.

Betr.: Beschaeftignung und Ausbildung von suedkoreanischen Textil-arbeiterinnen bei den Firmen Tacke, Wuppertal und Veltins, Wiethoff und Co.,

Schmallenberg. B. 149. Nr. 22428(외국인 노동자를 고용문제를 논의하기 위한 경제관련 부처들의 회의자료, 1965.5.12).

Betr: Ausbildung von 30 koreanischen Praktikantinnen bei der Firma Veltins, Wiethoff & Co. Schmallenberg. Bundesarchiv-Koblenz B. 149. Nr. 22408(사제 아이힝어가 Bundesarbeitsministerium에 보낸 편지. 13. 9, 1965 관청에 도착).

Betr.: Anwerbung von Hilfskraeften aus dem aussereuropaeischen Ausland fuer deutsche Krankenhaeuser. Bundesarchiv-Koblenz, B. 149, Nr. 22408 (Bundesarbeitsminister가 Bundesminister fuer Arbeit und Sozialordung 에 보낸 공문. 1969.11.20).

Bonn, 30. Nov. 1964. Abt. II.(Bundesminister fuer Arbeit und Sozialordnung) Bundesarchiv-Koblenz, B. 149, Nr. 22428.

Bundesarchiv-Koblenz B. 149. Nr. 22428, Betr.: Anwerbung von koreanischen Pflegeschuelerinnen.

Bundesarchiv-Koblenz. B. 149. Nr. 22428. Betr.: Beschaeftigung suedkoreanischer Arbeitnehmer in der Bundesrepublik Deutschland.

Bundesarchiv-Koblenz, B. 149. Nr. 22428.(4). 1965.4.6.

Bundesarchiv-Koblenz, B. 149. Nr. 22408. Betr.: Einreise und Aufenthalt koreanischer Fachlinge(Der Bundesminister des Innern이 타케에 보낸 편지).

Bundesarchiv-Koblenz B. 149, Nr. 22408(주한 독일 대사관이 외부부에 보낸 1965년 7월 16일자 공문에 첨부된 대사관 사무총장 Thier의 기록문).

Bundesarchiv-Koblenz, B. 149. Nr. 22408(2)(대사관 사무총장 티어가 타케에게 1965년 7월 14일에 보낸 편지).

Bundesarchiv-Koblenz, B. 2183(한독여자실업학교 교장이 타케에게 1971년 7월 26일에 보낸 편지).

Bundesarchiv-Koblenz, B. 149, Nr. 22408(사무총장 티어(Hans Thier)가 타케에게 1965년 7월 14일에 보낸 편지).

Bundesarchiv-Koblenz, B. 149. 22428(1)(Bundesanstalt fuer Arebitsvermittllung und Arbeitslosenversierung이 Bundesminister fuer Arbeit und Sozialordnung 앞으로 1965년 4월 6일에 보낸 문서).

Bundesarchiv-Koblenz B. 149, Nr. 22408(Bundesanstalt fuer Arbeitsvermittlung und Arbeitslosenversicherung이 1966년 11월 4일에 Bundesminister fuer Arbeit und Sozialordnung에 보낸 문서의 첨부자료).

Bundesarchiv B. 149. Nr. 22408 Aus "Welt am Sonntag" vom 27 Juli. 1969.

Bundesarchiv-Koblenz, B. 149, Nr. 22408(Tacke,가 주한 독일 대사관 사무총장인 Thier에게 보낸 편지, 1965.6.30).

Bundesarchiv-Koblenz B. 149. Nr. 22408(한국 교육부장관이 주한 독일대사에게 보낸 편지. 1965.11.1).

Bundesarchiv-Koblenz, B. 2183(한독여자실업학교 교장이 타케에게 1971년 7월 26일에 보낸 편지).

Bundesarchiv-Koblenz, B. 2183(1975년 4월 2일 타케가 Bundesminister fuer Arbeit und Sozialordnung에 보낸 공문).

Hans Thier, Aufzeichnung, Betr.; Beschaeftung koreanischer Jugendlicher in Deutschland. 16. 7. 1965. Bundesarchiv-Koblenz, B. 149, Br.22428.

"Koreanerinnen auf der Strumpf-Universitaet", 1966.10.5. Bundesarchiv-Koblenz, B.149. Nr. 22408.

나혜심, 「파독 한인여성 이주노동자의 역사」, 『서양사론』 100호, 2009.

박래영, 『한국의 해외취업』, 아산사회복지사업재단, 1988.

이성봉, 「한독 경제협력에 대한 제도적 분석과 개선방안」, 『질서경제저널』 제12권 1호, 2009.

조희연, 『박정희와 개발독재시대』, 역사비평사, 2007.

진실, 화해를 위한 과거사위원회, 「파독 광부·간호사의 한국경제발전에 대한 기여의 건」, 『2008년 하반기 조사보고서』(제1권), 진실, 화해를 위한 과거사위원회, 2008.

최종고, 『한강에서 라인 강까지』, 유로, 2005.

Monika Mattes, *Gastarbeiterinnen in der Bundesrepublik*, Campus, 2005.
Sun-Ju Choi/You Jae Lee, Umgekehrte Entwicklungshilfe. Die koreanische
      Arbeitsmigration in Deutschland, in: Koelischer Kunstverein u.a.,
      (Hg.), *Projekt Migration*, Koeln 2005.

9. 다민족국가 오스트리아-헝가리 이중제국의 국가체제와 민족문제

호남대 동구문제연구소 편, 『동구연구』 4, 1988.

Peter F. Sugar, 「동구 민족주의의 제문제」, 『동구연구』 5, 1991.

Friedrich List, *The National System of Political Economy*, London, 1885.
Internationale Historikerkonferenz in Budapest, *300 Jahr Zusammenleben —Aus
      der Geschite der Ungarndeutschen*, Budapest, 1988.
Francois Fejtö, *Requiem für eine Monarchie. Die Zerschlagung Österreich-
      Ungarn*, Wien, 1991.
Matthias Weber, "Habsburgermonachie und Neuere Geschichte Österreichs",
      Geschichte in Wissenschaft und Unterricht, Vol. 53, 2002.
Matthias Weber, "Ein Model für Europa? Die Nationalitätenpolitik in der
      Habsburgermonarchie-Österreich und Ungarn 1867~1914 im Vergleich",
      Geschichte in Wissenschaft und Unterricht, Vol. 11, 1996.
Galantai, Josezef, *Der Österreichsch-Ungarische Dualismus-1918, Crvina/OBV*,
      Budapest, 1985.
Hugo Hantsch, *Die Nationalitaetenfrage im alter Oesterreich*, Band 1, Wien,
      1953.
Joszef Galantai, *Hungary in the First world War*, Budapest: Akademiai Kiado,

1989.

Ferenc Glatz und Ralp Melville, *Gesellschaft, Politik und Verwaltung in der Habsburgermonarchie 1830~1918*, Budapest: Akademial Kiado, 1987.

Robert Kann, *Werden und Zerfall des Habsburgerreiches*, Verlag styria printed in Austria, 1962.

Robert Kann, *A History of the Habsburg Empire, 1526~1918*, London: California Univ. press, 1977.

Otto Brunner, "Der österreichisch-ungarische Ausgleich von 1867 und seine geschichtlichen Grundlagen", *Der österreichisch-ungarische Ausgleich von 1867 —Seine Grundlagen und Auswirkungen*, München: Verlag R. Oldenbourg, 1968.

Theodor Mayer, *Der österreichisch-ungarische Ausgleich von 1867 —Seine Grundlagen und Auswirkungen*, München: Verlag R. Oldenbourg, 1968.

10. 군주 칭호를 통해 본 러시아 국가의 다원성

구드지 니꼴라이 깔리니꼬비치 지음, 정막래 옮김, 『고대러시아 문학사』 1권, 한길사, 2008.

로트만 Ю. М., 우스펜스키 Б. А. 지음, 이인영 옮김, 『러시아 기호학의 이해』, 민음사, 1993.

랴자놉스키 니콜라스 V., 스타인버그 마크 D. 지음, 조호연 옮김, 『러시아의 역사』, 까치, 2011.

퍼듀 피터 C. 지음, 공원국 옮김, 『중국의 서진』, 길 2012.

플라토노프 세르게이 표도로비치 지음, 김남섭 옮김, 『러시아사 강의』, 나남, 2009.

박지배, 「근대 초 러시아 국가의 군사개혁과 동서양의 영향」, 『서양사론』

121, 2014.

Базилесич, К. В., Богоявленский С. К. & Чаев Н. С., Царская власть и Боярс
кая Дума in Очерки истории СССР. Период феодализма XVII в.
Москва, Академии Наук СССР, 1955.

Биллингтон Д. Х. Икон и топор, Опыт истолкования истории русской куль
туры. Москва, Рудомино, 2001.

Богатова Г. А., Словарь русского языка XI-XVII вв. Вып. 22. Москва, Наука,
1997.

Борисов Н. С., Русская церковь в политической борьбе XVI-XV веков. Мос
ква, Издательство Московского университет, 1986.

Вернадский Г. В., Монголы и Русь. Москва, Аграф, 2001.

Лапкин Э. & Макаренков С.(ед.), Венчание русских государей на царство.
Москва, Ламартис, 2013.

Водов В., Замечания о значении титула ʻцарь' примениетльно к русским
князьям в эпоху до середины XV века. in Литвина А. Ф., Успенски
й Ф. Б. и др. Из истории русской культуры. Т.2. Кн.1. Москва,
Яск, 2002-а.

Водов В., Титул царь в северо-восточной Руси в 1440~1460 гг. и древнерус
ская литературная традиция in Литвина А. Ф., Успенский Ф. Б.
и др. Из истории русской культуры. Т.2. Кн.1. Москва, Яск.,
2002-b.

Высоцкий С. А., Древне-русские надписи Софии, Киевской XI-XIV вв.
Вып.1. Киев, Наукова Думка, 1966.

Гудзий Н. К.(ред.), Хрестоматия по древней русской литературе XI-XVII
веков. Москва, Государственное учбно-педагогическое изд. Мини
стерства просвещения РСФСР, 1952.

Коновалова И. Г., О возможнх источниках заимствования титула ʻКаган' в древней Руси. in Литаврин Г. Г. (ред.) Славяне и соседи. Славяне и кочевой мир. Вып.10. Москва, Наука, 2001.

Лихачев Д. С.(пер.), Повесть временных лет. Петербург, Наука, 1996.

Лихачева, Д. С., Дмитриева, Л. А., Алексеева, А. А. & Понырко Н. В.(ед.), Библиотека литературы Древней Руси. Т.1: XI‒XII века. Петербург, Наука, 1997.

Мельникова Е. А.(ред.), Древняя Русь в свете зарубежныъ источников. Москва, Логос, 2003.

Насонов А. Н., Монголы и Русь. История татарской политики на Руси. Москва‒Ленинград, Академии Наук СССР, 1940.

Новосельцев А. П., Восточные источники о восточных славянах и Руси VI‒IX вв. in Новосельцев А. П. и др. Древнерусское государство и его международное значение. Москва, Наука, 1965.

Полное собрание законов Российской империи с 1649 г., Петербург, Типография II Отделения Собственной Его Императорскаго Величества Канцелярии, 1830.

Карский Е. Ф.(ред.), Полное собрание русских летописей, т. 1:Лаврентьевская летопись.(2‒е изд.). Ленинград, Издательство Академии Наук СССР, 1926~1928.

Полубояринова М. Д., Русские люди в Золотой орде. Москва, Наука, 1978.

Рыбаков Б. А., Ремесло Древней Руси. Москва, Академии Наук СССР, 1958.

Савва В., Москвоские цари и византийские василевсы. К впоросу о влиянии Византитии на образование идеи царской власти московских государей. Харьков, Типография и Литография М. Зильберберг и С‒вья, 1901.

Свердлов М. Б., Домонгольская Русь: Князь и князеская власть на Руси XV‒первой трети XIII в. Петербург, Академический проект, 2003.

Селезнёв Ю. В., Русские князья в составе правящей элиты Джучиева улуса

в XIII–XV веках. Воронеж, Центрально–Черноземное книжное изд
ательство, 2013.

филин Ф. П., Словарь русского языка XI–XVII вв. Вып.7. Москва, Наука,
1980.

Успенский Б. А., Царь и император: Помазание на царство и сематика
монарших титулов. Москва, Языки русской культуры, 2000.

Филюшкин А. И., Титулы русских государей. Москва–Петербург, Альянс–
Архео, 2006.

Фроянов И. Я., Киевская Русь. Очерки социально–политической истории.
Ленинград, Издательство Ленинградского университета, 1980.

Хордадбех И., Книга путей и стран((пер. Н. Велиханова). Баку, Елм, 1988.

Шапиро А. Л., Иториография с древнейших времен до 1917 года. Тверь,
Издательство культуры, 1993.

Шмидт С. О., У истоков Российского абсолютизма. Исследование социальн
о–политической истории времени Ивана Грозного. Москва, Издат
ельство группа Прогресс, 1996.

Щеглов И. В., Хронологический перечень важнейших данных из истории
Сибири. Иркутск, 1883.

Хорошкевич А. Л., Русское государство в системе международных отноше
ний (конца XV–начала XVI вв.). Москва, Наука, 1980.

Хордадбех Ибн, Книга путей и стран(пер. Н. Велиханова). Баку, Елм, 1988.

Morgan David, *The Mongols*. Cambridge MA & Oxford UK, Blackwell, 1993.

발표지면

제1부 한국사의 문화적 다원성과 전개 양상

한국불상의 문화융합과 독자성 (김진숙)
　발표지면:「한국불상의 문화융합과 독자성」,『다문화콘텐츠연구』 18집, 2015.04, 7~45쪽.

대한제국의 다문화 공간: 정동 (박경하)
　발표지면:「대한제국의 다문화 공간: 정동」,『중앙사론』 36집, 2012.12, 63~98쪽.

한국의 귀화 성씨와 다문화 (이찬욱)
　발표지면:「한국의 귀화 성씨와 다문화」,『다문화콘텐츠연구』 17집, 2014.10, 253~277쪽.

고려후기 제주이거 원이주민과 통혼 (전영준)
　발표지면:「고려후기 제주이거 원이주민과 통혼」,『다문화콘텐츠연구』 15집, 2013.10,
　395~425쪽.

제2부 동아시아 다민족·다문화 국가의 정체성

다민족·다문화 사회의 정체성 모색: '臺灣意識'의 형성과 변천을 통해 본
　20세기 대만사 (손준식)
　발표지면: 없음

재일코리안 문제를 둘러싼 일본 우익 내부의 균열 양상 (이승희)
　발표지면:「재일코리안 문제를 둘러싼 일본 우익 내부의 균열 양상」,『일본학』 39집, 2014.
　11, 271~295쪽.

서구 민족주의의 유입과 중국 근대 '국가사' 만들기 (이춘복)
　발표지면:「개항과 청말 '민족국가' 관념의 형성」,『중앙사론』 27호, 2008, 47~85쪽.

제3부 서구 다문화 사회의 다원성과 재현 양상

독일 양말 공장의 한인여성들: 한독개발원조 관계 속 젊은 한인여성들의
    삶 (나혜심)
  발표지면:「독일 양말 공장의 한인여성들: 한독개발원조 관계 속 젊은 한인여성들의 삶」,
    『서양사론』 104권, 2010, 311~341쪽.

다민족 국가 오스트리아-헝가리 이중제국의 국가체제와 민족문제 (박재영)
  발표지면:「오스트리아-헝가리 이중제국의 국가체제와 민족문제」,『경주사학』 26집, 2007.
    12, 137~164쪽.

군주 칭호를 통해 본 러시아 국가의 다원성 (박지배)
  발표지면:「군주 칭호를 통해 본 러시아 국가의 다원성」,『다문화콘텐츠연구』 18집, 2015.
    04, 69~95쪽.

지은이 소개

김진숙	금강대학교 불교문화연구소 학술연구교수
나혜심	성균관대학교 인문학연구원 수석연구원
박경하	중앙대학교 문과대학장, 역사학과 교수
박재영	중앙대학교 문화콘텐츠기술연구원 연구교수
박지배	한국외국대학교 초빙교수
손준식	중앙대학교 역사학과 교수
이승희	동국대학교 일본학연구소 전임연구원
이찬욱	중앙대학교 문화콘텐츠기술연구원장, 국어국문학과 교수
이춘복	중앙대학교 문화콘텐츠기술연구원 연구교수
전영준	제주대학교 사학과 교수

다문화총서 5

동서양 역사 속의 다문화적 전개 양상 2
Evolvemental Aspects of Multi-Culture in Eastern and Western History Ⅱ

ⓒ 문화콘텐츠기술연구원 다문화콘텐츠연구사업단, 2015

1판 1쇄 인쇄__2015년 10월 20일
1판 1쇄 발행__2015년 10월 30일

엮은이__문화콘텐츠기술연구원 다문화콘텐츠연구사업단
펴낸이__양정섭
펴낸곳__도서출판 경진
   등록__제2010-000004호
   블로그__http://kyungjinmunhwa.tistory.com
   이메일__mykorea01@naver.com

공급처__(주)글로벌콘텐츠출판그룹
   대표__홍정표
   편집__송은주 디자인__김미미 기획·마케팅__노경민 경영지원__안선영
   주소__서울특별시 강동구 천중로 196 정일빌딩 401호
   전화__02) 488-3280 팩스__02) 488-3281
   홈페이지__http://www.gcbook.co.kr

값 17,000원
ISBN 978-89-5996-484-0 93300

※ 이 책은 본사와 저자의 허락 없이는 내용의 일부 또는 전체의 무단 전재나 복제, 광전자 매체 수록 등을 금합니다.
※ 잘못된 책은 구입처에서 바꾸어 드립니다.
※ 이 도서의 국립중앙도서관 출판예정도서목록(CIP)은 서지정보유통지원시스템 홈페이지(http://seoji.nl.go.kr)와 국가
 자료공동목록시스템(http://www.nl.go.kr/kolisnet)에서 이용하실 수 있습니다. (CIP제어번호: 2015029102)